ESO 4

TECNOLOGÍAS DE LA INFORMACIÓN Y LA COMUNICACIÓN

Inclusión

Incluimos a todo el alumnado en nuestras aulas.

Rigor

Aprendemos y trabajamos con rigor y creatividad.

Interdisciplinariedad

Relacionamos y aplicamos lo que aprendemos.

Familia

La gran colaboradora en el aprendizaje.

Pensamiento crítico

Fomentamos la diversidad de pensamiento.

Aprendizaje cooperativo

Cooperamos para afrontar tareas.

Las TIC

Usamos las nuevas tecnologías para conectarnos con nuestro mundo.

Competencias

Afrontamos desafíos en los que ponemos en práctica nuestras competencias.

Emprendimiento

Emprendemos para cambiar nuestro entorno.

Evaluación

Ofrecemos la más completa, ambiciosa e innovadora gama de herramientas para la evaluación.

ANAYA

CONTENIDOS DEL CURSO

Contenidos

Contenidos

ASÍ ES TU LIBRO

1

La apertura y el cierre de la unidad

- Cada unidad comienza con un breve texto que destaca algún hecho relevante relacionado con los contenidos que se van a desarrollar en ella.
- El apartado ¿Qué sabemos sobre...? pretende detectar las ideas previas a través de un conjunto de actividades que se pueden abordar de forma cooperativa.
- Cada unidad se cierra con el apartado Lee, relaciona y busca información; en él, encontrarás una breve lectura relacionada con la unidad.
- Acompañan a esta lectura una colección de cuestiones para asegurar la comprensión del texto y ampliar conocimientos acerca del tema.

2

El desarrollo de los contenidos

Los contenidos se presentan organizados en apartados que, generalmente, ocupan una doble página.

En cada uno de estos apartados:

- Se destacan los conceptos más importantes mediante letras negritas y fondos anaranjados.
- Se ofrecen fotografías, ilustraciones y esquemas aclaratorios que refuerzan el aprendizaje de los contenidos expuestos.

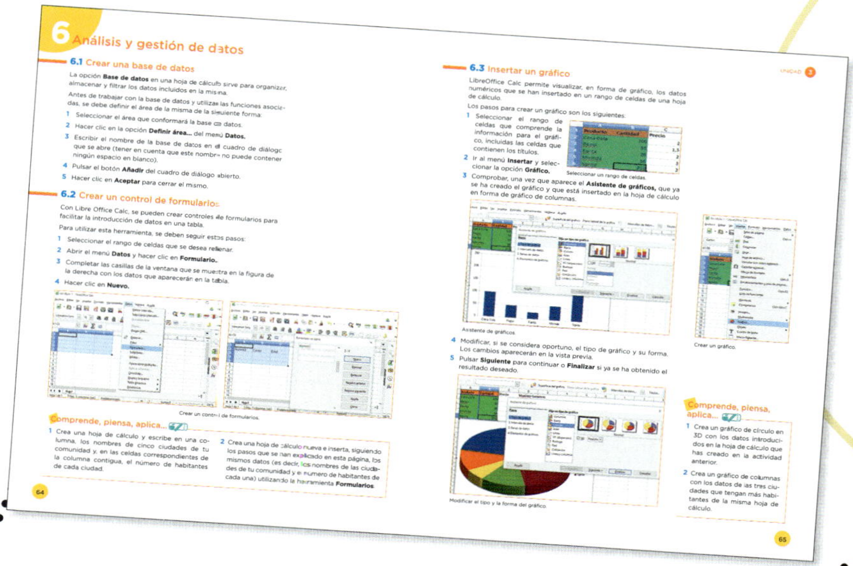

3

Trabaja con las imágenes y las actividades

- Los gráficos y las imágenes pretenden facilitar la comprensión de los contenidos a través de la interpretación de fotografías e ilustraciones.
- Las actividades de cada página, que han de abordarse tras estudiar todos sus contenidos, permiten afianzar el aprendizaje, relacionar conocimientos y desarrollar destrezas.
- Algunas de las actividades de la unidad llevan asociando un icono que sugiere la metodología que puede aplicarse para su resolución.

4

Comprueba cómo progresas

Dentro de esta sección puedes encontrar títulos como:

- Recuerda lo que has aprendido y Aplica tus conocimientos, bajo los que se agrupan actividades de evaluación y de aplicación de los contenidos estudiados a lo largo de la unidad, con el fin de afianzarlos.
- Los apartados Busca información, Maneja la información e Investiga te invitan a buscar, seleccionar y procesar información procedente de fuentes variadas.
- Los apartados Aplica las matemáticas y Resuelve problemas incluyen actividades de cálculo y de aplicación de los contenidos.
- En las actividades del apartado Pon en práctica, no solo aplicarás los conocimientos de las unidades precedentes, sino que además desarrollarás distintas habilidades creativas.

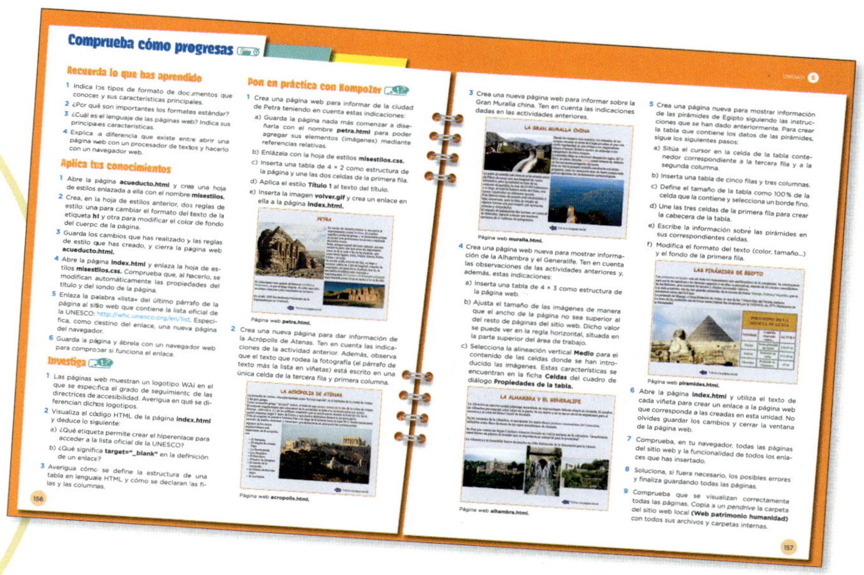

La web del alumnado y de la familia en anayaeducacion.es

¿Qué es? Un espacio lleno de recursos digitales para mejorar tu aprendizaje.

¿Cómo accedo? Regístrate en nuestra web e introduce el número de licencia que encontrarás al abrir este libro.

¿Cuándo accedo? Visita la web siempre que quieras descubrir y aprender más.

1

Equipos informáticos y sistemas operativos

Los ordenadores se han ido integrando en nuestra sociedad y, actualmente, están presentes en la mayoría de las actividades cotidianas que realizamos. A su vez, los equipos convencionales han evolucionado considerablemente en los últimos años, dando lugar a gran variedad de dispositivos móviles y táctiles fáciles de utilizar.

Para que cualquiera de estos funcione, debe tener instalado un sistema operativo que permita, entre otras cosas, la interacción con el usuario, el uso de aplicaciones, la integración de tecnologías multimedia, la comunicación en red, el acceso a Internet, etc.

En el mercado, encontramos diferentes sistemas operativos; los más utilizados son Windows, Mac OS, Linux, Android e iOS.

¿Qué sabemos sobre los sistemas operativos?

1 Gran parte de la tecnología que utilizamos habitualmente incluye un sistema operativo. ¿Podrías enumerar qué dispositivos, de los que te rodean, necesitan uno para funcionar?

2 Linux es una familia de sistemas operativos que cuenta con numerosas distribuciones. ¿Cuáles de ellas conoces?

3 Las versiones de Android tienen nombres de dulces o postres en inglés, siguiendo un orden alfabético. ¿Conoces el nombre de alguna?

1 Representación digital de la información

1.1 Electrónica analógica y digital

La electrónica es la ciencia que estudia los dispositivos, circuitos y sistemas que hacen posible el intercambio, el almacenamiento y el tratamiento de la información.

Los sistemas electrónicos son el conjunto de dispositivos que procesan la información para obtener, por ejemplo, la imagen que se muestra en la pantalla de un televisor, el sonido que emite la radio o los archivos de un ordenador. Dependiendo de su funcionalidad, se clasifican en:

- **Sistemas analógicos.** Utilizan señales continuas, es decir, que pueden tomar un número infinito de valores comprendidos entre dos límites. La mayoría de los fenómenos de la vida real son señales de este tipo (temperatura, peso, velocidad, etc.).

- **Sistemas digitales.** Sus variables son discretas, de modo que solo pueden tomar ciertos valores dentro de un rango. Los ordenadores son un ejemplo de sistemas digitales porque únicamente utilizan dos estados para almacenar la información: el cero y el uno.

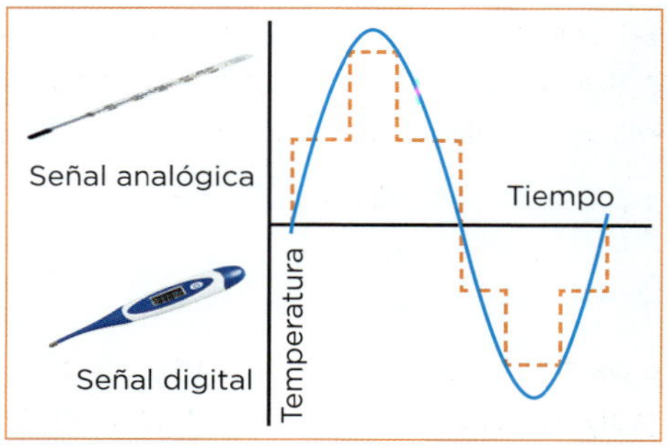

Variación de la señal que representa la temperatura tomada por un termómetro analógico y otro digital.

Las señales analógicas son totalmente precisas pero son muy difíciles de manipular, guardar o recuperar con exactitud. Por esta razón, se digitalizan para realizar su tratamiento y, al final del proceso, se convierten a su naturaleza analógica original. Por ejemplo, al hablar por teléfono, la voz (analógica) se digitaliza para transmitirse por las redes de telecomunicaciones (digitales) y, una vez en el teléfono del interlocutor, se transforma nuevamente en voz (analógica).

El gran desarrollo experimentado por la electrónica en los últimos años ha propiciado que la mayoría de los equipos actuales funcionen con sistemas digitales. Una muestra de esta revolución ha sido la digitalización de las comunicaciones en telefonía, radio y televisión.

1.2 Representación de la información

Existen distintas formas para representar la información, que abarcan desde la utilización de las señales de humo hasta los mensajes cifrados.

Los sistemas digitales están basados en transistores que adoptan dos estados diferentes: abierto o cerrado. Por esta razón, en electrónica e informática se utiliza el sistema binario que representa cada uno de los estados utilizando un bit *(binary digit)*, cuyos valores pueden ser el 0 o el 1. Dado que un bit puede contener una cantidad de información sumamente pequeña, los ordenadores trabajan con agrupaciones de 8 bits, a las que se denomina «byte», y sus correspondientes múltiplos.

1 byte (B)	8 bits (b)
1 kilobyte (KB)	1024 bytes
1 megabyte (MB)	1024 kilobytes
1 gigabyte (GB)	1024 megabytes
1 terabyte (TB)	1024 gigabytes
1 petabyte (PB)	1024 terabytes
1 exabyte (EB)	1024 petabytes
1 zettabyte (ZB)	1024 exabytes

Equivalencias entre las unidades de medida de la información.

Datos, información y conocimiento

En el lenguaje cotidiano, los términos «datos», «información» y «conocimiento» se utilizan indistintamente; sin embargo, tienen significados diferentes que no se deben confundir.

- Un dato es una representación simbólica en forma de números, nombres, símbolos, imágenes, sonidos, colores, olores, etc.
- La información es un conjunto organizado de datos procesados que adquieren significado. Se expresa en forma de frase, párrafo, melodía, vídeo, etc.
- El conocimiento es el conjunto de información adquirida por una persona a través de la educación, la experiencia o la realidad que le rodea.

1.3 Sistemas de numeración

Un sistema de numeración es el conjunto de reglas que permiten, con una cantidad finita de símbolos, representar un número cualquiera. A la derecha, se muestran varias de las representaciones posibles para el número diez.

Decimal	10
Numeración romana	X
Binario	1010
Hexadecimal	A

Representaciones del número diez.

El sistema decimal o arábigo es el sistema de numeración utilizado en todo el mundo. Está formado por diez símbolos: 0, 1, 2, 3, 4, 5, 6, 7, 8 y 9. Al tratarse de un sistema posicional, cada dígito tiene un valor que depende de la posición que ocupa. Por ejemplo, el número 125,45 es equivalente a un polinomio de potencias de diez:

$$125{,}45 = 1 \cdot 10^2 + 2 \cdot 10^1 + 5 \cdot 10^0 + 4 \cdot 10^{-1} + 5 \cdot 10^{-2}$$

1.4 Sistema binario

Los ordenadores utilizan el sistema binario, formado por ceros y unos, para manipular y almacenar la información. La notación utilizada para identificar una cifra en binario es el subíndice 2. Para conocer el equivalente en decimal de un número en binario, hay que desarrollar el polinomio de potencias de base 2:

$10111_2 = 1 \cdot 2^4 + 0 \cdot 2^3 + 1 \cdot 2^2 + 1 \cdot 2^1 + 1 \cdot 2^0 = 23$ (Binario ⟶ Decimal)

La conversión de un número decimal a binario consiste en dividir el número decimal sucesivamente por la base 2. El resultado se logra al tomar el último cociente y todos los restos en orden inverso a como han sido obtenidos.

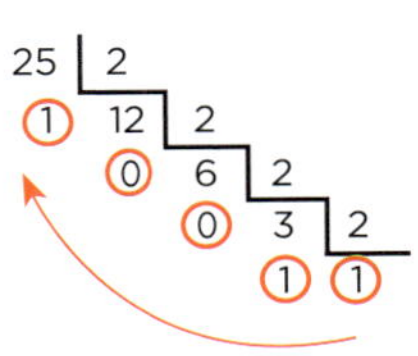

⟶ $25 = 11001_2$ (Binario ⟶ Decimal)

Decimal	Binario	Decimal	Binario
0	0000	8	1000
1	0001	9	1001
2	0010	10	1010
3	0011	11	1011
4	0100	12	1100
5	0101	13	1101
6	0110	14	1110
7	0111	15	1111

Equivalencias entre el sistema decimal y el binario.

Comprende, piensa, aplica...

1 **Investiga** cuáles son las causas que han llevado a digitalizar las comunicaciones telefónicas.

2 Convierte el número 849 a binario y el número 10111011_2 a decimal.

3 Completa la tabla de equivalencias entre el sistema decimal y el binario hasta el número 20.

4 ¿Qué número iría antes que el 111000_2?

5 Fíjate en las unidades de medida de la información y responde:

a) ¿Cuántas fotos de 1 MB se pueden guardar en un disco duro de 2 TB?

b) ¿A cuántos CD equivale un DVD? ¿Y un Blu-ray?

c) Si cada letra ocupa un byte, ¿cuántos bits son necesarios para almacenar tu nombre?

2 Equipos informáticos

2.1 El ordenador y sus componentes

Un ordenador es una máquina electrónica que recibe datos y los procesa para convertirlos en información. Sus componentes básicos son el hardware y el software.

El hardware es el conjunto de componentes físicos que integran el ordenador; pueden ser eléctricos, mecánicos o electrónicos. Algunos ejemplos son el procesador, la memoria, la impresora, el disco duro y la pantalla.

El software es el conjunto de componentes lógicos que hacen posible la realización de tareas específicas en un ordenador. Está formado por el sistema operativo, los programas y los datos.

Informática

El término «informática» proviene del francés *«informatique»*, vocablo acuñado por el ingeniero Philippe Dreyfus en 1962 para su empresa de ordenadores Société d'Informatique Appliquée. Hoy en día, se define como el conjunto de conocimientos científicos y técnicas que hacen posible el tratamiento automático de la información por medio de ordenadores.

2.2 Tipos de ordenadores

Los ordenadores de propósito general se pueden clasificar, en función de su tamaño, utilidad y movilidad, en las siguientes categorías: ordenadores de sobremesa, portátiles, tabletas y teléfonos inteligentes. También se fabrican ordenadores con fines específicos, por ejemplo, los superordenadores y los sistemas empotrados.

Además de los anteriores, existe una amplia gama de equipos con arquitecturas de ordenador. Dependiendo del tipo de dispositivo, estos pueden incluir microprocesador, memoria, puertos, conectividad inalámbrica, etc. Ofrecen, también, algunas prestaciones propias de un ordenador, como la visualización en pantalla o la conexión a Internet.

Ordenadores de sobremesa

Equipos convencionales diseñados para utilizarse en una ubicación fija, como un escritorio. Son los más utilizados para trabajar tanto en el ámbito profesional como en el doméstico.

Ordenadores portátiles

Ordenadores de tamaño reducido que se caracterizan por su portabilidad. Sus prestaciones son similares a las de un equipo de sobremesa, aunque su autonomía depende de una batería.

Dispositivos móviles

Ordenadores pequeños integrados en una pantalla táctil de gran precisión. Sus principales aplicaciones son la navegación web, la visualización de contenidos y el uso de *apps*.

Superordenadores

Ordenadores de alto rendimiento que pueden procesar cantidades enormes de información debido a su gran capacidad de cálculo. Se utilizan para la investigación, el desarrollo, la astronomía, la meteorología, etc.

Sistemas empotrados

Sistemas diseñados para realizar una o varias funciones concretas. Integran la mayoría de sus componentes en una placa base. Algunos ejemplos de estos sistemas son los taxímetros, los ordenadores de a bordo, los cajeros, etc.

Arquitecturas similares

Dispositivos que, sin ser ordenadores, comparten con estos una arquitectura similar. Los televisores inteligentes, los relojes inteligentes o los GPS constituyen algunos ejemplos de esta clase de dispositivos.

Componentes de un ordenador

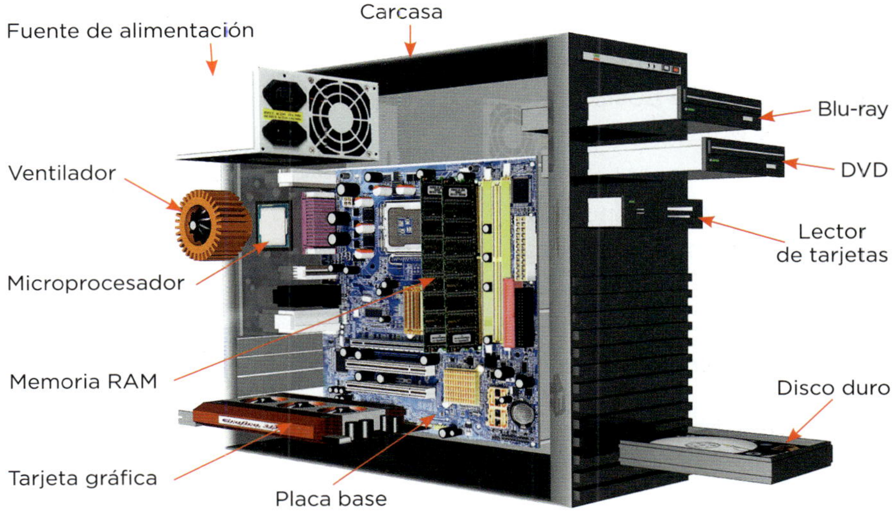

2.3 Arquitectura de un ordenador

La arquitectura de un ordenador hace referencia a cómo están organizados los elementos del mismo. En la actualidad, la arquitectura de los ordenadores está basada en el modelo de Von Neumann, cuyos componentes más importantes son los siguientes:

- **Placa base.** También conocida como «placa madre», es el soporte donde se conectan todos los componentes que constituyen el ordenador, ya sea de forma directa o por medio de ranuras de expansión. Uno de sus componentes más importantes es el *chipset*, que controla el flujo de datos entre el microprocesador, la tarjeta gráfica y el resto de dispositivos (monitor, disco duro, etc.).
- **Microprocesador o CPU (Unidad Central de Proceso).** Circuito integrado formado por millones de transistores, cuya función es procesar los datos y las instrucciones que recibe de la memoria RAM *(Random Access Memory)*.
- **Memoria principal o RAM.** Memoria que almacena temporalmente datos y programas con los que trabaja el ordenador en cada instante.
- **Memoria secundaria.** Soporte de almacenamiento que sirve para guardar información de forma masiva y permanente. Algunos ejemplos son los discos, las memorias USB y las cintas.
- **Tarjeta gráfica o procesador gráfico.** Dispositivo que procesa los gráficos y envía la señal de vídeo al monitor. Los procesadores gráficos incluyen su propio procesador, memoria, etc., por lo que pueden llegar a ser tan potentes como un ordenador.

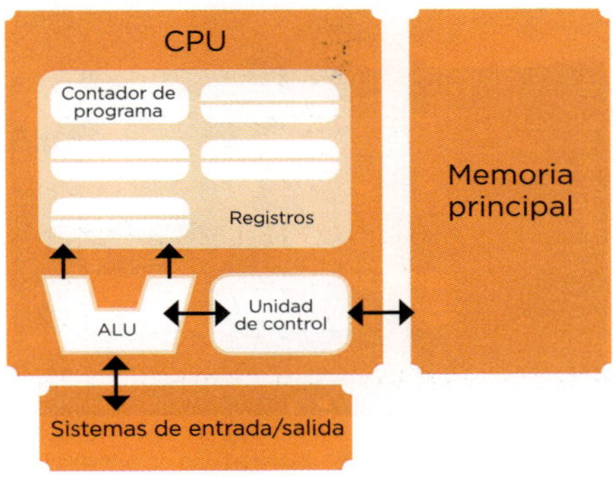

Diagrama de la arquitectura de Von Neumann.

Comprende, piensa, aplica...

1 Realiza un presupuesto para configurar tu propio ordenador de sobremesa. Para ello, elabora una ficha técnica de cada componente utilizado que incluya su nombre, la marca, el modelo, el precio y la tienda online donde lo puedes adquirir.

2 ¿Qué diferencia hay entre la memoria principal y la memoria secundaria? Averigua de qué tipo es la memoria caché y cuál es su función.

3 Compara el procesador del ordenador de clase con el que incorpora tu teléfono. ¿Cuál es más potente?

3 Sistemas operativos

3.1 ¿Qué es un sistema operativo?

Un sistema operativo es un conjunto de programas que posibilita la comunicación del usuario con el ordenador y la utilización de sus recursos de manera eficiente.

El sistema operativo se pone en funcionamiento cuando se enciende el ordenador. Su función es gestionar los datos, el software y el hardware del equipo.

Una distribución, denominada coloquialmente «distro», es un sistema operativo que incluye determinados paquetes de programas.

3.2 Tipos de sistemas operativos

Existen diversos sistemas operativos en el mercado, cada uno con diferentes funciones y prestaciones para los usuarios. Los más populares se pueden agrupar en las siguientes familias:

Windows. Sistema operativo comercial desarrollado por la empresa Microsoft. Está muy extendido y cuenta con versiones para el hogar, empresas, dispositivos móviles y servidores.

Sistemas operativos móviles. Sistemas creados para dispositivos inalámbricos con pantallas táctiles, como teléfonos y tabletas. El más utilizado es Android, seguido por otros como iOS y Symbian.

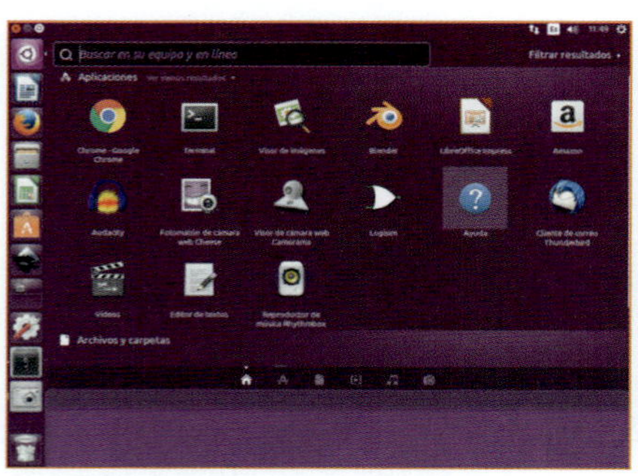

Linux. Sistema operativo basado en el software libre que cuenta con muchas distribuciones, como openSUSE, Ubuntu, Debian, Fedora, etc. Es el resultado de la contribución de gran número de compañías y programadores.

Mac OS. Sistema operativo comercial desarrollado por Apple para su línea de ordenadores Macintosh. Se caracteriza por su potente interfaz gráfico y por su rendimiento, al usar un hardware a medida.

En España, muchas comunidades autónomas han creado su propia distribución Linux, aunque la mayoría están basadas en Ubuntu. La pionera fue gnuLinEx (distribución de Extremadura), y otras que la han seguido son Guadalinex (Andalucía), MAX (Comunidad de Madrid), LliureX (Comunidad Valenciana) y Linkat (Cataluña).

Distribución Live

Es una distribución almacenada en un medio extraíble (CD, DVD, Blu-ray o memoria USB) que puede ejecutarse sin necesidad de instalarse en el disco duro del ordenador. La información del sistema operativo se carga en la memoria RAM y el usuario puede guardar sus datos en soportes de almacenamiento externos, por lo que no realiza ningún cambio en el ordenador ni afecta al sistema operativo instalado previamente.

Software libre

El software libre es aquel que los usuarios pueden ejecutar, copiar, distribuir, estudiar, cambiar y mejorar libremente, atendiendo a las siguientes libertades:

- La libertad de usar el programa con cualquier propósito.
- La libertad de estudiar el funcionamiento del programa y de adaptarlo a las propias necesidades.
- La libertad de distribuir copias.
- La libertad de mejorar el programa y de hacer públicas las mejoras, de modo que toda la comunidad se beneficie.

3.3 Funciones principales

El sistema operativo crea un entorno de trabajo para el usuario que le permite interactuar con el ordenador y hacerlo funcionar. No obstante, los programas y los dispositivos instalados son los que hacen del ordenador una potente herramienta de trabajo.

Algunas de las funciones principales del sistema operativo son:

- Organizar la información en archivos, carpetas y discos.
- Gestionar los programas permitiendo su instalación, uso y desinstalación.
- Controlar el uso de los periféricos del ordenador: ratón, monitor, impresora, etc., y detectar posibles errores que se produzcan en su funcionamiento.
- Permitir la conexión y el intercambio de información con otros dispositivos en red.

Ten en cuenta

Además de los ordenadores, la mayoría de los aparatos de uso cotidiano que utilizan microprocesadores para funcionar emplean sistemas operativos. Algunos ejemplos son los coches, los sistemas de domótica, los reproductores multimedia, las videoconsolas, los televisores y los relojes inteligentes.

3.4 Interfaz gráfica de usuario e intérprete de comandos

Los sistemas operativos, como cualquier otro tipo de software, han evolucionado notablemente desde sus orígenes. Aunque sus funciones elementales siguen siendo las mismas, los intérpretes de comandos han evolucionado hacia interfaces gráficas más atractivas e intuitivas para los usuarios.

Normalmente, los usuarios trabajan por medio de un entorno gráfico, aunque para realizar algunas tareas pueden operar desde el intérprete de comandos; por ejemplo, para comprobar la configuración de red, para instalar software o para realizar tareas de administración.

En función del sistema operativo con el que se esté trabajando, el acceso al intérprete de comandos se efectúa de una forma u otra:

- **En Windows.** Abrir el **Símbolo del sistema** desde el icono C:_, que se encuentra en **Accesorios.** Otra opción es hacer clic en **Inicio,** seleccionar **Ejecutar** y escribir **cmd.**
- **En Ubuntu.** Acceder al **Terminal** desde el icono , que se encuentra entre las aplicaciones del sistema.

Para cerrar el intérprete, hay que teclear el comando **exit.**

Interfaces gráficas.

Comprende, piensa, aplica...

1 Cambia la fecha del ordenador por la de tu nacimiento, empleando el intérprete de comandos. Escribe **date** si utilizas Windows, o **date -d mm/dd/aa** si o haces desde Ubuntu.

2 Comprueba cuáles de los siguientes comandos funcionan en tu sistema operativo y averigua su utilidad: **tree, cls, time, man, dir, help, ls, cd, ver, cmd, su** y **exit.**

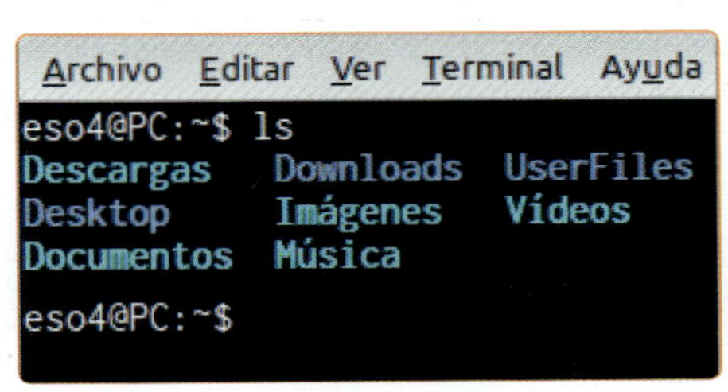

4 Estructuras de almacenamiento

4.1 Almacenamiento de la información

Los sistemas operativos, entre otras funciones, almacenan y organizan la información. Para ello, utilizan dos tipos de estructuras:

- **Estructura física.** Forma en la que se guardan los datos en los dispositivos de almacenamiento, ya sea en la memoria o en los discos.

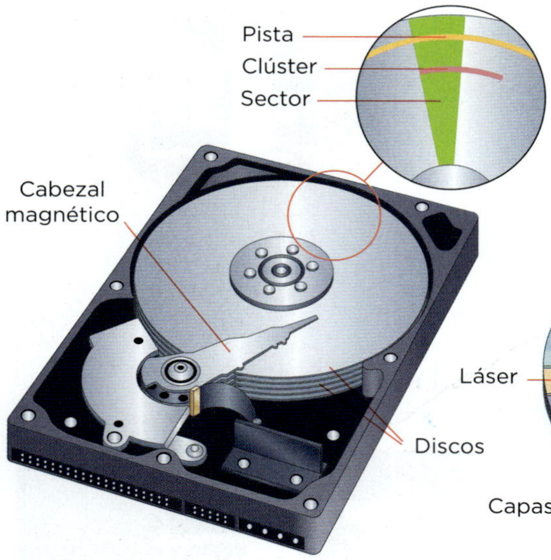

Disco duro magnético.

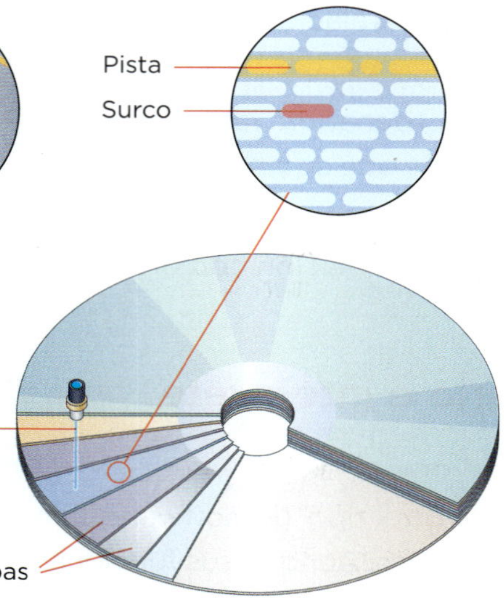

Blu-ray.

- **Estructura lógica.** Forma en que se almacenan los datos en ficheros y carpetas. Su organización varía en función de las particiones de disco creadas y del sistema de archivos utilizado por el sistema operativo instalado.

4.2 Particiones de disco

Una partición de disco se corresponde con cada uno de los espacios de almacenamiento en los que se divide este o una memoria *flash*. El sistema operativo gestiona cada una de estas particiones como si se tratase de un disco o de una memoria independiente.

Lo habitual es crear varias particiones para separar los sistemas operativos de los datos. Cada una debe estar formateada con el sistema de archivos que utiliza el sistema operativo que se desea instalar.

Windows asigna una letra diferente a cada partición (C, D, E...), de modo que los usuarios pueden utilizarlas como si se tratasen de discos diferentes. Por su parte, Linux asigna un nombre a cada disco duro (hda, hdb...) y un número a cada partición dentro del disco. Por ejemplo, hdc2 se refiere a la segunda partición del tercer disco duro.

Disco duro 1

Partición 1	Partición 2	Partición 3	
Windows	**Ubuntu**	**Datos**	**Espacio sin asignar**

Partición de un disco duro.

Soportes de almacenamiento

En función de la tecnología que utilizan para grabar la información, estos soportes se clasifican en:

- **Magnéticos** (disquetes, cintas y discos duros). Almacenan la información sobre una superficie de naturaleza magnética.

Disquetes (1,44 MB)

Cintas (Varios TB)

Discos duros (Varios TB)

- **Ópticos** (CD, DVD y Blu-ray). La información se almacena en forma de pequeñas hendiduras creadas en el disco, que se leen con un láser.

CD (700 MB)

DVD (4,7 GB)

Blu-ray (25 GB)

- **Memorias *flash*** (tarjetas de memoria y memorias USB). Sistemas de almacenamiento estático que no necesitan corriente para guardar los datos.

Tarjetas de memoria (Varios GB)

Memorias USB (Varios GB)

- **Unidades de estado sólido o SSD.** Dispositivos de almacenamiento de una gran capacidad y velocidad.

4.3 Sistema de archivos

Un archivo, fichero o documento es un conjunto de información que se almacena y que puede ser manipulada con el ordenador (texto, imagen, música, vídeo, etc.).

El sistema de archivos es el modo en que se organizan, se almacenan y se gestionan los archivos.

Cada sistema operativo emplea su propio sistema de archivos para optimizar los recursos y la velocidad de acceso. Algunos de ellos son:

- **Windows.** FAT, FAT32, NTFS, EFS y exFAT.
- **Linux.** ext2, ext3, ext4, JFS, ReiserFS, swap y XFS.
- **Mac OS.** HFS y HFS+.
- **Android.** EXT4 y F2FS.

Antes de utilizar un soporte de almacenamiento para guardar información, este debe haberse formateado con el sistema de archivos correspondiente.

4.4 Organización de archivos

Los sistemas operativos se encargan de organizar los archivos y de permitir al usuario realizar operaciones con los mismos (crear, copiar, mover, borrar, etc.) a través del **Explorador de archivos.**

Los nombres de archivo en Windows tienen extensiones, tales como **.txt, .exe, .doc,** etc., y, aunque en Linux no tienen significado, se suelen utilizar para identificar el tipo de archivo. Otra información adicional que se almacena sobre los archivos se refiere a los atributos, como el propietario, el tipo, el tamaño o la fecha de creación.

Los archivos relacionados se agrupan en carpetas que, a su vez, pueden contener otros archivos y carpetas, formando una estructura en árbol que cuelga de una «carpeta raíz».

Linux gestiona tanto la información como los dispositivos (disco duro, tarjeta gráfica, memoria, etc.) en forma de archivos. Algunas de las carpetas más importantes que utiliza para organizar estos archivos son las siguientes:

/	Directorio raíz del que cuelgan los demás.
/home	Lugar donde se almacenan las cuentas de usuario.
/dev	Dispositivos del ordenador (discos duros, impresoras, etc.).
/media	Unidades de almacenamiento (memorias *flash,* DVD, etc.).
/usr	La mayoría de archivos de Linux (código fuente, programas, etc.).
/etc	Archivos de configuración del sistema.
/bin	Archivos binarios o ejecutables del sistema operativo.

La ruta de acceso es la localización de un archivo en el sistema operativo y se expresa como la secuencia de carpetas donde está ubicado, separadas por barras del siguiente modo:

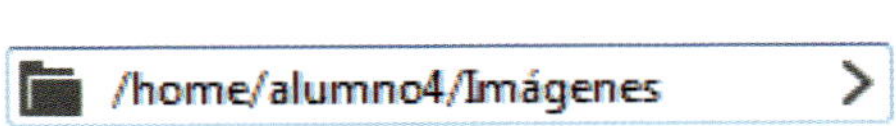

Ruta de acceso en Linux, Android y Mac OS.

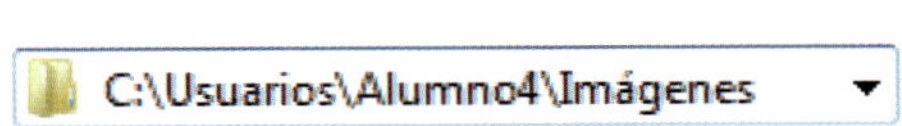

Ruta de acceso en Windows.

Actividad guiada: particiones de disco

Ver las particiones en Linux

1. Abre el **Terminal** y teclea el comando **df -h.**
2. Utiliza la aplicación **Discos,** incluida por la mayoría de distribuciones, para gestionar las particiones. También es posible instalar otros editores, como GParted.

Ver las particiones en Windows

3. Abre la herramienta **Administración de discos.** La forma más rápida de localizarla es utilizar el asistente de búsqueda.
4. Utiliza una aplicación específica para la gestión de particiones, como EaseUS Partition Master, Partition Magic, etc.

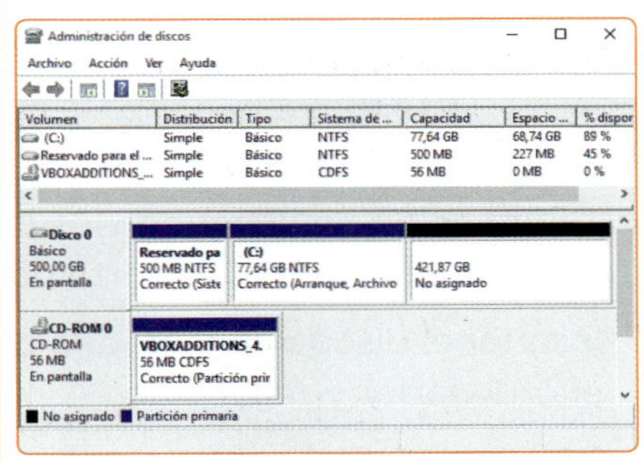

5 Instalación de Windows

5.1 Consideraciones previas

Antes de instalar este sistema operativo, es importante adoptar las siguientes medidas:

- **Revisar los requerimientos del sistema.** La mayoría de instalaciones Windows necesitan, al menos, 1 GB de RAM y más de 20 GB de espacio en el disco duro.
- **Realizar una copia de seguridad de los datos del equipo.** Permitirá recuperar la información en caso de que se produzca cualquier fallo o error durante el proceso de instalación.

5.2 Arrancar desde el soporte de instalación

Los sistemas operativos suelen estar contenidos en un disco o en una memoria *flash*. Para que el ordenador arranque utilizando el soporte de instalación, es necesario configurarlo del siguiente modo:

1. Encender el ordenador y, pasados unos instantes, acceder a la BIOS pulsando la tecla que se muestra en la parte inferior de la pantalla (suele ser **Supr, Esc, F2** o **F10**).
2. Presionar las flechas del teclado para acceder al menú **Boot** o similar, que contiene la secuencia de unidades para el arranque.
3. Emplear las teclas indicadas en la pantalla (por ejemplo, **+** y **-**) para elegir el soporte de instalación como primera unidad.
4. Presionar la tecla **F10** o la que indique la leyenda, por ejemplo, **Save and Exit,** para guardar los cambios y salir.

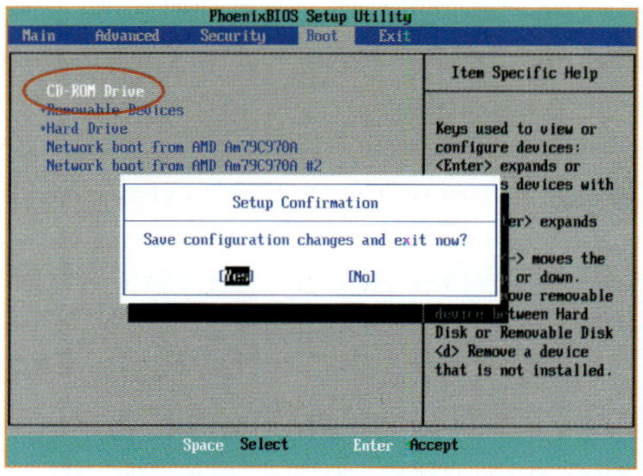

Establecer el CD-ROM como primera unidad y guardar los cambios.

5.3 Pasos de la instalación

A continuación, se describen los pasos básicos para instalar el sistema operativo utilizando el soporte del fabricante:

1. Insertar el disco o la memoria que contiene el sistema operativo en el ordenador y reiniciarlo.
2. Presionar (en el caso de que se utilice un DVD y aparezca el mensaje **Pulsar cualquier tecla para iniciar desde el disco**) cualquier tecla para iniciar el programa de instalación.
3. Especificar el idioma y, si se desea, algunas preferencias que son opcionales. Hacer clic en **Siguiente** para comenzar la instalación.
4. Aceptar, una vez leídos, los **Términos de licencia.**
5. Elegir el tipo de instalación deseada, **Actualización** o **Personalizada (avanzada):**

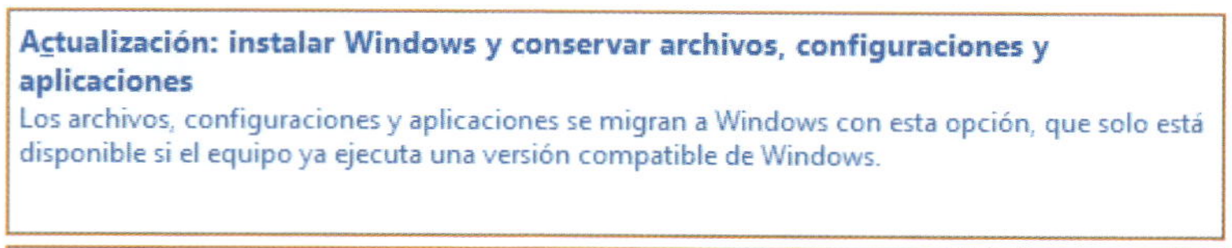

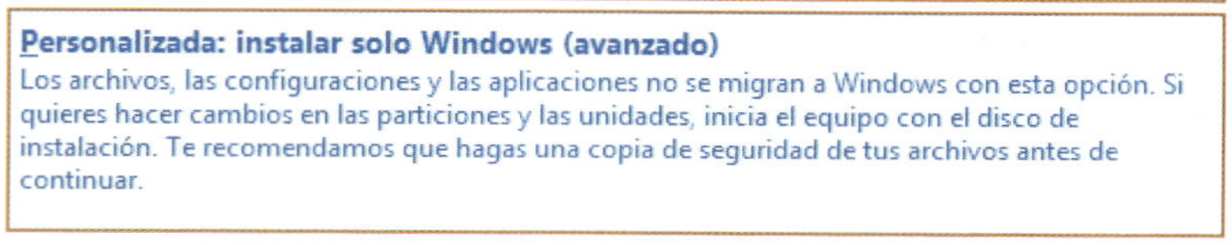

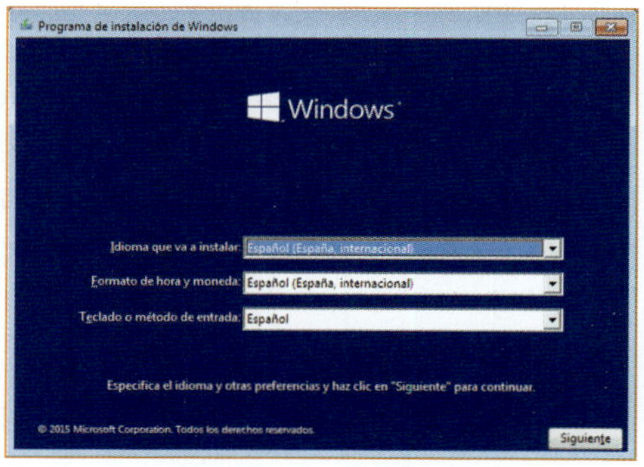

Cuadro de diálogo de idioma y preferencias de Windows.

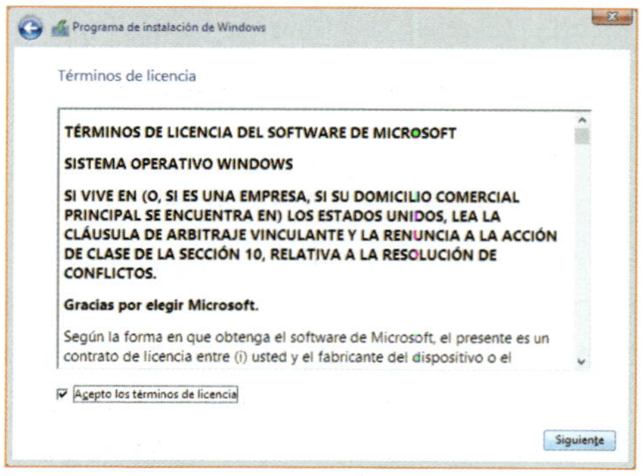

Aceptar los **Términos de licencia.**

5.4 Preparar particiones

Cuando se instala un equipo por primera vez, es recomendable crear una partición nueva para cada sistema operativo que se vaya a instalar y otra adicional para los datos. Los pasos para hacerlo son:

1 Hacer clic en **Nuevo** para crear las particiones, especificando el tamaño deseado en cada una de ellas.

2 Formatear la partición destinada a Windows y, después, hacer clic en **Siguiente** para comenzar el proceso.

En caso de realizar la instalación en un equipo sin particiones libres, hay que utilizar un software específico para redimensionar las existentes y crear nuevas.

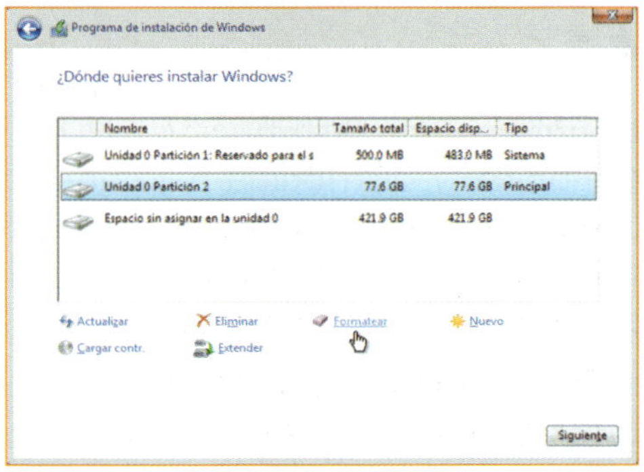

Gestionar las particiones.

5.5 Seguir el asistente de instalación

Una vez creadas las particiones, se inicia el proceso de instalación de Windows y es posible que el equipo se reinicie varias veces.

Los pasos para continuar la instalación son los siguientes:

1 Elegir la opción que se desee, **Configuración rápida** o **Personalizar la configuración.** En caso de optar por la configuración personalizada, es posible elegir qué datos se sincronizan con Microsoft (contactos, calendario, ubicación, etc.), así como algunas funciones para mejorar la experiencia al utilizar el ordenador (protección contra software malicioso, predicción de la navegación web, conexión a una wifi abierta, etc.).

2 Confirmar si el ordenador es de uso personal o pertenece a una organización. A continuación, escribir los datos que se solicitan: el nombre de usuario, el nombre del equipo, la contraseña y la clave de Windows.

3 Iniciar la sesión en la nube. Para ello, hay que agregar los credenciales de una cuenta de Microsoft (Outlook, Hotmail, etc.). Si se omite este paso, el administrador puede configurar el inicio de sesión en modo local, esto es, agregando un nombre de usuario y una contraseña.

Una vez hecho esto, Windows prepara el equipo y realiza los ajustes necesarios. Cuando ha finalizado, se muestra el escritorio.

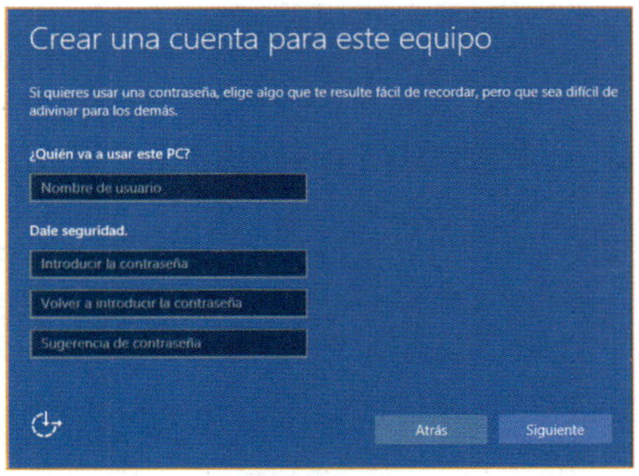

Configurar el equipo.

Comprende, piensa, aplica...

1 Visita el sitio oficial de Microsoft Windows y añade a tus marcadores los enlaces a las siguientes páginas:

a) Microsoft Store para estudiantes.

b) Los requisitos del sistema para instalar la última versión comercializada de Windows.

c) Licencias DreamSpark.

2 **Investiga** qué diferencia hay entre la versión de Windows de 32 bits y la de 64 bits. Averigua cuál de ellas tienes instalada en tu equipo.

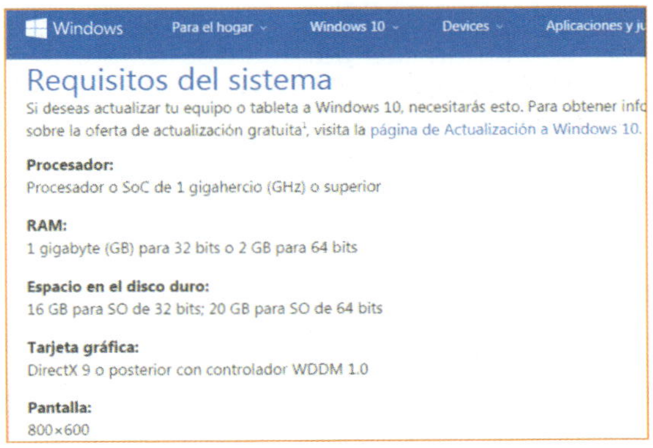

6 Instalación de Ubuntu

6.1 Características de Ubuntu

Ubuntu es una distribución GNU/Linux patrocinada por la compañía Canonical y distribuida bajo una licencia de software libre. Su nombre proviene de la ideología sudafricana *«ubuntu»* (cuyas posibles traducciones son 'humanidad hacia otros' o 'yo soy porque nosotros somos').

La página oficial de Ubuntu (www.ubuntu.com) contiene información diversa, versiones de descarga, ayuda y soporte técnico del sistema operativo.

La distribución de Ubuntu incluye el sistema operativo y una selección de aplicaciones de uso común. Para obtenerla, basta con descargarla de Internet como un archivo con extensión **.iso** que, al grabarlo como «imagen de disco», creará una copia literal del original.

6.2 Probar e instalar Ubuntu

Los pasos para iniciar la instalación de Ubuntu son los siguientes:

1. Arrancar el ordenador con el soporte que contiene el sistema operativo: DVD, Blu-ray, memoria *flash,* etc.
2. Elegir el idioma y una de las dos opciones del cuadro de diálogo de bienvenida:
   - **Probar Ubuntu.** Permite utilizar el sistema operativo con total funcionalidad. Sin embargo, hay que tener en cuenta que, al apagar el ordenador, no se habrá realizado ningún cambio en el sistema.
   - **Instalar Ubuntu.** Inicia el asistente que guía el proceso de instalación en el equipo.

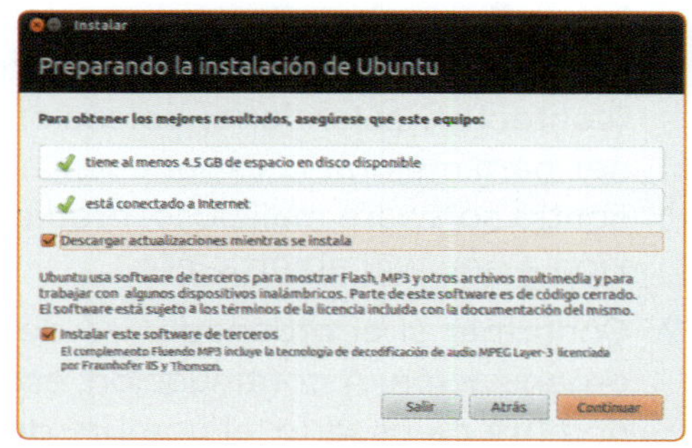

Pasos previos a la instalación de Ubuntu.

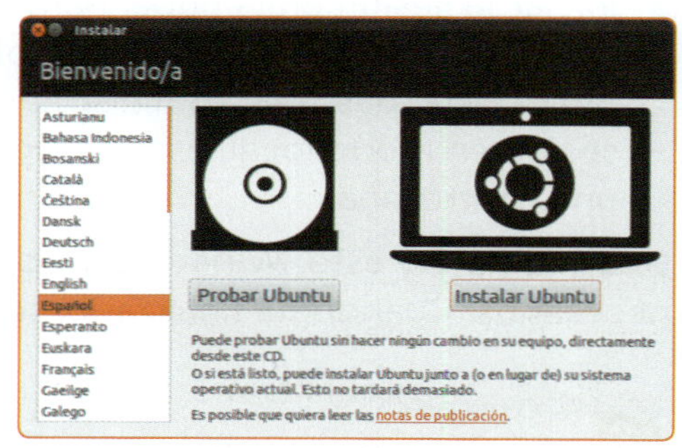

Cuadro de diálogo de bienvenida a Ubuntu.

6.3 Preparar el espacio del disco

Ubuntu puede usar todo el espacio del disco del equipo o compartirlo con otros sistemas operativos previamente instalados. Así, al comenzar el proceso de instalación, se ofrecen las siguientes alternativas para preparar el espacio del disco:

- **Instalar Ubuntu junto a otro sistema operativo.** Opción habitual que se utiliza al instalar Ubuntu en un equipo que ya dispone de otro sistema operativo. En caso de que no haya espacio libre, se redimensionan las particiones existentes (sin borrar información) para dejar espacio a Ubuntu.
- **Borrar disco e instalar Ubuntu.** Opción que aparece cuando no se detecta ningún otro sistema operativo instalado. El disco se formatea y Ubuntu gestiona todo el espacio.
- **Actualizar Ubuntu.** Opción que permite actualizar una versión previa del mismo sistema operativo conservando los archivos personales.
- **Algo más.** Opción que requiere poseer conocimientos avanzados de Linux y que permite crear particiones, redimensionarlas, editarlas o borrarlas.

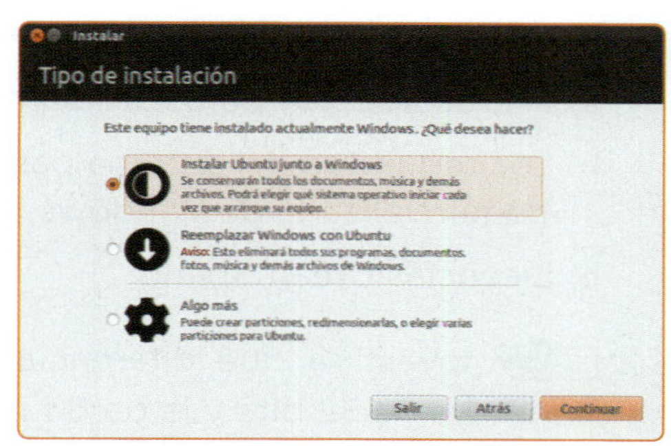

Opciones disponibles en un equipo que ya dispone de Windows instalado.

6.4 Especificar las particiones manualmente

La opción **Algo más** permite al usuario personalizar la distribución del espacio del disco mediante la edición manual de la tabla de particiones. Por tanto, solamente se recomienda su elección a usuarios con conocimientos previos avanzados, ya que de otro modo podría dejar el equipo inoperativo.

Para crear las particiones manualmente, se debe seleccionar el espacio libre y hacer clic en la opción **Añadir...**, como se muestra en la figura.

Una posible configuración podría ser:

Uso	Tamaño	Tipo	Sistema de ficheros	Punto de montaje
Arranque	1 GB	Primaria	ext4	/boot
Swap (Complementa a la memoria RAM)	El doble de la RAM	Lógica	Área de intercambio	-
Sistema operativo y aplicaciones	> 50 GB	Lógica	ext4	/
Usuarios, descargas, música, etc.	Resto	Lógica	ext4	/home

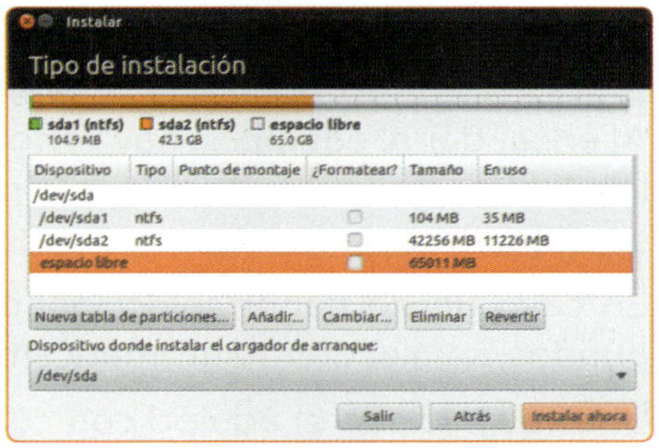

Esquema de particiones previo.

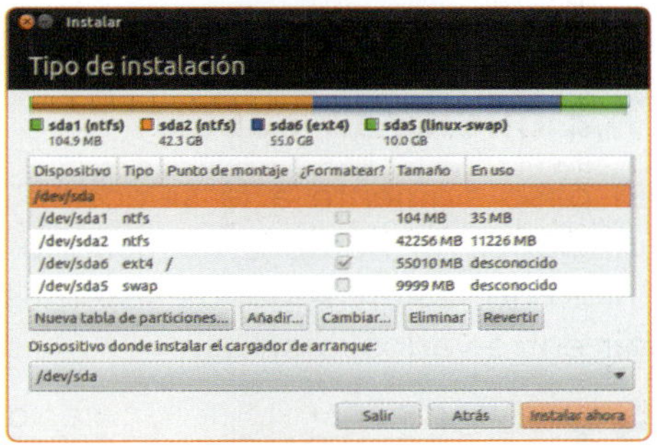

Esquema de particiones resultante.

En las siguientes figuras se muestran las ventanas de creación de ambas particiones:

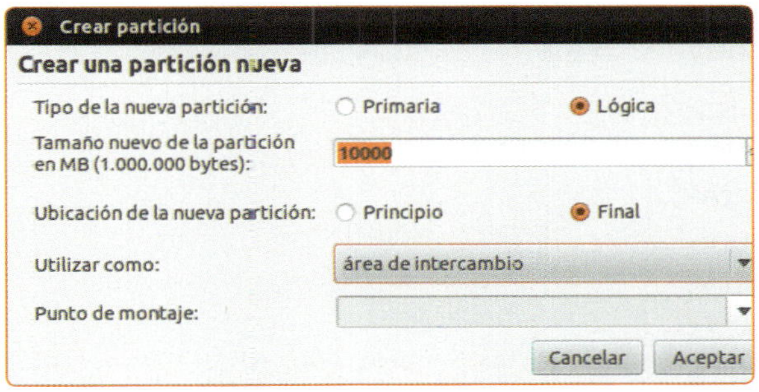

Partición swap.

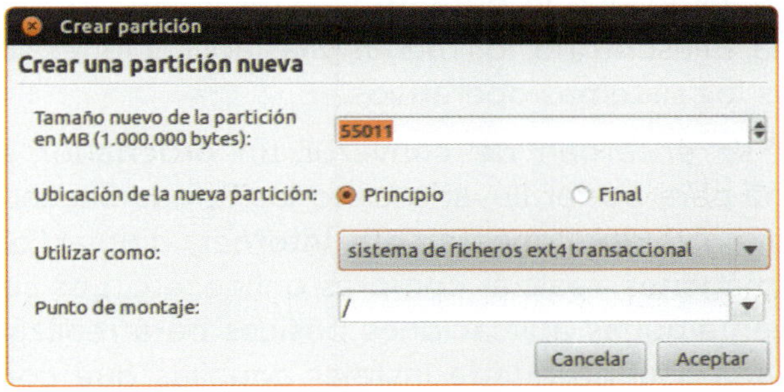

Partición ext4.

6.5 Completar la instalación

Durante el proceso de instalación, el usuario tendrá que resolver las siguientes cuestiones:

- **¿Dónde se encuentra?** Indicar al programa la zona horaria.
- **Distribución de teclado.** Elegir el idioma del teclado y escribir texto en el espacio destinado a tal efecto para comprobar que funciona.
- **¿Quién es usted?** Introducir los datos del usuario que tendrá privilegios de administrador en el sistema operativo. Para ello, se solicita su nombre, el nombre del equipo y la contraseña.

Después, habrá que esperar, mientras se muestra información sobre las utilidades del sistema operativo, hasta que se complete el proceso. A continuación, el usuario deberá cerrar el soporte de instalación y hacer clic en **Reiniciar ahora.**

Ubuntu creará un menú con todos los sistemas operativos instalados y permitirá elegir al usuario, cada vez que arranque el ordenador, con cuál desea trabajar.

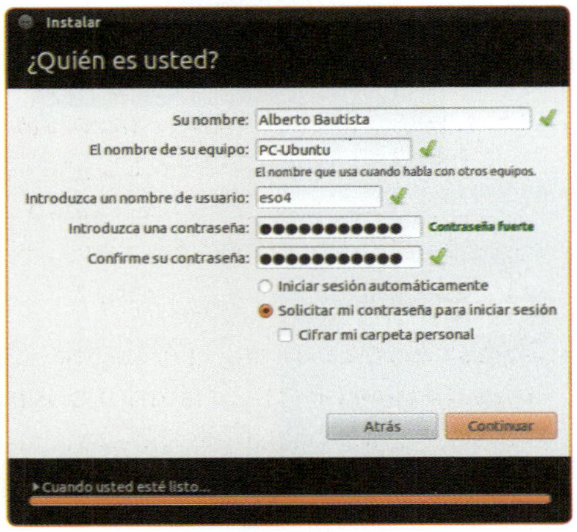

Cuadro de diálogo **¿Quién es usted?**

7 Entorno de los sistemas operativos

7.1 Gestor de arranque

Al encender el equipo, si hay varios sistemas operativos instalados, se inicia el gestor de arranque, que permite elegir el sistema con el que se desea trabajar.

En caso de no haber seleccionado ninguno, transcurridos unos segundos, se ejecutará automáticamente el que esté predeterminado.

Una vez iniciado el equipo con cualquiera de los sistemas operativos disponibles, el ordenador trabajará como si solo dispusiera de dicho sistema.

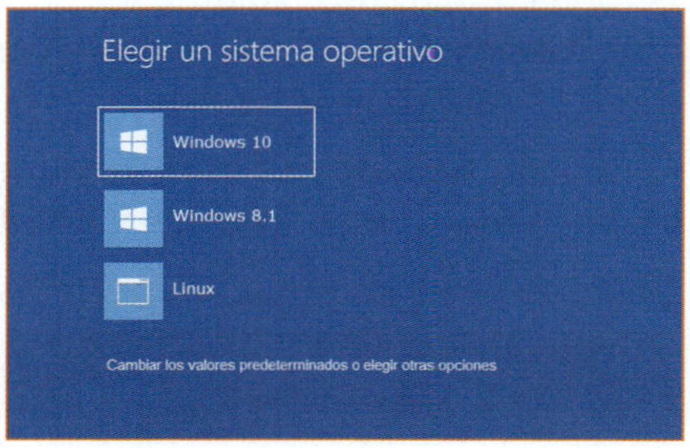

Gestor de arranque.

7.2 Iniciar la sesión

El paso siguiente a la selección del sistema operativo consiste en introducir el nombre de usuario y la contraseña en la pantalla de inicio de sesión. Algunos sistemas operativos permiten, además, elegir entre varios idiomas.

7.3 El escritorio y las aplicaciones

El escritorio es el entorno gráfico que aparece una vez que el usuario ha iniciado sesión; es lo que le permite realizar cualquier actividad dentro del sistema. El escritorio, los menús y las aplicaciones son muy similares en todos los sistemas operativos.

Las aplicaciones se encargan de convertir un ordenador en una herramienta eficaz para poder llevar a cabo las tareas deseadas, tales como escribir un texto, conectarse a Internet, dibujar, comunicarse, jugar, ver imágenes, realizar compras online, etc. Los sistemas operativos incluyen algunas aplicaciones básicas para realizar estas tareas, aunque cada usuario puede instalar aquellas que considere necesarias para dotar a su equipo de la máxima funcionalidad.

Las aplicaciones se agrupan por categorías (accesibilidad, educación, Internet, multimedia, gráficos, ofimática, etc.) y se puede acceder a ellas desde el menú **Inicio** o **Aplicaciones.**

Escritorio de las distribuciones educativas LinEx, Linkat, MAX, Guadalinex y LliureX.

Componentes del escritorio

Barra de menús. Muestra el menú de la aplicación seleccionada en cada momento, aumentado así el área de trabajo que hay disponible.

Ventanas activas. Manteniendo presionada la tecla **Alt** y pulsando el tabulador, se puede activar en primer plano cualquiera de las aplicaciones abiertas.

Carpeta personal. Contiene los documentos, imágenes, vídeos, música, descargas y archivos personales del usuario que ha iniciado la sesión.

Área de indicadores. Facilita el acceso a la gestión de red, volumen, reloj, usuarios, etc. Entre otras opciones, permite reiniciar o apagar el equipo.

Tablero o Dash. Proporciona el acceso a todas las aplicaciones y archivos. Es similar al menú **Inicio** o **Aplicaciones** de otros sistemas operativos.

Explorador de archivos. Gestiona los archivos y las carpetas; permite, entre otras cosas, organizar, copiar, mover o eliminar elementos.

Áreas de trabajo. Intercambia entre los escritorios virtuales con los que se puede trabajar simultáneamente para facilitar la organización del trabajo.

Papelera de reciclaje. Almacena y permite recuperar los elementos que se han suprimido, hasta que el usuario la vacíe para eliminarlos definitivamente.

Escritorio de Ubuntu.

7.4 Utilidades de los sistemas operativos

Los sistemas operativos tienen, entre otras, las siguientes utilidades:

- **Accesorios.** Son aplicaciones básicas del sistema operativo, como la calculadora, el bloc de notas, la consola, etc. Permiten realizar tareas básicas, como leer documentos PDF, comprimir y descomprimir archivos, hacer capturas de pantalla, etc.
- **Preferencias del sistema.** Sirven para personalizar aspectos del sistema operativo, como el fondo de escritorio, los menús, el tema, etc.
- **Herramientas de administración.** Permiten configurar aspectos del sistema, como el arranque, los dispositivos hardware, la red, los usuarios o los programas.

7.5 Cerrar la sesión

Cuando se ha terminado de trabajar en el ordenador, es fundamental apagarlo de forma correcta para evitar posibles daños tanto en el hardware como en el software instalado. Para ello, el apagado debe efectuarse desde la opción **Apagar,** nunca directamente desde el botón del ordenador.

También es posible hacer clic en **Cerrar sesión...** para que el sistema operativo muestre la pantalla de **Inicio de sesión** y otros usuarios puedan acceder a sus cuentas sin necesidad de apagar el sistema previamente.

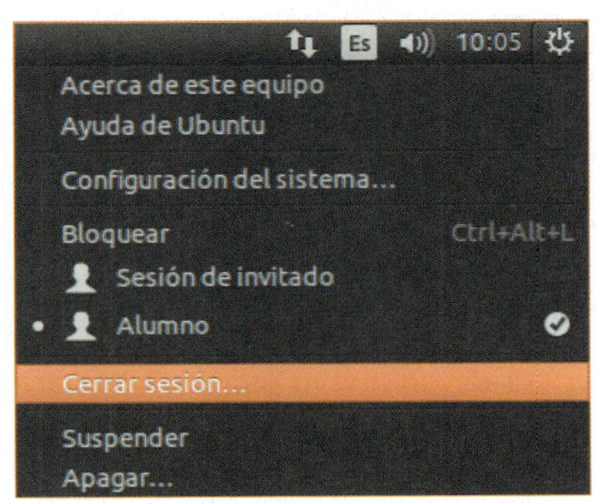

Cerrar sesión en Ubuntu.

8 Configuración del entorno del sistema operativo

8.1 Herramientas de configuración

Los sistemas operativos disponen de diversas herramientas para administrar el equipo. Estas permiten configurar la apariencia del escritorio y de las ventanas, los usuarios, la conexión a Internet, los dispositivos, etc.

Las herramientas de configuración son similares en todos los sistemas operativos, aunque cada uno les asigna un nombre y una ubicación distintas. Para poder utilizarlas, se requiere tener privilegios de administrador o *root.*

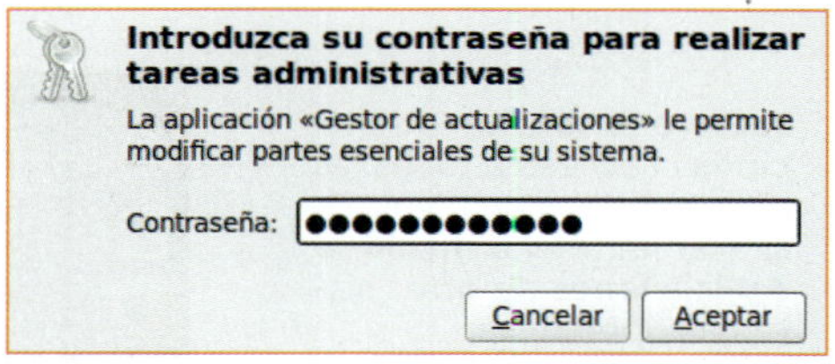

Autentificación en el sistema como administrador.

8.2 Personalizar el entorno

Los sistemas operativos permiten personalizar los entornos de trabajo a través de las siguientes herramientas:

- ***Gadgets* de escritorio.** Ofrecen información complementaria al usuario y amplían las funcionalidades del sistema, con un reloj, un calendario, notas, etc.
- **Apariencia.** Determina las preferencias relacionadas con el aspecto del escritorio, como el tema, el fondo de pantalla, los tipos de letra, los efectos visuales, etc.
- **Protector de pantalla.** Aparece en el monitor una vez que ha transcurrido un tiempo determinado de inactividad en el ordenador. Este permite mantener la privacidad del contenido de la pantalla, así como evitar que el monitor se deteriore al permanecer mucho tiempo con una imagen fija.
- **Resolución de pantalla.** Establece la resolución, el color y la frecuencia de refresco del monitor. Los posibles parámetros varían en función del monitor y la tarjeta gráfica del ordenador.
- **Panel de lanzadores.** Ofrece una forma rápida de abrir los menús, programas y documentos que se utilizan habitualmente. El usuario puede configurarlo a medida.
- **Accesibilidad.** Ajusta la configuración de visibilidad, audición y movilidad al utilizar el equipo. Entre otras opciones, permite ampliar la pantalla o controlar el ordenador con la voz.

Temas y apariencia en Windows.

Menú **Apariencia** de Ubuntu.

Comprende, piensa, aplica...

1 **Lista.** Enumera las herramientas de accesibilidad instaladas en tu equipo y su función. ¿Crees que estas herramientas tienen alguna semejanza con las páginas web accesibles?

2 ¿Es necesario introducir la contraseña de administrador para crear un nuevo usuario? ¿Y para cambiar el fondo de pantalla?

3 Personaliza la apariencia de tu sistema operativo eligiendo el tema, el fondo de pantalla, etc.

8.3 Administrar el sistema operativo

Los menús de preferencias del sistema permiten configurar el sistema operativo a través de diversas herramientas que aparecen agrupadas en varias categorías: **Sistema, Dispositivos, Red, Internet, Usuarios, Seguridad, Privacidad, Accesibilidad,** etc.

Para acceder a ellas, hay que hacer clic en **Configuración** o **Ajustes,** opciones disponibles en los menús del sistema.

Algunas de las herramientas principales que proporcionan los distintos entornos son:

- **Copia de seguridad.** Se pueden programar copias de seguridad automáticas, configurar su frecuencia, el tipo de almacenamiento o los archivos incluidos.
- **Hora y fecha.** Herramienta para la configuración del reloj del sistema. Se utiliza para cambiar la hora, la fecha y la zona horaria, así como para sincronizar el reloj con servidores de Internet.
- **Impresión.** Permite añadir nuevas impresoras locales o en red, así como configurar las ya instaladas. La mayoría de las impresoras utilizan la tecnología Plug & Play, que hace que el sistema operativo las reconozca automáticamente al conectarlas al ordenador.
- **Cuentas de usuario.** Los usuarios son quienes utilizan el sistema y tienen acceso a los recursos disponibles en función de sus privilegios. El administrador puede gestionar las cuentas de usuario del sistema (añadir, eliminar y establecer contraseñas).
- **Sincronización y almacenamiento.** La información se puede almacenar tanto en el equipo como en la nube; con esta última opción, la información está sincronizada y disponible desde cualquier dispositivo. Para ello, Windows utiliza OneDrive y los dispositivos de Apple, iCloud.
- **Dispositivos.** El sistema operativo permite establecer ajustes para dispositivos como la cámara, el ratón, el teclado, la pantalla, la impresora, el escáner, etc.

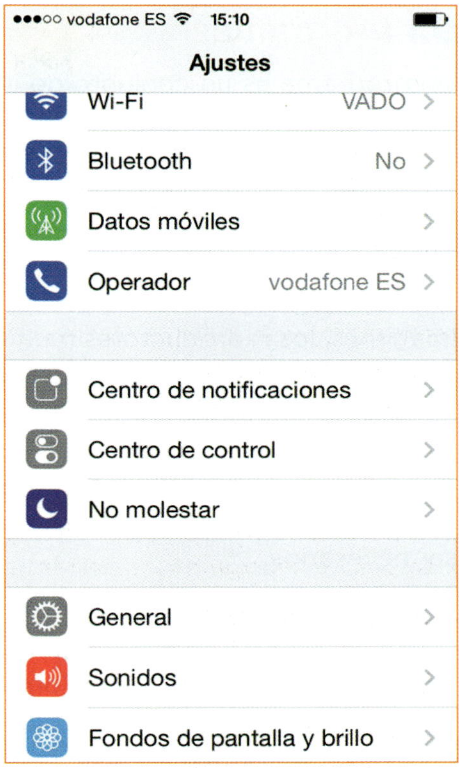

Configuración del sistema iOS.

Preferencias del sistema

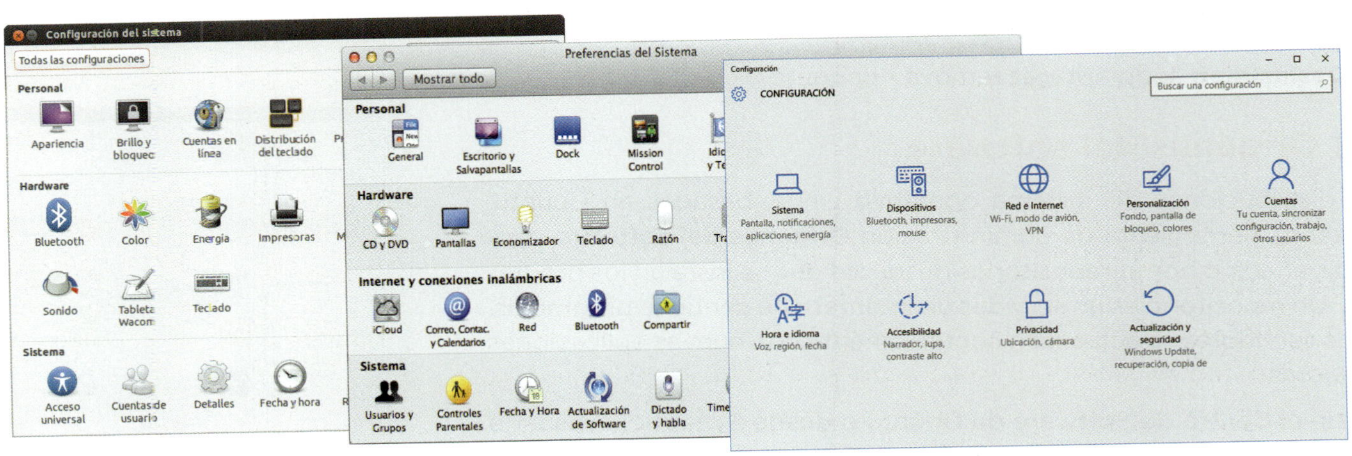

Menús de configuración del sistema en Ubuntu, Mac OS y Windows.

9 Gestión de programas

9.1 Programas

Un programa es un conjunto de instrucciones que permiten realizar diferentes tareas en el ordenador. Los programas también se conocen con el nombre de «aplicaciones» o *«apps».*

Si un ordenador tuviera instalado un sistema operativo sin programas, sería un equipo prácticamente inservible, pues lo que verdaderamente da funcionalidad a un sistema es el conjunto de programas que lo integran, como los procesadores de textos, los editores de imágenes, los reproductores multimedia, etc.

Cuando se instala una distribución de Linux, también se instalan los programas utilizados habitualmente en el ordenador, a diferencia de lo que ocurre con Windows, en el que el usuario es el encargado de instalar los programas. No obstante, en ambos sistemas operativos se pueden añadir nuevos programas o quitarlos cuando dejan de ser necesarios.

Lanzador

Función de la que disponen algunos sistemas operativos para proporcionar al usuario un acceso rápido a las aplicaciones y herramientas deseadas.

En los dispositivos móviles se utiliza un *launcher,* anglicismo de «lanzador», para personalizar el aspecto del escritorio y organizar las aplicaciones.

Launcher de Android.

9.2 Instalar o desinstalar programas en Linux

Las distribuciones de Linux ofrecen diferentes posibilidades para instalar aplicaciones. Algunas de ellas son las siguientes:

- **Añadir y quitar programas.** Muestra un listado de las aplicaciones preinstaladas que se pueden activar para que aparezcan en el entorno del sistema operativo.
- **Centro de Software de Ubuntu.** Tienda de aplicaciones disponible en todas las distribuciones basadas en Ubuntu (LliureX, Guadalinex, MAX, etc.). Una vez localizado un programa, hay que hacer clic en **Instalar** o **Desinstalar,** en función de la acción que se desee llevar a cabo.
- **Gestor de paquetes Synaptic.** Se utiliza para realizar una gestión de software más avanzada en aquellos sistemas basados en paquetes, lo que permite controlar sus dependencias.
- **Utilizar el terminal.** Se necesitan privilegios de administrador y conocimientos avanzados para realizar esta tarea. Los comandos básicos de uso son los siguientes:
  - **Instalar:** sudo apt-get install <paquete>.
  - **Desinstalar:** sudo apt-get remove <paquete>.

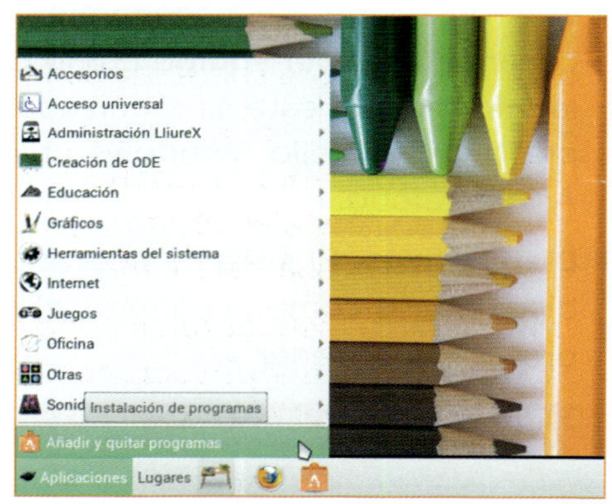

Opción **Añadir y quitar programas** de Ubuntu.

9.3 Orígenes del software

Las distribuciones del sistema operativo Linux, basadas en Ubuntu, utilizan la herramienta de administración **Orígenes del software** para editar, añadir o borrar repositorios desde los que se instalan los programas. Un repositorio es un servidor de Internet que contiene programas. Estos servidores se actualizan continuamente con nuevas aplicaciones y mejoras.

Desde el Centro de Software de Ubuntu o desde Synaptic, el usuario tiene acceso a todos los programas incluidos en los diferentes repositorios, así como a la opción de administrar estos.

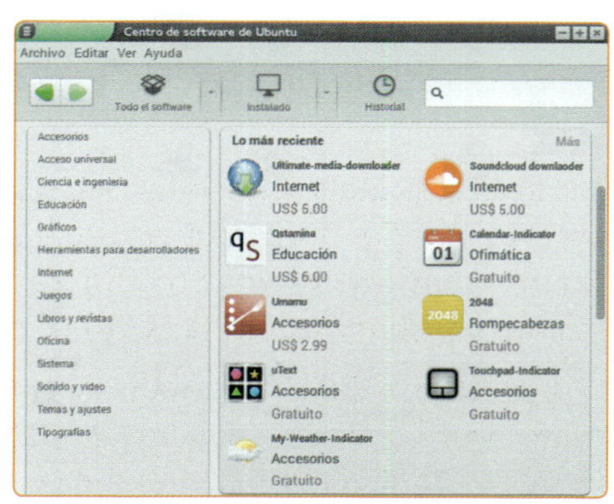

Centro de Software de Ubuntu.

9.4 Instalar programas en Windows

La instalación de programas en Windows es similar al resto de sistemas operativos, aunque el proceso puede variar en función de la ubicación del programa que se desea instalar:

- **Tienda** . Permite instalar una gran cantidad de programas de forma rápida y sencilla. Para utilizarla es necesario iniciar sesión con una cuenta de Microsoft.

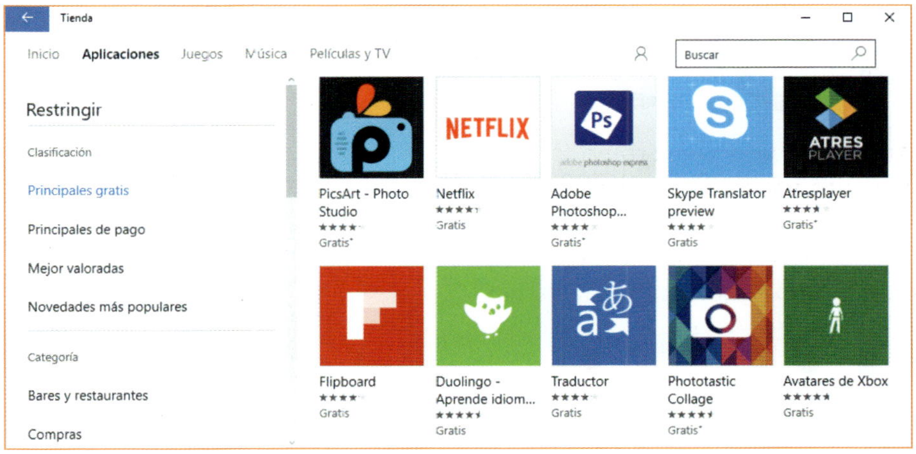

Tienda de aplicaciones de Windows.

- **Disco de instalación.** Cuando los programas se encuentran en un disco (CD, DVD, Blu-ray, memoria *flash,* etc.), por lo general, al introducir el disco, se inicia automáticamente el asistente de instalación. Si no se inicia, se debe ejecutar el archivo de instalación del programa, cuyo nombre suele ser **Setup.exe, Install.exe,** etc.
- **Internet.** Una vez que se ha descargado y descomprimido el archivo de instalación, si es necesario, hay que ejecutarlo. Es muy importante descargar e instalar programas que procedan únicamente de sitios web de confianza para evitar la entrada de *malware* en el equipo.

Los programas instalados se pueden modificar, actualizar y desinstalar desde la ventana **Aplicaciones y características,** dentro del menú **Configuración del sistema.**

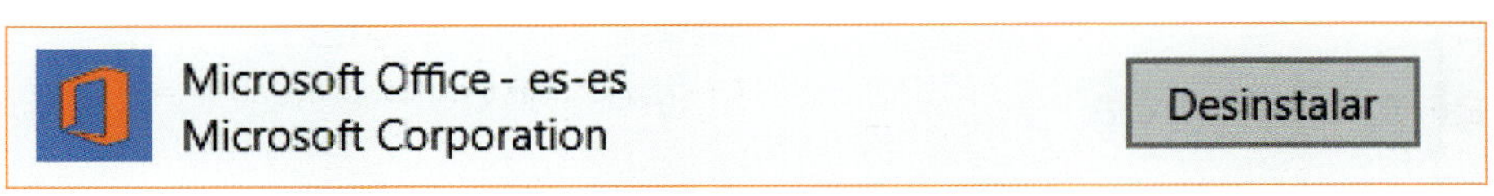

Desinstalar programas desde **Aplicaciones y características.**

9.5 Android

Android es una plataforma de código abierto, por lo que cualquier usuario puede crear aplicaciones para que se ejecuten en la misma. Cuenta con una gran comunidad de desarrolladores que han creado millones de *apps* que pueden descargarse desde Google Play Store .

Las *apps* de Android tienen la extensión **.apk,** una variante del formato JAR de Java. Para instalar un archivo APK en Android sin usar Google Play Store, es suficiente con ejecutar dicho archivo en el dispositivo móvil.

Actividad guiada: instalar Microsoft Office

Los pasos para realizar la instalación de Microsoft Office son los siguientes:

1. Inserta el disco que contiene el programa. El asistente de instalación se iniciará automáticamente.
2. Introduce la clave del producto.

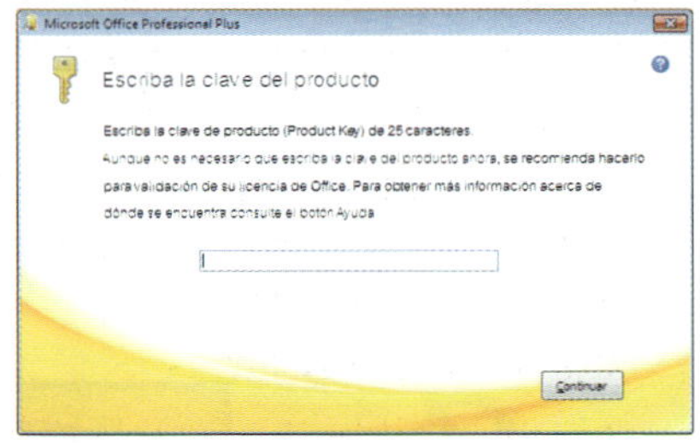

3. Lee los **Términos de licencia** y acepta el contrato.

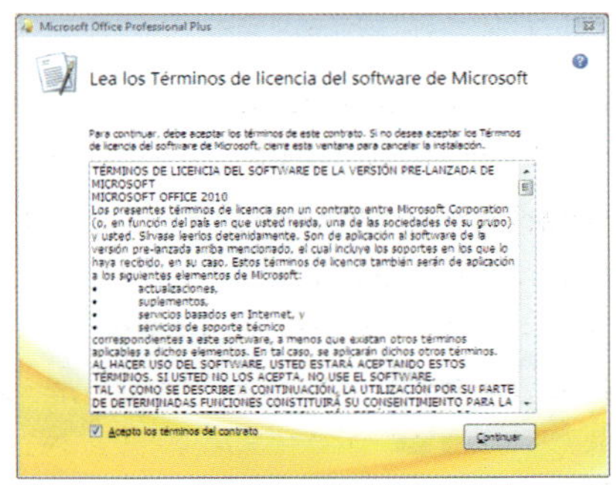

4. Selecciona el tipo de instalación.

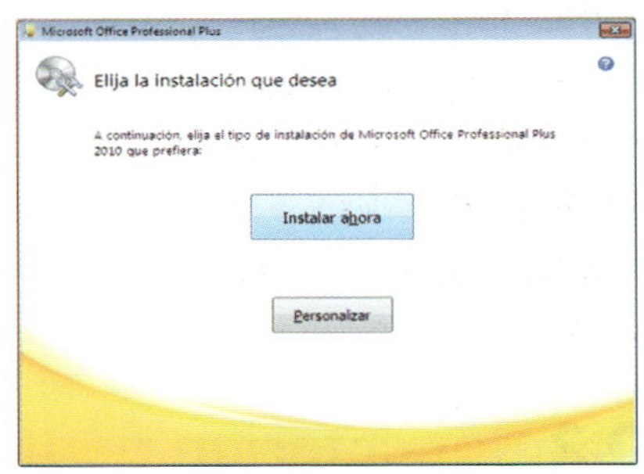

5. Selecciona los componentes que desees instalar.

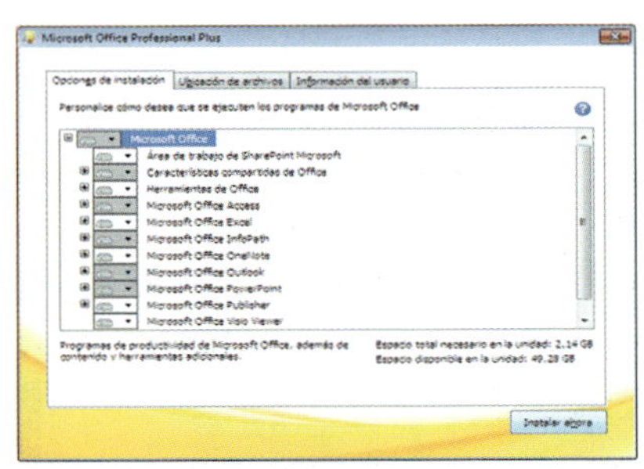

6. Finaliza la instalación.

10 Dispositivos periféricos

10.1 Clasificación

Los dispositivos periféricos son aquellos que el usuario emplea para interactuar con el ordenador. Se clasifican en:

- **Periféricos de entrada.** Permiten que el usuario pueda interaccionar con el ordenador para introducir datos e instrucciones.

- **Periféricos de salida.** Sirven para obtener información del ordenador una vez que los datos han sido procesados por este.

- **Periféricos de almacenamiento.** Se emplean para guardar información de forma permanente en soportes de almacenamiento como los discos o las memorias *flash.*

- **Periféricos de comunicación.** Se encargan de conectar dispositivos e intercambiar datos entre ellos. La conexión puede ser por cable o inalámbrica (wifi, Bluetooth, infrarrojos, etc.).

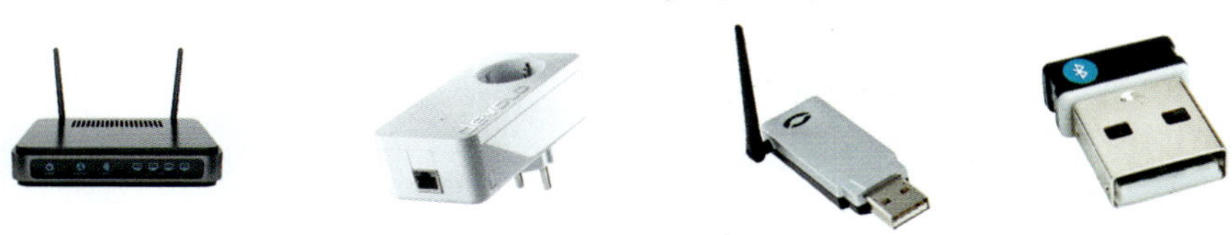

10.2 Conectar un periférico al ordenador

Los periféricos se pueden conectar directamente a la placa base, a través de un puerto o de una conexión inalámbrica.

Los ordenadores disponen de varios puertos para la conexión de dispositivos. Algunos de los más habituales son los siguientes:

USB | USB-C | eSATA | HDMI | Red | Micrófono | Audio

Desarrollo sostenible en la fabricación y el reciclaje de dispositivos informáticos

Los beneficios de las nuevas tecnologías son innumerables. Sin embargo, dada la gran cantidad de dispositivos que se fabrican y desechan, es importante asegurar un desarrollo sostenible tanto en la fabricación como en el reciclaje de los mismos.

Fabricación de componentes informáticos

El proceso de producción de dispositivos informáticos exige un alto consumo de materiales y energía, mayor al de otros productos tradicionales. Por ejemplo, para fabricar un ordenador de sobremesa, se precisan al menos 240 kg de combustibles fósiles, 22 kg de productos químicos y 1500 kg de agua. En consecuencia, el peso de combustibles fósiles utilizados para su fabricación es unas diez veces el peso del ordenador, mientras que, en el caso de los productos de tecnologías tradicionales, dicha proporción es mucho menor (solo dos veces en el caso de un automóvil o un frigorífico).

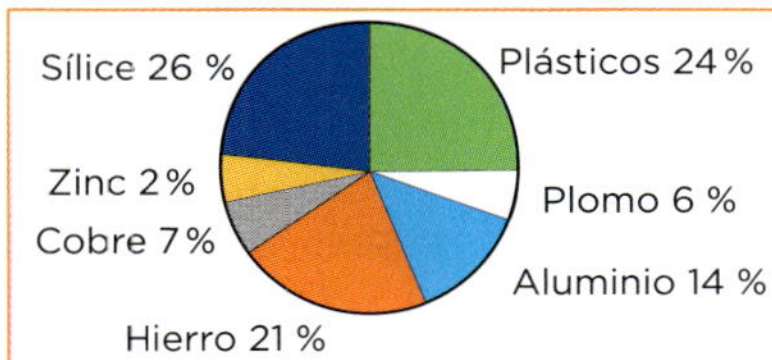

Compuestos de un ordenador.

La obsolescencia programada

La obsolescencia programada es el diseño de aparatos con la planificación de que tengan una duración determinada, de modo que, tras un periodo de tiempo, dejan de utilizarse o se vuelven inservibles. Por ejemplo, los equipos de alta tecnología, debido a su rápida evolución, se consideran obsoletos por los usuarios y se desechan cuando los fabricantes dejan de ofrecer actualizaciones o lanzan un producto similar con mejores prestaciones.

El problema de la basura electrónica

Los equipos informáticos se componen de una serie de materiales potencialmente reciclables, pero también contienen otros elementos contaminantes para el medioambiente y peligrosos para la salud, como el cadmio, el plomo, el berilio, el cromo hexavalente, el arsénico, el selenio, el antimonio y el mercurio.

Por esta razón, es fundamental manipular correctamente la basura electrónica que generan estos dispositivos, para lo que se requiere un tratamiento específico para evitar un impacto negativo en nuestro entorno.

Reciclaje de equipos informáticos

Dentro de los materiales que pueden ser reciclados, se encuentran los plásticos y el hierro. Por otra parte, estos aparatos también contienen elementos de valor, tales como el cobre, el oro y la plata, que pueden ser reciclados para recuperarse como materias primas. Este tipo de minería urbana, además de tener un impacto positivo sobre el medioambiente y la economía, implica menores costes, un ahorro energético y la reutilización de los recursos naturales de nuestro planeta. Los residuos informáticos deben reciclarse en cumplimiento con el Real Decreto 110/2015, de 20 de febrero, sobre residuos de aparatos eléctricos y electrónicos.

Según esta normativa, el reciclaje de residuos se realizará a través de los puntos limpios y empresas especializadas. En caso de adquirir un aparato similar, el distribuidor será el que garantiza la recogida de desechos en el momento del suministro.

10.3 Instalar el *driver* de un dispositivo

Un *driver* o controlador es un software que ejerce como intermediario entre un dispositivo hardware y su sistema operativo. Los *drivers* son necesarios para que el equipo detecte los periféricos y estos funcionen correctamente.

Por lo general, la mayoría de sistemas operativos instalan automáticamente los dispositivos hardware del mercado y la detección de los periféricos se lleva a cabo en el momento en el que estos son conectados.

En algunas ocasiones, el sistema operativo no reconoce un dispositivo. Esto se debe a que el sistema no dispone de su *driver* y hay que instalarlo. El *driver* y el software específico para la instalación de un dispositivo se pueden encontrar, por lo general, en el disco de instalación o en la web del fabricante.

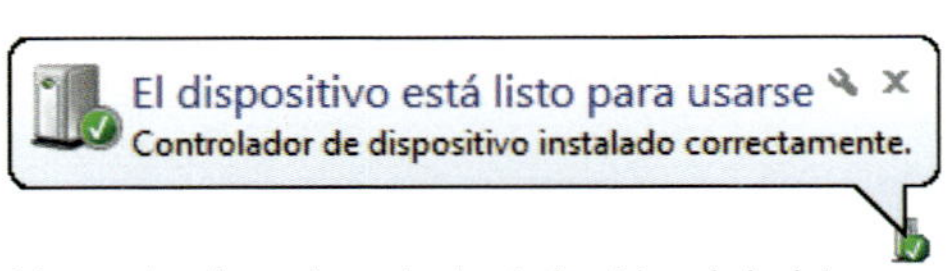

Mensaje de aviso de instalación del *driver*.

Comprende, piensa, aplica...

1 Algunos ordenadores incluyen puertos en desuso para seguir siendo compatibles con periféricos de años anteriores. ¿Qué puertos en desuso incluye tu ordenador y qué periféricos los utilizan?

2 **Investiga** cómo se fabrica un microprocesador a partir del silicio y redacta un artículo. ¿Consideras que se respetan los derechos humanos en la obtención de las materias primas?

Comprueba cómo progresas

Aplica tus conocimientos

1 Explica la diferencia entre los sistemas analógicos y los digitales.

2 Indica los tipos de ordenadores y cuáles son sus componentes principales.

3 Explica qué es un sistema operativo y cuáles son sus funciones más importantes.

4 ¿Qué es la distribución de un programa? Añade algunos ejemplos a tu explicación.

5 ¿Cómo se clasifican los dispositivos de almacenamiento?

6 ¿Qué utilidad tienen las particiones? Indica qué nombre se les asigna en el sistema operativo.

7 Elabora un listado con los sistemas de archivos que utilizan Windows y Ubuntu.

8 ¿Qué sintaxis se utiliza para almacenar un archivo en el sistema operativo?

9 ¿Cómo se configura la BIOS de un equipo para que este arranque desde el DVD o desde la memoria *flash*?

10 Describe qué es el escritorio y cuáles son sus componentes.

11 Indica qué aspectos del entorno de un sistema operativo se pueden personalizar y dónde se encuentran las herramientas para hacerlo.

12 ¿Qué pasos se deben seguir para acceder a las herramientas de administración del sistema operativo?

13 ¿Para qué sirve un gestor de arranque? ¿Con qué herramienta se puede configurar?

14 Enumera los puertos que suelen incluir los ordenadores.

15 Explica qué es un *driver* y dónde se puede obtener.

16 ¿Para qué se utilizan los repositorios? Describe los pasos que hay que seguir para añadirlos al sistema operativo.

Investiga

1 Clasifica, por categorías, los programas que se suelen utilizar en los principales sistemas operativos.

Categoría	Windows	Linux	Mac OS	Android
Internet	Google Chrome, Microsoft Edge	Google Chrome, Mozilla Firefox	Google Chrome, Safari	Google Chrome
Edición de imágenes	Adobe Photoshop, GIMP	GIMP		
Ofimática	Microsoft Office			

2 Para disponer de dos o más sistemas operativos en un mismo ordenador, es necesario crear distintas particiones y disponer de un gestor de arranque que permita iniciar el equipo con cualquiera de los sistemas operativos instalados.

a) Explica la razón por la que cada sistema operativo debe residir en una partición diferente.

b) Dibuja el esquema de las particiones que contiene el disco duro de tu ordenador y cómo quedarían si instalaras otro sistema operativo.

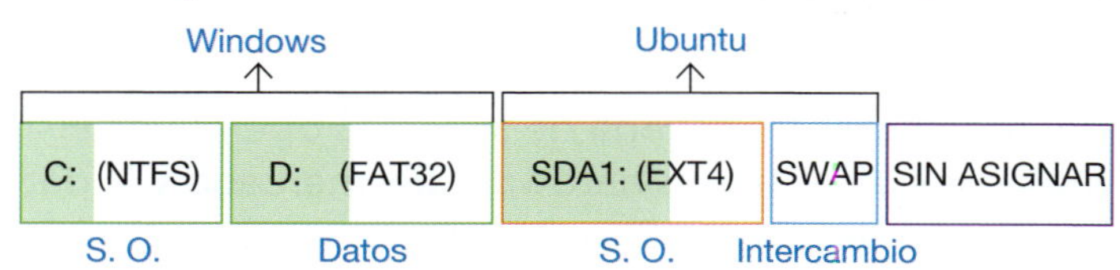

3 Asocia las extensiones que se utilizan habitualmente a los diferentes tipos de archivos (programas, imágenes, vídeo, sonido, páginas web, etc.). Puedes utilizar una tabla similar a la siguiente:

Categoría	Extensiones
Vídeo	.avi, .mpg, .dv, .divx...
Sonido	.mp3, .wav, .ogg, .wma...
Web	.html, .asp, .jsp...
Imagen	
Documento	
Comprimido	

Comparte la tabla con tus compañeros, en la pizarra o por medio de una herramienta colaborativa online, para reunir todas las extensiones.

Reflexiona

1 Gran parte de los dispositivos que nos rodean, así como potentes servidores de Internet y superordenadores, utilizan distribuciones del sistema operativo Linux para funcionar debido a sus prestaciones de seguridad y alto rendimiento.

a) ¿A qué crees que se debe el éxito de Linux?

b) La mayoría de las distribuciones Linux son gratuitas, ¿qué beneficios consideras que obtienen sus desarrolladores?

2 ¿Qué opinión te merecen los sistemas operativos y los programas de software libre que conoces en comparación con el software comercial? Redacta una lista de las ventajas y desventajas de su uso. Por ejemplo:

- Ventajas del software libre: ofrece una mayor libertad de uso.
- Desventajas del software libre: tiene menos funcionalidades.

Proyecto final

Nuestro sistema operativo

Explora el sistema operativo que utilizas en el aula hasta familiarizarte con él y elabora una guía ilustrada con capturas de pantalla que contenga los siguientes apartados:

- Portada
- Sitio oficial del sistema operativo
- Características
- Escritorio
- Explorador de archivos
- Aplicaciones
- Herramientas de administración
- Actualización del sistema operativo
- Ayuda para utilizar el sistema
- Webgrafía

Lee, relaciona y busca información

Linux y la educación

Las Administraciones Públicas, tanto de España como del resto de Europa, han implantado Linux en la mayoría de los centros educativos públicos. La elección de este sistema operativo se debe a las posibilidades y ventajas que ofrece Linux frente a otros sistemas, ya que se trata de un software libre, gratuito, seguro y de un gran rendimiento.

Aunque existe un gran número de distribuciones Linux, muchas comunidades han desarrollado sus propias versiones (por lo general, a partir de Ubuntu) para adaptarlas a sus necesidades: asignaturas, alumnado, aulas, idioma, etc. La distribución gnuLinEx, impulsada por Extremadura, fue pionera y secundada por otros organismos del resto de España, lo que condujo a que surgieran proyectos como Guadalinex, LliureX, MAX, Linkat, etc.

Richard Stallman, precursor del software libre, defiende el uso de distribuciones Linux en el ámbito educativo, no solo por cuestiones económicas, sino porque su uso fomenta la libertad entre los estudiantes, que pueden estudiar y manipular su código fuente, así como usarlo, compartirlo y redistribuirlo libremente.

Comprende lo que has leído

1 Relaciona estos logotipos con las distribuciones creadas por cada comunidad autónoma.

Busca información

1 **Investiga** quién es Richard Stallman y cuáles son los principios del software libre.

2 Existe un sistema operativo de software libre para dispositivos móviles, ¿sabes cuál es?

Pon en práctica lo aprendido

1 Completa el siguiente esquema basándote en el sistema operativo que utilizas en el aula.

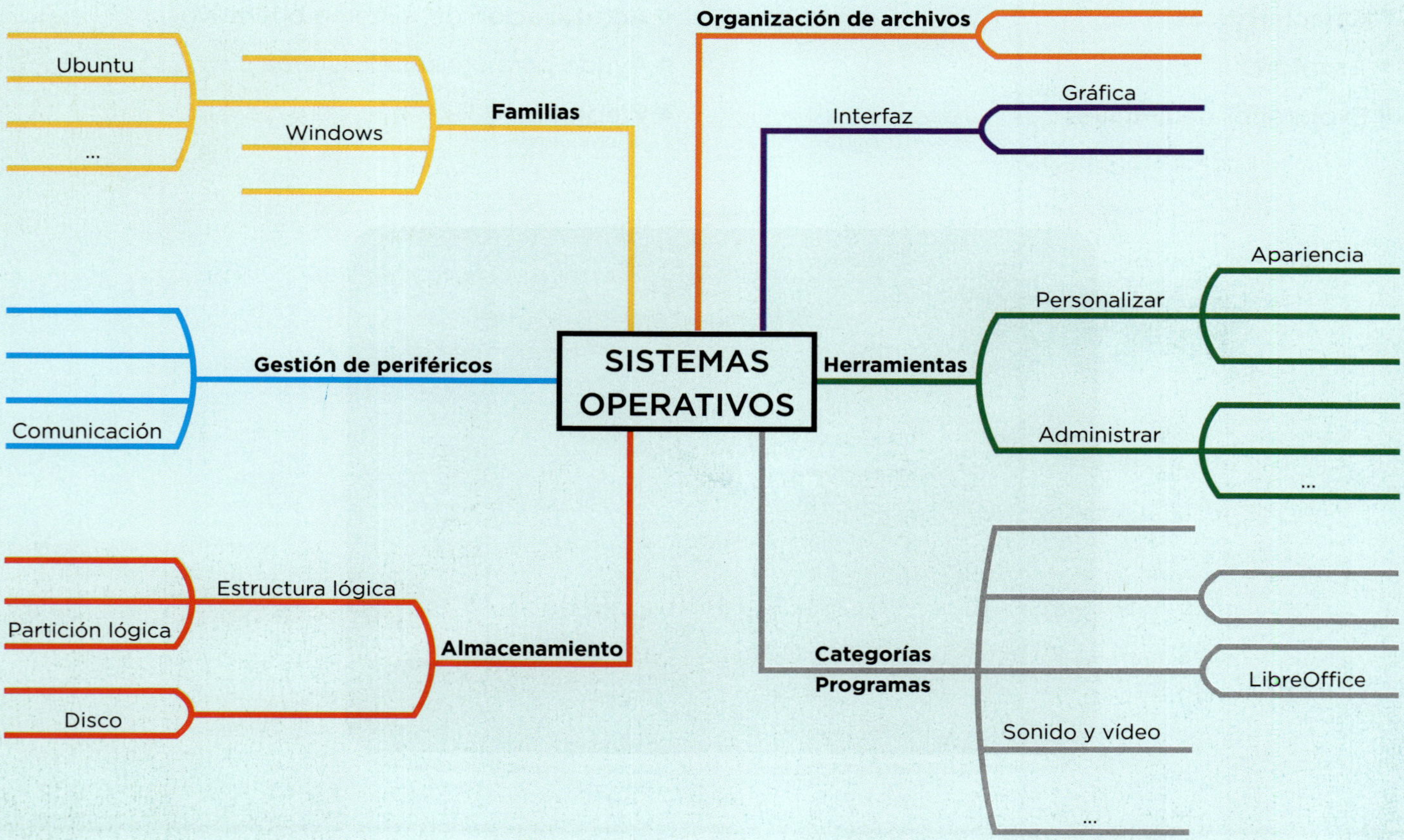

2

Redes

La necesidad de compartir información y de comunicarnos ha hecho que las redes de ordenadores estén presentes en muchos ámbitos de nuestra sociedad, desde las grandes empresas hasta los hogares.

Existen diferentes tipos de redes: PAN, LAN, WLAN, etc., a las que se accede mediante dispositivos electrónicos conectados entre sí. El uso de estas redes mejora la comunicación y el acceso a la información, proporcionando servicios tan variados como la navegación web, el intercambio de ficheros, el comercio electrónico, la conexión entre dispositivos, la telefonía VoIP, la gestión de la domótica en el hogar, etc.

La red Internet es dinámica, participativa y colaborativa. En ella, los usuarios son protagonistas activos, puesto que crean y comparten contenidos e interactúan y se relacionan en las redes sociales.

¿Qué sabemos sobre las redes?

1 Averigua las distintas acepciones que tiene la palabra «red» en un diccionario. ¿Ves alguna relación entre ellas?

2 Existen diferentes tecnologías que permiten intercambiar información entre dos dispositivos, por ejemplo, entre el teléfono móvil y el ordenador. ¿Cuáles conoces?

1 Redes informáticas

1.1 ¿Qué es una red?

Una red es un conjunto de ordenadores y dispositivos conectados entre sí cuya finalidad es compartir recursos, información y servicios.

La conexión en red se puede establecer entre ordenadores, dispositivos periféricos, dispositivos móviles, equipos multimedia, sistemas de domótica, etc. Su extensión puede aumentar considerablemente y llegar a conectar miles de ordenadores en todo el mundo, tal y como sucede con la red Internet.

Red social

Estructura social compuesta por un grupo de personas conectadas por intereses comunes: amistad, aficiones, trabajo, etc.

Puede asemejarse a una red informática, donde los nodos, en lugar de ser ordenadores, son personas.

Existen plataformas que dan acceso a redes sociales tan populares como Twitter o Facebook; en ellas, los usuarios tienen las herramientas necesarias para comunicarse, compartir información e interactuar en la red.

1.2 Tipos de redes

Las redes se pueden clasificar atendiendo a varios criterios. Algunos de estos son:

Según su alcance o área de cobertura

- **Red de área personal o PAN.** Está formada por dispositivos situados en el entorno personal que se encuentran en un rango de alcance de pocos metros. Cuando la conexión se realiza de forma inalámbrica, recibe el nombre de «WPAN».
- **Red de área local o LAN.** Conecta equipos situados en un área de extensión similar a una casa, una oficina o un edificio. Cuando la conexión se realiza de forma inalámbrica, recibe el nombre de «WLAN».
- **Red de área metropolitana o MAN.** Alcanza áreas geográficas con extensiones de varios kilómetros, como un campus universitario o un municipio.
- **Red de área extensa o WAN.** Se extiende sobre países y continentes empleando distintos medios de comunicación, como satélites, cables interoceánicos, fibra óptica, etc. El mejor ejemplo es la red Internet.

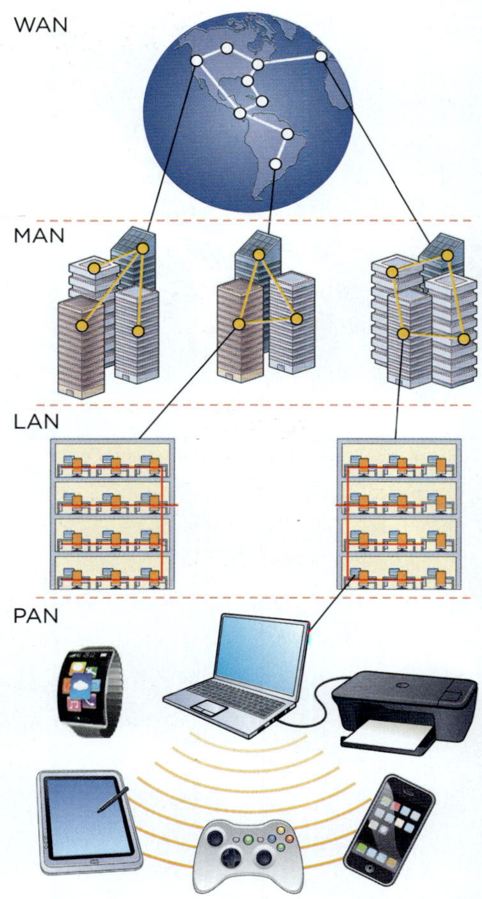

Diferentes tipos de redes interconectadas.

Según su nivel de acceso o privacidad

- **Red pública.** Red de acceso público que permite a sus usuarios comunicarse y compartir información. Internet es una red pública que conecta diferentes subredes a lo largo de todo el planeta.
- **Red privada.** Permite su acceso únicamente a los equipos que la componen, de modo que no se puede acceder a ella desde el exterior. Cuando una red privada utiliza servicios de Internet, se denomina «intranet».
- **Red privada virtual o VPN.** Red privada segura que conecta varias intranets utilizando Internet como medio de comunicación.

Según su relación funcional

- **Red cliente-servidor.** Los clientes están conectados a un servidor y utilizan los servicios y recursos compartidos que este ofrece: alojamiento web, correo electrónico, impresión, etc.
- **Red entre iguales o P2P.** Todos los dispositivos actúan simultáneamente como clientes y como servidores.

1.3 Conceptos básicos

Algunos conceptos y términos relacionados con las redes son:

- **Comunicación.** Proceso en el que un emisor envía un mensaje al receptor. Los datos del mensaje se transmiten a través de un canal.

  En una red, los emisores o receptores son los dispositivos, y el canal es el medio por el que circulan los datos: cables, fibra óptica, ondas, etc.
- **Protocolo.** Lenguaje común o conjunto de reglas que usan los dispositivos para comunicarse a través de una red. La red Internet utiliza la familia de protocolos TCP/IP.
- **Dirección IP.** Identificador numérico que se asigna a cada uno de los dispositivos que forman una red. Esta dirección es única en la red y, en función del tipo de dispositivo, puede ser:
  - **IPv4.** Formada por cuatro números enteros comprendidos entre 0 y 255 que se separan por puntos. Por ejemplo, 200.128.5.99.
  - **IPv6.** Diseñada para reemplazar progresivamente a la dirección IPv4 por la necesidad de disponer de mayor cantidad de direcciones. Se representa con ocho números hexadecimales comprendidos entre 0000 y FFFF. Por ejemplo, 8ac6:3c0b:f1f1:1f33:fd4f:ac1d:33cc:1fac.
- **Máscara de red.** Combinación de bits que delimita el ámbito de una red especificando qué parte de la dirección IP se refiere al dispositivo y qué parte, a la subred en la que está integrado. Suele tener el valor 255.255.255.0.
- **Grupo de trabajo.** Subred creada automáticamente por algunos sistemas operativos, como Windows, para que los equipos puedan compartir recursos entre sí.
- **Puerta de enlace o *gateway*.** Dispositivo que permite conectar varias redes entre sí. Suele ser un *router*.
- **Sistema de nombres de dominio o DNS.** Traduce los nombres de dominio, como www.anaya.es, a su dirección IP. Si el DNS primario falla, se recurre al DNS secundario, que está sincronizado con el primero y lo respalda.
- **Dirección MAC.** Identificador único de un dispositivo de red asignado por el fabricante y que tiene la forma 09:00:04:A8:A2:EB.
- **Puerto.** Interfaz para comunicarse con un programa a través de la red. Por ejemplo, el servicio HTTP utiliza el puerto 80.
- **DHCP.** Protocolo que permite a un dispositivo obtener la configuración de red automáticamente.

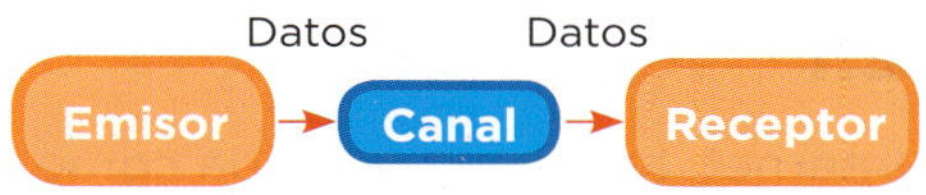

Proceso de comunicación.

Direcciones IP públicas y privadas

Cada vez que un dispositivo se conecta a Internet se le asigna una dirección IP pública. En el caso de las redes, la dirección se asigna a la puerta de enlace y es compartida por el resto de equipos. A su vez, todos los dispositivos tienen asignada una dirección IP privada que los diferencia dentro de una red.

Para evitar conflictos entre ambas, las direcciones IP privadas se asignan dentro de los siguientes rangos:

- **Clase A:** 10.0.0.0 - 10.255.255.255
- **Clase B:** 172.16.0.0 - 172.31.255.255
- **Clase C:** 192.168.0.0 - 192.168.255.255

Ejemplo de configuración de una red:

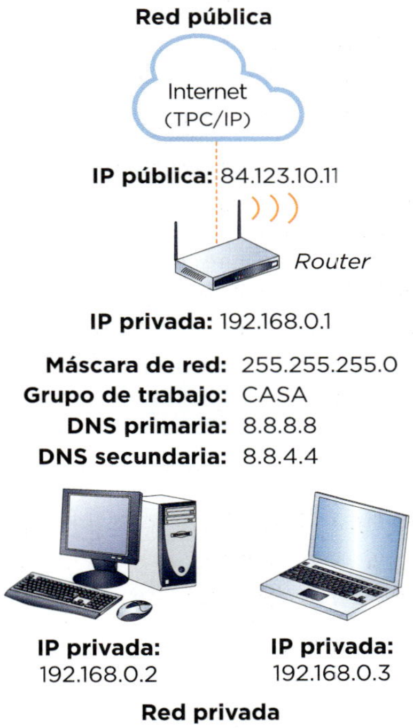

Comprende, piensa, aplica...

1. Abre el terminal de comandos y escribe la orden **ping www.google.es.** ¿Cuál es la dirección IP asociada a este dominio?
2. Escribe la dirección IP obtenida en la actividad anterior en la barra de direcciones del navegador; ¿se abre la página de Google? Prueba con direcciones IP aleatorias en el navegador.
3. Teclea en el terminal **ipconfig /all** (si usas Windows) o **ifconfig -a** (si usas Ubuntu) para obtener la configuración de red de tu ordenador y extrae los datos más relevantes.
4. Pregunta en un buscador «¿Cuál es mi IP?». ¿Coincide con la IP que has obtenido con el comando anterior? Justifica tu respuesta.

2 Acceso a la red Internet

2.1 ¿Qué es Internet?

Internet, también conocida como «la red de redes», está conformada por redes de diferentes tamaños y características interconectadas entre sí. Constituye una red mundial que permite a los usuarios compartir información.

El acceso a Internet se realiza desde un ordenador u otro dispositivo conectado a través de un proveedor de servicios y, generalmente, mediante un navegador.

La nube

Este término se utiliza como sinónimo de Internet para referirse al almacenamiento de información en la web o al uso de aplicaciones online.

2.2 Tecnologías de acceso a Internet

Existen diversas tecnologías que permiten conectarse a Internet; estas difieren en la infraestructura que emplean para transmitir la información. Las que se utilizan con más frecuencia son:

Satélite. La conexión a Internet se realiza a través de una antena parabólica que capta la señal de satélites de comunicación.

Cable. Servicio prestado por las compañías que ofrecen Internet, teléfono y televisión de alta definición. Esta tecnología está limitada a las zonas cableadas con fibra óptica.

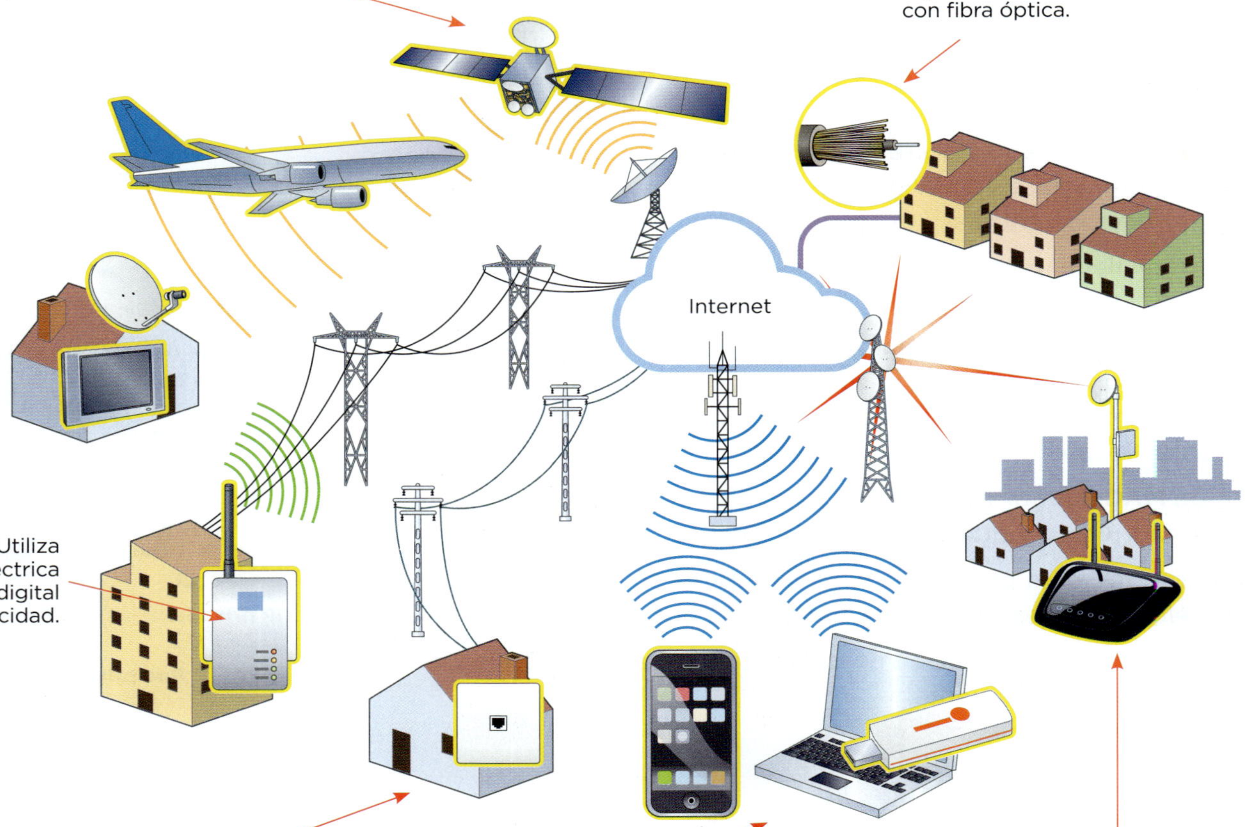

Red PLC. Utiliza la red eléctrica como línea digital de alta velocidad.

ADSL. Utiliza el cable de cobre convencional y divide la línea en tres canales de distinta velocidad (asimétricos), que son el de recepción de datos, el de envío de datos y el de servicio telefónico.

Banda ancha móvil. Permite el acceso a Internet sin cables. Se realiza a través de las redes de telefonía móvil utilizando dispositivos 3G y 4G.

WiMAX o LMDS. Se utiliza en zonas donde el despliegue de cable o fibra es muy costoso por la baja densidad de población. Son sistemas de acceso a banda ancha por medio de conexiones de radio (WiMAX) o microondas (LMDS).

2.3 Proveedor de servicios de Internet

El proveedor de servicios de Internet o ISP es una empresa que suministra conexión a Internet. La elección de un ISP u otro suele depender de la tecnología de acceso que se utilice, de su disponibilidad en la zona del usuario, del ancho de banda y del precio.

Ancho de banda

El ancho de banda es la velocidad de transmisión de datos y se mide en megabits por segundo (Mbps) o, como se dice en el lenguaje cotidiano, «megas».

La rapidez con la que viaja la información en una red depende de la velocidad máxima que soporta el medio de transporte. De los medios más comunes, la fibra óptica es la más rápida, con una velocidad aproximada de 2 Gbps; le sigue el par trenzado, con una velocidad de entre 100 y 1000 Mbps; y, por último, las conexiones wifi, que tienen un promedio de 54 Mbps. No obstante, estas velocidades pueden variar de acuerdo con los protocolos de red utilizados.

Test de velocidad

Permite comprobar la velocidad de la conexión a Internet. Si la conexión es asimétrica, como en una línea ADSL, las velocidades de subida y bajada serán diferentes.

El test de velocidad se puede realizar utilizando alguna de las aplicaciones online para este propósito.

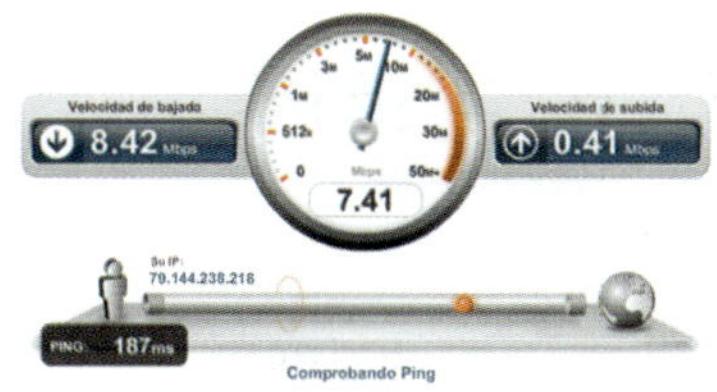

2.4 Navegar por Internet

Gracias a Internet, sus usuarios pueden acceder a una amplia gama de servicios. Algunos de los más destacados son la navegación web (World Wide Web), el correo electrónico, el intercambio de archivos, la mensajería instantánea, los grupos de noticias, las videoconferencias, la telefonía VoIP, las listas de distribución, etc. Cada uno de estos servicios opera mediante diferentes protocolos de comunicación; por ejemplo, el protocolo HTTP se utiliza para la navegación por Internet y el protocolo FTP, para el intercambio de archivos.

Navegadores

Un navegador es una aplicación que permite visualizar las páginas web y los contenidos alojados en Internet. El acceso a estos contenidos se realiza a través de su URL, cuya sintaxis es similar a esta:

http://www.anayamascerca.com

Protocolo. Indica el tipo de servidor buscado.

Servicio. Señala el tipo de recurso; puede ser www, ftp, news, etc.

Servidor. Es la dirección donde se ubica el contenido.

Dominio. Identifica la institución o el país de procedencia.

A través del navegador, se pueden realizar búsquedas en la red, participar en redes sociales, realizar compras, leer noticias y ver vídeos, entre otras muchas cosas. Los navegadores de Internet más utilizados son Google Chrome, Microsoft Edge, Mozilla Firefox, Safari y Opera.

Comprende, piensa, aplica...

1 ¿Cuánto tiempo tardará en descargarse un archivo de 100 MB de Internet si la velocidad de la conexión es de 10 megas? Recuerda que 1 byte (B) equivale a 8 bits (b).

2 **Lista.** Realiza un listado de los servicios más utilizados en Internet y de sus protocolos.

3 Indica el protocolo, el servicio, el servidor y el dominio del sitio web de tu instituto.

4 Comprueba la velocidad de la conexión a Internet de tu aula y de tu teléfono inteligente. ¿Qué tipo de tecnología de acceso a Internet utilizas en cada caso?

3 Redes locales

3.1 Dispositivos de red

Los dispositivos de red son periféricos de comunicación que posibilitan la interconexión entre dispositivos de forma cableada o inalámbrica. Estos dispositivos pueden ser:

- **Tarjetas de red.** Dispositivos a través de los cuales se envía y recibe información de la red.

Ethernet. Se conecta a la placa base.

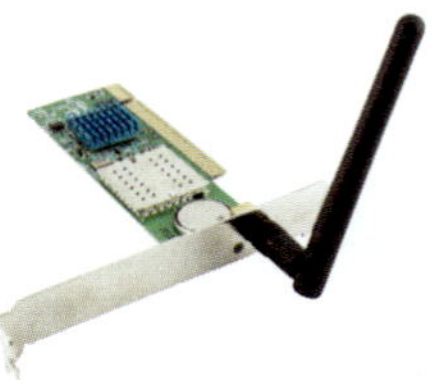

Tarjeta de fibra óptica. Se conecta a la placa base.

Adaptadores PLC. Se conectan a un enchufe.

- **Dispositivos de interconexión.** Comunican varios dispositivos entre sí, ya sea de forma cableada o inalámbrica. Según su funcionalidad, pueden ser:

WAP o punto de acceso. Tiene la misma funcionalidad que el *hub* y que el *switch*, pero sustituye los cables de estos por ondas.

Router. Interconecta diferentes redes de ordenadores, como es el caso de varias LAN. Se utiliza habitualmente para realizar la conexión a Internet.

Hub **o concentrador.** Recibe una señal por un puerto y la reenvía a todos los demás. Al no dirigir el tráfico, puede congestionar la red.

Switch **o conmutador.** Recibe una señal por un puerto y la reenvía únicamente al puerto donde está conectado el dispositivo destinatario.

3.2 Cables de red

La conexión entre los distintos dispositivos de una red local se realiza mediante un sistema de cableado. Los más utilizados en la mayoría de estas redes son la fibra óptica y el cable de par trenzado (UTP, STP, FTP o SFTP).

Cable de par trenzado. Está formado por ocho hilos conductores trenzados para protegerlos de las interferencias. La terminación es un conector RJ-45.

Fibra óptica. Es una fibra de material transparente (vidrio o plástico) por la que se envían los datos en forma de haz de luz, a gran velocidad.

Comprende, piensa, aplica...

1 Responde a las siguientes cuestiones sobre el aula de informática:

a) ¿Qué tipo de tarjeta de red utiliza tu ordenador? ¿Tiene algún indicador luminoso?

b) ¿El *router* es inalámbrico? Investiga la función de cada cable que tiene conectado y el significado de sus luces.

c) ¿Se utiliza un *hub*, un *switch* o un punto de acceso?

d) Averigua el significado de *«rack»*. ¿Cuál es su utilidad? ¿Hay alguno en tu aula?

2 Observa el conector RJ-45 de uno de los cables de red y compara los colores de sus hilos con los de las normas T568A y T568B mostradas en la figura:

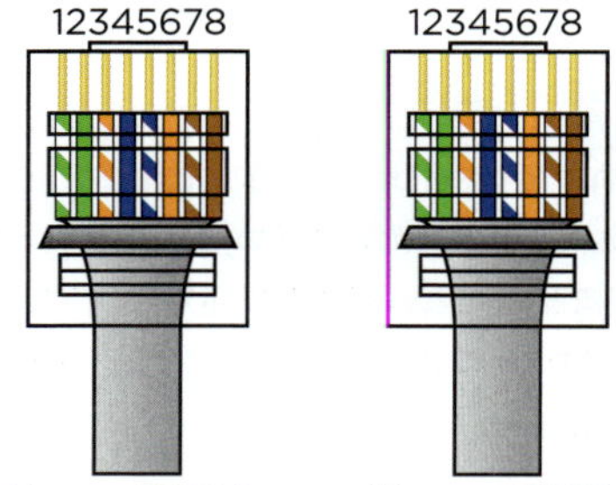

Norma T568A   Norma T568B

a) ¿Cumple alguna de estas normas?

b) ¿Crees que el orden de los hilos influye en el correcto funcionamiento del cable?

c) ¿Qué tipo de cable se utiliza (UTP, STP, FTP o SFTP) y de qué categoría (5e, 6, 7a...)? ¿A qué velocidad funciona?

Puedes obtener esta información observando los datos impresos en el cable e investigando sus características en Internet.

3.3 Red cableada

Las redes cableadas son aquellas que utilizan cable para establecer la conexión entre los equipos y los dispositivos de red (como *routers, switches, hubs,* etc.). Aunque existen varios estándares, el de uso más generalizado es Ethernet. Otras alternativas de mayor velocidad son Gigabit Ethernet y 10 Gigabit Ethernet.

La topología de una red hace referencia a la distribución física del cableado. Existen diversas topologías, aunque lo habitual es que los equipos se conecten en forma de estrella y, a su vez, se agrupen jerárquicamente formando redes en árbol, como muestra la figura.

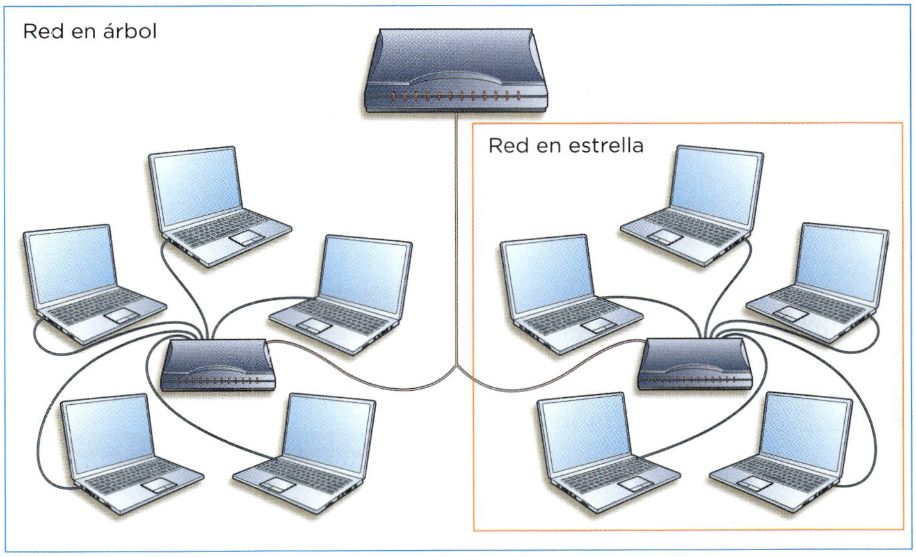

Redes híbridas

Es muy común combinar, en la misma red, equipos cableados y dispositivos inalámbricos, lo que da lugar a las denominadas «redes híbridas».

Para ello, se utiliza un *router* inalámbrico o un punto de acceso inalámbrico que conecta ambos tipos de redes.

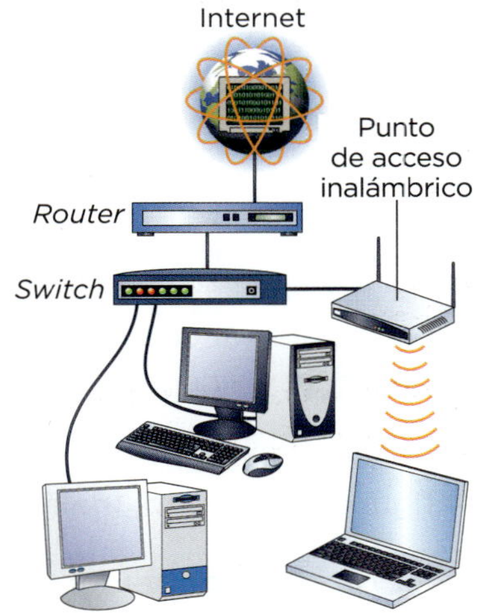

3.4 Red inalámbrica

Las redes inalámbricas no requieren cables para establecer una conexión. En su lugar, la comunicación se realiza a través de ondas electromagnéticas, microondas terrestres, microondas por satélite o infrarrojos.

Existen diversas tecnologías de comunicación inalámbrica, aunque las más comunes son Bluetooth, wifi, WiMAX, infrarrojos, conexiones por vía satélite y conexiones por telefonía móvil.

3.5 Red PLC

Las redes PLC *(power line communications)* aprovechan la red eléctrica para convertirla en una red digital de alta velocidad mediante la cual se transmiten datos; hacen posible, entre otras cosas, la distribución de la señal de vídeo de alta definición y el acceso a Internet.

Estas redes utilizan adaptadores PLC enchufados a las tomas de corriente que se detectan y configuran automáticamente, por lo que son una forma rápida y sencilla de conectar los dispositivos en red. Generalmente, uno de estos adaptadores está conectado al *router* y el resto, a los equipos, de modo que la red puede crecer y añadir tantos adaptadores como sea necesario.

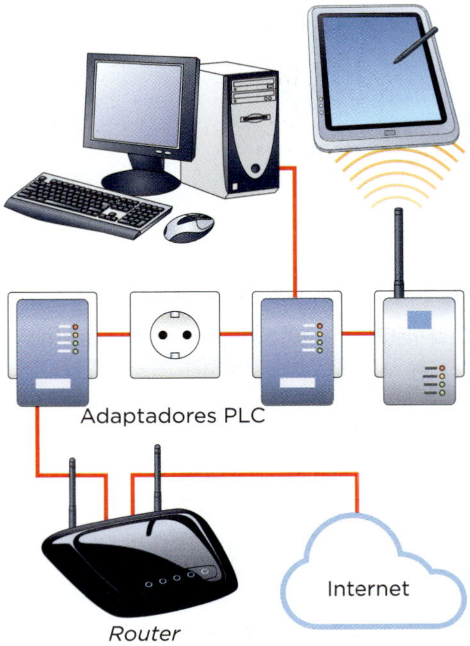

4 Configuración de una red

4.1 Configurar los adaptadores de red

Una vez instalados los elementos que componen una red, el siguiente paso es configurar cada uno de los dispositivos para que funcione.

El sistema operativo detecta y configura la red de forma automática cuando esta se instala correctamente. No obstante, en cualquier momento se puede verificar o modificar esta configuración de los adaptadores de red procediendo de la siguiente manera:

En Ubuntu

1. Seleccionar la opción **Editar las conexiones...,** bien haciendo clic con el botón derecho del ratón sobre el icono de red o del panel, bien accediendo a **Configuración del sistema,** del menú **Sistema**, y seleccionando la herramienta **Red.**
2. Elegir la pestaña correspondiente al adaptador de red que se desea configurar: **Cableado, Inalámbrico, VPN,** etc.
3. Seleccionar el adaptador de red y presionar el botón **Editar.** Se mostrará el cuadro de diálogo para configurar la interfaz de red.
4. Hacer clic en la pestaña **Ajustes de IPv4** para ver las propiedades.

En Windows

1. Abrir el **Centro de redes y recursos compartidos** haciendo clic sobre el icono de red o de la barra de tareas o accediendo desde el **Panel de control.** Esta ventana muestra el estado de la red y de la conexión a Internet, los dispositivos conectados, etc.
2. Hacer clic en el vínculo **Cambiar configuración del adaptador** para ver el estado de los adaptadores de red inalámbricos, del área local, etc.

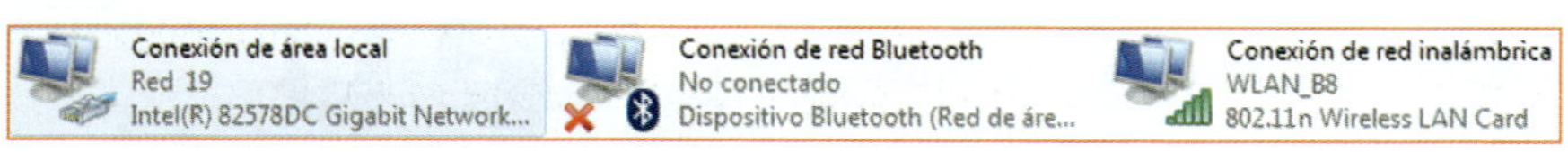

Estado de los adaptadores de red.

3. Hacer doble clic sobre el adaptador que se desea configurar.
4. Presionar el botón **Propiedades** y hacer doble clic sobre la opción Protocolo de Internet versión 4 (TCP/IPv4) para ver su configuración.

Una vez que se han llevado a cabo estos pasos, tanto en Ubuntu como en Windows aparece un cuadro de diálogo con las propiedades de la conexión de red (en las figuras del margen se muestra dicho cuadro en ambos sistemas operativos).

El usuario deberá elegir **Obtener una dirección IP automáticamente** para obtener la configuración por DHCP (opción más habitual) o la opción **Usar la siguiente dirección IP** para realizar una configuración manual de la IP, la máscara, la puerta de enlace y los DNS.

Identificación en la red

Cada equipo de una misma red debe tener asignado un nombre distinto.

A su vez, estos equipos deben pertenecer a un mismo grupo de trabajo que identifica la red. Por ejemplo:

- **Grupo de trabajo:**
  CASA
- **Nombre de los equipos:**
  PC Goyi
  PC Alberto
  PC Portátil

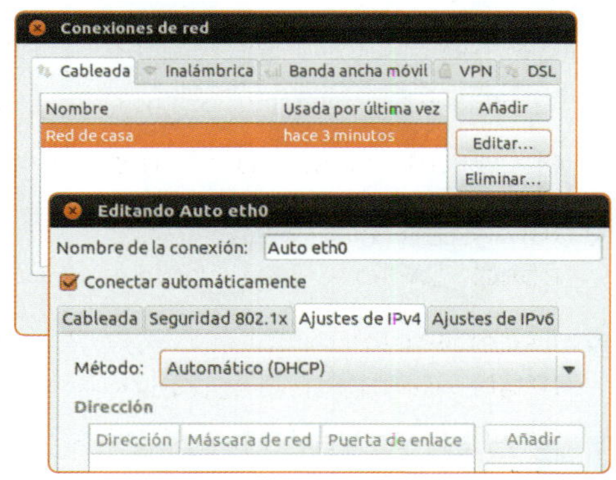

Propiedades de red en Ubuntu.

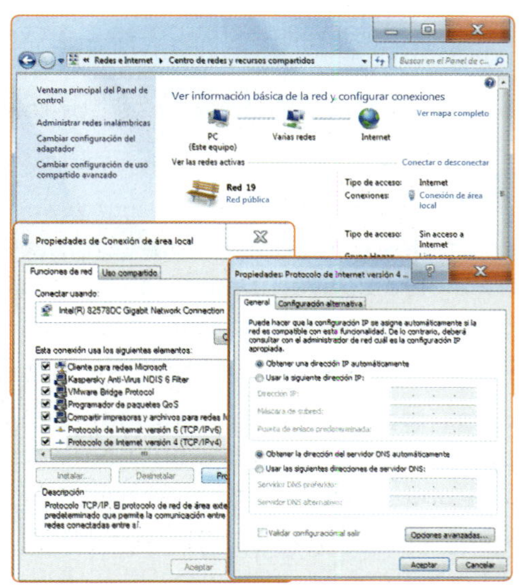

Propiedades de red en Windows.

4.2 Conectarse a una red wifi

Los pasos para conectarse a una red wifi que esté al alcance del usuario son:

1 Presionar el botón o la tecla del equipo que activa la conexión de red inalámbrica, siempre que el adaptador wifi esté desconectado.

2 Hacer clic en el icono de la red inalámbrica, similar a o , de la barra de tareas. Si el icono no aparece, será necesario revisar la configuración del adaptador de red.

3 Comprobar las redes inalámbricas disponibles. Cada red está identificada con su identificador SSID o nombre de la red inalámbrica y se muestra, además, la intensidad de la señal.

Activar una conexión de red inalámbrica.

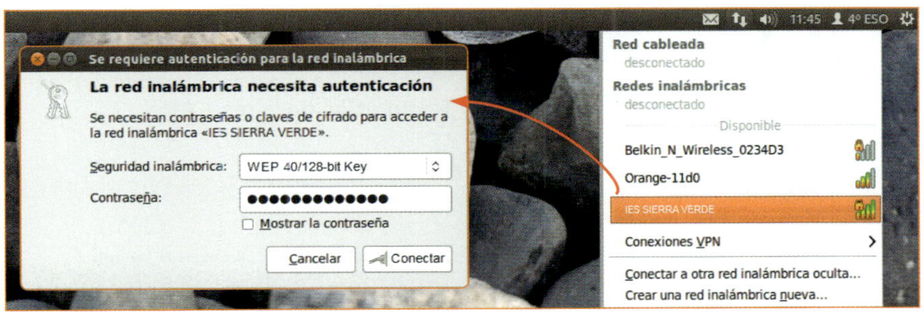

Establecer conexión con una red inalámbrica.

4 Hacer doble clic sobre la red con la que se desea establecer conexión.

5 Introducir la clave de seguridad de la red. Si no está protegida, la conexión se realiza directamente.

6 Esperar unos instantes a que el servidor DHCP asigne una dirección IP al ordenador y, con ello, se pueda acceder a la red y a Internet. El icono de red que confirma la conexión es similar a o .

Comprende, piensa, aplica...

1 ¿Qué dirección IP tiene asignada tu equipo? Recuerda que la IP de tu equipo, asignada automáticamente por DHCP o manualmente, debe ser válida para la red a la que se accede.

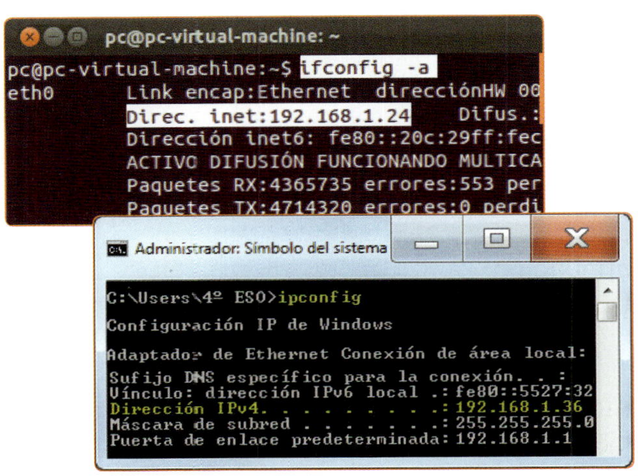

2 Ping es un comando que envía paquetes de datos al dispositivo especificado y devuelve estadísticas sobre la recepción de dichos paquetes. Presionando **Ctrl** + **C** se detiene el envío.

a) Haz un ping a la IP del *router* para comprobar su conexión.

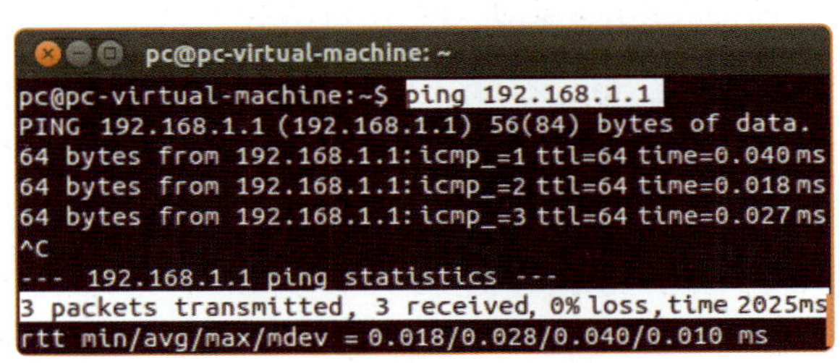

b) Compara las estadísticas de envío obtenidas (paquetes enviados, paquetes perdidos y tiempo medio en milisegundos) con tus compañeros.

5 Configuración de un *router* wifi

5.1 ¿Qué es un *router*?

Un *router* es un dispositivo hardware que sirve para interconectar varias redes informáticas (por ejemplo, una red local e Internet). Se utiliza, sobre todo, para conectarse a Internet por ADSL, cable, telefonía, satélite de comunicaciones, etc.

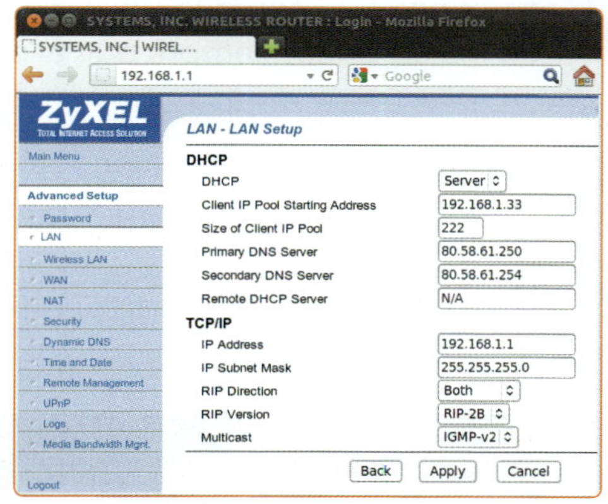

Parámetros de la red LAN.

El *router* suele adjuntar una etiqueta con los datos de acceso y la configuración de fábrica. Los parámetros habituales son:

- **El SSID.** Código identificador de una red inalámbrica.
- **El estándar de seguridad.** Utilizado para encriptar los datos de la red wifi. Puede ser WEP, WPA o WPA2.
- **La contraseña.** Necesaria para poder acceder a la red inalámbrica.

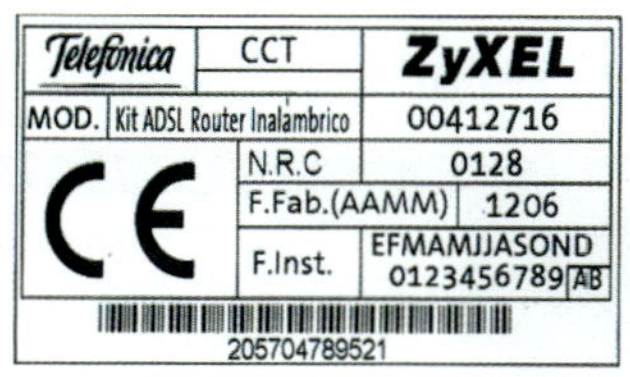

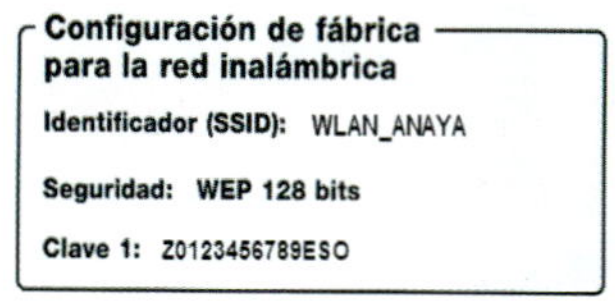

Estos datos pueden ser modificados accediendo a la configuración del *router.*

Lo habitual es que la compañía que ofrece el servicio proporcione el *router* configurado; en tal caso, bastará con conectarlo para que funcione.

No obstante, si el *router* es nuevo, hay que seguir el manual de instrucciones y completar los datos facilitados por el proveedor de Internet para completar dicha instalación.

Los detalles sobre los cambios en la configuración se pueden averiguar consultando la documentación del *router,* la web de su fabricante o buscando ayuda en Internet.

Advanced Setup	Configuración avanzada
Password	Cambiar la contraseña de acceso al *router.*
LAN	IP del *router* y configurar servidor DHCP.
Wireless LAN	Parámetros de la red wifi.
WAN	Datos de conexión con el ISP.
NAT	Configuración de los puertos.
Security	Reglas de filtrado de la red WAN hacia la red LAN.
Dynamic DNS	Proveedor del servicio DNS.
Time and Date	Fecha y hora.
Remate Management	Activar la gestión remota.
UPnP	Plug & Play de dispositivos en la red.
Logos	Historial de conexiones.

Opciones de configuración de un *router* ZyXEL.

5.2 Acceder a la configuración de un *router*

La configuración de un *router* depende del modelo del mismo, aunque los pasos suelen ser bastante similares en todos ellos. Para acceder a dicha configuración, los pasos son:

1. Abrir el explorador de Internet.
2. Teclear la dirección IP del *router* en la barra de direcciones; por ejemplo, 192.168.1.1.
3. Escribir el nombre de usuario y la contraseña del *router,* proporcionados por el ISP (proveedor de Internet). A continuación, se mostrará el menú de configuración del *router.*
4. Explorar las distintas opciones para encontrar en qué menú se hallan los parámetros que se desean cambiar.

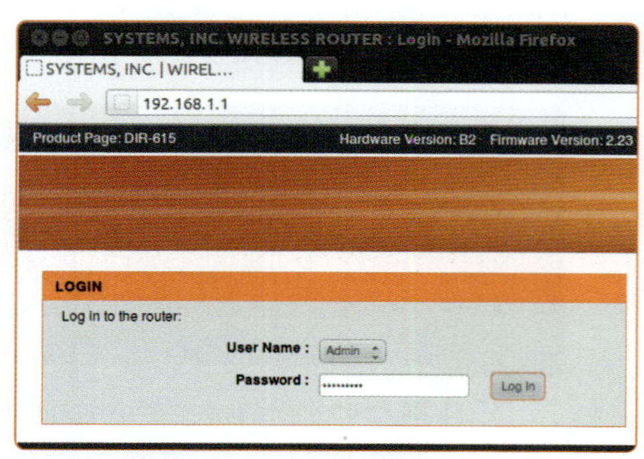

Acceder a un *router* con el nombre de usuario y la contraseña.

El cambio de cualquier parámetro se debe realizar con mucha precaución, ya que una configuración errónea puede provocar que el dispositivo deje de funcionar.

5.3 Proteger una red inalámbrica

Las redes inalámbricas deben estar protegidas para evitar que los intrusos puedan utilizar la conexión a Internet que estas ofrecen o acceder a la información de las mismas.

A continuación, se detallan algunos de los parámetros más importantes que se pueden modificar para proteger la red inalámbrica.

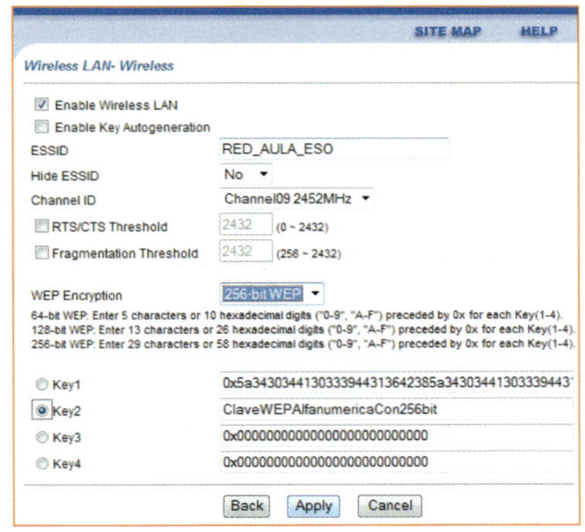

Identificador de red y encriptación.

Cambiar el nombre de la red y ocultarla

1 Abrir la pestaña **Wireless LAN** para visualizar las opciones.

2 Marcar la casilla **Enable Wireless LAN** para activarla.

3 Asignar un nombre a la red en el campo **ESSID.**

4 Activar la opción **Hide ESSID** para ocultar el nombre de la red. Como esta no se muestra públicamente, solo se podrá acceder a ella configurando la conexión si se conoce el ESSID.

Encriptar la red

1 Elegir el tipo de encriptación: **WEP, WPA** o **WPA2,** dependiendo del nivel de seguridad que permita establecer el *router.*

2 Establecer la clave deseada en el campo **Key.** Es recomendable utilizar una combinación que incluya letras mayúsculas y minúsculas, números y caracteres especiales para evitar que pueda ser pirateada.

Activar el cifrado MAC

Con esta modificación, solo podrán acceder a la red aquellos equipos registrados.

1 Hacer clic en **MAC Filter,** dentro de las opciones de **Wireless LAN.**

2 Poner la opción **Active** en **Yes.**

3 Escribir la dirección MAC de los adaptadores de red que pueden acceder a la red wifi, evitando, así, el acceso de equipos ajenos. La dirección MAC se escribe separando cada dos dígitos con dos puntos. Si se desconoce esta dirección, se debe abrir el terminal y ejecutar **ipconfig -all** (Windows) o **ifconfig -a** (Ubuntu).

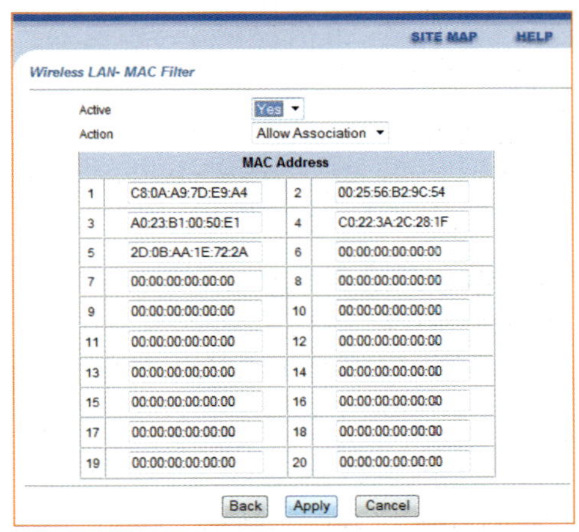

Direcciones MAC autorizadas.

5.4 Abrir los puertos de un *router*

Con ciertos programas (especialmente, con programas de descarga P2P y con juegos), es necesario abrir algunos puertos para que se establezca una conexión directa entre el ordenador y el servidor de Internet.

Las indicaciones para abrir los puertos son:

1 Localizar la opción adecuada del menú para configurar los puertos del *router.* En el *router* ZyXEL, por ejemplo, se debe elegir **NAT.**

2 En cada fila, hay que especificar el puerto de inicio, el puerto final, el protocolo (en algunos *routers*) y la dirección IP del ordenador de la red en que se desea abrir el puerto.

3 Hacer clic en el botón **Save** para guardar la configuración.

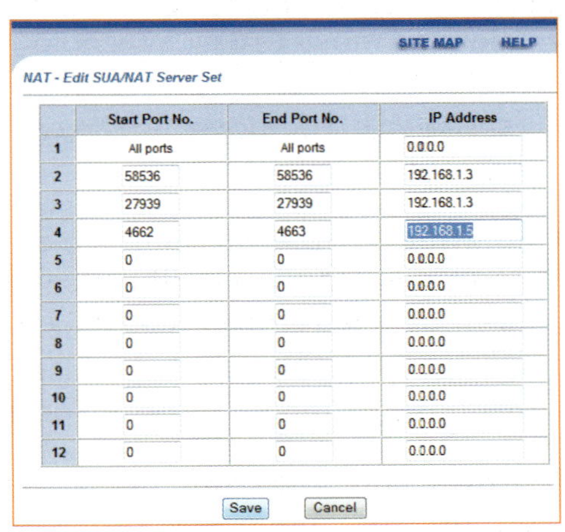

Puertos abiertos.

6 Dispositivos móviles interconectados

6.1 Dispositivos móviles

Los avances tecnológicos y la evolución de las redes inalámbricas han hecho posible el desarrollo de dispositivos móviles y portátiles cada vez más pequeños y sofisticados, capaces de comunicarse entre sí de forma inteligente y transparente para el usuario.

Estos dispositivos se caracterizan por su capacidad de procesamiento y comunicación en red, por lo que las posibilidades que ofrecen son prácticamente infinitas: vigilancia, telefonía, música, fotos, vídeos, etc., en cualquier momento y lugar.

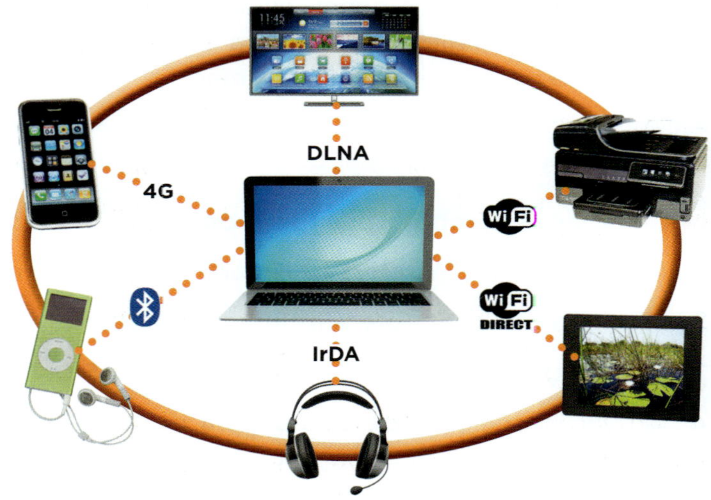

Intercambio de información en una red WPAN.

6.2 Tipos de conexión inalámbrica

Aunque la conexión y el intercambio de datos entre dispositivos móviles se puede realizar a través de sus puertos (ya sea de forma directa o por cable), la forma más habitual de que se conecten es a través de redes de área personal inalámbrica o WPAN.

Existen diversas tecnologías de comunicación inalámbrica para este tipo de redes, aunque las más comunes son:

- **Bluetooth**. Protocolo estándar de comunicaciones para la transmisión de voz y datos por radiofrecuencia entre dispositivos. Permite realizar conexiones de corto alcance, hasta diez metros aproximadamente. Se utiliza en teclados, ordenadores, impresoras, cámaras digitales, manos libres, etc.
- **Wifi** Wi Fi. Tecnología inalámbrica que realiza la conexión mediante ondas electromagnéticas por las que circula la información. Se emplea para la comunicación y la transferencia de información entre dispositivos que pueden estar alejados varios cientos de metros. Gran parte de los dispositivos móviles disponen de wifi, como los *routers,* los ordenadores, los reproductores multimedia, etc.
- **Telefonía móvil (4G).** La tecnología de comunicación que se usa en telefonía evoluciona constantemente. Esta cuarta generación está basada en el protocolo IP y se usa en *routers,* teléfonos inteligentes y otros dispositivos móviles.
- **Infrarrojos (IrDA).** Comunica dispositivos utilizando ondas infrarrojas. Los dispositivos deben estar relativamente próximos y, además, entre ellos no puede haber obstáculos (como paredes, muebles, etc.) que impidan el paso de las ondas. Se usan habitualmente en mandos a distancia, dispositivos móviles y en algunos periféricos.
- **Otras tecnologías.** Que permiten realizar la conexión directa entre dispositivos. Algunos ejemplos son Wi-Fi Direct, DLNA, AirDrop, AirPlay, *contactless,* etc.

Comprende, piensa, aplica...

1 Conecta tu móvil al ordenador mediante Bluetooth. Para ello, sigue estos pasos:

a) Activa el Bluetooth de tu móvil.

b) Revisa tu conexión Bluetooth en el ordenador. Puedes acceder a la configuración desde **Configuración del Sistema,** del menú **Sistema**, (si utilizas Ubuntu) o desde **Hardware y Sonido,** del **Panel de control,** (si usas Windows).

c) Realiza la conexión de forma similar a como lo harías entre dos teléfonos.

2 Envía algún archivo de un dispositivo a otro. Los pasos suelen ser similares a:

a) Seleccionar el archivo.

b) Elegir **Enviar por Bluetooth.**

6.3 Hogar conectado

Los dispositivos electrónicos del hogar se comunican formando redes para mejorar nuestra calidad de vida. En estas redes, se intercambian datos, sonido, vídeo y música a través de Internet y se ofrecen servicios de domótica.

El término «domótica» proviene de la unión del sustantivo *«domus»* (que, en latín, significa 'casa') y *«tica»* (de la palabra de origen griego «automática»: 'que funciona por sí sola'). La domótica aporta servicios de gestión energética, seguridad, bienestar y comunicación. Estos sistemas, que automatizan las instalaciones de una vivienda, pueden estar integrados por medio de redes interiores y exteriores de comunicación, cableadas o inalámbricas, que se controlan desde dentro y fuera del hogar.

En domótica, se utilizan protocolos de comunicación inalámbrica específicos (ZigBee, HomeRF...), y algunos dispositivos, como televisiones, consolas y electrodomésticos, emplean estándares de comunicación, como DLNA o Wi-Fi Direct, para intercambiar contenidos.

Tecnología de conexión en el hogar.

Área de cobertura. El alcance de una red wifi es de unos cien metros.

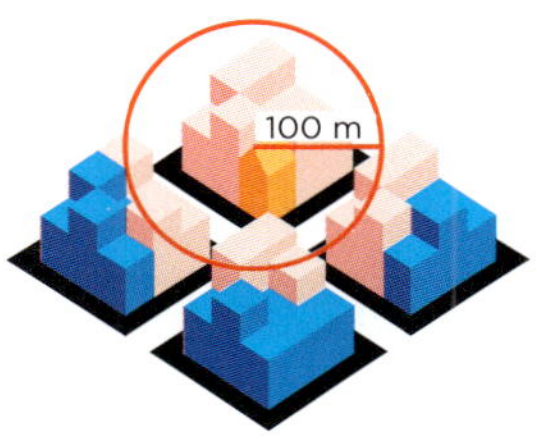

Sistema NAS. Almacenamiento en red para compartir información entre los equipos del hogar.

Ordenadores. Navegación web, P2P, correo electrónico, videoconferencias, redes sociales, etc.

Periféricos. Accesibles desde cualquier ubicación y equipo. Se conectan a la red por wifi, PLC, Ethernet, etc.

VoIP. Permite hablar y realizar videoconferencias a través de redes IP, como Internet.

Router. Convierte la señal de banda ancha en inalámbrica.

Electrodomésticos inteligentes. Intercambio de datos, control remoto, compra online, etc.

Acceso. El usuario se puede conectar a su hogar desde donde quiera.

Automatización. Apertura de puertas, gestión de energía, automatización de luces, videovigilancia, etc.

Equipos multimedia. Reproducción, Internet, almacenamiento, juegos, música, vídeo digital, etc.

Vehículo inteligente. Permite realizar su mantenimiento a distancia vía WiMAX, controlar su situación por GPS y usar manos libres.

7 Gestión de usuarios y permisos

7.1 Tipos de cuentas de usuario

Los sistemas operativos gestionan la información asignando cuentas a los distintos usuarios y estableciendo permisos sobre sus archivos y configuraciones personales. Los tipos de cuentas de usuario más comunes son:

- **Administrador o *root*.** Tiene privilegios y acceso a todos los recursos del sistema. Puede instalar y desinstalar programas, configurar el hardware, gestionar las cuentas del resto de usuarios, etc.
- **Usuario estándar.** Tiene acceso a los programas y a sus documentos. Puede compartir archivos con otros usuarios y cambiar las preferencias de su cuenta, pero no puede realizar tareas administrativas en el sistema operativo.
- **Invitado.** Tiene restricciones por cuestiones de seguridad, por lo que solamente puede hacer tareas limitadas, como acceder a los archivos compartidos o conectarse a Internet.

7.2 Crear una cuenta de usuario

Las cuentas de usuario contienen los archivos y la configuración del sistema operativo de cada persona que utiliza el equipo. Los pasos para crear una nueva cuenta son:

Ubuntu

1. Abrir el menú **Sistema** y, a continuación, elegir la opción **Configuración del sistema.**
2. Hacer clic en **Cuentas de usuario** para ver las cuentas creadas en el equipo.
3. Presionar el botón **Desbloquear** para poder hacer cambios. Ubuntu solicitará autentificarse con la contraseña del administrador.
4. Hacer clic en el botón + para crear un usuario.
5. Asignarle el nombre y la contraseña y, después, indicar, en **Tipo de cuenta,** si es un usuario estándar o administrador.

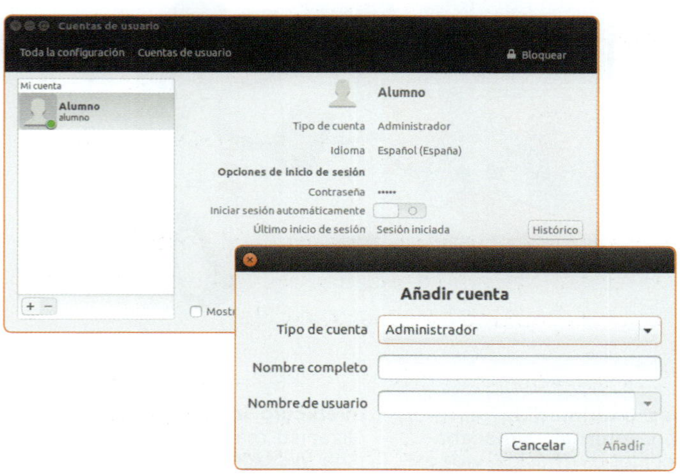

Windows

1. Seleccionar la opción **Configuración** del menú **Inicio** y elegir la herramienta **Cuentas.**
2. Hacer clic en **Familia y otros usuarios.**
3. Presionar en **Agregar otra persona a este equipo.**
4. Introducir la dirección de correo de la cuenta de Microsoft asociada al nuevo usuario y pulsar en **Finalizar.**

   Si no se dispone de dicha dirección, hay que hacer clic en **No tengo los datos de inicio de sesión de esta persona** para poder crear una cuenta nueva, o bien seleccionar la opción **Agregar un usuario sin cuenta Microsoft.** A continuación, el usuario deberá establecer un nombre de usuario, una contraseña temporal y un indicio de la contraseña.
5. Hacer clic en **Cambiar tipo de cuenta,** una vez creada, para elegir entre **Usuario estándar** o **Administrador.**

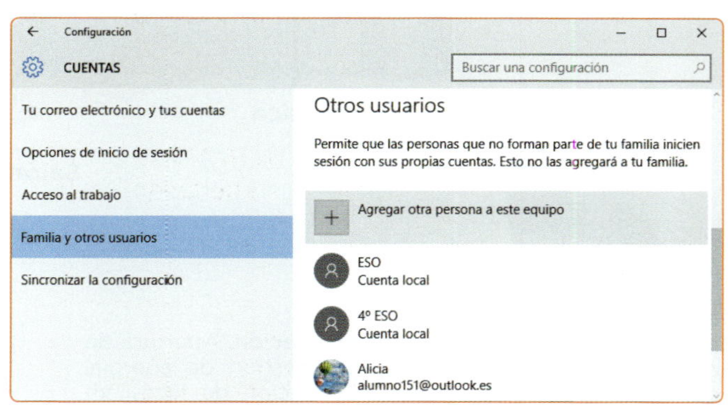

7.3 Permisos de archivos y carpetas

Los permisos son el conjunto de reglas asociadas a los elementos de un equipo o red, como los archivos o las carpetas. Con ellos, se determina quién puede acceder a un recurso y qué acciones puede llevar a cabo.

Los niveles de permisos básicos son:

Permiso	Archivo	Carpeta
Sin permiso	Acceso denegado.	Acceso denegado.
Lectura	Ver su contenido.	Acceder a su contenido.
Escritura	Realizar cambios en su contenido.	Realizar cambios en su interior.
Ejecución	Ejecutar archivos o programas.	Ejecutar los archivos que contiene la carpeta, como programas.

Cada sistema operativo combina los permisos de un modo diferente; por ejemplo, el permiso **Lectura y escritura** de las distribuciones Linux es equivalente a **Control total** en Windows.

Cada archivo o carpeta permite establecer permisos para diferentes tipos de usuarios, tales como:

- **Propietario.** Usuario que crea un archivo o una carpeta.
- **Grupo.** Usuarios que se asocian para facilitar algunas tareas, como compartir recursos, establecer permisos, etc.
- **Otros.** Usuarios que no pertenecen al mismo grupo que el propietario del recurso.

Tipos de permisos

En algunos sistemas operativos, los permisos asociados a cada archivo o carpeta se muestran con diez letras, cuyo significado es el siguiente:

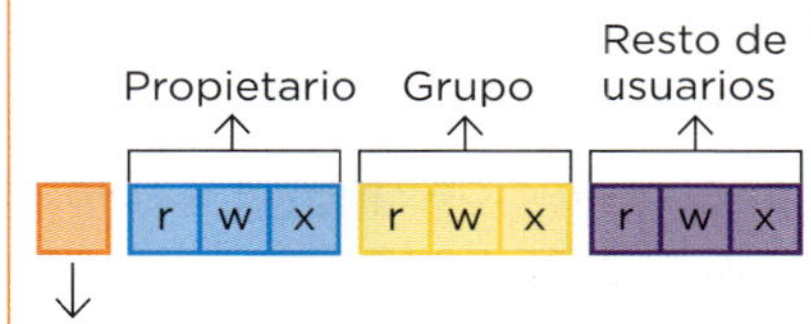

Tipo: archivo (-), directorio (d), etc.
r: lectura
w: escritura
x: ejecución
-: sin permiso

Si aparece la letra correspondiente, significa que el permiso está concedido. En cambio, si en su lugar aparece un guion (-), significa que está denegado.

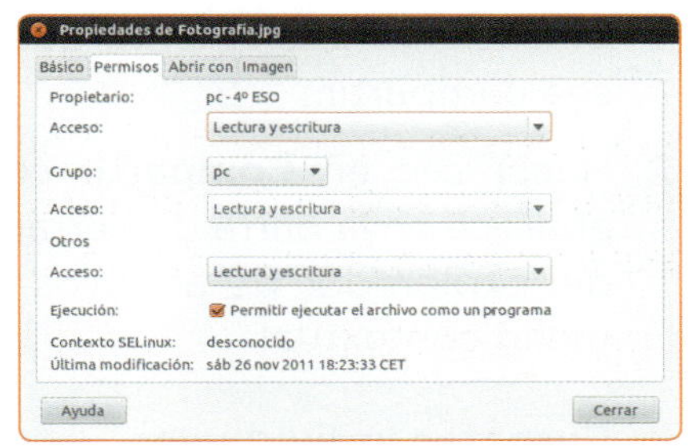

Pestaña **Permisos** en Ubuntu.

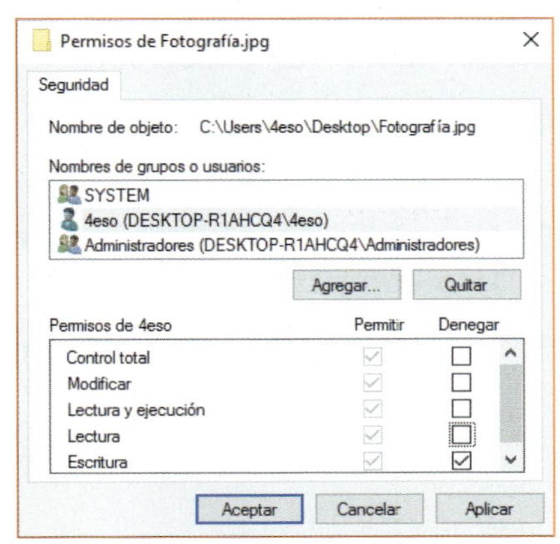

Pestaña **Seguridad** en Windows.

7.4 Ver o modificar permisos

Para ver o establecer permisos de archivos o carpetas, los pasos son:

1. Hacer clic con el botón derecho del ratón sobre el archivo o la carpeta y elegir la opción **Propiedades.**
2. Abrir la pestaña **Permisos** o **Seguridad,** dependiendo del sistema operativo utilizado.
3. Elegir el usuario o grupo deseado y editar los permisos adjudicados.

Comprende, piensa, aplica...

1 Indica los permisos de acceso que tiene cada tipo de usuario al archivo **Documento.odt** y a la carpeta **Vídeos.**

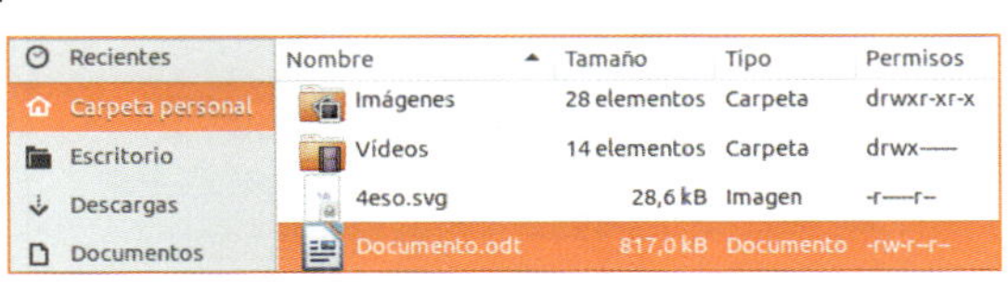

2 Crea una carpeta pública para el resto de los usuarios y copia en ella varios archivos. Inserta algunos públicos y otros privados.

3 Los sistemas operativos tienen desactivada, por defecto, la cuenta de invitado. Averigua los pasos que debes seguir para activarla.

8 Compartir recursos

8.1 Compartir recursos en Windows

En Windows, los archivos y las carpetas se pueden compartir con otros usuarios de distintos modos.

Carpetas públicas

La información que se copia en estas carpetas es accesible a todos los usuarios de la red. Para acceder a ellas, hay que:

1. Abrir el explorador de Windows y hacer clic en **Bibliotecas,** del panel de navegación.
2. Hacer clic en la flecha situada a la izquierda de cada biblioteca hasta visualizar las carpetas **Documentos públicos, Música pública,** etc.

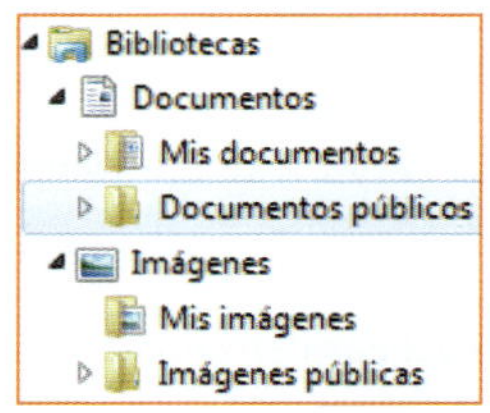

Carpeta **Bibliotecas.**

Grupo en el hogar

Para compartir archivos o carpetas en la red doméstica, hay que:

1. Seleccionar el elemento que se desea compartir.
2. Hacer clic en **Compartir con,** que aparece en la barra de herramientas del explorador de archivos o en el menú contextual.

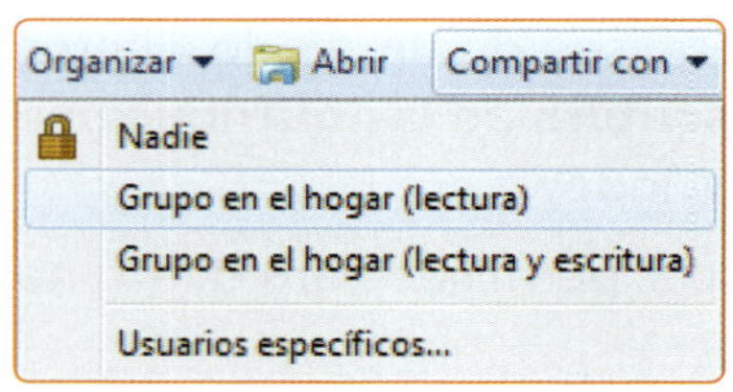

Grupo en el hogar.

Carpetas individuales

Para controlar quién puede tener acceso a un archivo o a una carpeta en particular, los pasos son:

1. Hacer clic, con el botón derecho del ratón, sobre el elemento que se quiere compartir y elegir la opción **Propiedades.**
2. Hacer clic en la pestaña **Compartir** y, después, presionar el botón **Uso compartido avanzado.**
3. Seleccionar la casilla **Compartir esta carpeta** y hacer clic en **Permisos** para permitir o denegar el control a los diferentes usuarios.

Acceder a recursos compartidos

Para ver los equipos que hay en la red y qué recursos se están compartiendo en cada uno de ellos, se puede:

1. Abrir el explorador de Windows.
2. Hacer clic en el icono ▷ **Red**, del panel de navegación.

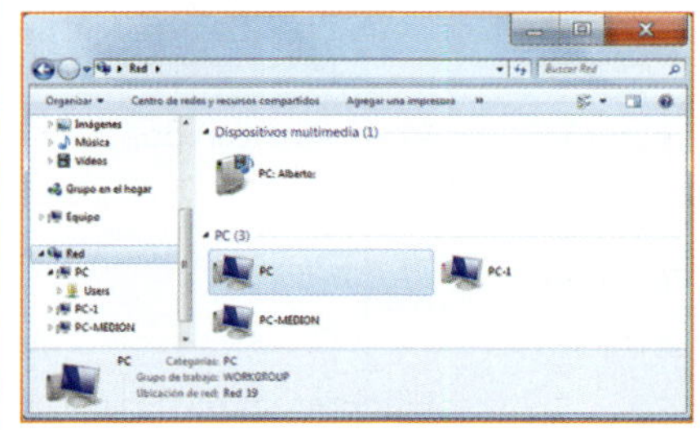

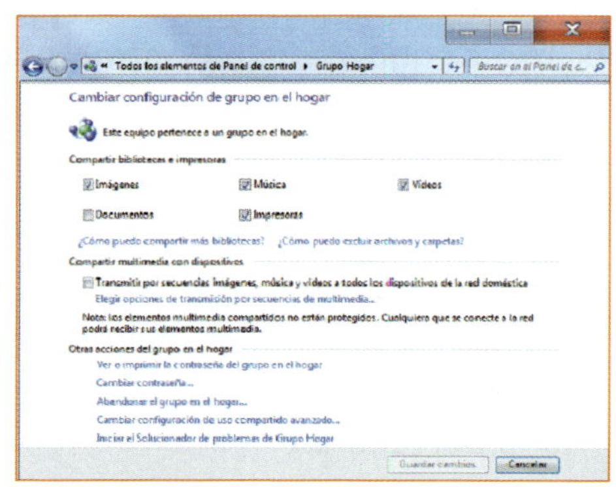

Grupo en el hogar y opciones de uso compartido.

Comprende, piensa, aplica...

1. Abre el menú **Inicio** y haz clic en **Dispositivos e impresoras.**
2. Haz clic con el botón derecho del ratón sobre la impresora que deseas compartir y elige la opción **Propiedades de la impresora.**
3. Activa la pestaña **Compartir** y selecciona la casilla de verificación **Compartir esta impresora.**
4. Haz clic en **Aceptar** y comprueba que se puede utilizar la impresora desde cualquier equipo de la red.

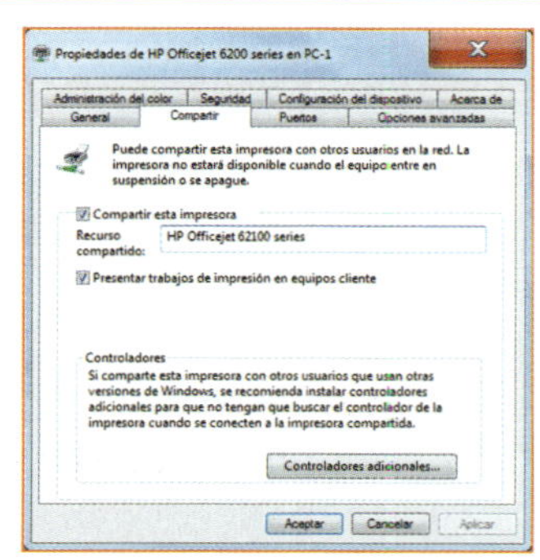

8.2 Compartir recursos en Ubuntu

Cada usuario tiene asignada una carpeta personal, que contiene toda su información, en el sistema operativo.

El directorio **/home** contiene las carpetas de todos los usuarios. Desde las mismas, se puede acceder a los documentos compartidos por otros usuarios para los que se disponga de permiso.

Los recursos compartidos tienen asignados diferentes permisos: para el propietario del recurso, para los usuarios que pertenecen al mismo grupo que el propietario y para otros usuarios.

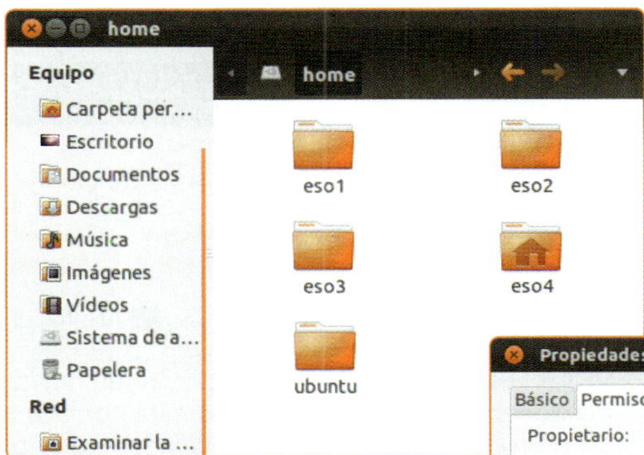

Carpetas de usuarios en **/home.**

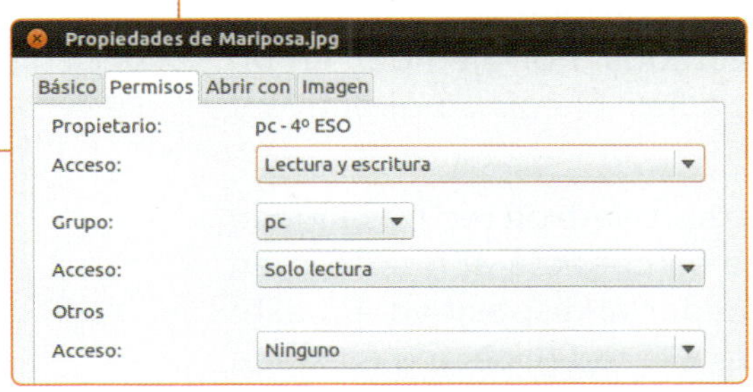

El archivo **Mariposa.jpg** puede ser leído y modificado por el propietario (4.º ESO); su grupo puede verlo, y el resto no tiene acceso.

Acceder a recursos compartidos

Para ver los equipos que hay en la red y los recursos que se están compartiendo en cada uno de ellos, se puede:

1. Abrir cualquier carpeta.
2. Elegir **Red** en el panel de navegación que se muestra a la izquierda.
3. Hacer doble clic sobre un equipo para ver los recursos que comparte.
4. Seleccionar **Red de Windows** si se desea acceder a los equipos de la red que utilizan Windows.

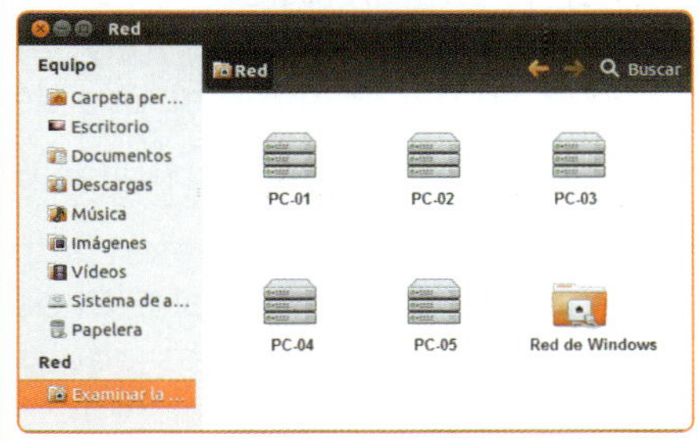

Recursos en la red

Los pasos para compartir una carpeta en la red son:

1 Hacer clic con el botón derecho del ratón sobre la carpeta que se desea compartir y elegir **Opciones de compartición.**

2 Presionar el botón **Instalar el servicio** que se muestra en el cuadro de diálogo (si no está previamente instalado en Ubuntu).

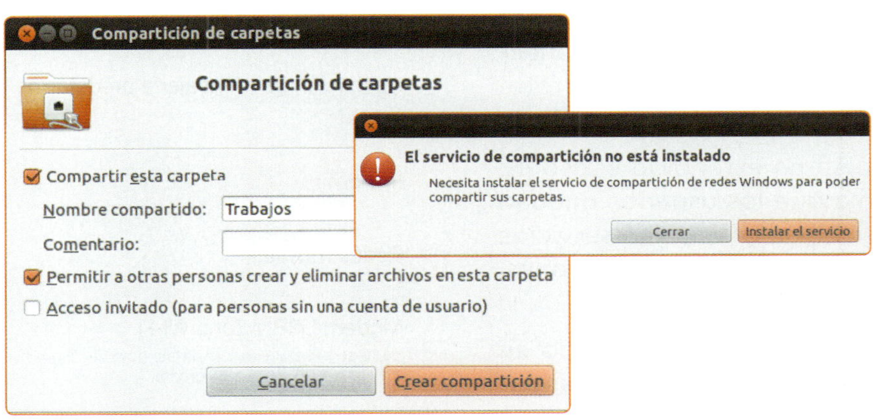

3 Activar la casilla de verificación **Compartir esta carpeta** y hacer clic en **Crear compartición.** En la carpeta se mostrarán unas flechas (como las de la figura del margen) que indican que es compartida.

Ten en cuenta

Los sistemas operativos permiten crear una intranet donde los usuarios comparten recursos e intercambian información. Para ello, se instalan servidores de correo electrónico, FTP, web, etc.

9 Redes virtuales

9.1 Red VLAN

Una red de área local virtual o VLAN es una red de ordenadores que se comportan como si estuviesen conectados al mismo cable, aunque físicamente estén en diferentes segmentos de una red de área local. Su potencial es crear subredes que pueden conectar ordenadores situados en varias ubicaciones o separar aquellos que están en la misma ubicación, en función de las necesidades.

Una de las principales razones para utilizar redes virtuales es que permiten dividir el tráfico de datos dirigido a cada VLAN. De esta manera, se limitan los equipos que tienen acceso a cada información, con lo que se obtiene una mayor privacidad, se reduce la congestión en la red, se hace un mejor uso del ancho de banda, etc.

Las redes de área local virtuales pueden ser:

- **VLAN estáticas.** Se suelen administrar configurando los puertos de un *switch* gestionable. Cada puerto se programa para indicar a qué red pertenecen los equipos conectados. Por ejemplo, en un instituto se pueden crear redes para las aulas, el equipo directivo y los departamentos.
- **VLAN dinámicas.** Se gestionan mediante software de red basándose en la dirección MAC del dispositivo que se conecta al puerto o en el nombre de usuario utilizado para acceder al dispositivo. En este procedimiento, el dispositivo que accede a la red hace una consulta a la base de datos de miembros de la VLAN. El administrador puede definir que la información de un departamento solo sea visible para determinados usuarios.

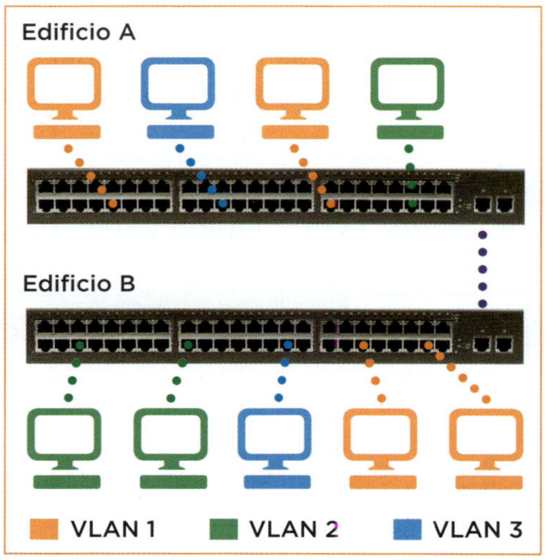

VLAN estática implementada con un *switch* gestionable, donde cada puerto está configurado para dar acceso a una determinada subred.

9.2 Red VPN

Una red privada virtual o VPN es una tecnología que permite la extensión de una red local (LAN) sobre una red pública, como Internet. De esta forma, los dispositivos conectados a la VPN establecen una conexión virtual que permite enviar y recibir datos de forma totalmente segura.

Estas redes posibilitan el acceso remoto a las aplicaciones y recursos para que los empleados, las sucursales y los clientes puedan conectarse a redes corporativas a través de una conexión a Internet, protegiendo la información que se envía y recibe.

El creciente uso del acceso remoto también ha extendido el uso de estas redes al ámbito doméstico, de forma que los usuarios puedan disponer de sus archivos desde cualquier lugar, utilizar los servicios con mayor privacidad y acceder a contenidos que, por varias razones, están limitados a determinadas áreas geográficas.

Se recomienda establecer conexiones a través de VPN cuando se usan conexiones públicas desde dispositivos móviles, ya que la seguridad de las redes wifi abiertas o gratuitas de hoteles, restaurantes o lugares públicos suele ser vulnerable: estas redes no están cifradas, por lo que cualquiera que esté conectado puede interceptar los datos, los nombres de usuario y las contraseñas que otros usuarios envían para identificarse en su cuenta de correo o en las redes sociales.

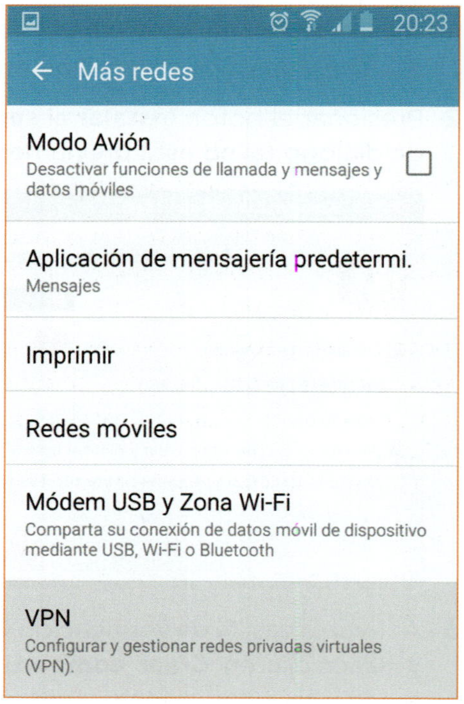

Acceder a una VPN utilizando Android.

Esquema de acceso a una VLAN a través de una VPN

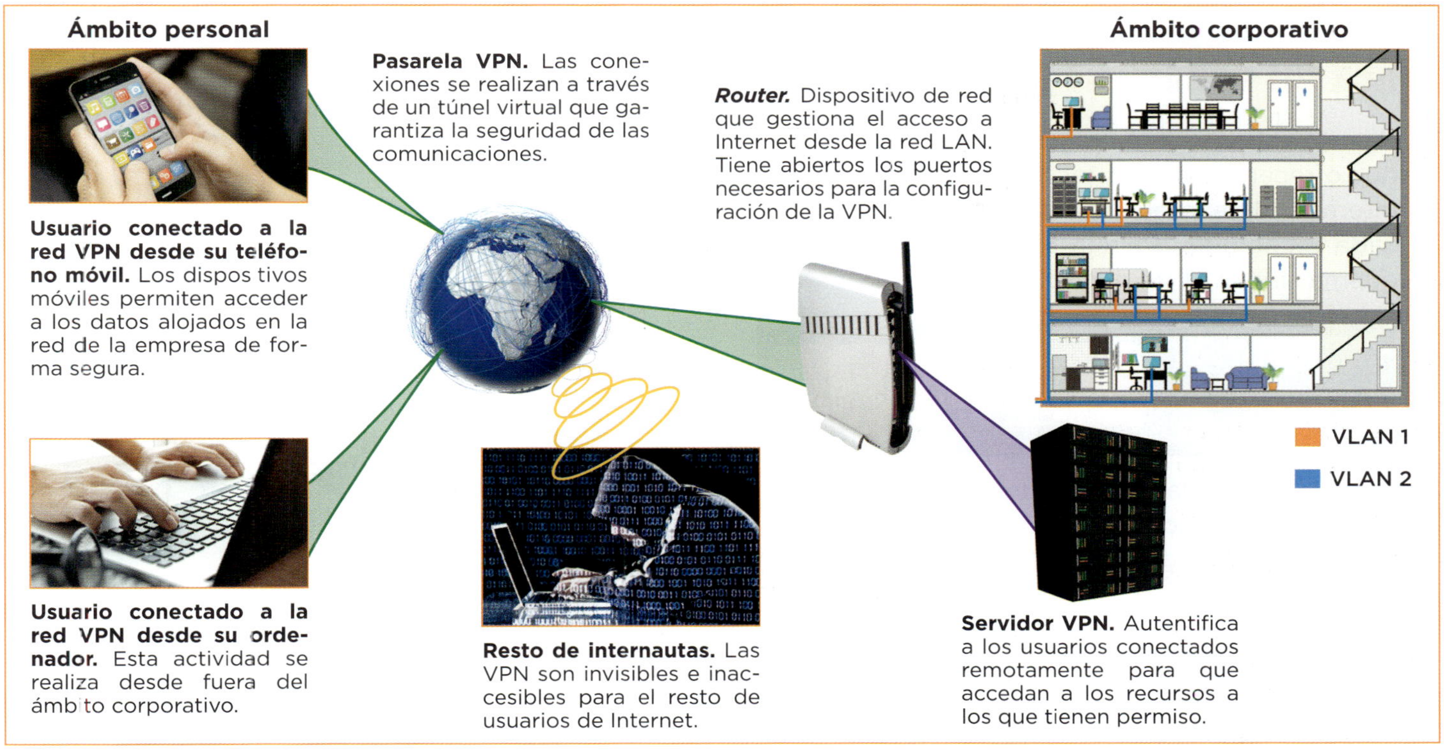

9.3 Configurar la conexión a una VPN

Para establecer una conexión a una red VPN, hay que configurar los datos que facilita el servidor VPN o la empresa que presta el servicio. Estos datos suelen ser la pasarela (dirección IP del servidor) y, en caso de ser una conexión privada, el usuario, la contraseña y el dominio de red. Cada vez que se utiliza, esta conexión crea un canal cifrado y seguro.

Un servidor VPN es una aplicación a la que se puede acceder de forma remota, a través del puerto 1723 TCP del *router,* desde cualquier lugar. Existe una gran variedad de proveedores de servicios que facilitan su instalación, por lo que muchos usuarios lo configuran para disponer de su propia red privada virtual.

Algunas empresas permiten conectarse de forma gratuita a servidores VPN para proteger las conexiones desde redes públicas. Dichos servidores actúan como filtros protectores de la privacidad en Internet. Este tipo de servicios no requieren registro: para comenzar a navegar, se introduce la dirección del servidor, un nombre de usuario y la contraseña. Algunos ejemplos son VPNBook o el navegador Tor.

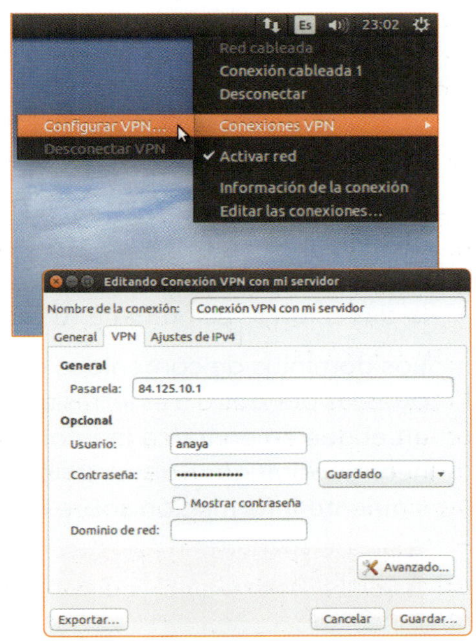

Configurar la conexión a una red VPN.

Comprende, piensa, aplica...

1 Dibuja un esquema de conexión a Internet de tu instituto (aulas de informática, departamentos, secretaría, etc.) utilizando un *switch* gestionable.

2 Busca información sobre qué es un MikroTik y para qué se utiliza en una red.

3 Configura una conexión VPN para acceder a un servidor gratuito que te proporcione una navegación segura y prueba su funcionamiento.

4 **Investiga** los pasos que debes seguir para instalar tu propio servidor VPN.

Comprueba cómo progresas

Aplica tus conocimientos

1 Haz un estudio de mercado sobre las empresas que ofrecen diferentes tecnologías de conexión a Internet. Elige la que más velocidad ofrece para cada tecnología. Refleja estos datos en un esquema similar al siguiente:

2 Completa la tabla con los parámetros siguientes, según corresponda:

- Belkin_N_Wireless
- 802.11n
- Buena
- WPA2-PSK

Intensidad de la señal	
Tipo de seguridad	
Tipo de radio	
SSID	

a) ¿Qué diferencias hay entre esta red y otra con encriptación WEP?

3 Investiga qué diferencias existen entre las direcciones IPv4 e IPv6. Determina el tipo y la clase de la dirección IP asignada a tu ordenador.

Los dominios de contenidos en la red están compuestos por dos o tres letras que indican el ámbito en el que se enmarca la información que contienen: geográfico y de organización. Completa la siguiente información sobre ellos:

Dominio	Organización
.com	
.net	
	Sin ánimo de lucro
	Educativa
	Gubernamental

Dominio	País
.uk	
.de	
	Portugal
.mt	
.cn	

4 Dibuja la estructura de una casa de dos plantas con dispositivos que se puedan conectar en red. Algunos ejemplos son:

a) Añade los componentes (cableado, tarjetas de red, puntos de acceso, etc.) que necesitas para crear una red que conecte todos los dispositivos.

b) Dibuja el tipo de conexión que establece cada dispositivo para acceder a la red. Ten en cuenta que los cables no deben atravesar techos ni paredes.

c) Elabora un presupuesto, consultando los precios en tiendas online, del coste de la red que has diseñado y compáralo con el de tus compañeros.

d) ¿Qué tipo de conexión a Internet se podría contratar si la casa está situada en una montaña aislada? ¿Qué ubicación sería más apropiada para el *router*?

5 Crea una carpeta en el escritorio y asígnale el nombre **Pública.**

a) Guarda en ella varias imágenes y un documento que incluya algún mensaje.

b) Compártela estableciendo los permisos necesarios para que el resto de usuarios puedan ver las fotos (sin borrarlas) y contestar a tu mensaje.

c) Entra en la carpeta compartida por tus compañeros para responder a sus mensajes e intenta borrar sus fotos.

6 Observa los permisos del archivo **jugadores.txt** y responde a las siguientes preguntas:

a) ¿Quién es el propietario?

b) ¿Qué operaciones puede realizar el resto de usuarios sobre este archivo?

c) ¿Cuáles son los pasos que debes seguir para visualizar los permisos de un archivo?

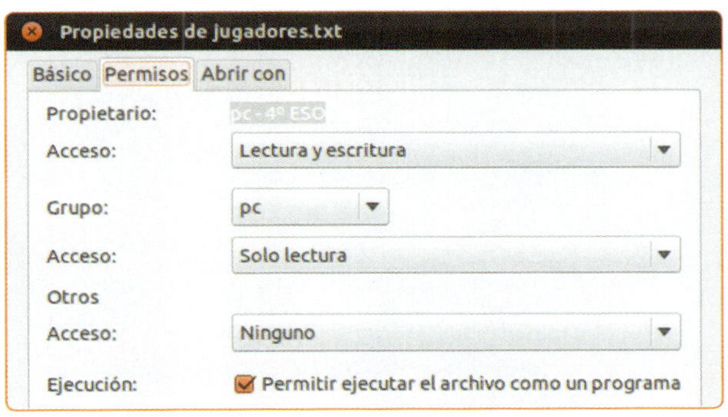

7 Diseña, junto con tus compañeros, el esquema de la red de tu aula. Para ello:

a) Averigua la configuración de la tarjeta de red de tu equipo y realiza un ping al *router.*

b) Añade los datos de tu ordenador al esquema común, que podréis elaborar utilizando un programa colaborativo o dibujándolo en la pizarra.

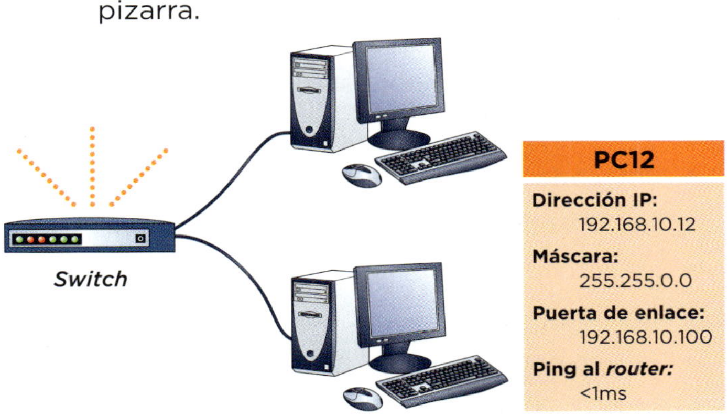

8 Las líneas ADSL son asimétricas, es decir, tienen una velocidad distinta en el envío y en la recepción de datos. Comprueba la velocidad de la red de tu aula y responde:

a) ¿Es una línea ADSL? ¿A qué velocidad funciona?

b) ¿Cuánto tiempo necesitarías para descargar 10 TB de contenidos de Internet?

c) ¿Cuánto tiempo invertirías en subir a tu blog un vídeo que ocupa 5 GB?

9 Los programas utilizan los puertos de red para comunicarse.

a) Encuentra alguna aplicación online para escanear los puertos abiertos en tu ordenador.

b) ¿Qué relación hay entre los puertos de red y un cortafuegos?

10 Desde que, en 1876, Alexander Graham Bell patentase el teléfono hasta la actualidad, la telefonía ha cambiado considerablemente y, con ella, la sociedad y la forma de relacionarnos. Los dispositivos móviles, por ejemplo, se conectan a través de ondas a las redes inalámbricas.

a) ¿Podrías explicar qué son realmente las ondas y cómo transmiten la información?

b) ¿Crees que las emisiones electromagnéticas de las redes inalámbricas pueden afectar a la salud? ¿Por qué?

c) Observa los siguientes ejemplos. ¿Qué diferencia hay entre unas ondas y otras?

Ondas de radio y TV	
Microondas	
Ondas infrarrojas	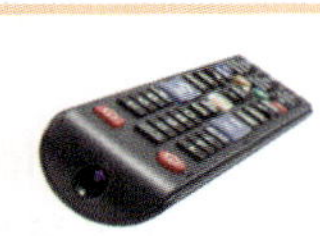
Rayos X	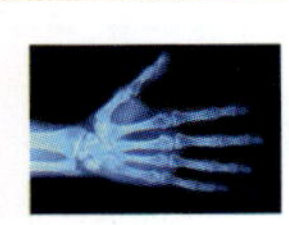

Evolución y ventajas de las redes

La historia de las redes se remonta a la década de los sesenta, aunque España no se conectó a Internet hasta 1985. Una historia corta pero intensa que ha evolucionado vertiginosamente hasta conseguir que gran parte de los dispositivos que nos rodean estén conectados en red. Las tecnologías de transmisión también han evolucionado: se empezó con cables de cobre y, actualmente, se realizan transmisiones por radiofrecuencia de alta velocidad e, incluso, se estudia ya el uso de iluminación LED.

El desarrollo continúa y el Internet de las cosas se sitúa a la vanguardia del futuro de la red para crear un mundo interconectado. Ya existen frigoríficos, hornos y lavadoras que pueden ser controlados desde un teléfono inteligente gracias a su conexión a Internet, pero la tendencia es que la mayoría de los objetos estén conectados para facilitarnos la vida diaria.

Hoy en día, los usuarios no solo aspiran a tener Internet, sino que desean estar conectados en todo momento, en cualquier lugar y con un ancho de banda suficiente para la actividad que estén desarrollando en ese instante.

Vivimos en hogares cada vez más conectados, y la mayoría de la población organiza su jornada con la ayuda de teléfonos inteligentes y de aplicaciones que se adaptan a cada necesidad.

Según el informe anual *La Sociedad de la Información en España,* realizado por la Fundación Telefónica, una de cada tres personas consulta el móvil cada cinco minutos.

En este contexto, algunas de las innumerables ventajas que ofrecen las redes en las que vivimos inmersos se muestran en la siguiente figura.

Comprende lo que has leído

1 **Lista.** Enumera las principales ventajas que aportan las redes de ordenadores.

2 ¿Qué dispositivos electrónicos suelen estar conectados en red?

3 ¿En qué consiste el Internet de las cosas?

Otras lecturas sobre redes

Descubre. Lee el informe anual *La Sociedad de la Información en España* (Fundación Telefónica) y coméntalo con tus compañeros.

Busca y organiza información

1 **Investiga.** Indica, de forma breve, en qué consisten los siguientes servicios que aportan las redes:

- Almacenamiento en la nube
- Sincronización de contenidos entre dispositivos
- Conectividad
- Movilidad
- Trabajo cooperativo
- Teletrabajo

3

Ofimática

A lo largo de la historia, los seres humanos siempre hemos tenido la necesidad de dejar constancia de nuestras actividades. Al principio, estas se registraban de modo manual y, actualmente, se hace de manera informatizada.

El conjunto de herramientas que permite realizar las tareas de oficina con ordenadores se conoce como «ofimática». Con ellas, se pueden llevar a cabo las siguientes tareas:

- Crear y modificar documentos de texto.
- Elaborar y manipular hojas de cálculo para analizar datos numéricos.
- Gestionar bases de datos.

¿Qué sabemos sobre la ofimática?

1 Las aplicaciones ofimáticas más habituales están compuestas por diferentes herramientas. Además de las descritas, ¿conoces otras?

2 Las tablas son el soporte para elaborar hojas de cálculo. ¿Qué usos pueden tener?

1 Aplicaciones de la ofimática

1.1 Paquetes ofimáticos

Un paquete ofimático, también conocido como «*suite* ofimática», es la colección de aplicaciones informáticas que se emplea en oficinas para trabajar con distintos tipos de documentos (documentos de texto, hojas de cálculo, presentaciones, etc.), ya sea para crearlos, modificarlos, organizarlos, compartirlos, escanearlos o imprimirlos, etc.

Las *suites* ofimáticas son relativamente nuevas; tienen su origen en la máquina de escribir manual, inventada en la segunda mitad del siglo XIX y comercializada a partir de 1870.

Antes de la aparición de los ordenadores personales (suceso que se produjo en los años ochenta), los documentos que se generaban en una oficina se creaban, compartían y almacenaban de forma mecánica.

La informatización de estas y otras tareas ha ido evolucionando paralelamente al progreso de los ordenadores. Como consecuencia, las *suites* ofimáticas (como ocurre con los sistemas informáticos) se renuevan constantemente.

Los programas de oficina se crean y se agrupan en paquetes, nunca de modo individual. De esta manera, todas las aplicaciones se relacionan entre sí y se consigue, además, reducir los costes de creación.

Hoy en día, los software privativos utilizan el paquete Microsoft Office; los dispositivos Apple utilizan la *suite* iWork, y los software libres utilizan, entre otros, LibreOffice.

LibreOffice.

iWork.

Microsoft Office.

Si bien estos programas usan (o han usado) sus propios formatos de archivo, en la actualidad permiten exportar sus documentos a formatos estándares, como OpenDocument.

El formato OpenDocument (ODF) es un formato de archivo abierto y estándar que permite almacenar documentos ofimáticos, tales como hojas de cálculo, textos, gráficos y presentaciones.

Ofimática

El vocablo «ofimática» es un acrónimo constituido por la unión de los términos «oficina» e «informática». Así, la ofimática surgió por la necesidad de automatizar y optimizar las tareas que se realizan en una oficina.

1.2 Aplicaciones ofimáticas en la red

En nuestra sociedad globalizada, es fundamental aprender a trabajar con *suites* ofimáticas de modo colaborativo. Para ello, se puede emplear Microsoft Office Online o la popular Google Drive.

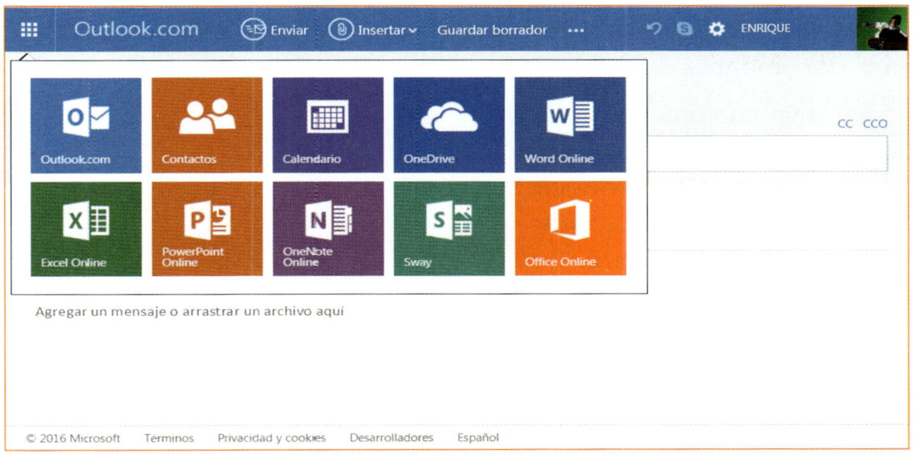

Interfaz de Microsoft Office Online.

Google Drive

Google Drive es un servicio de alojamiento de archivos creado en el año 2012 por Google. Sus usuarios disponen de 15 GB de espacio gratuitos para almacenar archivos. Se accede desde el navegador de ordenadores y dispositivos móviles. Este servicio permite editar archivos como si se tratara de una *suite* instalada en el ordenador.

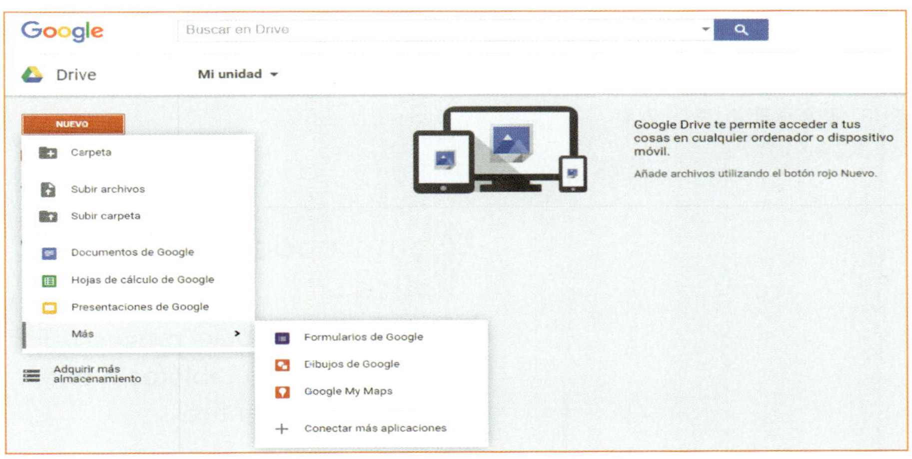

Interfaz de Google Drive.

Una de sus prestaciones más interesantes es que pueden estar trabajando varias personas de forma simultánea en un mismo documento, independientemente del lugar donde se encuentren.

Además, Google Drive ofrece una aplicación que se puede instalar en el ordenador y que crea una carpeta cuyo contenido se sincroniza automáticamente en la nube.

Comprende, piensa, aplica...

1 ¿Qué diferencia existe entre el software privativo o propietario y el software libre?

2 ¿Es lo mismo software libre que software gratis?

3 **Investiga** en Internet las diferentes *suites* ofimáticas multiplataforma que existen.

4 ¿Utilizas Google Drive? ¿Con qué finalidad?

2 Edición de documentos

2.1 Procesadores de texto

Los procesadores de texto son uno de los programas informáticos más utilizados por los usuarios. Sin embargo, no se suelen aprovechar todas las posibilidades que ofrecen para lograr documentos de calidad.

Con un procesador de texto, es posible crear casi cualquier tipo de documento, tanto si se empieza desde cero como si se utilizan plantillas previas. En dichos documentos, no solo se puede introducir texto en cualquier formato, sino que, además, se pueden incorporar imágenes, tablas, gráficos, etc., para acompañarlo y enriquecerlo.

La familia de procesadores de texto es bastante amplia. Algunos procesadores son gratuitos, mientras que otros son de pago. Asimismo, algunos permiten trabajar en la nube, mientras que otros tan solo se pueden utilizar si están disponibles en el ordenador.

Como todos ellos tienen funciones similares, conocer en detalle un procesador facilita el manejo de los demás.

2.2 Interfaz de usuario de LibreOffice Writer

La interfaz de usuario está formada por los elementos visibles de una aplicación que se utiliza para comunicarse con el dispositivo. Cada aplicación tiene una interfaz distinta y esta va evolucionando en las distintas versiones que surgen de dicha aplicación.

Interfaz de LibreOffice Writer.

La interfaz de usuario de LibreOffice Writer presenta algunas opciones del programa, así como el espacio de trabajo. A su vez, la barra de estado muestra información del documento y ofrece un acceso rápido para cambiar la configuración.

Comprende, piensa, aplica...

1 ¿Conoces algún procesador de texto para tabletas o teléfonos inteligentes?

2 Identifica, en el procesador de texto que utilices, las diferentes barras de herramientas que tiene.

3 Averigua, en el mismo procesador de texto, los distintos formatos en los que puedes guardar un documento.

4 **Investiga** si alguno de estos formatos permite compartir un documento de texto sin que se altere su aspecto.

2.3 Dar formato al documento

Los procesadores de texto disponen de múltiples opciones que permiten dar formato al documento, es decir, modificar y adaptar, a gusto del usuario, aquellos aspectos que lo precisen.

Por ejemplo, desde el menú o la barra **Formato** de LibreOffice Writer, se puede cambiar el tipo de letra, el color o el tamaño de aquellos caracteres que se quieran destacar.

También es posible modificar párrafos completos para diferenciarlos del resto del documento aplicando algunas de las opciones disponibles para ello, como la alineación, la numeración de párrafos o el espaciado.

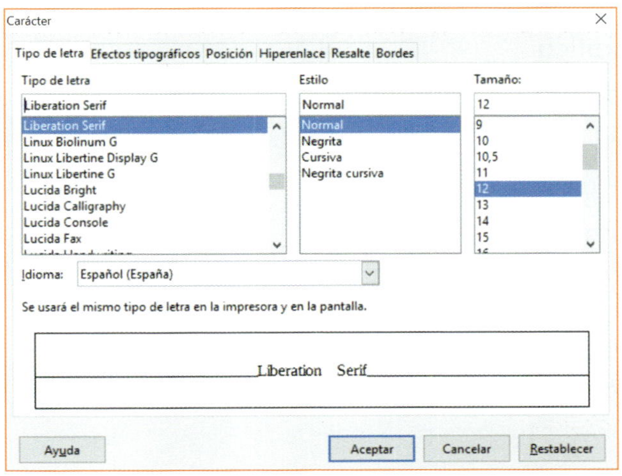

Modificar el formato de los caracteres.

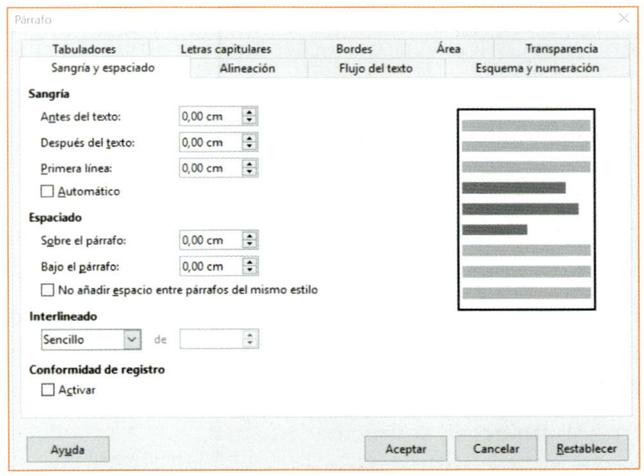

Modificar el formato de los párrafos.

El formato de las páginas también es variable. Conocer y manejar las opciones relacionadas con el diseño de la página es importante, sobre todo si se quiere imprimir el documento.

Por defecto, el tamaño de la página en un documento de texto es A4 (21 cm × 29,7 cm) y su orientación predeterminada es vertical. No obstante, el usuario puede cambiar estas características con facilidad.

Los márgenes de la página, es decir, los espacios en blanco de los laterales y de la parte inferior y superior, también pueden sufrir variaciones por parte del usuario.

Los pasos para modificar alguna de estas propiedades de la página con LibreOffice Writer son:

1. Abrir el menú **Formato** y seleccionar **Página.**
2. Activar la ficha **Página** y cambiar, si se desea, el formato (tamaño) y la orientación actuales.
3. Modificar la distancia que se quiere dejar sin texto en cada lado (margen) de la página.
4. Hacer clic en **Aceptar.**

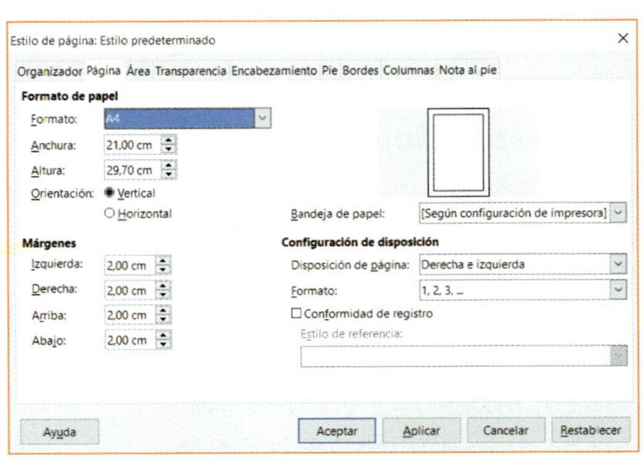

Modificar las propiedades de la página.

3 Uso de imágenes

3.1 Insertar imágenes

El texto es el contenido fundamental de un procesador de texto, pero no es el único. LibreOffice Writer permite trabajar con diferentes elementos gráficos:

- **Imágenes de mapas de bits.** Están formadas por multitud de puntos que, en su conjunto, componen la imagen final. Algunos ejemplos son las fotos de un teléfono móvil o de una cámara digital, los dibujos creados con aplicaciones especializadas, etc.
- **Imágenes vectoriales.** Están formadas por figuras geométricas complejas que se crean con herramientas de dibujo como Draw, integrada en LibreOffice Writer, u otros programas de diseño gráfico.

Estos elementos gráficos se pueden añadir al documento desde distintas ubicaciones.

Desde un archivo

Para insertar una imagen desde un archivo con LibreOffice Writer, se deben seguir estos pasos:

1. Colocar el cursor sobre el lugar del documento donde se desea que aparezca la imagen elegida y seleccionarla haciendo clic sobre la misma.
2. Abrir el menú **Insertar,** seleccionar **Imagen** y, a continuación, **A partir de archivo.**
3. Hacer clic sobre la carpeta que contiene la imagen.
4. Pulsar sobre el botón **Abrir.** La imagen se insertará, de manera automática, en el documento de texto.

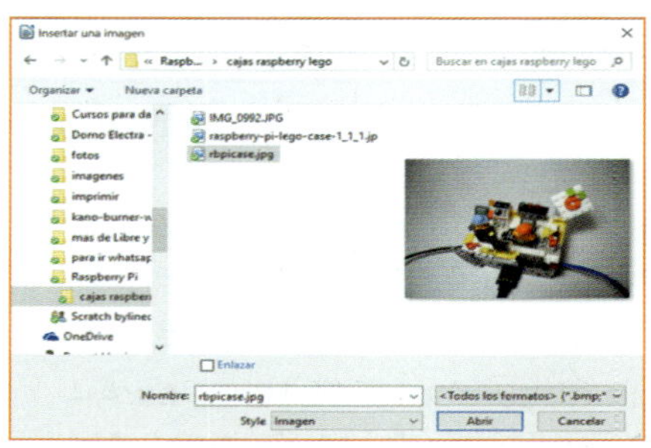
Insertar imágenes desde un archivo.

Desde otro documento

Para insertar una imagen que se haya empleado en otro documento o que se haya localizado en Internet, los pasos son:

1. Seleccionar la imagen en el origen (muchas veces basta con hacer clic sobre ella).
2. Presionar el botón derecho del ratón o el icono para copiar la imagen en el portapapeles.
3. Hacer clic sobre el lugar del documento destino donde se quiere situar la imagen.
4. Hacer clic sobre el icono o pulsar el botón derecho del ratón para pegar la imagen desde el portapapeles.

Desde la galería

LibreOffice Writer dispone de una galería con imágenes y otros elementos multimedia que sirven para ilustrar los documentos. Se puede acceder a ellos desde el menú **Insertar.**

3.2 Modificar el tamaño de una imagen

Cuando se inserta una imagen en un documento, esta aparece con su tamaño original y puede resultar demasiado grande. Para modificar su tamaño, es necesario seguir los siguientes pasos:

1 Hacer clic sobre la imagen para seleccionarla hasta que aparezcan sus tiradores.

Modificar el tamaño de una imagen.

2 Hacer clic sobre uno de los tiradores y, sin soltar el botón del ratón, arrastrarlo hasta asignar el tamaño deseado a la imagen.

Es importante tener en cuenta que los tiradores de los laterales estiran o encogen la imagen por cada lado, mientras que los tiradores de las esquinas cambian el tamaño por los dos lados contiguos, manteniendo la proporcionalidad.

3.3 Ajustar el texto alrededor de una imagen

Los procesadores de texto permiten determinar la manera en que se debe ajustar el texto alrededor de una imagen. Por defecto, la imagen se inserta sin ajuste, es decir, entre el texto, de forma que las líneas que lo componen quedan por encima o por debajo de la imagen.

Para que el texto rodee una imagen, hay que modificar sus propiedades siguiendo estos pasos:

1 Pulsar el botón derecho del ratón sobre la imagen.

2 Hacer clic sobre la opción **Ajuste** para mostrar las opciones.

3 Seleccionar **Ajuste de página.** En ese instante, el texto quedará distribuido alrededor de la imagen.

4 Hacer clic sobre la imagen y arrastrarla, sin soltar el botón del ratón, hasta situarla en el lugar deseado.

Comprende, piensa, aplica...

1 Abre un nuevo documento y escribe un texto con una noticia de ayer.

2 Modifica el formato del documento para que quede alineado a la izquierda.

3 Busca una imagen relacionada con la noticia. Insértala en el documento y distribuye el texto a su alrededor con la opción **Ajuste de página.**

4 Guarda el documento con el nombre **Noticia.**

4 Maquetación de documentos

La maquetación de un documento consiste en organizar y distribuir, alrededor de las páginas, todos los elementos que lo componen. Para ello, los procesadores de texto disponen de varias opciones de diseño, como los estilos de párrafo y texto, y formatos de página personalizados, además de la posibilidad de maquetar a doble cara.

4.1 Utilizar tablas

Las tablas no solo sirven para almacenar datos, como en una hoja de cálculo, sino que también se pueden usar para alinear distintos tipos de objetos, por lo que se consideran una herramienta útil para la maquetación de páginas.

Las tablas pueden insertarse en cualquier parte de un documento siguiendo estos pasos:

1 Situar el cursor en el punto del documento en el que se pretenda insertar la tabla.

2 Desplegar el botón y arrastrar el ratón por el cuadro emergente hasta el lugar donde se especifica el número de filas y de columnas que se quieren para la tabla.

3 Soltar el botón del ratón. La tabla aparecerá en el documento.

Tablas en Microsoft Office Word

En Microsoft Office Word, se debe desplegar el menú **Insertar** para acceder a la creación de tablas.

4.2 Usar plantillas

Para que un documento de texto tenga un formato consistente, se pueden aplicar estilos, es decir, el usuario puede determinar el conjunto de propiedades que tendrán los caracteres (fuente, tamaño, color, atributos...) y los párrafos (alineación, sangrías, bordes, sombreado...) del documento. Existen, también, estilos predefinidos que pueden ser modificados fácilmente.

No obstante, si se necesita inspiración o si se desea automatizar las tareas de edición de documentos, LibreOffice Writer ofrece la posibilidad de utilizar plantillas. En el centro de plantillas de LibreOffice (http://templates.libreoffice.org), se pueden descargar varias plantillas adaptadas a las necesidades del usuario y del documento.

Una plantilla es un modelo que puede contener estilos de formato específicos, imágenes, tablas, objetos y cualquier otra información. Las plantillas se usan como base para crear nuevos documentos. Por ejemplo, si se definen los estilos de carácter y de párrafo de un documento y este se guarda como plantilla, se podrá utilizar para crear nuevos documentos con los mismos estilos.

Para crear un documento a partir de una plantilla, se deben seguir estos pasos:

1 Hacer clic en el menú **Archivo.**

2 Pulsar sobre la opción **Nuevo.**

3 Seleccionar **Plantillas** o presionar **Crtl** + **Bloq Mayús** + **N.**

4.3 Crear un índice de contenidos

Los índices son listas que permiten localizar el contenido de un documento de manera rápida y fácil. Su estructura es la siguiente: a la izquierda, aparece el título de los apartados y, a la derecha, el número de página donde estos empiezan.

Para crear un índice de contenidos automáticamente, se debe emplear el mismo estilo de párrafo para cada uno de los títulos que aparecerán en el índice.

Se puede generar un índice de contenidos de forma automática siguiendo estos pasos:

1 Situar el cursor en el lugar donde se desea que aparezca el índice.

2 Abrir el menú **Insertar,** seleccionar **Índices y tablas** y, después, elegir **Índices.** Se mostrará una ventana de diálogo como la de la siguiente figura.

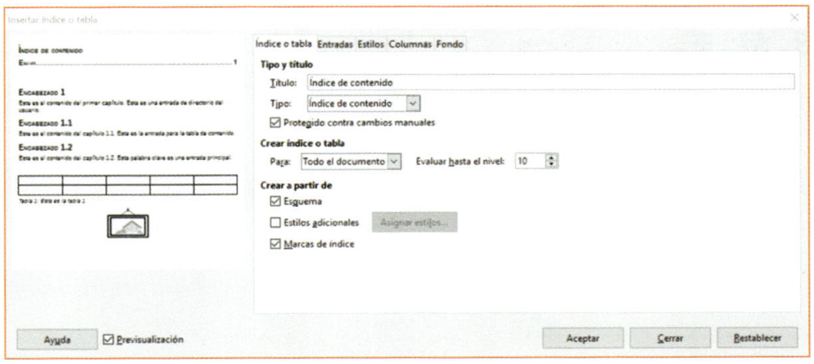

Generar un índice automáticamente.

3 Pulsar **Aceptar** para crear el índice de contenidos.

Desde esta misma ventana, se pueden crear índices alfabéticos, de ilustraciones, de tablas e, incluso, de biografías.

4.4 Insertar encabezados y pies de página

Los encabezados y pies de página son los espacios que aparecen en la parte superior e inferior de todas las páginas de un documento. Al tratarse de zonas activadas, lo que se incluya en ellas se repetirá en todas las páginas del mismo. Los pasos para insertar encabezados o pies de página en un documento son:

1 Hacer clic sobre el encabezado o el pie de una página.

2 Escribir el texto con la alineación deseada.

4.5 Numerar las páginas

Cuando un documento tiene varias páginas, es recomendable que estén numeradas y que dicha numeración aparezca en el pie de página. Al insertar la numeración de página, se asignará un número correlativo a cada una, que se ajustará automáticamente. Los pasos para numerar las páginas de un documento son los siguientes:

1 Colocar el cursor en el encabezado o pie en el que se desea insertar el número de página.

2 En la pestaña **Insertar,** elegir **Campos** y, después, **Número de página.**

Comprende, piensa, aplica...

1 Abre el documento de texto **Noticia,** que has creado anteriormente, y agrega un encabezado de página con el texto «Noticias del día» a la izquierda y tu nombre a la derecha.

2 Inserta un pie de página con el código de numeración de página centrado y observa qué sucede.

5 Hojas de cálculo

Una hoja de cálculo es una aplicación diseñada como una tabla de doble entrada para realizar todo tipo de cálculos. Las tablas de doble entrada organizan sus datos en filas y columnas. La intersección de una fila con cada columna se conoce como «celda»; es en estas en las que se colocan los datos de la tabla.

Las columnas vienen encabezadas, en su margen superior, por una letra (empezando por la A), y las filas, en su margen izquierdo, por un número (empezando por el 1). Cada celda se identifica por la intersección que ocupa entre columna y fila (por ejemplo, celda A2). El conjunto de hojas almacenadas en el mismo fichero se denomina «libro de trabajo».

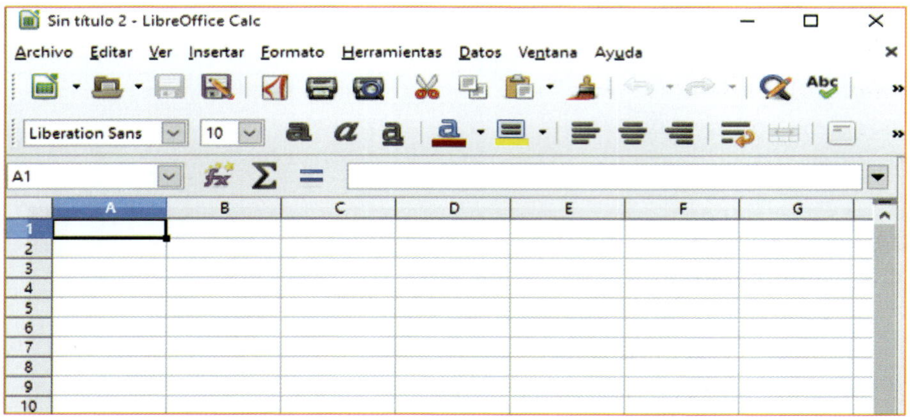

Crear una hoja de cálculo con LibreOffice Calc.

5.1 Tipos de datos

En las celdas de una hoja de cálculo se pueden introducir diferentes tipos de datos:

Valores constantes

Son valores fijos que se introducen directamente en una celda, como, por ejemplo, texto, números, horas o fechas.

- **Texto.** Se escribe en la celda seleccionada y se coloca, por defecto, alineado a la izquierda.
- **Números.** Se incluyen los dígitos 0, 1, 2, 3, 4, 5, 6, 7, 8, 9 y los signos especiales +, -, ( ), / y %. Por defecto, se colocan alineados a la derecha.
- **Fecha y hora.** Se introducen en la celda deseada y se escribe la forma de fecha y hora que se prefiere. Por defecto, se muestran en la celda alineadas a la derecha.

Fórmulas

Las fórmulas son fundamentales en una hoja de cálculo. Una fórmula es una expresión matemática formada por operadores, valores constantes (numéricos o textuales), referencias a otras celdas, nombres de celdas y funciones. Se escriben en la **Barra de fórmulas** y deben empezar siempre por el signo **=**.

En la figura del margen, la fórmula **=A1*0,21** muestra un 21 % del contenido de A1.

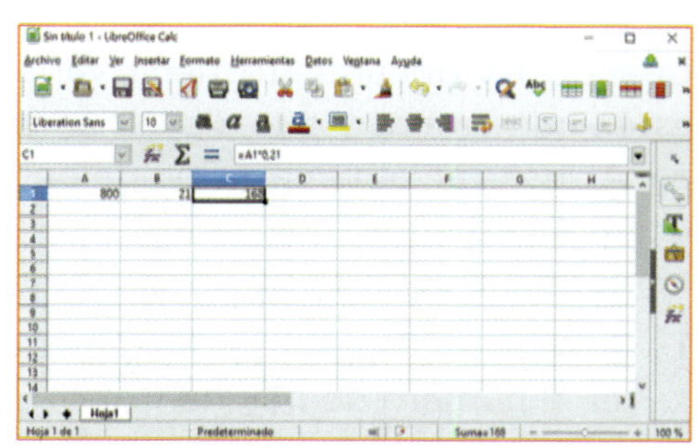

Fórmula en una hoja de cálculo.

5.2 Tipos de operadores

Los operadores que se pueden introducir en una fórmula son:

- **Aritméticos.** Son los signos +, -, *, /, % y ^, que representan, respectivamente, suma, resta, multiplicación, división, cálculo de porcentajes entre valores y cálculo de una potencia.
- **Relacionales.** Son los signos =, < >, <>, <=, >=, que sirven para comparar valores y devolver un valor lógico (verdadero o falso) como resultado de la comparación.
- **De rango.** Es el signo : (dos puntos). Sirve para indicar un rango de celdas, como, por ejemplo, C1:C30.
- **De unión.** Es el signo ! (de exclamación), que sirve para sumar los valores de celdas numéricas que pertenecen a rangos distintos. Por ejemplo: =SUMA(B1:C15!C14:E5), donde C15 y C14 están en la intersección; la fórmula mostrará la suma de ambas.

Además, se pueden utilizar los paréntesis para modificar el orden de prioridad del cálculo.

5.3 Aplicar formato condicional

Esta herramienta sirve para cambiar automáticamente el formato de una celda o un rango en función del contenido o del resultado de una fórmula. Para aplicarla, se deben seguir estos pasos:

1. Seleccionar las celdas en las que se desea aplicar el formato.
2. Elegir la opción **Formato condicional...,** dentro de **Formato.**

5.4 Convertir texto en tabla

Se puede convertir un texto en una tabla siguiendo estos pasos:

1. Elegir el texto deseado y seleccionar la opción **Tabla.**
2. Pulsar en **Convertir.**
3. Seleccionar **Texto a tabla.**

Las opciones disponibles en el cuadro de diálogo varían en función del tipo de conversión.

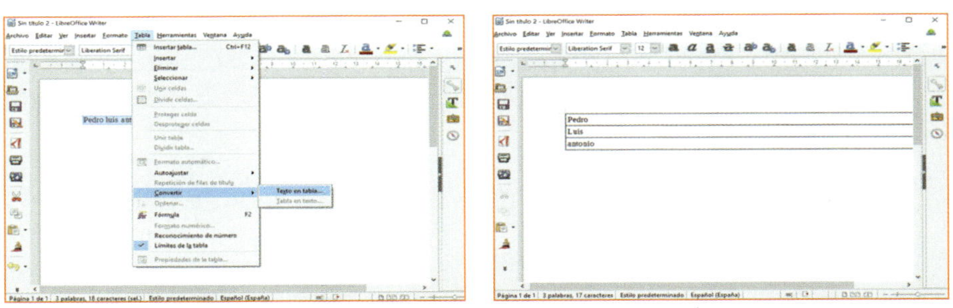

Convertir texto en tabla.

Comprende, piensa, aplica...

1. Abre una hoja de cálculo y escribe en la primera fila estos textos: en la celda A1, «Precio»; en la B1, «Unidades», y en la C1, «Importe».
2. Escribe distintos valores en las celdas A2 y B2.
3. Inserta, en la celda C2, la siguiente fórmula: **=A2*B2**.
4. Prepara tu hoja para que puedas realizar la misma operación en diez filas y rellena las celdas con valores.
5. Utiliza un operador de rango para sumar los valores de las celdas y que se muestre en la celda C12.

6 Análisis y gestión de datos

6.1 Crear una base de datos

La opción **Base de datos** en una hoja de cálculo sirve para organizar, almacenar y filtrar los datos incluidos en la misma.

Antes de trabajar con la base de datos y utilizar las funciones asociadas, se debe definir el área de la misma de la siguiente forma:

1 Seleccionar el área que conformará la base de datos.

2 Hacer clic en la opción **Definir área...** del menú **Datos.**

3 Escribir el nombre de la base de datos en el cuadro de diálogo que se abre (tener en cuenta que este nombre no puede contener ningún espacio en blanco).

4 Pulsar el botón **Añadir** del cuadro de diálogo abierto.

5 Hacer clic en **Aceptar** para cerrar el mismo.

6.2 Crear un control de formularios

Con Libre Office Calc, se pueden crear controles de formularios para facilitar la introducción de datos en una tabla.

Para utilizar esta herramienta, se deben seguir estos pasos:

1 Seleccionar el rango de celdas que se desea rellenar.

2 Abrir el menú **Datos** y hacer clic en **Formulario.**

3 Completar las casillas de la ventana que se muestra en la figura de la derecha con los datos que aparecerán en la tabla.

4 Hacer clic en **Nuevo.**

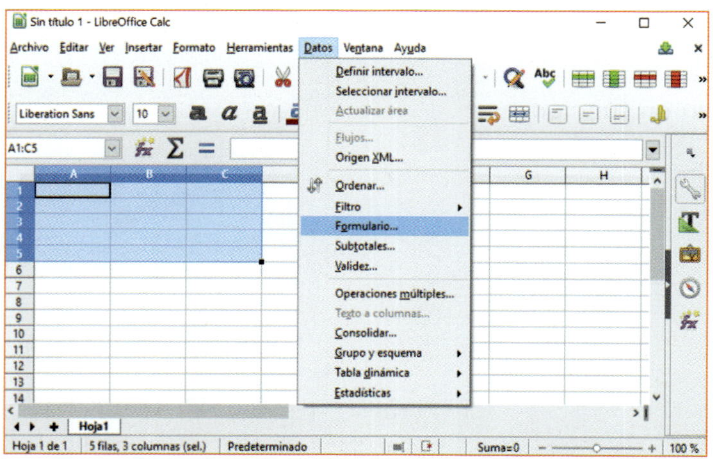

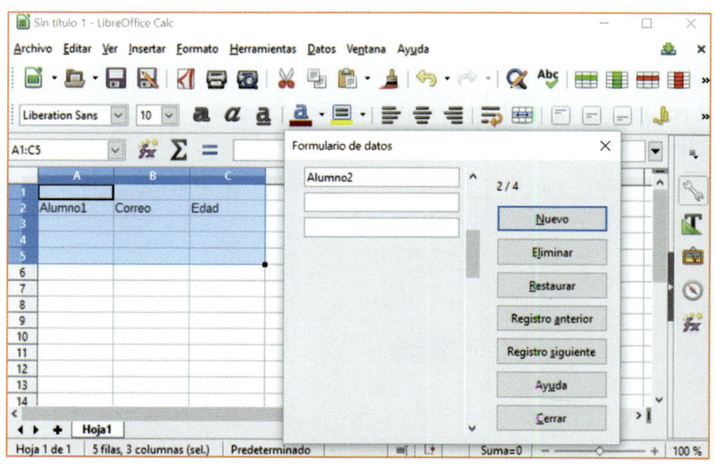

Crear un control de formularios.

Comprende, piensa, aplica...

1 Crea una hoja de cálculo y escribe en una columna, los nombres de cinco ciudades de tu comunidad y, en las celdas correspondientes de la columna contigua, el número de habitantes de cada ciudad.

2 Crea una hoja de cálculo nueva e inserta, siguiendo los pasos que se han explicado en esta página, los mismos datos (es decir, los nombres de las ciudades de tu comunidad y el número de habitantes de cada una) utilizando la herramienta **Formularios.**

6.3 Insertar un gráfico

LibreOffice Calc permite visualizar, en forma de gráfico, los datos numéricos que se han insertado en un rango de celdas de una hoja de cálculo.

Los pasos para crear un gráfico son los siguientes:

1 Seleccionar el rango de celdas que comprende la información para el gráfico, incluidas las celdas que contienen los títulos.

2 Ir al menú **Insertar** y seleccionar la opción **Gráfico.**

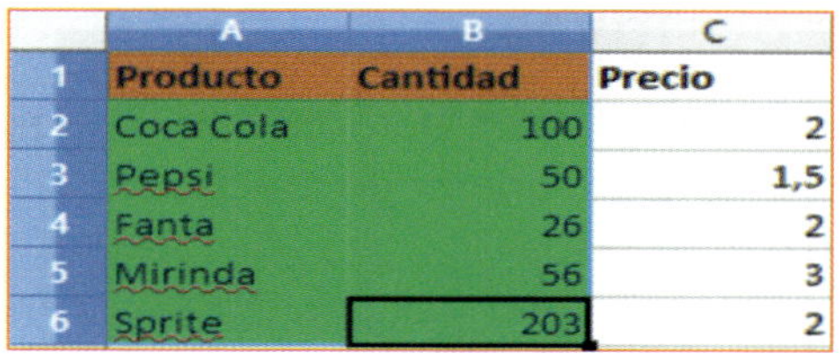

	A	B	C
1	Producto	Cantidad	Precio
2	Coca Cola	100	2
3	Pepsi	50	1,5
4	Fanta	26	2
5	Mirinda	56	3
6	Sprite	203	2

Seleccionar un rango de celdas.

3 Comprobar, una vez que aparece el **Asistente de gráficos,** que ya se ha creado el gráfico y que está insertado en la hoja de cálculo en forma de gráfico de columnas.

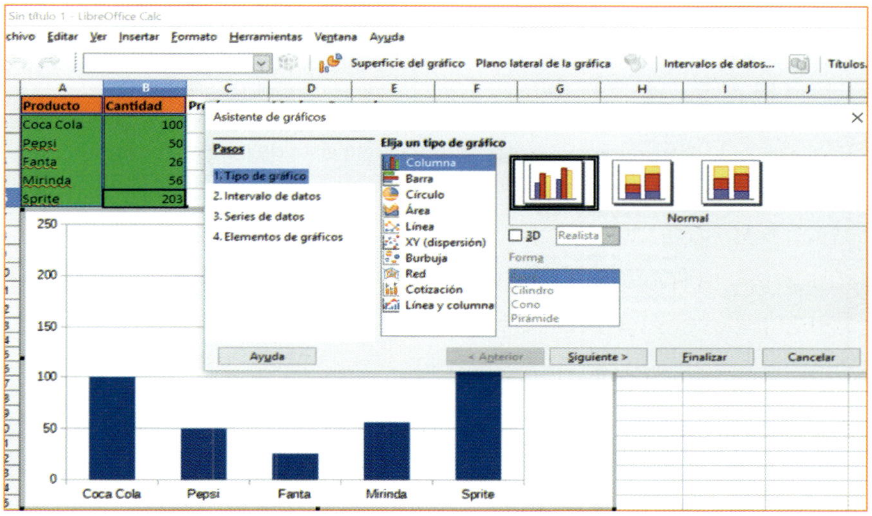

Asistente de gráficos.

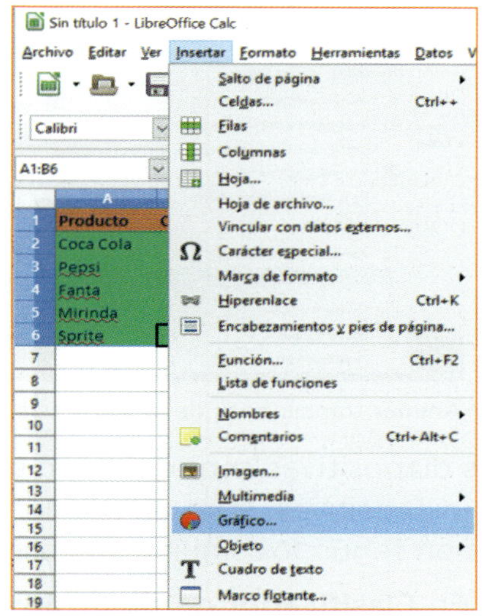

Crear un gráfico.

4 Modificar, si se considera oportuno, el tipo de gráfico y su forma. Los cambios aparecerán en la vista previa.

5 Pulsar **Siguiente** para continuar o **Finalizar** si ya se ha obtenido el resultado deseado.

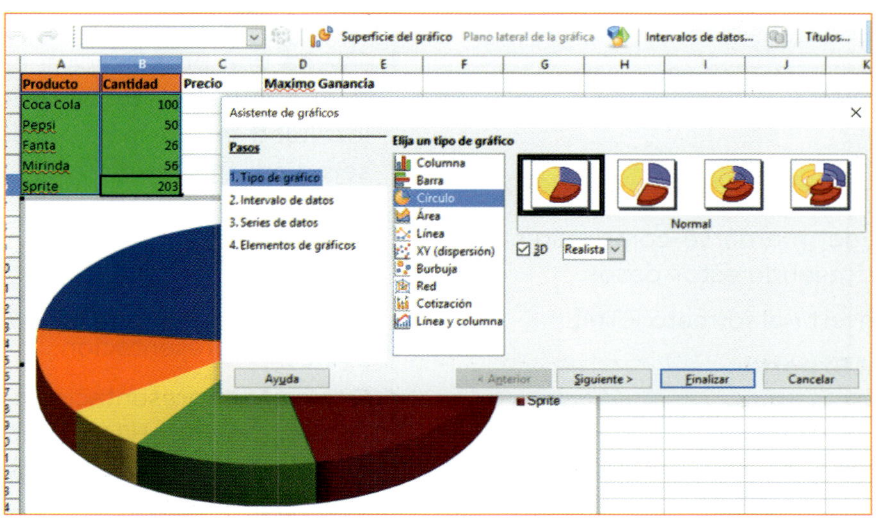

Modificar el tipo y la forma del gráfico.

Comprende, piensa, aplica...

1 Crea un gráfico de círculo en 3D con los datos introducidos en la hoja de cálculo que has creado en la actividad anterior.

2 Crea un gráfico de columnas con los datos de las tres ciudades que tengan más habitantes de la misma hoja de cálculo.

7 Presentaciones

Las presentaciones sirven para dar a conocer un trabajo o un producto de una manera atractiva mediante el uso de elementos multimedia (imágenes, texto, pistas de audio, animaciones, etc.).

7.1 Animar transiciones de diapositivas

En LibreOffice Impress, se pueden aplicar varios efectos para que se reproduzcan en la presentación de diapositivas. Para añadir un efecto de transición entre diapositivas, se siguen estos pasos:

1 En vista **Normal,** seleccionar la diapositiva en la que se quiere agregar la transición.

2 En el panel **Tareas,** hacer clic en **Transición de diapositivas.**

3 Seleccionar una transición de la lista, de la que se podrá obtener una vista previa en la ventana del documento.

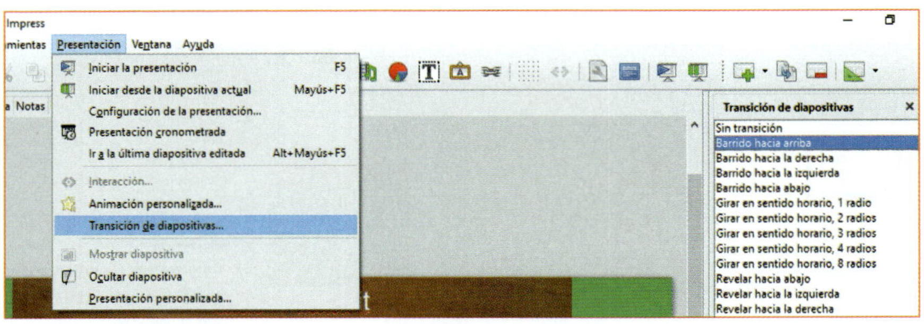

Animar transiciones de diapositivas.

Las diapositivas con transición se mostrarán con un icono en el panel de diapositivas. Para aplicar la misma transición en más de una, se deben seguir los siguientes pasos:

1 En **Clasificador de diapositivas,** seleccionar las diapositivas a las que se desea agregar el efecto de transición.

2 En el panel **Tareas,** hacer clic en **Transición de diapositivas** y seleccionar la deseada.

Para anular un efecto de transición, los pasos son:

1 En **Clasificador de diapositivas,** seleccionar aquellas diapositivas de las que se quiere eliminar el efecto de transición.

2 En el panel **Tareas,** hacer clic en **Transición de diapositivas** y, dentro de este, **Sin transición.**

7.2 Guardar una presentación como página web

Además, una presentación también puede guardarse como página web y visualizarse desde un navegador siguiendo estos pasos:

1 Abrir la presentación que se desea convertir al formato HTML.

2 Seleccionar **Archivo,** y a continuación, **Exportar.**

3 En la pestaña **Formato de archivo,** seleccionar **Documento HTML.**

4 En **Nombre,** asignar un nombre al archivo y, a continuación, hacer clic en **Exportar.**

5 Seguir las instrucciones del asistente para la **Exportación HTML.**

Modos de edición

Crear y editar presentaciones es un proceso muy flexible si se combinan los modos disponibles de edición y vista:

- **Normal.** Es el método empleado para la edición.
- **Esquema.** Permite organizar el contenido de la presentación en función del texto.
- **Notas.** Permite ver y editar notas adjuntas en una diapositiva.
- **Folleto.** Sirve para ver el material creado en papel.
- **Clasificador de diapositivas.** Ofrece una vista de hoja en miniatura.

Comprende, piensa, aplica...

1 Diseña una presentación en la que muestres tu barrio o localidad en un máximo de seis diapositivas.

2 Anima las transiciones entre diapositivas para lograr varios efectos.

3 Guarda tu presentación.

4 Convierte tu presentación en un documento HTML para que pueda ser abierta desde cualquier navegador.

7.3 Crear un GIF animado

Con el fin de hacer las presentaciones más dinámicas, se pueden añadir animaciones. LibreOffice Impress dispone de un editor para crear imágenes animadas.

Para crear una animación, se deben seguir estos pasos:

1. Seleccionar un objeto o grupo de objetos para incorporar a la animación y, en **Presentación,** seleccionar **Animación.**
2. Hacer clic sobre el botón **Aceptar objeto** para agregar un objeto o grupo de objetos a la imagen de animación actual.
3. En **Grupo de animación,** seleccionar **Objeto bitmap.**
4. En **Duración** (de los tres cuadros, el que está situado en el centro), establecer los segundos durante los que se mostrará la imagen.
5. Escribir un número de imagen en el cuadro **Número de imagen** (situado a la izquierda).
6. Repetir los dos últimos pasos para cada una de las imágenes de la animación. En el cuadro **Cantidad de secuencias** (situado a la derecha), determinar el número de veces que se repetirá la animación.
7. Seleccionar una opción de ajuste de los objetos en el cuadro **Ajuste.**
8. Por último, hacer clic en **Crear.**

Crear un GIF animado.

7.4 Insertar un vídeo en una dispositiva

Para insertar un vídeo en una diapositiva de la presentación, se deben seguir estos pasos:

1. Acceder al menú **Insertar.**
2. Seleccionar **Vídeo y sonido.**
3. Elegir el archivo deseado.

El vídeo se reproducirá automáticamente cuando se visualice la diapositiva. No obstante, LibreOffice Impress solo es compatible con los siguientes formatos de vídeo: AVI, MPEG, MOV, FLV, WMV, RM y VIVO.

7.5 Imprimir una presentación

Aunque la presentación está pensada para mostrarse en pantalla, el hecho de disponer de ella en papel para hacer anotaciones puede resultar muy útil.

Para imprimir un intervalo de diapositivas, se deben seguir estos pasos:

1. Acceder al menú **Ver** y seleccionar **Clasificador de diapositivas.**
2. Mantener pulsada la tecla **Bloq Mayús** y, sin soltarla, seleccionar con el ratón el intervalo de diapositivas que se desea imprimir.
3. Acceder al menú **Archivo** y seleccionar la opción **Imprimir.**
4. En el área **Intervalo y copias,** seleccionar **Diapositivas.**
5. Por último, teclear el número de diapositivas que se desea imprimir y pulsar **Aceptar.**

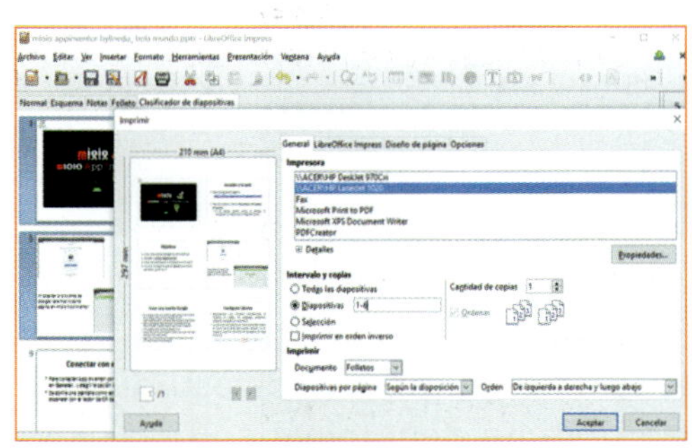
Imprimir una presentación.

8 Presentaciones en la red

Existen numerosas aplicaciones que permiten crear presentaciones en la red de forma rápida e intuitiva. Algunas de las más populares son PowerPoint Online, Zoho Show, PowToon, emaze y Prezi.

8.1 Prezi

Prezi es un programa para realizar presentaciones en un documento virtual, es decir, que queda almacenado en la nube. Su interfaz se caracteriza por la opción del *zoom,* que permite a los usuarios tener una visión cercana o de conjunto.

En Prezi, el texto, las imágenes, los vídeos y otros elementos multimedia se colocan sobre el lienzo y se pueden agrupar en marcos. En la presentación, se puede elegir el tamaño relativo, la posición que tendrán los objetos en el lienzo y el desplazamiento que se producirá al visualizar la presentación.

Una vez terminada, la presentación se puede visualizar en una ventana del navegador, pero también se puede descargar en el ordenador como un contenedor con todos los elementos.

8.2 Crear una presentación

Para empezar a utilizar Prezi, hay que registrarse en la web de la aplicación con una cuenta gratuita que permite al usuario trabajar mientras está conectado a Internet. Una vez hecho esto, se puede crear una nueva presentación siguiendo estos pasos:

1 Hacer clic en el botón **Nuevo Prezi,** situado en la pestaña **Tus prezis.**

2 Elegir alguna de las plantillas prediseñadas o, si se prefiere, empezar con una presentación en blanco.

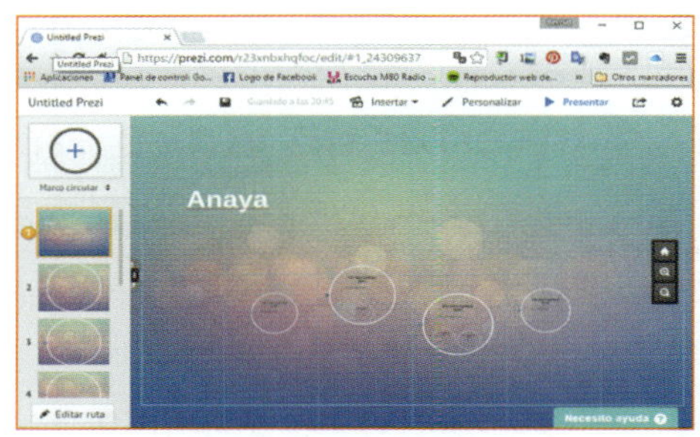

Crear una presentación en Prezi.

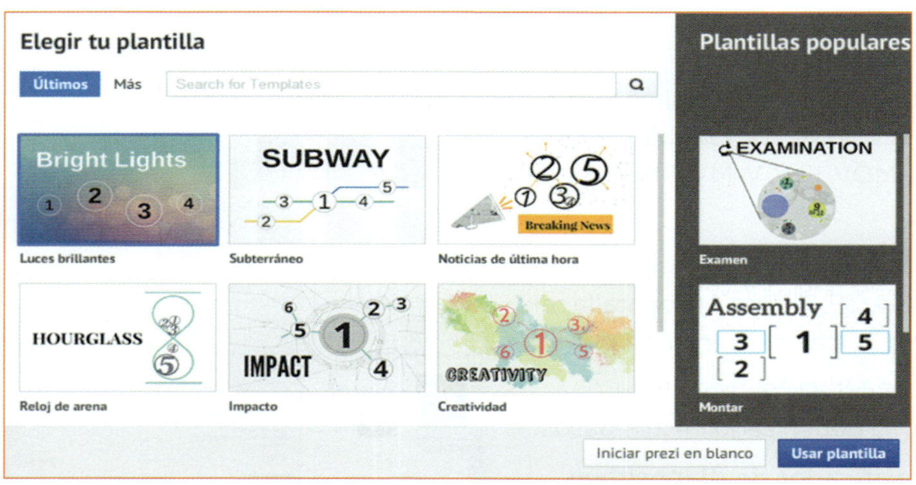

Plantillas de Prezi.

Prezi facilita, tanto a los estudiantes como al profesorado, una licencia gratuita denominada Edu Enjoy, que permite el almacenamiento de hasta 500 MB en presentaciones realizadas, frente a las limitaciones de la versión gratuita o las versiones de demostración.

Además, permite sustituir el logotipo de Prezi por un logo corporativo para realizar las tareas escolares con un aspecto profesional.

8.3 Dar forma a la presentación

Para crear y animar la presentación, se introducen, en el lienzo, el título y los temas en los que se va a dividir la presentación.

A continuación, se pueden añadir imágenes desde la opción **Imagen** del menú **Insertar.** Esto se puede hacer con imágenes procedentes del ordenador del usuario o de Internet.

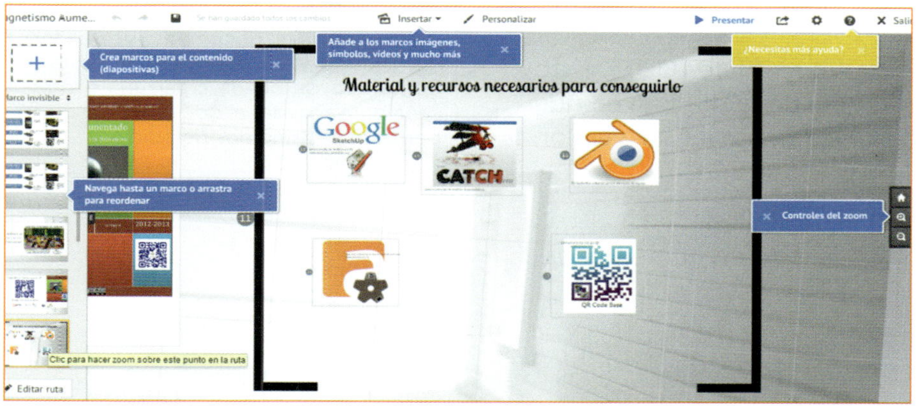

Interfaz de Prezi.

Como en otras aplicaciones informáticas, se pueden ordenar los objetos tratándolos como capas, insertando efectos, cambiando su tamaño, etc.

Utilizando la herramienta **Transformación,** es posible mover los diferentes objetos que forman parte de la presentación y posicionarlos en capas sobre el lienzo para lograr un mejor efecto visual.

El usuario puede mover, rotar y ajustar el tamaño de los elementos insertados en el lienzo. Automáticamente, estos se irán acoplando a la nueva posición en relación con los otros elementos que los rodean. Aparecerán sombreados los objetos de tamaño, ángulo o rotación similar según su ubicación, lo que permite saber si están o no ajustados.

8.4 Crear una ruta de animación

Para crear una ruta de animación que permita presentar los elementos de Prezi siguiendo un orden planificado previamente, se deben seguir estos pasos:

1 Seleccionar el *zoom* en el modo de edición, de modo que se vean todos los objetos.

2 Seleccionar el botón **Editar ruta** del panel izquierdo.

3 Hacer clic sobre cada elemento en el mismo orden en el que se van a mostrar durante la presentación. En ese momento, en el panel izquierdo se inserta una miniatura de cada uno de los elementos.

Crear una ruta de animación.

Comprende, piensa, aplica...

1 Crea en Prezi la presentación que hiciste en el apartado anterior.

2 Selecciona una plantilla. Posteriormente, podrás modificarla si quieres.

3 Dentro del lienzo, inserta texto o imágenes en seis o más marcos (utiliza todos los que necesites).

4 Desde el botón **Editar ruta,** observa la ruta original y modifícala si quieres.

5 Cuando hayas terminado, accede al menú **Compartir** y selecciona **Descargar como Prezi portable.** De este modo, no necesitarás Internet para visualizarlo.

9 Integración de aplicaciones

9.1 Guardar un documento como archivo de Microsoft Office Word

En alguna ocasión, puede ser conveniente guardar un documento de LibreOffice como si fuese un archivo de Microsoft Office Word. Para hacerlo, es necesario:

1 Guardar el documento con el formato de LibreOffice (ODT). Esto permitirá que cualquier cambio realizado desde la última vez que se guardó el documento no aparezca únicamente en la versión Microsoft Office Word del mismo.

2 Hacer clic en **Archivo** y seleccionar **Guardar como.**

3 Seleccionar el tipo de formato de Word deseado en el menú desplegable del campo **Tipo.**

4 Hacer clic en **Guardar.**

Protección de documentos

Con LibreOffice se puede controlar la privacidad de un documento de una forma sencilla y eficaz: desde la pestaña **Seguridad,** se puede crear una contraseña para acceder al documento o crear permisos restringidos de edición.

9.2 Trabajar con archivos de Adobe Acrobat

LibreOffice ofrece la posibilidad de trabajar con documentos en PDF, formato propietario de Adobe Acrobat. LibreOffice Draw resulta muy útil por varios motivos a la hora de editar un archivo en este formato: detecta automáticamente la mayoría de los formatos, permite realizar modificaciones en el documento, dispone de varias opciones de exportación e, incluso, admite la inserción de una marca de agua en el documento.

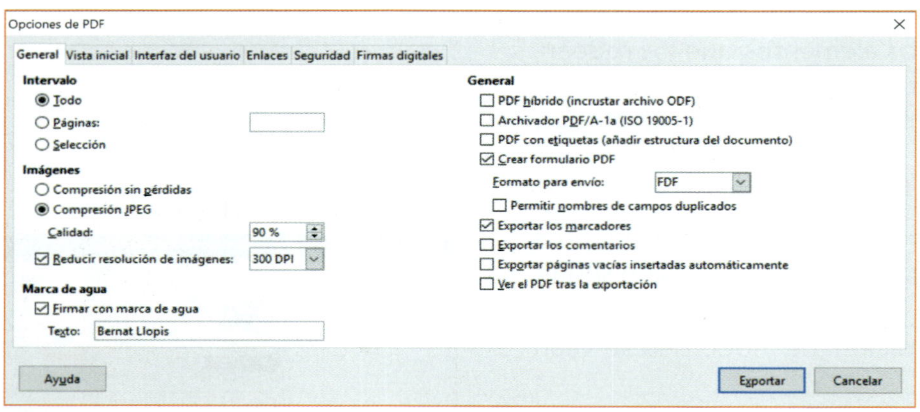

Establecer las opciones de PDF.

Un documento se puede convertir a formato PDF abriendo el menú **Archivo** y seleccionando **Exportar a PDF.** Esta acción permite crear o editar documentos que incluyan enlaces tanto internos como externos (a la web).

Comprende, piensa, aplica...

1 Abre el documento de texto que guardaste como **Noticia** y expórtalo a formato PDF.

2 Comprueba si el documento que acabas de convertir a PDF se puede abrir con la aplicación LibreOffice Draw, lo que te permitirá realizar algunas modificaciones.

3 Guarda los cambios realizados en LibreOffice Draw con un nuevo nombre, para no perder el original.

4 Añade una imagen de un dispositivo periférico a un documento y detalla su funcionamiento. Puedes buscarla en http://recursostic.educacion.es/bancoimagenes.

9.3 Insertar elementos en LibreOffice Writer

La relación entre las herramientas de una *suite* ofimática es muy estrecha, pero, en ocasiones, no se conocen todas sus posibilidades. En un documento de texto de LibreOffice Writer, por ejemplo, existe la posibilidad de insertar distintos elementos procedentes de otras aplicaciones de la misma *suite.*

Datos de LibreOffice Calc

Desde LibreOffice Calc, es posible insertar una hoja de cálculo completamente operativa en un documento de texto de LibreOffice Writer. Esto se puede hacer de varios modos:

- Copiar el contenido de una celda o de un rango de celdas en el portapapeles y pegarlo en el documento.
- Arrastrar las celdas o el rango seleccionados al documento de texto.

Los pasos para insertar una hoja de cálculo en un documento de texto de LibreOffice Writer son:

1. Abrir LibreOffice Calc y seleccionar la celda o rango que se desea.
2. Copiar (**Ctrl** + **C**) el contenido de la hoja de cálculo.
3. Abrir el documento de LibreOffice Writer y pegar (**Ctrl** + **V**) el contenido seleccionado de la hoja de cálculo.

Una vez realizados estos pasos, habrá un documento OLE, editable en cualquier momento. Además, también se copiarán diagramas y objetos del rango elegido.

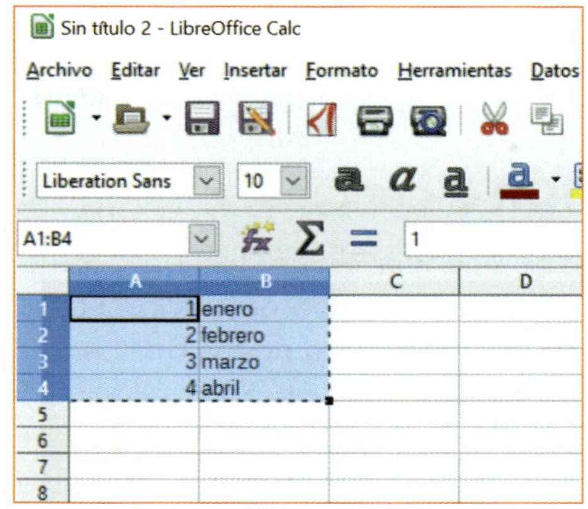

Copiar datos de LibreOffice Calc.

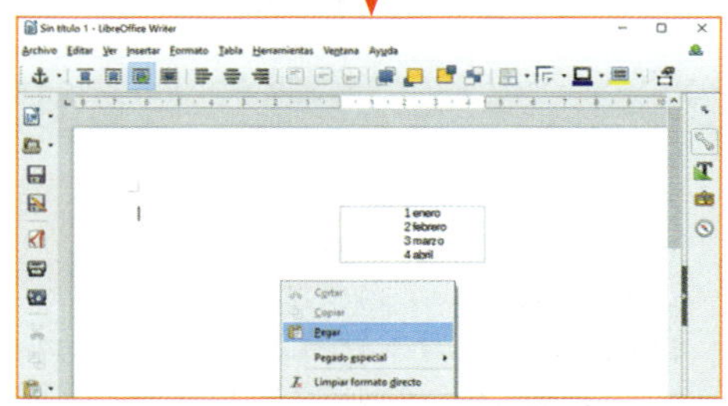

Pegar los mismos datos en LibreOffice Writer.

Imágenes de LibreOffice Draw

Para insertar una imagen desde LibreOffice Draw, se siguen estos pasos:

1. Abrir el documento donde se quiere insertar la imagen.
2. Abrir el archivo de LibreOffice Draw que contiene la imagen elegida.
3. Pulsar la tecla **Ctrl,** hacer clic en la imagen y soltar **Ctrl.**
4. Mantener presionado el botón derecho del ratón y seleccionar la opción **Copiar.** Ir al documento de LibreOffice Writer y elegir la opción **Pegar.**

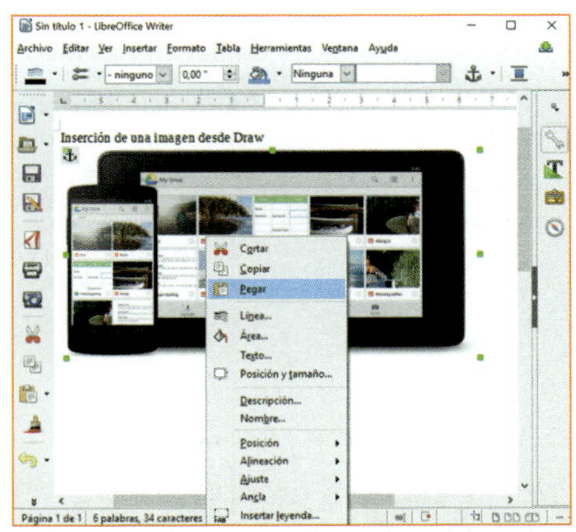

Insertar una imagen desde LibreOffice Draw.

Diagramas de LibreOffice Calc

Asimismo, también es posible insertar un diagrama elaborado con LibreOffice Calc en un documento de LibreOffice Writer. Para ello, se siguen estos pasos:

1. Abrir el documento de texto en el que se quiere copiar el diagrama.
2. Abrir la hoja de cálculo que contiene dicho diagrama.
3. Seleccionarlo pulsando sobre él con el botón izquierdo del ratón. En ese momento, aparecerán cuatro marcas sobre el diagrama.
4. Arrastrar el diagrama desde la hoja de cálculo hasta el documento de texto.

Se pueden modificar las características (posición, tamaño, etc.) del diagrama en cualquier momento. Para editar sus valores, se debe hacer doble clic sobre el mismo.

10 Fuentes y uso del contenido

Es importante recordar que no todo el contenido que ofrece Internet se puede usar libremente. Detrás de una imagen, un texto o cualquier otro tipo de archivo, pueden existir los llamados «derechos de autor».

10.1 Licencias

Una licencia es un conjunto de condiciones que el autor establece para la utilización de su obra. Las licencias con *copyright* son las más restrictivas, pero no las únicas.

Copyright	Es la licencia más recurrente en la actualidad, pero también la más restrictiva. Con ella, solo el autor tiene derecho a utilizar su obra; si alguien quiere usarla, debe pedirle permiso y, según las condiciones que este imponga, quizá deba pagar por ello. El origen de los derechos de autor se remonta a principios del siglo XVIII, cuando se dicta la Ley de Fomento de Aprendizaje para proteger la impresión de libros. Estos derechos de copia han evolucionado desde entonces, adaptándose a cualquier tipo de obra.
Copyleft	La licencia *copyleft* se opone a la anterior: en este caso, los contenidos pueden ser distribuidos, modificados y copiados sin ningún tipo de restricción. Su origen está en la filosofía del software libre de los años ochenta. Richard Stallman inició el proyecto GNU en los EE. UU. para crear un sistema operativo sin las restricciones del sistema UNIX. Esto llevó a la creación de la licencia denominada *«copyleft»,* donde la definición de «libre» hace referencia a la ausencia de restricciones y no a la gratuidad.
Creative Commons	A principios del presente siglo, el movimiento de la cultura libre propicia que las licencias *copyleft* evolucionen para ser aplicadas también a cualquier obra (no solo al software). De acuerdo con las cuatro libertades del software libre, se establecen categorías donde se indica cuáles de ellas corresponden a una licencia de culturas libres y cuáles no. Las licencias Creative Commons tienen la finalidad de promover esta filosofía de la cultura libre. Con ellas, los autores y creadores pueden compartir su trabajo acogiéndose a una o varias de estas cuatro condiciones:
	Atribución o reconocimiento (BY): se permite copiar, distribuir, exhibir y representar la obra siempre que esta se reconozca y se cite según las indicaciones del autor.
	Compartir igual (SA): se pueden crear obras derivadas siempre que se mantenga la misma licencia o una similar (una licencia CC más actualizada o de otra jurisdicción) a la hora de ser divulgadas.
	No comercial (NC): se prohíbe utilizar la obra con fines comerciales directos o indirectos.
	Sin obras derivadas (ND): no se permite modificar la obra para crear otra derivada.

En http://es.creativecommons.org se encuentra toda la información relacionada con licencias Creative Commons.

10.2 Citar obras en un documento

Cuando en un documento aparecen ideas o textos que pertenecen a otras personas, se debe citar a su autor y su fecha de publicación.

Estas menciones, que se insertan en el mismo texto de manera abreviada, se deben ampliar en un listado de referencias al final del documento, donde quedará reflejada toda la información bibliográfica.

De esta forma, una cita dentro de un documento es una referencia que permite al lector conocer la publicación original de donde se ha obtenido un fragmento o una idea. Para insertar una cita, hay que seguir unas pautas establecidas:

- Situarla en el lugar adecuado.
- Incluir el apellido del autor (o autores), la fecha de publicación y la página (o páginas) donde se encuentra el fragmento utilizado.

Ten en cuenta

Se denomina «propiedad intelectual» al conjunto de derechos que tienen los autores y otros titulares (artistas, productores, músicos, etc.) sobre sus obras y creaciones. La Ley de Propiedad Intelectual, aprobada en 1879, protege tanto los derechos morales como los derechos patrimoniales del creador. Por este motivo, se considera delito utilizar obras (o fragmentos de estas) sin la autorización del titular o su debida cita.

10.3 Citar figuras en un documento

El estilo APA determina que «una figura es cualquier tipo de ilustración que no sea tabla. Una figura puede ser un cuadro, un gráfico, una fotografía, un dibujo u otra forma de representación» (APA, 2001, p. 149).

Si en un documento se incluyen figuras de otras personas, estas también se deben citar, incluyendo:

- **El título de la figura.** Suele contener la explicación de la figura y se sitúa debajo de la misma. Empieza con la palabra «Figura» y sigue con el número arábigo que le corresponda («Figura 1», «Figura 2», etc.).
- **Las notas.** Se ubican después del título y en ellas se recoge cualquier información complementaria.
- **La fuente.** Se menciona la localización de la figura original.

10.4 Normas APA

La normativa más utilizada y recomendada para citar obras ajenas es la establecida por APA (American Psychological Association).

Las normas APA establecen unos criterios concisos y claros sobre los márgenes y el formato que debe tener un documento, la puntuación y las abreviaciones, el tamaño de la letra, la construcción de tablas y figuras y la citación de referencias.

Sobre este último aspecto, el estilo APA fija, por ejemplo, la fuente de texto que se debe emplear para escribir citas: Times New Roman, 10 puntos.

También establece una norma distinta para las referencias de obras compuestas por uno o dos autores y para las obras de más de dos autores. En el primer caso, se citan cada vez que aparece la referencia en el texto. En el segundo, se citan todos la primera vez y, en las siguientes, se cita solo el apellido del primero, añadiendo *«et al.»* para aludir a la autoría de los demás.

Para más información, se puede consultar http://normasapa.com.

Comprende, piensa, aplica...

1 Abre tu documento de texto **Noticias.**

2 Entra en http://creativecommons.org, busca la opción que te permite elegir una licencia y rellena el formulario con las características que deseas para tu licencia.

3 Una vez decidido el tipo de licencia, descarga el icono correspondiente e insértalo en tu documento.

Comprueba cómo progresas

Recuerda lo que has aprendido

1 Abre un documento en blanco y escribe un texto sobre los aspectos más destacados de tu localidad con el fin de promocionarla. Puedes informarte preguntando a las personas de tu entorno o consultando en Internet. Aplica formatos de texto, párrafo y página para que el documento sea atractivo.

2 Busca imágenes o haz algunas fotos de lugares destacados para insertarlas en el documento. No olvides citar las imágenes según las normas APA. Después, sitúalas en el documento de manera que el texto rodee las imágenes.

3 Infórmate sobre la evolución de la población de tu localidad en los últimos años investigando en Internet o pidiendo ayuda a tu profesor, y elabora una hoja de cálculo con los datos. Aplica formatos de bordes y sombreados al documento.

4 Inserta un gráfico de barras o líneas a partir de las celdas que has rellenado para mostrar gráficamente la evolución de la población. Cuando termines, guarda el archivo.

5 Inserta la selección de los datos de tu hoja de cálculo de población en el documento, de modo que puedas modificarlos si fuese necesario. Asegúrate de que se inserte también el gráfico.

6 Abre e inserta la presentación que elaboraste con LibreOffice Impress en el documento nuevo. Ajústala al tamaño que quieras.

7 Guarda el documento final en el formato nativo de LibreOffice y, para facilitar su distribución, guárdalo también en formato PDF.

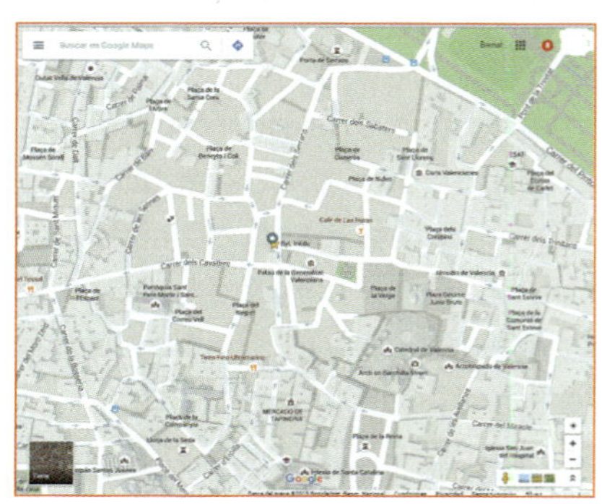

Investiga

1 Cuando creas una presentación en LibreOffice Impress, ¿puedes abrirla directamente con la aplicación Microsoft Office PowerPoint o debes guardarla en algún formato concreto para poder abrirla?

2 Inicia sesión en Prezi y busca la forma de insertar una presentación como la tuya para visualizarla en el lienzo de la aplicación.

3 Busca en Internet un mapa de tu localidad e insértalo en tu documento.

Aplica tus conocimientos

1 Crea una tabla que incluya las referencias de tus vídeos preferidos de Internet. Para ello, distribuye la información en diferentes columnas:

- Título
- Autor
- Enlace (URL)
- Duración
- Descripción o tema

	A	B	C	D	E
1	Título	Autor	Enlace (URL)	Duración	Descripción
2					
3					
4					
5					
6					
7					
8					

2 Abre un documento de texto y crea los siguientes apartados:

- Portada
- Justificación de tu elección
- Índice de páginas numeradas
- Tabla con los vídeos

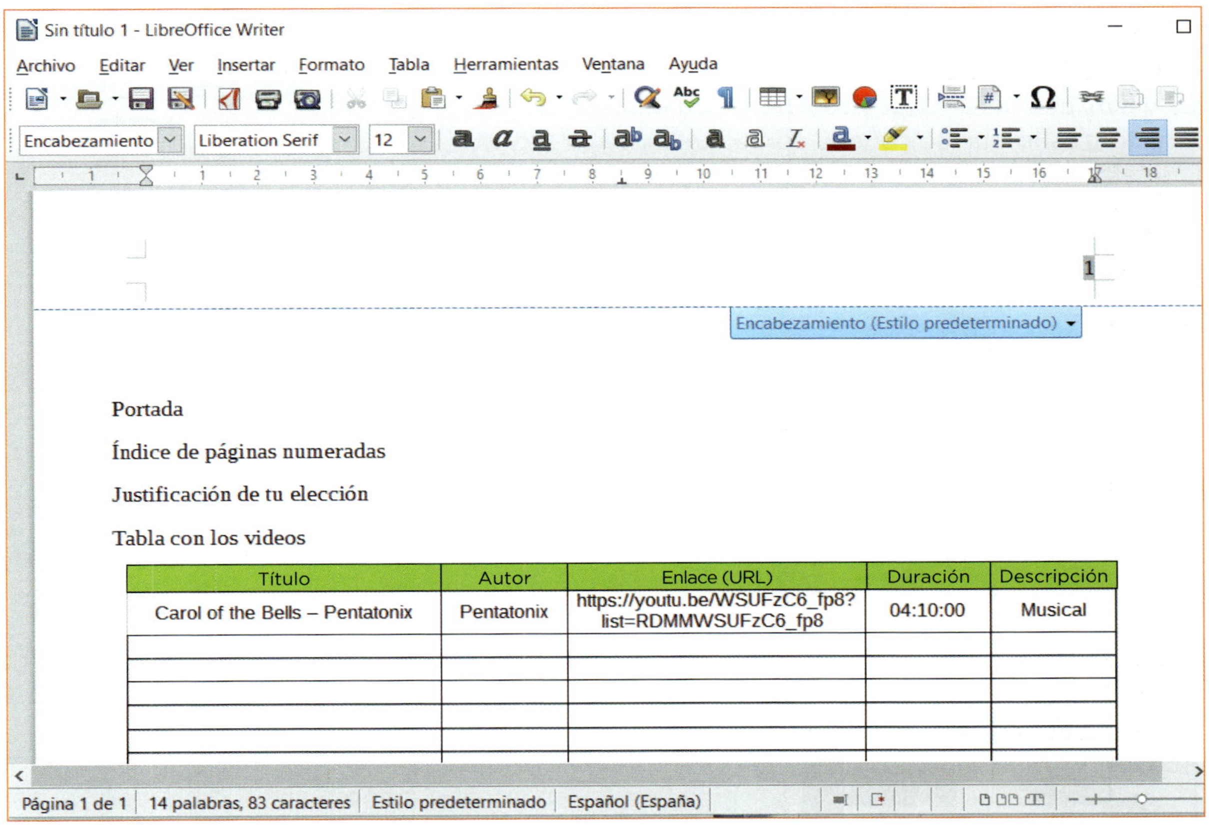

3 **Dibuja.** Diseña una imagen utilizando las herramientas que incorpora la aplicación LibreOffice Draw e insértala en la portada del documento que has realizado en la actividad anterior.

4 Elabora el documento interactivo insertando hipervínculos en cada celda **Enlace (URL),** para que, al pulsar, se abra el vídeo directamente.

Lee, relaciona y busca información

Aplicaciones en la nube

Si se hace un repaso a las aplicaciones que más se utilizan en la nube, destacan Google Drive, porque ofrece una gran capacidad de almacenamiento y forma parte de muchos centros educativos, y Dropbox, que, con 2 GB iniciales, resulta muy práctico para almacenar y compartir información.

Sin embargo, no hay solo dos formas de almacenar información en el *cloud computing.* Estos servicios están en constante evolución y, además, surgen otros que, tanto a nivel educativo como a nivel profesional, permiten almacenar documentos e información, creando así una carpeta digital.

Pedir un USB a los alumnos para presentar trabajos y guardar lo que hacen puede resultar anacrónico, además de muy inseguro por el riesgo de contagio de virus que suponen.

Por su parte, los servicios en la nube son bastante fiables siempre que se tomen una serie de precauciones. Gmail, YouTube o Facebook son ejemplos de servicios en la nube, alojados en Internet y accesibles desde cualquier ordenador, tableta o teléfono inteligente que tenga conexión a Internet.

Así pues, trabajar en la nube tiene la ventaja de que se puede acceder a los archivos desde cualquier lugar y casi desde cualquier dispositivo. Esto, en educación, es lo que se conoce como *«u-learning»* (aprendizaje ubicuo), que combina el área de la enseñanza y el aprendizaje con el uso de los dispositivos móviles. De esta manera, *u-learning* es el resultado de la suma entre *e-learning* (aprendizaje virtual) y *m-learning* (aprendizaje móvil).

Comprende lo que has leído

1 ¿Qué ventajas aporta el uso de herramientas ofimáticas en la nube?

2 ¿Almacenar información en la nube requiere algunas precauciones por parte de los usuarios?

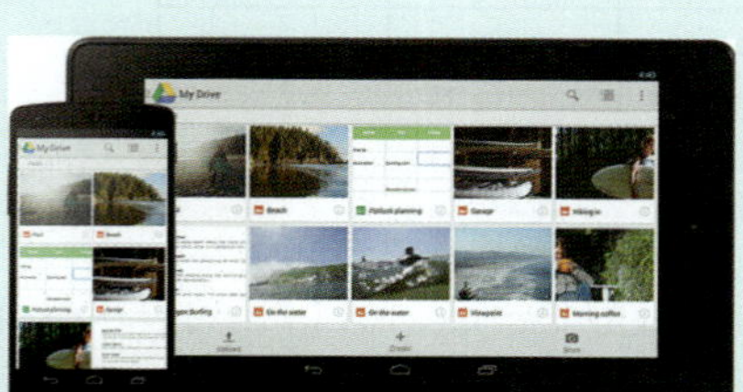

Fuente: https://www.google.com/intl/es_es/drive.

Investiga

1 Investiga qué características tiene Google Drive y cuáles pueden usarse en ofimática.

2 Infórmate acerca de la posibilidad de almacenar documentos de LibreOffice en Google Drive.

3 Investiga las posibilidades que ofrecen los servicios en la nube como Google Drive para el trabajo simultáneo de varias personas en un mismo archivo.

4 Investiga la integración de Microsoft Office con Dropbox y la posibilidad de modificar archivos de dicha *suite* ofimática almacenados en este espacio.

4

Bases de datos

En nuestra sociedad, la información tiene un papel fundamental. Cada día se generan grandes cantidades de información, que se difunden de distintas formas.

Tal volumen de información tiene que ser organizado. De lo contrario, sería inaccesible e inútil y se convertiría en un residuo más.

Esta necesidad de organizar y gestionar la información no solo es imprescindible para las empresas, estamentos públicos, Gobiernos, etc., sino también a nivel personal.

Hace algunos años, cuando la cantidad de información era muchísimo menor, los datos se podían organizar de forma manual con fichas, listados manuscritos, pequeñas notas... Sin embargo, hoy en día se utilizan distintas aplicaciones para gestionar la información que manejamos a diario: agendas electrónicas, gestores de contactos, calendarios, gestores de bases de datos, etc.

¿Qué sabemos sobre las bases de datos?

1 ¿Sabes qué significa el concepto «base de datos»?

2 Imagina que necesitas guardar mucha información sobre un mismo tema, por ejemplo, los datos personales de tus compañeros (nombre, apellidos, fecha de nacimiento, aficiones, música preferida...). ¿Cómo los organizarías y guardarías para, después, poder gestionarlos fácilmente?

1 Bases de datos

La gran cantidad de información que se maneja en la actualidad requiere cierta organización y el uso de herramientas eficientes para poder acceder a ella, como las proporcionadas por los gestores de bases de datos.

Los programas informáticos diseñados para gestionar una base de datos permiten:

- Almacenar una gran cantidad de información de forma organizada.
- Localizar, casi instantáneamente, los datos necesarios.
- Ordenar la información utilizando uno o varios criterios.
- Realizar cálculos con los datos numéricos existentes.
- Imprimir los datos que interesen.

Existen multitud de aplicaciones diseñadas para gestionar bases de datos, algunas orientadas al uso personal y otras, al ámbito empresarial. Entre las de uso personal, destacan Microsoft Office Access (software comercial de Microsoft) y LibreOffice Base (software libre y de código abierto).

1.1 ¿Qué es una base de datos?

Una base de datos está formada por un conjunto de herramientas que permiten almacenar información, editarla y realizar operaciones de gestión, como, por ejemplo, consultas, ordenaciones, impresiones, actualizaciones automáticas, etc.

En las aplicaciones informáticas, las bases de datos están representadas por una ventana que contiene todas las herramientas y objetos que permiten gestionar la información.

En la siguiente tabla, se detallan los principales objetos de una base de datos y sus respectivas funciones.

Objetos de una base de datos	
Objeto	**Funcionalidad**
Tablas	Almacenan, de forma organizada, los datos que se quieren gestionar.
Consultas	Permiten trabajar con un conjunto de datos de una tabla, seleccionados mediante determinados criterios.
Formularios	Muestran los datos de una tabla con un diseño distinto, en el que se pueden incluir dibujos, textos artísticos, líneas, etc.
Informes	Permiten imprimir los datos de la base de datos según el modelo que el usuario diseñe.

1.2 Entorno de trabajo de LibreOffice Base

LibreOffice es una *suite* de aplicaciones que incluye el gestor de datos LibreOffice Base, con versiones para distintos sistemas operativos (GNU/Linux, Windows y Solaris).

El modo de iniciar LibreOffice Base depende del sistema operativo con el que se esté trabajando, pero el procedimiento general es el siguiente:

1 Abrir el menú **Aplicaciones** (GNU/Linux) o **Inicio** (Windows).

2 Seleccionar, de forma ordenada, las opciones de menú necesarias hasta iniciar la aplicación.

Cuando se abre una base de datos, el entorno de LibreOffice Base es similar al de la siguiente figura. Como se puede observar, está dividido en varios paneles.

Opciones para crear nuevos objetos del tipo que esté activo en el panel izquierdo.

Tipos de objetos que forman una base de datos. Al hacer clic sobre un botón, se activará la ficha correspondiente.

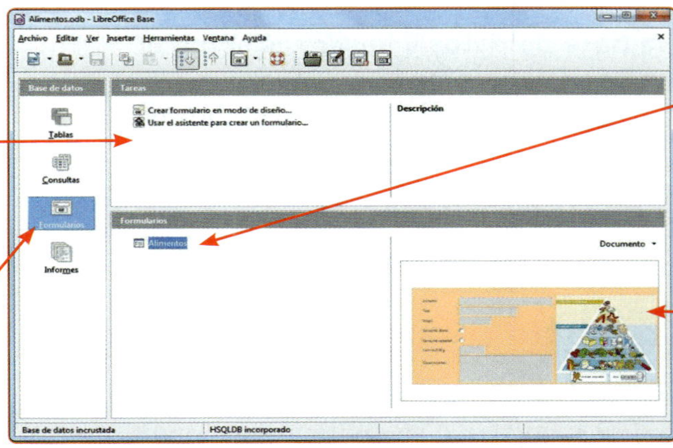

Objetos existentes en la base de datos del tipo activo.

Previsualización del objeto seleccionado.

Entorno de trabajo de LibreOffice Base.

1.3 Entorno de trabajo de Microsoft Office Access

El entorno de trabajo de Microsoft Office Access varía ligeramente según la versión del programa, pero su manejo y su funcionalidad son muy similares. El modo de iniciar Microsoft Office Access es el mismo que para cualquier otra aplicación de Windows:

1 Hacer clic sobre el botón **Inicio** para desplegar su menú.

2 Seleccionar, sucesivamente, las opciones **Todos los programas, Microsoft Office** y **Microsoft Office Access.**

Cuando se inicie Microsoft Office Access y se abra una base de datos, aparecerá su entorno de trabajo con un aspecto similar al de la figura.

En el panel de exploración, se visualizarán todos los objetos de la base de datos o solo los del tipo que se haya seleccionado.

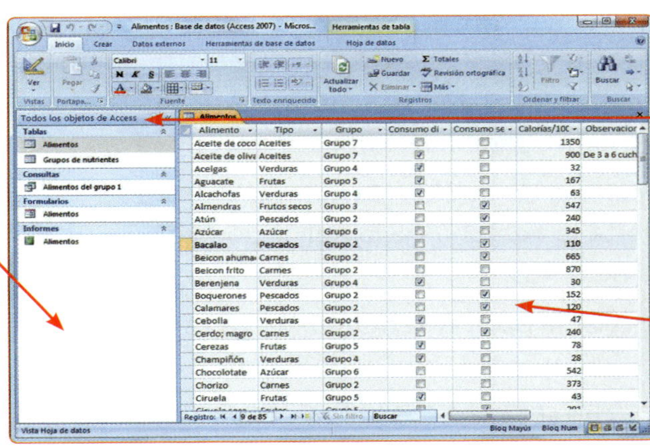

Botón que despliega los tipos de objetos.

Área en la que se trabaja con el objeto abierto de la base de datos.

Entorno de trabajo de Microsoft Office Access.

2 Trabajar con bases de datos

2.1 Crear una base de datos

Es necesario disponer de una base de datos para guardar datos en tablas y crear herramientas para gestionarlos (consultas, formularios, informes...). En definitiva, una base de datos sirve como contenedor para todos los objetos que permiten gestionar los datos.

Los pasos para crear una base de datos son:

1. Activar el primer cuadro de diálogo del asistente (LibreOffice Base). Para ello, hay que abrir el menú **Archivo** y seleccionar las opciones **Nuevo** y **Base de datos.** En Microsoft Office Access, se elige la opción **Nuevo** del menú principal.
2. Activar la opción **Crear nueva base de datos** y hacer clic sobre el botón **Finalizar** (LibreOffice Base) o activar **Nueva base de datos en blanco** (Microsoft Office Access).
3. Escribir un nombre para la base de datos, activar la carpeta de destino que se elija y pulsar **Guardar** (LibreOffice Base) o **Crear** (Microsoft Office Access).

2.2 Abrir y cerrar una base de datos

Al iniciar LibreOffice Base, aparecerá el cuadro de diálogo del asistente que se muestra en la figura del margen, en el que se puede seleccionar una base datos y confirmar su apertura mediante el botón **Finalizar.**

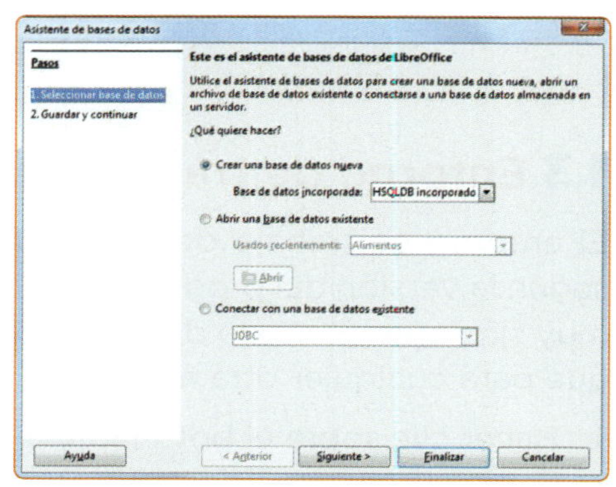

Asistente de base de datos en LibreOffice Base.

Al iniciar Microsoft Office Access, la aplicación mostrará la ventana inicial desde la que se podrá abrir directamente una base de datos seleccionándola del listado.

En LibreOffice Base, se puede abrir una base de datos siguiendo los mismos pasos que para cualquier otro documento:

1. Desplegar el menú **Archivo** y seleccionar la opción **Abrir.**
2. Localizar el archivo de la base de datos y hacer clic sobre el mismo para activarla.
3. Hacer clic sobre el botón **Abrir.**

Cuando la base de datos esté abierta, en su entorno de trabajo se visualizarán sus objetos.

Existen dos modos de cerrar una base de datos en LibreOffice Base, dependiendo de si se quiere o no cerrar también la aplicación.

- Abrir el menú **Archivo** y seleccionar la opción **Cerrar.** Se cerrará la base de datos y seguirá abierta la ventana de la aplicación para poder trabajar con otras bases de datos.
- Abrir el menú **Archivo** y seleccionar la opción **Terminar.** Se cerrarán tanto la base de datos como la ventana de LibreOffice Base.

En Microsoft Office Access, para cerrar la base de datos o salir del programa, hay que utilizar las opciones del menú principal.

2.3 Abrir y cerrar una tabla

Las tablas son los objetos de la base de datos en los que se almacena la información. Por lo tanto, para poder acceder a los datos almacenados, se debe abrir la tabla que los contenga. Para ello, se deben seguir estos pasos:

1 Pulsar el botón del panel izquierdo (LibreOffice Base) o seleccionar **Tabla,** del botón de despliegue (Microsoft Office Access), para activar la ficha que contiene las tablas.

2 Hacer doble clic sobre la tabla. Esta se abrirá en una nueva ventana y se visualizarán sus datos.

Para cerrar una tabla, bastará con cerrar su ventana mediante la opción **Cerrar** del menú **Archivo** o haciendo clic en el botón de su barra de título.

2.4 Registros, campos y datos

Cada tabla se abrirá en una nueva ventana en la que se visualizarán los datos guardados en ella. La característica más importante de una tabla es su organización, gracias a la cual se puede localizar y gestionar de forma eficiente los datos que almacena. Esta organización viene dada por su división en filas y columnas.

- Cada fila de una tabla se denomina «registro» y contiene la información de uno de los elementos que se quiere gestionar (por ejemplo, los alimentos).
- Cada columna de una tabla se denomina «campo» y representa cada una de las características de un registro (por ejemplo, el tipo de alimento, el grupo al que pertenece...). Dependiendo del tipo de datos que vaya a almacenar un campo, este deberá tener unas características determinadas; el programa se las asignará de manera automática al escoger el tipo de campo adecuado.
- Cada celda de la tabla almacena un dato, esto es, la información de un registro en un campo determinado.

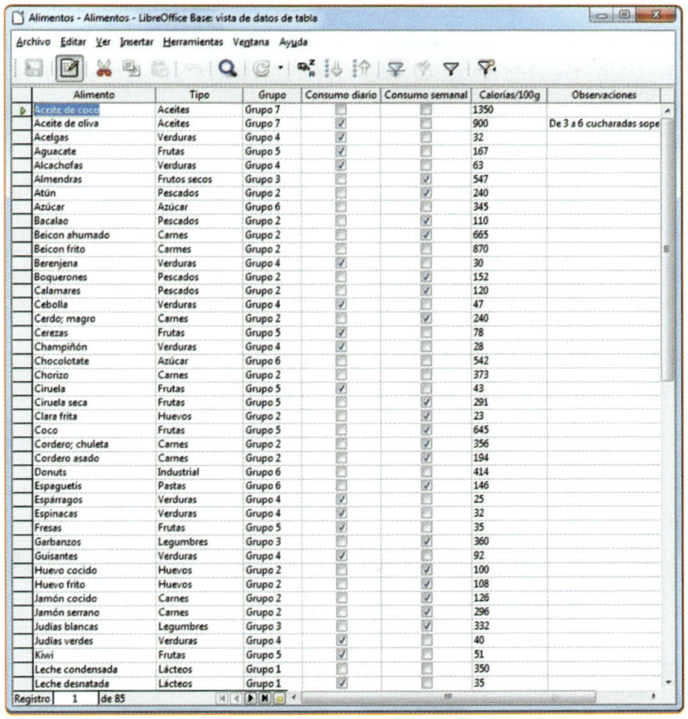

Alimento	Tipo	Grupo	Consumo diario	Consumo semanal	Calorías/100g	Observaciones
Aceite de coco	Aceites	Grupo 7	☐	☐	1350	
Aceite de oliva	Aceites	Grupo 7	☑	☐	900	De 3 a 6 cucharadas sope
Acelgas	Verduras	Grupo 4	☑	☐	32	
Aguacate	Frutas	Grupo 5	☑	☐	167	
Alcachofas	Verduras	Grupo 4	☑	☐	63	
Almendras	Frutos secos	Grupo 3	☐	☑	547	
Atún	Pescados	Grupo 2	☐	☑	240	
Azúcar	Azúcar	Grupo 6	☐	☐	345	
Bacalao	Pescados	Grupo 2	☐	☑	110	
Beicon ahumado	Carnes	Grupo 2	☐	☑	665	
Beicon frito	Carmes	Grupo 2	☐	☐	870	
Berenjena	Verduras	Grupo 4	☑	☐	30	
Boquerones	Pescados	Grupo 2	☐	☑	152	
Calamares	Pescados	Grupo 2	☐	☑	120	
Cebolla	Verduras	Grupo 4	☑	☐	47	
Cerdo; magro	Carnes	Grupo 2	☐	☑	240	
Cerezas	Frutas	Grupo 5	☑	☐	78	
Champiñón	Verduras	Grupo 4	☑	☐	28	
Chocolotate	Azúcar	Grupo 6	☐	☐	542	
Chorizo	Carnes	Grupo 2	☐	☐	373	
Ciruela	Frutas	Grupo 5	☑	☐	43	
Ciruela seca	Frutas	Grupo 5	☐	☑	291	
Clara frita	Huevos	Grupo 2	☐	☑	23	
Coco	Frutas	Grupo 5	☐	☑	645	
Cordero; chuleta	Carnes	Grupo 2	☐	☑	356	
Cordero asado	Carnes	Grupo 2	☐	☑	194	
Donuts	Industrial	Grupo 6	☐	☐	414	
Espaguetis	Pastas	Grupo 6	☐	☑	146	
Espárragos	Verduras	Grupo 4	☑	☐	25	
Espinacas	Verduras	Grupo 4	☑	☐	32	
Fresas	Frutas	Grupo 5	☑	☐	35	
Garbanzos	Legumbres	Grupo 3	☐	☑	360	
Guisantes	Verduras	Grupo 4	☑	☐	92	
Huevo cocido	Huevos	Grupo 2	☐	☑	100	
Huevo frito	Huevos	Grupo 2	☐	☑	108	
Jamón cocido	Carnes	Grupo 2	☐	☑	126	
Jamón serrano	Carnes	Grupo 2	☐	☑	296	
Judías blancas	Legumbres	Grupo 3	☐	☑	332	
Judías verdes	Verduras	Grupo 4	☑	☐	40	
Kiwi	Frutas	Grupo 5	☑	☐	51	
Leche condensada	Lácteos	Grupo 1	☐	☐	350	
Leche desnatada	Lácteos	Grupo 1	☑	☐	35	

Tabla **Alimentos.**

Comprende, piensa, aplica...

1 ¿Qué gestor o gestores de base de datos tienes instalados en tu ordenador? ¿Cuál sueles utilizar? ¿Conoces algún otro?

2 Pregunta a tu profesor o profesora si ya dispones en tu ordenador del archivo correspondiente a la base de datos que deberás utilizar para el desarrollo de la unidad **(Alimentos).** En caso contrario, puedes acceder a la web de Anaya (www.anaya.es) y descargártelo.

3 ¿Qué extensión tiene el archivo de la base de datos que vas a utilizar?

4 Inicia la aplicación y, siguiendo los pasos explicados, abre la base de datos **Alimentos.**

5 Activa las distintas fichas de la ventana de la base de datos y observa sus objetos.

6 Abre la tabla **Alimentos** e identifica los distintos campos y registros que contiene.

3 Agregar y modificar datos

3.1 Tipos de datos

Los datos almacenables en una tabla pueden ser de distinta naturaleza.

Tipos de datos	
Texto	Datos con caracteres alfanuméricos. Existen varios subtipos en función de la longitud del dato que se introduzca.
Número	Datos numéricos con los que el programa podrá realizar operaciones matemáticas. Existen varios subtipos en función del número que se guarde: entero, decimal...
Fecha/Hora	Datos relacionados con fechas y horas.
Sí/No	Solo pueden ser dos datos (**Sí** o **No**), aunque pueden escribirse de diversas formas.

3.2 Desplazar el cursor por la tabla

En muchas ocasiones, habrá que situar el cursor en un dato concreto de la tabla, bien para resaltarlo, bien para modificarlo. El registro al que pertenece el dato resaltado se denomina «registro activo» (puesto que se está trabajando en él) y el programa lo marcará con el icono ▶.

Existen varias formas de situar el cursor en un dato concreto:

- Con el ratón, haciendo clic sobre la celda del dato.
- Utilizando el teclado, mediante las combinaciones de teclas que muestra la tabla del margen.
- Mediante los botones de navegación situados en la parte inferior de la ventana de la tabla, como muestra la siguiente figura.

Teclas de desplazamiento	
Tabulador	Sitúa el cursor en el campo siguiente del registro activo.
Mayúsculas + tabulador	Sitúa el cursor en el campo anterior del registro activo.
Flecha arriba	Sitúa el cursor en el mismo campo del registro anterior.
Flecha abajo	Sitúa el cursor en el mismo campo del registro siguiente.

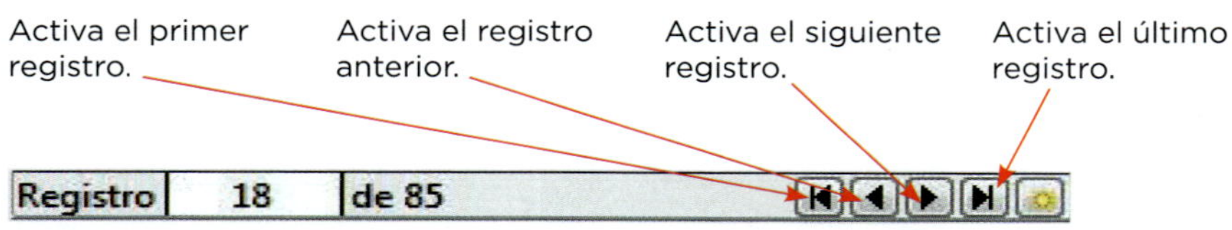

Barra de navegación.

3.3 Modificar y borrar datos

Para modificar los datos de una tabla, hay que activar la edición de datos mediante el botón 📝.

- Si se quiere sustituir un dato, se debe activar su celda para resaltarlo y escribir el nuevo dato; este reemplazará al existente.
- Para modificar parcialmente un dato, este no se debe resaltar. El usuario debe situar el cursor entre los caracteres que haya que modificar, bien haciendo clic sobre el punto, bien desplazando el cursor con las teclas de movimiento.
- Si se quiere borrar un dato, hay que activar su celda para resaltarlo y pulsar la tecla **Supr.**

Una vez modificado un dato, el programa muestra el icono ✎ en el botón identificador de su registro. Este icono desaparecerá cuando se guarden los cambios.

3.4 Borrar registros

Eliminar un registro supone perder todos sus datos sin posibilidad de recuperarlos. Para borrar un registro, hay que seguir estos pasos:

1 Activar el registro que se quiere borrar. Para ello, lo mejor es hacer clic sobre el botón identificador situado a su izquierda.

2 Pulsar **Supr** y hacer clic sobre el botón **Sí** en el cuadro de diálogo de confirmación.

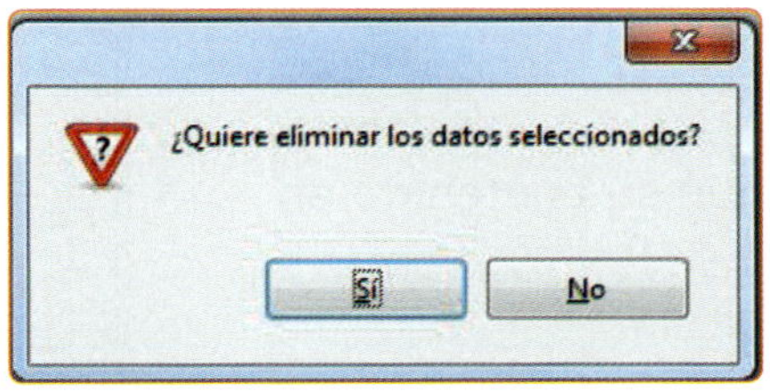

Eliminar registros.

En Microsoft Office Access, es posible eliminar el registro activo mediante el botón Eliminar registro.

3.5 Añadir nuevos registros

Para poder agregar nuevos datos a la tabla, se debe añadir nuevos registros. El modo más rápido de hacerlo es el siguiente:

1 Situar el cursor en una fila vacía, al final de los registros existentes. Para ello, se puede utilizar el botón de la barra de navegación.

2 Situar el cursor en el primer campo, escribir el dato del nuevo registro y pulsar **Intro.** Se activará el siguiente campo.

3 Escribir el segundo dato del nuevo registro y pulsar **Intro.** Repetir este paso hasta completar los datos del registro, momento en el que el programa situará el cursor en una fila nueva para poder introducir otro registro más.

4 Repetir los pasos anteriores hasta agregar los nuevos registros.

Alimento	Tipo	Grupo	Consumo diario	Consumo semanal	Calorías/100g	Observaciones
Bacalao	Pescados	Grupo 2	☐	☑	110	
Cebolla	Verduras	Grupo 4	☑	☐	47	
Clara frita	Huevos	Grupo 2	☐	☑	23	
Espárragos	Verduras	Grupo 4	☑	☐	25	
Judías blancas	Legumbres	Grupo 3	☐	☑	332	
Lenguado	Pescados	Grupo 2	☐	☑	90	
Pizza	Pastas	Grupo 6	☐	☑	250	
Puerros	Verduras	Grupo 4	☑	☐	42	
Raviolis de carne	Pastas	Grupo 6	☐	☑	288	
Salmón ahumado	Pescados	Grupo 2	☐	☑	204	
Sandía	Frutas	Grupo 5	☑	☐	30	
Tomate	Verduras	Grupo 4	☑	☐	22	
Tortelini de carne	Pastas	Grupo 6	☐	☑	372	
Yema frita	Huevos	Grupo 2	☐	☑	85	

Añadir nuevos registros.

Cuando se introducen los datos de un registro, el programa los guarda de forma automática al activar cualquier otro registro.

Ten en cuenta

En los campos del tipo **Sí/No,** que se reconocen por presentar una casilla de verificación, solo es posible introducir dos datos: **Sí** (la casilla está activada) y **No** (la casilla está desactivada).

Comprende, piensa, aplica...

1 Abre la tabla **Alimentos** y, a continuación, añade los registros que muestra la figura de esta página. Ten en cuenta que puedes introducir los datos del tipo **Sí/No** haciendo clic sobre las casillas de verificación o pulsando el tabulador con el campo activo.

2 Utiliza las combinaciones de teclas que conozcas para situar el cursor en distintos datos de la tabla.

3 Utiliza los botones de navegación para activar el primer registro, el último y el registro 15. Cuando termines, cierra la ventana de la tabla.

4 Organizar y buscar datos

4.1 Ordenar registros

Por defecto, los registros aparecen en la tabla ordenados según su contenido en un campo concreto denominado «llave primaria» (concepto que se estudiará más adelante). Los pasos para ordenar los registros según su contenido en otro campo son:

1. Situar el cursor en el campo.
2. Hacer clic en para ordenar los registros de modo ascendente o en para ordenarlos de forma descendente.

También se pueden organizar los registros estableciendo varios criterios de ordenación, que corresponderán a sus datos en varios campos. En este caso, se debe:

1. Presionar el botón .
2. Indicar los criterios (campos) que se quieran utilizar para ordenar los registros. Es muy importante seleccionar el orden adecuado.
3. Hacer clic en **Aceptar.**

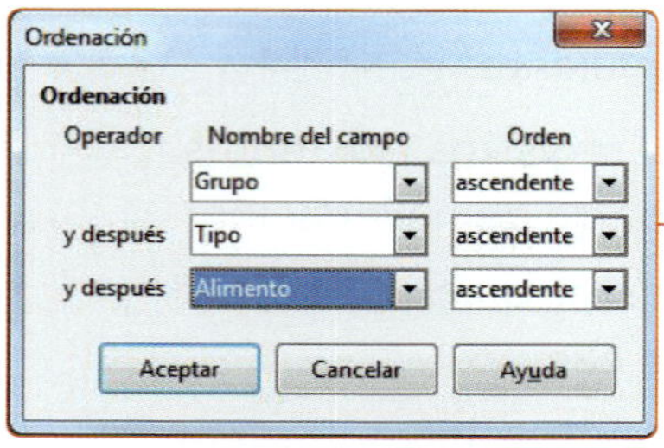

Ordenar registros por varios campos.

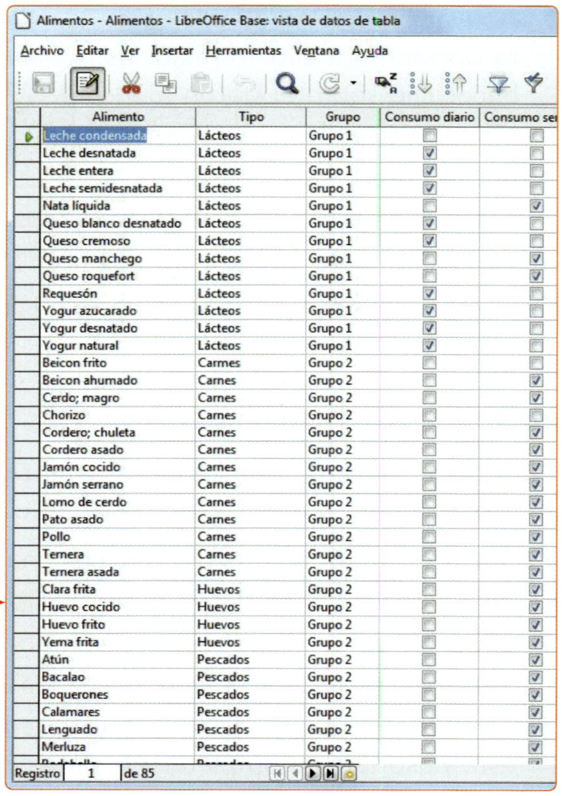

Registros ordenados por varios campos.

4.2 Buscar datos

Un método para localizar rápidamente un registro y poder, así, activarlo consiste en buscar alguno de sus datos. Para ello, se debe tener abierta la tabla en cuestión y realizar los siguientes pasos:

1. Hacer clic sobre el botón (LibreOffice Base) o (Microsoft Office Access).
2. Escribir el dato que se quiere buscar.
3. Activar las opciones que muestra la figura del margen; estas permiten realizar la búsqueda en toda la tabla y obtener, como resultado, la localización del texto incluso si este es parte del contenido de un campo más extenso.
4. Hacer clic sobre el botón **Buscar.** Cuando el programa localice el dato, lo dejará resaltado en la tabla. Si se desea buscar otro dato igual, bastará con volver a hacer clic sobre el mismo botón.
5. Hacer clic sobre el botón **Cerrar** para finalizar la búsqueda.

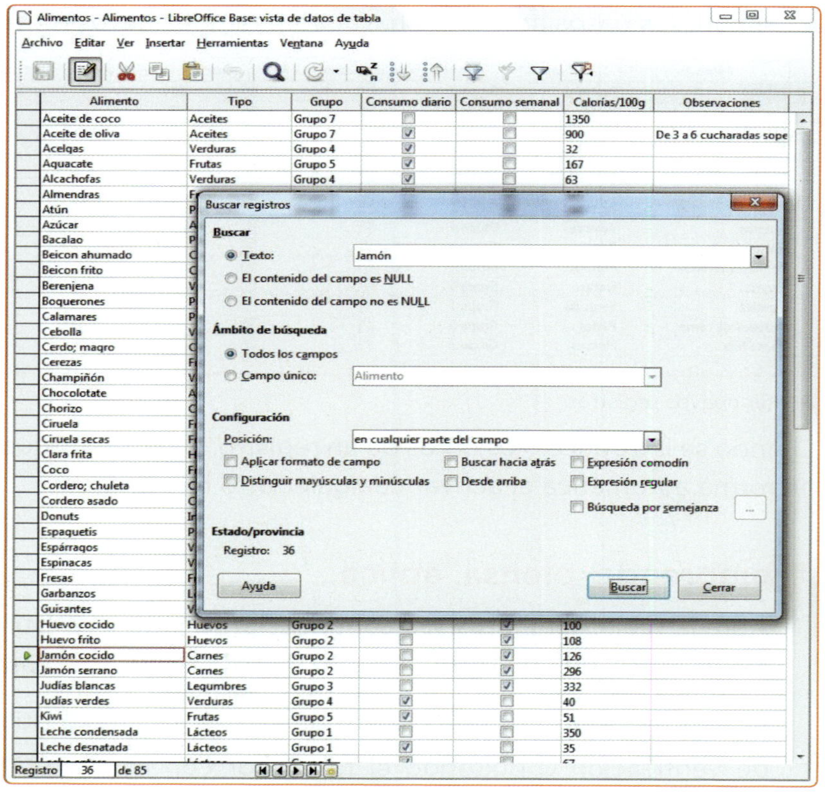

Buscar datos.

4.3 Filtrar registros

A veces es útil trabajar con un grupo de registros y ocultar el resto para que no ocupen espacio en la pantalla. Para ello, hay que filtrar los registros de manera que solo aparezcan aquellos que tengan alguna característica común (un dato). Para filtrar los registros, hay que seguir estos pasos:

1 Activar alguna de las celdas que contiene el dato que se va a utilizar para el filtro de los registros, por ejemplo, **Carnes.**

2 Hacer clic sobre el botón (LibreOffice Base) o seleccionar la opción **Igual que** del botón Selección (Microsoft Office Access) para activar el filtro. Con esta acción, se consiguen visualizar unos registros concretos (en este ejemplo, los que tienen el dato **Carnes** como tipo de alimento).

Para visualizar todos los registros de nuevo, se debe desactivar el filtro aplicado mediante el botón (LibreOffice Base) o Alternar filtro (Microsoft Office Access).

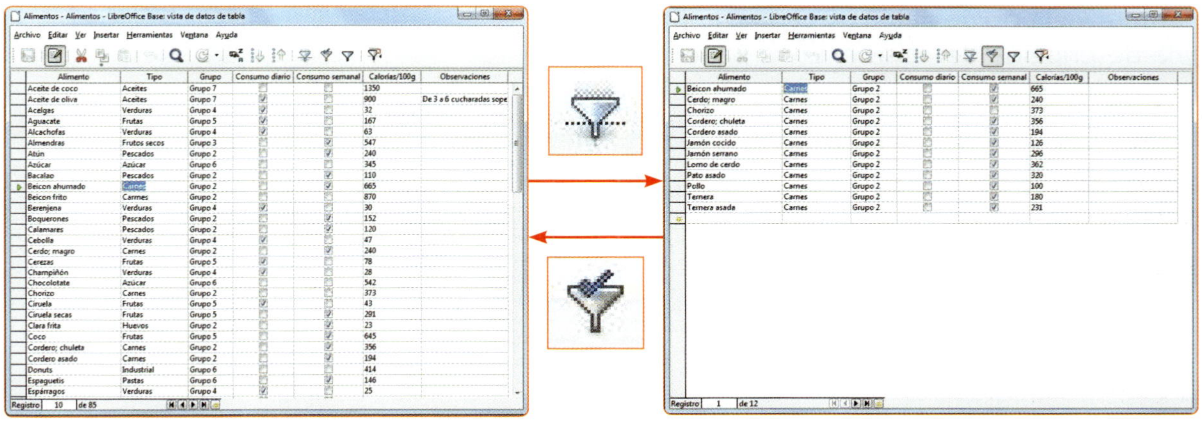

Filtrar registros.

Estos filtros son muy sencillos de aplicar, pero no siempre son útiles, puesto que solo tienen en cuenta el dato de un campo. Se pueden filtrar los registros con criterios más complejos desde el cuadro de diálogo **Filtro estándar** siguiendo estos pasos:

1 Pulsar (LibreOffice Base) o Selección (Microsoft Office Access).

2 Especificar el criterio que se quiere utilizar para filtrar los registros: seleccionar el campo, elegir una condición y escribir el valor correspondiente.

3 Hacer clic sobre el botón **Aceptar.**

Activar y desactivar filtros

El botón (LibreOffice Base) o Alternar filtro (Microsoft Office Access) permite activar y desactivar el último filtro utilizado, siempre y cuando este no se haya eliminado mediante el botón (LibreOffice Base) o Borrar todos los filtros (Microsoft Office Access).

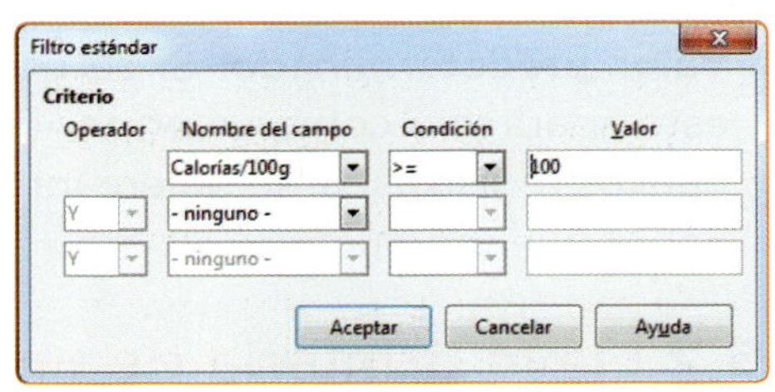

Aplicar un filtro estándar.

Comprende, piensa, aplica...

1 Abre la tabla **Alimentos** y ordena los registros según el grupo al que pertenezcan los alimentos. Dentro de cada grupo, ordénalos de forma decreciente según sus calorías.

2 Averigua, mediante la búsqueda de la palabra «queso», cuántas variedades hay en la misma tabla de este alimento.

3 Filtra los registros de la tabla para averiguar cuántos alimentos cárnicos hay. Después, desactiva el filtro para que se muestren, de nuevo, todos los registros.

4 Activa un filtro que te permita visualizar los registros correspondientes a las carnes o a las verduras. Al terminar, desactívalo.

5 Crear tablas

5.1 Estructura de una tabla

Para que una tabla pueda almacenar datos, debe tener una estructura adecuada. Con ese fin, se deben crear y definir los campos en los que se guardarán los datos. Para definir un campo, es necesario asignarle un nombre, especificar el tipo de datos que va a contener e indicar otras propiedades posibles.

Los pasos para ver la estructura de una tabla son:

1 Activar la ficha **Tablas** de la base de datos.

2 Seleccionar la tabla haciendo clic sobre su nombre.

3 Abrir el menú **Editar** y seleccionar la opción **Editar** o hacer clic sobre el botón (LibreOffice Base). En Microsoft Office Access, se puede acceder mediante el botón .

La ventana de diseño de la tabla presenta dos paneles. En el superior, están definidos el nombre y el tipo de datos de cada campo; además, se puede escribir una descripción del mismo. En el panel inferior, se pueden especificar otras propiedades del campo.

Las propiedades más importantes de un campo son:

- **Nombre.** Resume el contenido del campo y puede tener, como mucho, sesenta y cuatro caracteres.
- **Tipo de campo.** Indica qué tipo de datos se van a almacenar y determina qué operaciones se podrán realizar con ellos.
- **Longitud.** Establece la longitud máxima que podrán tener los datos. El programa asigna esta propiedad en función del tipo de dato seleccionado.
- **Entrada requerida.** Permite especificar si este campo puede quedarse vacío o no en un registro.
- **Valor predeterminado.** Si se especifica un valor, este aparecerá como valor por defecto al agregar nuevos registros. Si se quiere introducir otro valor, habrá que modificarlo.

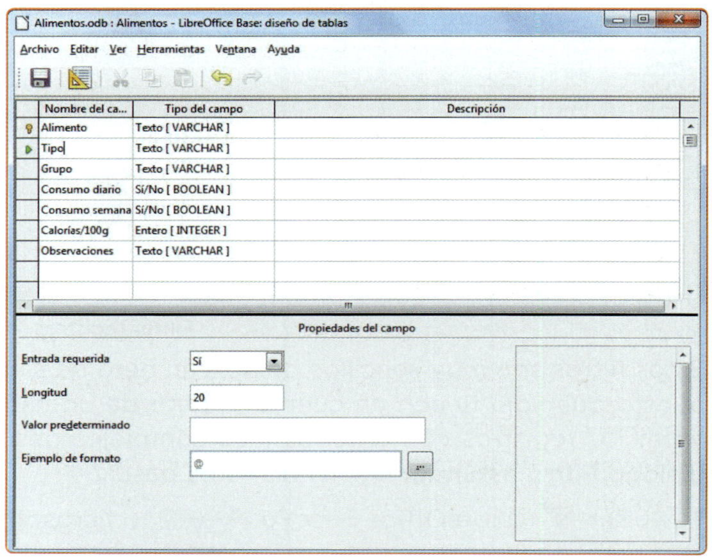

Estructura de una tabla.

5.2 Llave primaria de una tabla

La llave primaria de una tabla es un campo que se identifica en la ventana de la estructura de la tabla con el símbolo y que tiene unas propiedades muy concretas:

- Exige introducir un dato. Por tanto, no puede haber registros sin datos en dicho campo.
- Sus datos no pueden repetirse (no puede haber dos registros con un mismo dato), por lo que los registros podrán ser identificados inequívocamente según el dato que tengan en este campo.

Además, la llave primaria determina el orden de los registros de la tabla, a excepción de aquellas tablas cuyo formato se guarde con un orden distinto.

5.3 Crear una tabla

El programa ofrece dos modos diferentes de crear una tabla. Lo más frecuente es hacerlo en la ventana de diseño, ya que así se pueden definir todas las propiedades (nombre, tipo de datos, tamaño...) de los campos necesarios para almacenar sus datos.

Ahora, se creará una nueva tabla en la base de datos **Alimentos** que almacenará información de los distintos grupos de alimentos. Los pasos que hay que realizar son:

1 Activar la ficha **Tablas** de la ventana de la base de datos.

2 Hacer clic sobre la opción **Crear tabla en vista Diseño.** Se abrirá una ventana de diseño vacía.

3 Escribir el nombre del primer campo (en nuestro caso, **Grupo**).

4 Elegir, de la lista **Tipo de campo,** el tipo de datos para el campo (aquí, **Texto [VARCHAR]**) y pulsar **Intro.**

5 Hacer clic con el botón derecho del ratón sobre el botón identificador (situado a la izquierda) de este campo y seleccionar, del menú emergente, la opción **Llave primaria.** De este modo se declara la llave primaria de la tabla.

6 Especificar, como longitud del campo, el valor **10.**

7 Hacer clic sobre la columna **Nombre del campo** de la segunda fila del panel superior y escribir el nombre del nuevo campo: **Nutriente.**

8 Especificar las demás propiedades del campo (tipo de campo, descripción, entrada requerida y longitud).

9 Repetir los pasos 7 y 8 en las nuevas filas del panel superior hasta definir todos los campos.

10 Abrir el menú **Archivo** y seleccionar la opción **Guardar.**

11 Escribir el nombre de la tabla **(Grupos de alimentos)** y hacer clic sobre el botón **Aceptar.**

12 Cerrar la ventana de diseño, por ejemplo, haciendo clic sobre el botón  de su barra de título.

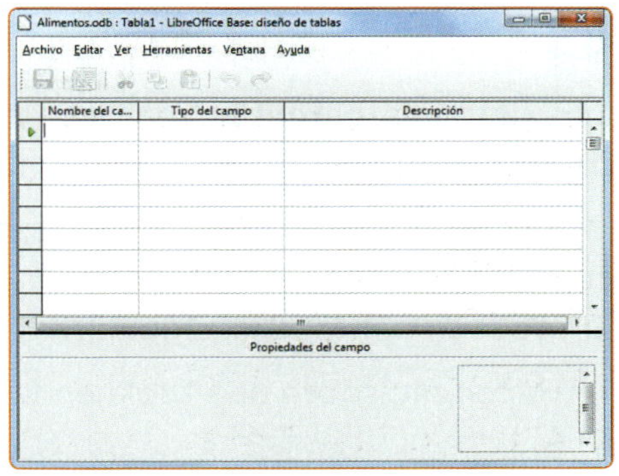

Crear una tabla en la ventana de diseño.

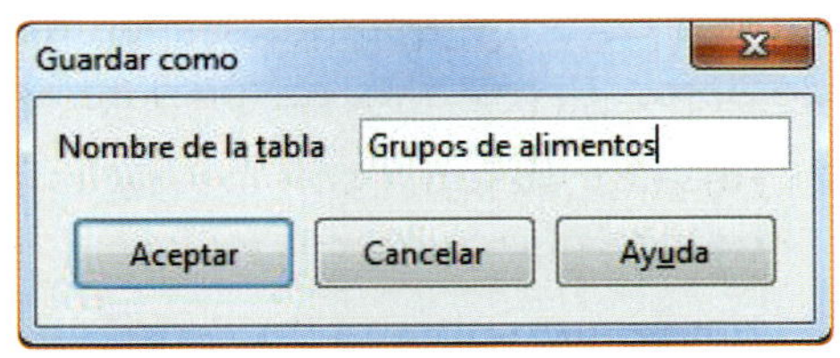

Guardar una nueva tabla.

Comprende, piensa, aplica...

1 Crea la estructura de la tabla **Grupos de alimentos** con los siguiente campos:

- **Grupo:** tipo **Texto [VARCHAR],** longitud **10** y llave primaria.
- **Nutriente:** tipo **Texto [VARCHAR],** longitud **20,** entrada requerida.
- **Función:** tipo **Texto [VARCHAR],** longitud **50,** entrada requerida.
- **Raciones rec.:** tipo **Texto [VARCHAR],** longitud **10,** entrada no requerida.

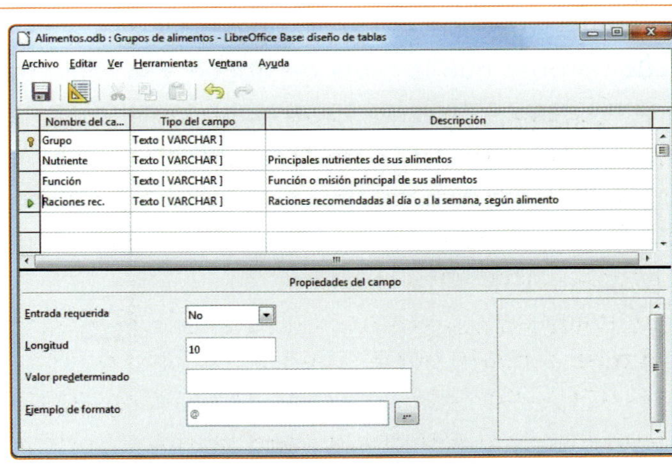

Estructura de la tabla **Grupo de alimentos.**

6 Trabajar con varias tablas

6.1 Copiar una tabla

Los gestores permiten realizar diferentes acciones con los objetos de las bases de datos (tablas, consultas, formularios...).

En el caso concreto de las tablas, resulta útil la posibilidad que ofrecen de crear nuevas tablas (con o sin datos) a partir de las existentes. El procedimiento es el siguiente:

1 Hacer clic sobre una tabla en la ventana de la base de datos.

2 Pulsar el botón o seleccionar la opción **Copiar** del menú **Editar.**

3 Pulsar el botón o seleccionar **Pegar** del menú **Editar.**

4 Especificar un nombre para la nueva tabla.

5 Seleccionar la opción **Definición y datos** si se quiere obtener una tabla idéntica a la original o la opción **Definición** si se quiere crear una tabla con la misma estructura pero vacía, sin datos.

6 Hacer clic sobre el botón **Crear.**

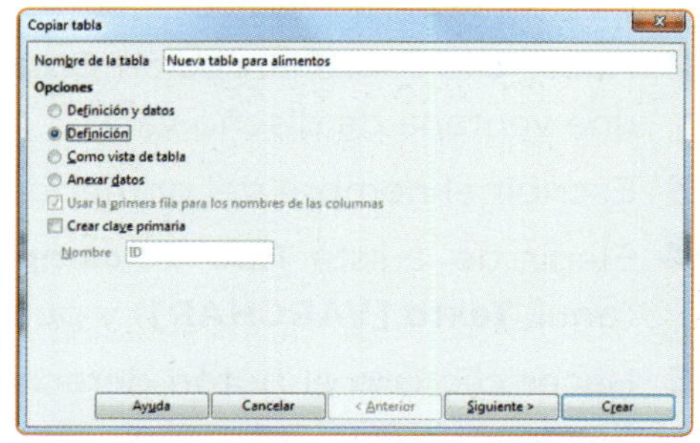

Crear una tabla copiando una existente.

6.2 Anexar datos de diferentes tablas

Las tablas pueden copiarse de una base de datos a otra mediante la técnica de copiar y pegar. Así, se pueden fusionar los datos de dos tablas diferentes en una única tabla, lo cual permite que varias personas trabajen en tablas diferentes y que, en un momento determinado, se puedan unir todos sus datos en una de ellas.

Para poder anexar los datos de dos tablas, estas deben tener la misma estructura y, además, tienen que estar copiadas en la misma base de datos. El resto de pasos para anexionar dos tablas son:

1 Resaltar la tabla con los datos que se quieren fusionar y pulsar el botón .

2 Hacer clic sobre el botón .

3 Activar la opción **Anexar datos.**

4 Escribir el nombre de la tabla en la que se agregarán los datos de la tabla elegida al principio y hacer clic sobre el botón **Siguiente.**

5 Comprobar que la tabla de origen y la tabla de destino son las correctas y activar los campos cuyos datos se quieren anexar.

6 Hacer clic sobre el botón **Crear.**

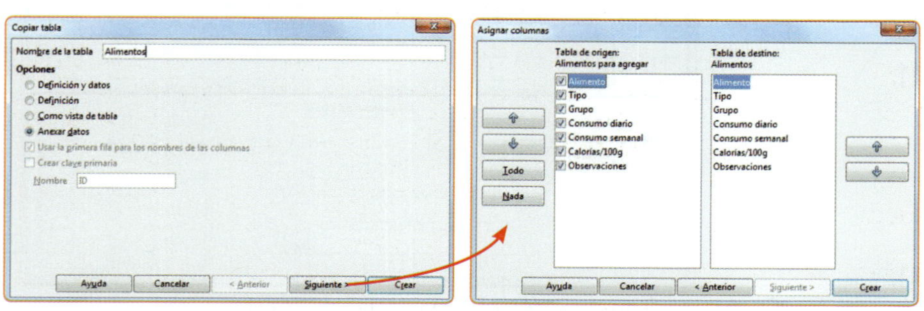

Anexar los datos de una tabla en otra.

6.3 Relación entre tablas

Cuando una base de datos tiene varias tablas, estas pueden estar relacionadas entre sí y actuar como si fueran una sola. En la relación entre dos tablas, una actúa como tabla principal y la otra, como tabla relacionada con la anterior.

Existen varios tipos de relación entre tablas. Los más comunes son:

- **Relación uno a uno.** Un único registro de la tabla principal se relaciona con uno de la tabla relacionada. Este tipo de relación se da entre dos tablas que almacenan datos complementarios de un mismo registro.
- **Relación uno a varios.** Un único registro de la tabla principal se relaciona con varios registros de la tabla relacionada.

6.4 Relacionar dos tablas

La relación entre dos tablas distintas es única y se establece a través de un campo que tienen en común. Si bien es aconsejable que el campo tenga el mismo nombre, no es absolutamente necesario, aunque sí es obligatorio que almacenen el mismo tipo de datos. Los pasos que se deben seguir para relacionar dos tablas son:

1. Abrir el menú **Herramientas** y seleccionar la opción **Relaciones** para activar la ventana **Relaciones.**
2. Si no aparecen las tablas en la ventana, pulsar el botón para activar el cuadro de diálogo **Añadir tablas.** Después, hacer clic sobre el nombre de una tabla y sobre el botón **Añadir** (se agregará a la ventana). Repetir este proceso con la otra tabla para agregarla también y cerrar el cuadro de diálogo mediante su botón.
3. Arrastrar las ventanas de las tablas hasta separarlas, de modo que se vean correctamente.
4. Arrastrar el campo común **(Grupo)** de una de las tablas (en este caso, **Alimentos**) hasta el campo común **(Grupo)** de la otra tabla **(Grupo de alimentos).** La relación creada se mostrará con una línea que une los campos de ambas tablas, como se ve en la figura del margen.
5. Abrir el menú **Archivo,** seleccionar la opción **Guardar** y cerrar la ventana de relaciones con el botón.

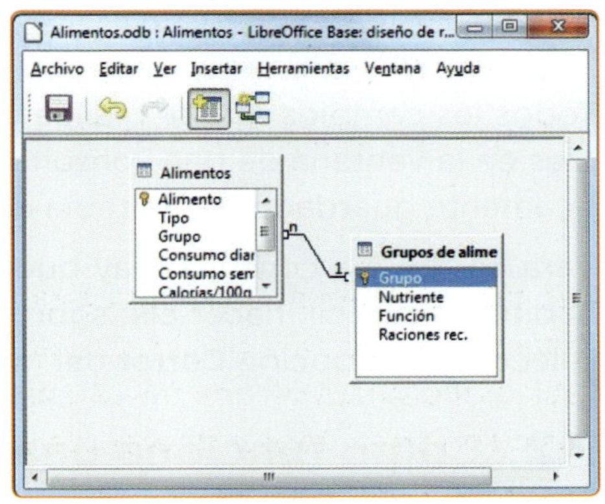

Relación entre tablas.

Comprende, piensa, aplica...

1. Abre la tabla **Grupos de alimentos** y agrega los registros de la figura del margen.
2. Realiza los pasos necesarios para relacionar las tablas **Alimentos** y **Grupos de alimentos.** Si tienes dificultades para crear la relación, comprueba que los datos de los campos relacionados coinciden.
3. ¿Qué indican los caracteres 1 y n que muestra la línea de relación entre las tablas?
4. Guarda los cambios que has realizado. A continuación, cierra la ventana **Relaciones.**

Grupo	Nutriente	Función	Raciones rec.
Grupo 1	Proteínas animales	Plástica	de 2 a 4
Grupo 2	Proteínas animales	Plástica	3 o 4
Grupo 3	Proteínas vegatles,	Plástica, Energética, Reguladora	de 2 a 4
Grupo 4	Vitaminas	Reguladora	3
Grupo 5	Vitaminas	Reguladora	más de 3
Grupo 6	Carbohidratos	Energética	4
Grupo 7	Lípidos	Energética	

Datos para la tabla **Grupos de alimentos.**

7 Consultas

7.1 Activar y cerrar una consulta

Las consultas son los objetos de la base de datos que se utilizan para seleccionar un conjunto de registros o campos. Para activar una consulta existente en la base de datos y ver, así, los datos que selecciona, es necesario:

1. Hacer clic sobre el botón (Consultas) de la ventana de la base de datos para activar la ficha **Consultas.**
2. Hacer doble clic sobre el nombre de la consulta: **Alimentos del grupo 1.**

La ventana de la consulta muestra los datos seleccionados. En la parte inferior, se puede observar, como información de la barra de navegación, el número de registros que selecciona la consulta (en este ejemplo, 13).

Todos los cambios que se realicen en los datos visibles en la ventana de una consulta quedan automáticamente guardados en la tabla correspondiente.

Para cerrar una consulta, hay que actuar del modo habitual, es decir, hacer clic sobre el botón ✕ o seleccionar la opción **Cerrar** del menú **Archivo.**

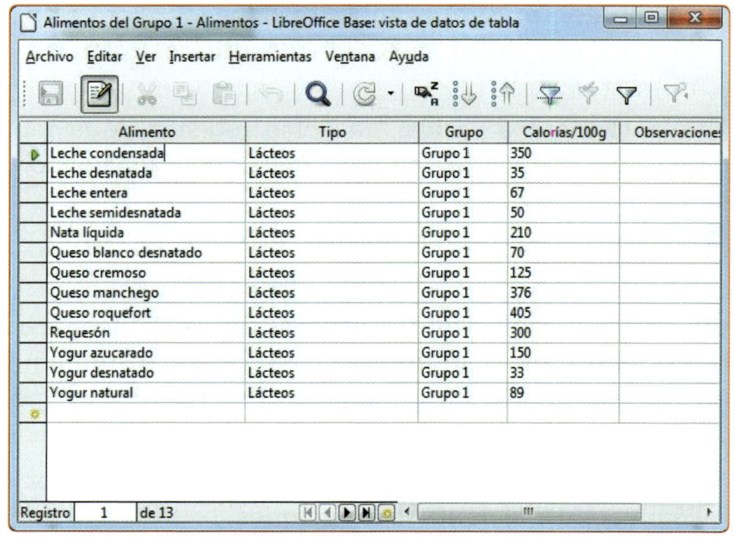

Alimento	Tipo	Grupo	Calorías/100g	Observaciones
Leche condensada	Lácteos	Grupo 1	350	
Leche desnatada	Lácteos	Grupo 1	35	
Leche entera	Lácteos	Grupo 1	67	
Leche semidesnatada	Lácteos	Grupo 1	50	
Nata líquida	Lácteos	Grupo 1	210	
Queso blanco desnatado	Lácteos	Grupo 1	70	
Queso cremoso	Lácteos	Grupo 1	125	
Queso manchego	Lácteos	Grupo 1	376	
Queso roquefort	Lácteos	Grupo 1	405	
Requesón	Lácteos	Grupo 1	300	
Yogur azucarado	Lácteos	Grupo 1	150	
Yogur desnatado	Lácteos	Grupo 1	33	
Yogur natural	Lácteos	Grupo 1	89	

Ventana de una consulta.

7.2 ¿Cómo funciona una consulta?

La mejor forma de entender cómo funciona una consulta es activar su ventana de diseño y ver su definición. Los pasos son:

1. Resaltar, en la ventana de la base de datos, la consulta.
2. Seleccionar la opción **Editar** del menú **Editar** o hacer clic sobre el botón (LibreOffice Base) o (Microsoft Office Access).

Al observar la definición de la consulta, se pueden sacar las conclusiones que se muestran en la siguiente figura:

La consulta se está realizando sobre la tabla **Alimentos,** por lo que se visualizarán y se podrán modificar los datos de dicha tabla.

Solo se pueden ver aquellos datos de los campos que estén incluidos en el panel inferior y que tengan activada la casilla de verificación **Visible.**

Solo aparecen los registros que cumplen el criterio de la consulta; en este caso, los registros que tienen el dato **Grupo 1** en el campo **Grupo.**

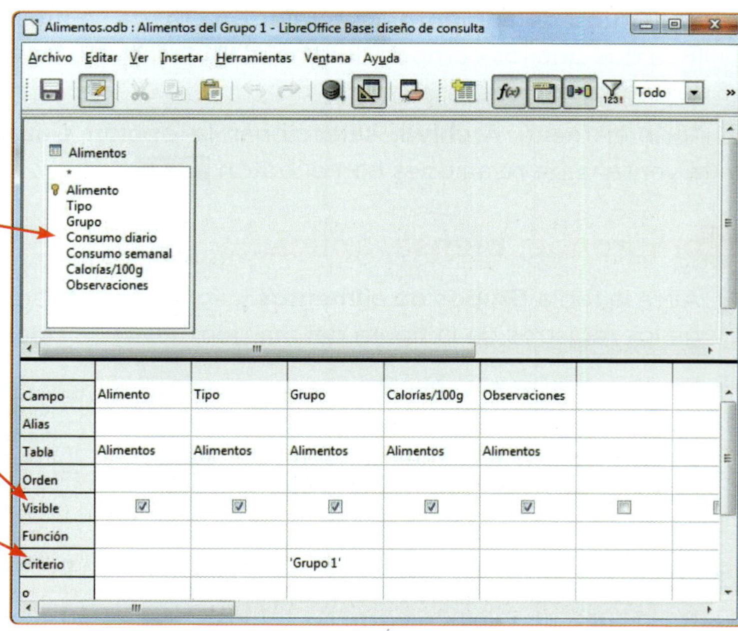

Estructura de una consulta.

7.3 Crear una consulta

Aunque se puede crear una consulta con la ayuda del asistente, lo mejor es hacerlo en una ventana de diseño vacía. Para ello, se debe:

1. Activar la ficha **Consultas** de la ventana de la base de datos y hacer clic sobre la opción **Crear consulta en modo de diseño.**
2. Agregar, desde el cuadro de diálogo **Añadir tabla o consulta,** la tabla (en este caso, **Alimentos**) sobre la que actuará la consulta y, a continuación, cerrar este cuadro. Si no estuviera disponible, el cuadro de diálogo **Añadir tabla o consulta** se puede activar mediante el botón .
3. Incluir los campos necesarios de la tabla en el panel inferior. Para agregar un campo, bastará con hacer doble clic sobre su nombre en la ventana que identifica la tabla.
4. Desactivar la casilla **Visible** de aquellos campos cuyos datos no deban aparecer en la consulta.
5. Escribir, en la celda **Criterio** del campo correspondiente, el criterio que deben cumplir los registros que se quieran seleccionar. Si, por ejemplo, en la tabla **Alimentos** se pretenden obtener solo las carnes, se deberá escribir la palabra «carnes» en la celda **Criterio** del campo **Tipo.**

Añadir una tabla o una consulta.

Una vez escrito el criterio, el programa agregará automáticamente comillas al comienzo y al final del mismo, ya que este es un texto.

7.4 Comprobar y guardar una consulta

Durante la creación de una consulta, se puede comprobar el resultado de la misma sin necesidad de salir de la ventana de diseño. Para ello, se debe hacer clic en (LibreOffice Base) o pulsar sobre (Microsoft Office Access). El programa mostrará un nuevo panel, en la parte superior de la ventana, con el resultado de la consulta.

Una vez comprobada, se puede guardar su definición y cerrar la ventana de la consulta del siguiente modo:

1. Hacer clic sobre el botón .
2. Escribir el nombre de la consulta (aquí, **Alimentos del tipo carnes**) y hacer clic sobre el botón **Aceptar.**
3. Pulsar el botón de su barra de título para cerrar la ventana.

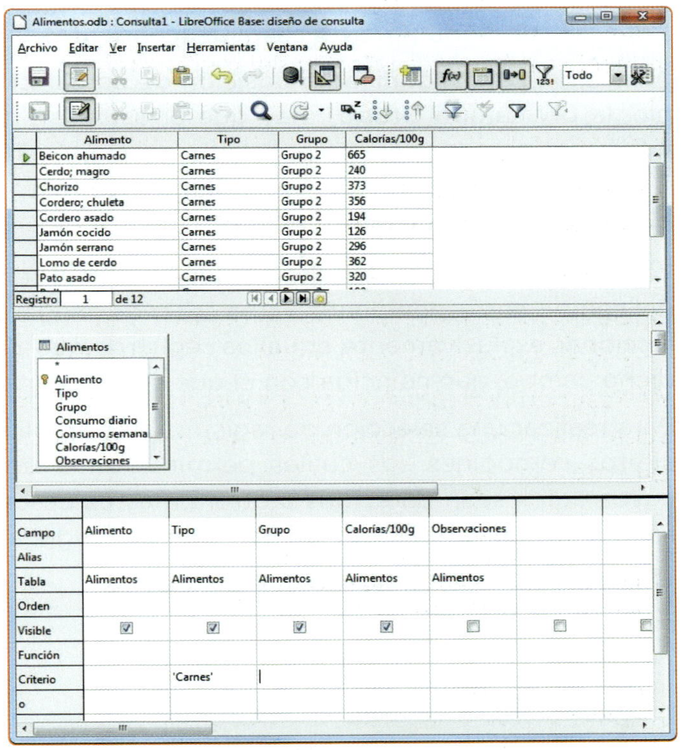

Crear y comprobar una nueva consulta.

Comprende, piensa, aplica...

1. Activa la consulta **Alimentos del grupo 1** existente en la base de datos. ¿Cuántos campos y registros ves?
2. Crea la consulta **Alimentos del tipo carnes** siguiendo los pasos explicados anteriormente.
3. Comprueba el resultado de dicha consulta desde la ventana de diseño.
4. Guarda la consulta que has creado **(Alimentos del tipo carnes)** y cierra su ventana.

8 Trabajar con consultas

8.1 Modificar una consulta

Las consultas pueden ser modificadas en cualquier momento. Todos los cambios que se quieran realizar en una consulta (variar el criterio de selección, incluir o excluir campos, indicar un criterio de ordenación, etc.), se deben especificar en su ventana de diseño.

Para abrir la ventana de diseño de una consulta, se puede utilizar el botón [icono] o la opción **Editar** del menú **Editar.**

8.2 Especificar un criterio de ordenación y cambiar la posición de los campos

Si no se especifica un criterio de ordenación en la consulta, los registros aparecerán en el mismo orden que tengan en la tabla.

Para conseguir que los registros seleccionados por una consulta se ordenen de otro modo, hay que especificarlo en la definición de la consulta del siguiente modo:

1. Activar la celda **Orden** del campo que se quiera utilizar para ordenar los registros (por ejemplo, **Calorías/100g**).
2. Desplegar la lista del botón [▾] y seleccionar el tipo de ordenación deseada (en este caso, **Descendente**).

Asimismo, para modificar la posición de un campo (por ejemplo, la del campo **Grupo**), hay que arrastrar su columna a la nueva posición (por ejemplo, delante del campo **Tipo**).

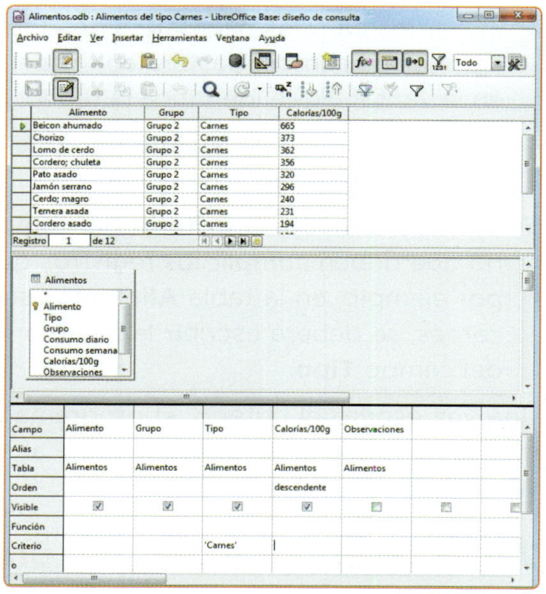

Ordenar registros en una consulta.

8.3 Utilizar comodines

Los criterios de una consulta se deben escribir en la celda **Criterio** del campo correspondiente. Estos criterios obligan al programa a seleccionar exclusivamente aquellos registros que tengan un dato, en dicho campo, que coincida con el que se ha escrito.

Para realizar una selección de registros más amplia, se deben utilizar ciertos comodines, los cuales permiten tener en cuenta registros cuyos datos sean parecidos a otro. En estos casos, el criterio ha de escribirse con el operador **Como** (o **Like** en algunas versiones).

Comodín	Función
*	Actúa como un conjunto de caracteres.
?	Actúa como un solo carácter en la posición especificada.

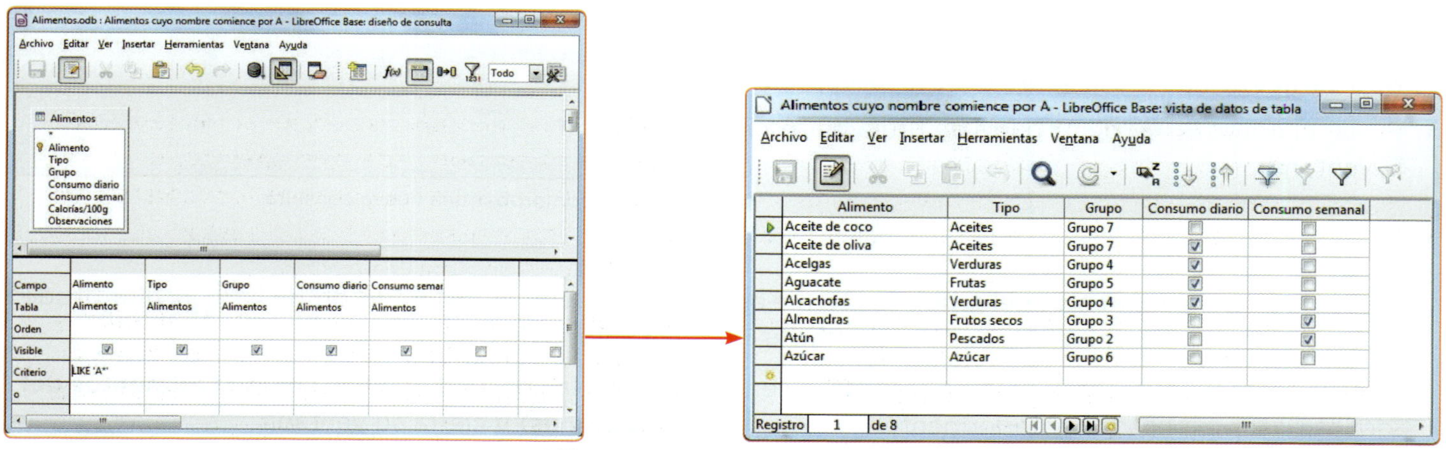

Utilizar comodines en una consulta.

8.4 Usar operadores de comparación

El programa utiliza, por defecto, el operador **=** («igual que») a la hora de seleccionar registros; por ese motivo, no es necesario escribirlo como parte del criterio.

En muchas ocasiones, interesa seleccionar registros que tengan datos mayores, menores o iguales que otros, lo que obliga a utilizar operadores de comparación diferentes al predeterminado. Estos se escriben delante del dato, en la celda **Criterio** del campo en cuestión.

Operador	Significado
=	Igual que
>	Mayor que
<	Menor que
>=	Mayor o igual que
<=	Menor o igual que
<>	Distinto de

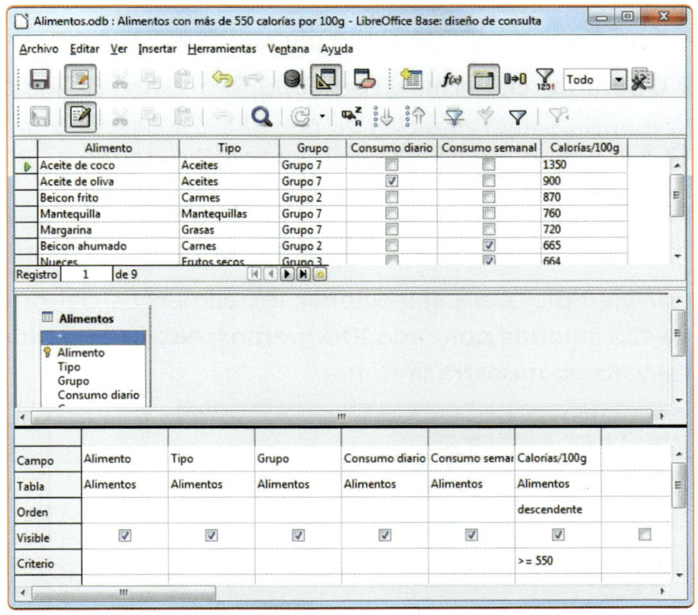

Consulta con operadores de comparación.

8.5 Realizar consultas en varias tablas

Cuando en una base de datos existen varias tablas relacionadas, las consultas también se pueden realizar simultáneamente sobre estas con el fin de obtener datos de cada una de ellas.

Para llevar a cabo este tipo de consultas, se procede del mismo modo que se haría con una sola tabla, con la única diferencia de que ahora se agregarán campos de distintas tablas. Para poder seleccionar los campos deseados de cada tabla, estas deberán estar disponibles en la parte superior de la ventana de diseño.

Como ya se ha indicado, las tablas se incorporan a la ventana de diseño desde el cuadro de diálogo **Añadir tabla o consulta,** que se activa mediante el botón . Las tablas agregadas a la consulta mostrarán su relación mediante una línea que une los campos comunes.

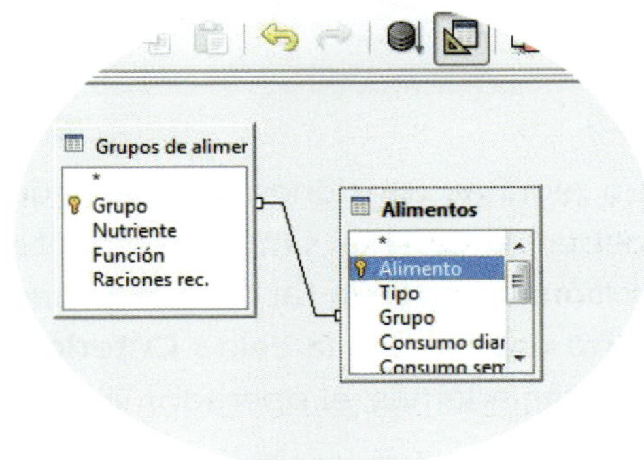

Consulta en tablas relacionadas.

Comprende, piensa, aplica...

1 Modifica la consulta **Alimentos del tipo carnes** de modo que los alimentos aparezcan ordenados según su número de calorías (de menos a más). Tras comprobar el resultado, guarda los cambios realizados en la consulta.

2 Crea una consulta que permita seleccionar todos los alimentos cuyo nombre empiece por la letra A. Ordénalos alfabéticamente y guarda la consulta con un nombre apropiado.

3 Crea una consulta para seleccionar los alimentos cuyas calorías, por cada cien gramos, sean superiores o iguales a 550. Ordena los registros de forma decreciente según sus calorías y guarda la consulta con un nombre apropiado.

4 Crea una consulta en las tablas **Alimentos** y **Grupos de alimentos,** de modo que se obtengan el nombre del alimento, el grupo al que pertenece, los nutrientes y la función de todas las verduras.

9 Consultas con varios criterios

En una consulta, es posible utilizar varios criterios para seleccionar un grupo de registros concreto. En ese caso, los criterios estarán relacionados entre sí mediante uno de estos operadores lógicos:

- **Operador Y.** Obliga a cumplir todos los criterios a la vez.
- **Operador O.** Permite cumplir uno o varios de los criterios.

9.1 Cumplir criterios simultáneos

Para obtener los registros que cumplan varios criterios a la vez, estos han de escribirse en las celdas **Criterio** de una misma fila.

Por ejemplo, para seleccionar los alimentos del grupo 2 con menos de 125 calorías por cada 100 gramos, hay que introducir dos criterios, tal y como muestra la figura.

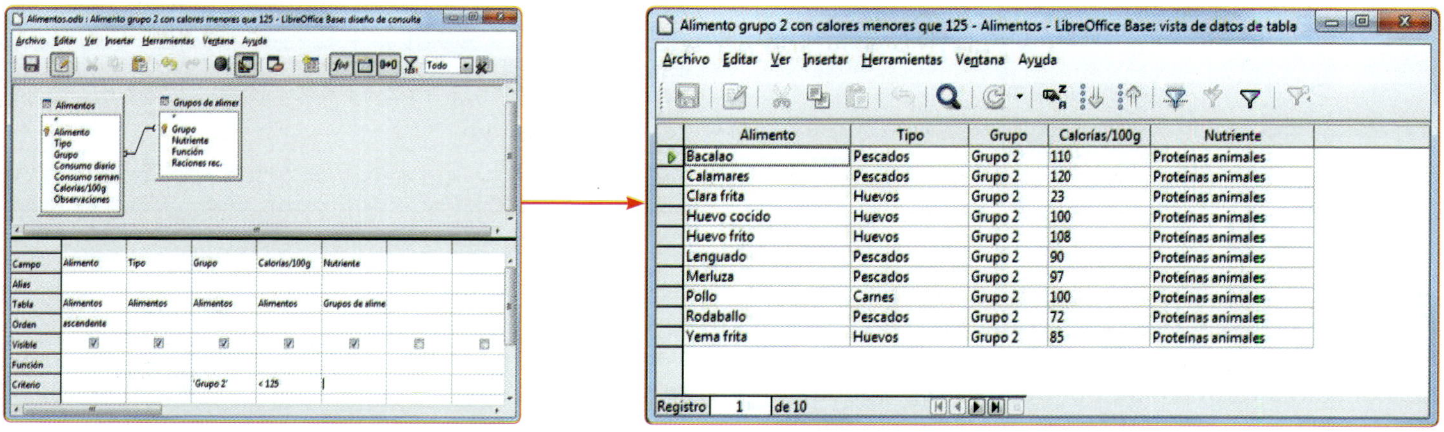

Alimento	Tipo	Grupo	Calorías/100g	Nutriente
Bacalao	Pescados	Grupo 2	110	Proteínas animales
Calamares	Pescados	Grupo 2	120	Proteínas animales
Clara frita	Huevos	Grupo 2	23	Proteínas animales
Huevo cocido	Huevos	Grupo 2	100	Proteínas animales
Huevo frito	Huevos	Grupo 2	108	Proteínas animales
Lenguado	Pescados	Grupo 2	90	Proteínas animales
Merluza	Pescados	Grupo 2	97	Proteínas animales
Pollo	Carnes	Grupo 2	100	Proteínas animales
Rodaballo	Pescados	Grupo 2	72	Proteínas animales
Yema frita	Huevos	Grupo 2	85	Proteínas animales

Consulta con varios criterios simultáneos en distintos campos.

En algunas ocasiones, puede ocurrir que los criterios que deben cumplirse simultáneamente hagan referencia a un mismo campo. En tal caso, el usuario deberá escribir un criterio múltiple en la celda **Criterio** del campo en cuestión y utilizar, además, el operador lógico **Y.**

Si, además, dicho campo es numérico, LibreOffice Base permite indicar el criterio mediante la expresión **Entre ... y ...,** tal y como se ve en la figura del margen, en la que se muestra cómo escribir el criterio múltiple para seleccionar los alimentos que contienen entre 100 y 200 calorías por cada 100 gramos.

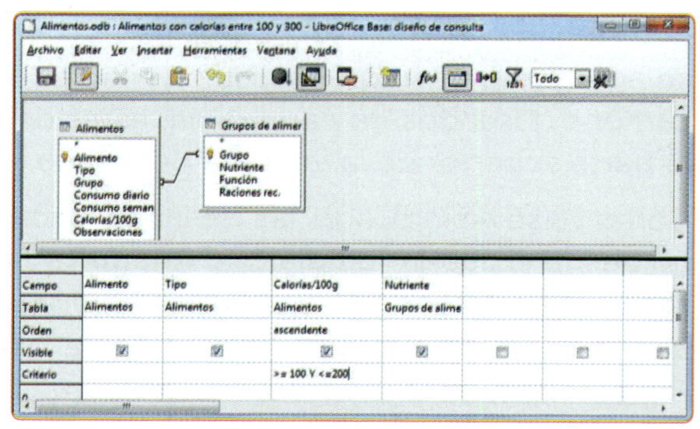

Consulta con la expresión **Entre ... y ...**

Los campos del tipo **Sí/No** también pueden utilizarse para seleccionar registros. No obstante, este tipo de campos solo pueden almacenar dos datos: **Sí** (casilla de verificación activa) o **No** (casilla de verificación desactivada). En el caso de LibreOffice Base, se debe escribir **1** para referirse al dato **Sí** y **0** para hacer alusión al dato **No.**

La figura del margen muestra el diseño de una consulta que permite seleccionar los alimentos del grupo 5 que no deben tomarse a diario.

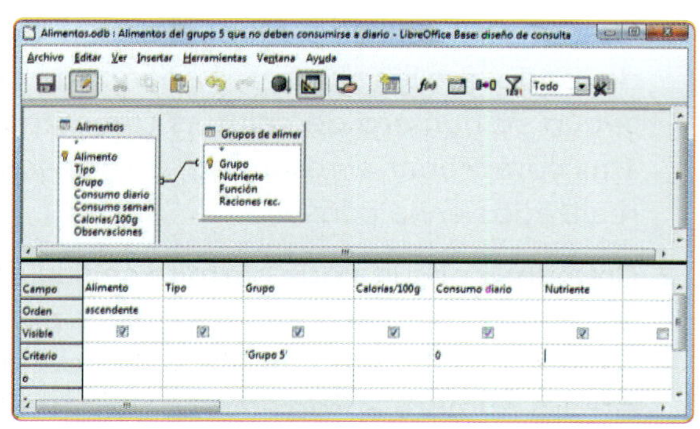

Consulta con el criterio **Sí/No.**

9.2 Cumplir, al menos, un criterio

Para obtener los registros que cumplan, al menos, uno de los criterios especificados en la consulta, estos deberán escribirse en las celdas **Criterio** de los campos implicados, aunque, en esta ocasión, en distintas filas.

Por ejemplo, para seleccionar los alimentos de los grupos 3 o 5, hay que introducir los criterios en las distintas filas de criterios del mismo campo (en este caso, **Grupo**), tal y como aparece en la figura.

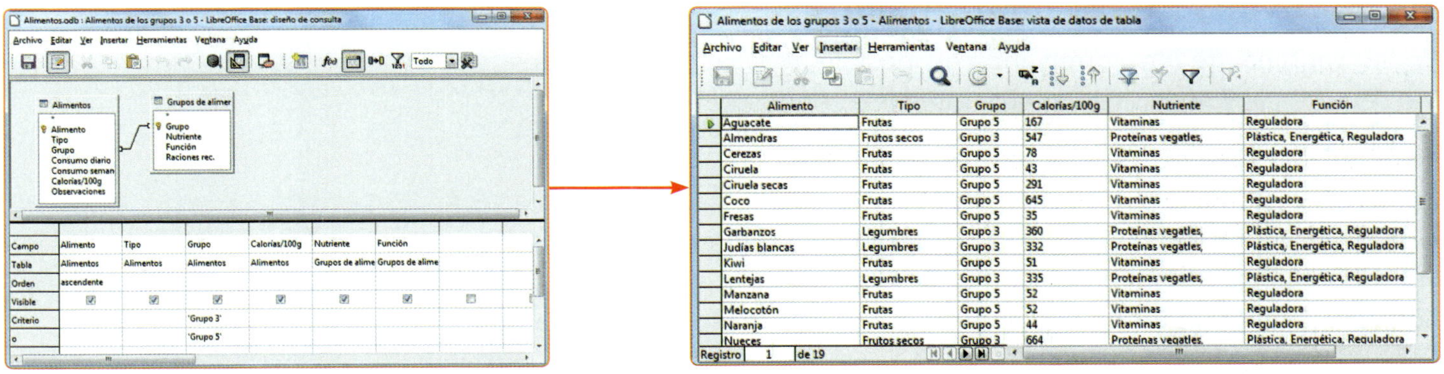

Consulta con varios criterios en un mismo campo.

De esta manera, cuando los criterios de la consulta hacen referencia a distintos campos de las tablas, estos se deben escribir en las distintas filas de criterios, ya que, de lo contrario, se obligaría a que los registros cumplieran simultáneamente los criterios escritos en la misma fila, como ocurría en el apartado anterior.

La figura de la derecha muestra cómo han de escribirse los criterios de una consulta para que se seleccionen los alimentos del tipo **Carnes,** los alimentos del tipo **Pescados** o aquellos cuyo nutriente principal sean las vitaminas. Como puede verse, estos tres criterios están escritos en distintas filas de la tabla.

La combinación de varios criterios permite seleccionar registros muy concretos. Por ejemplo, como muestra la figura inferior del margen, se pueden seleccionar los alimentos con función reguladora cuyo nombre comience por la letra E o los alimentos con funciones energéticas que empiecen por la letra A.

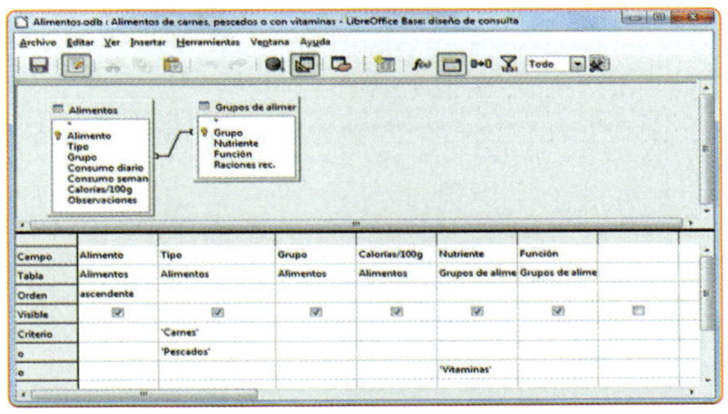

Consulta con varios criterios posibles en varios campos.

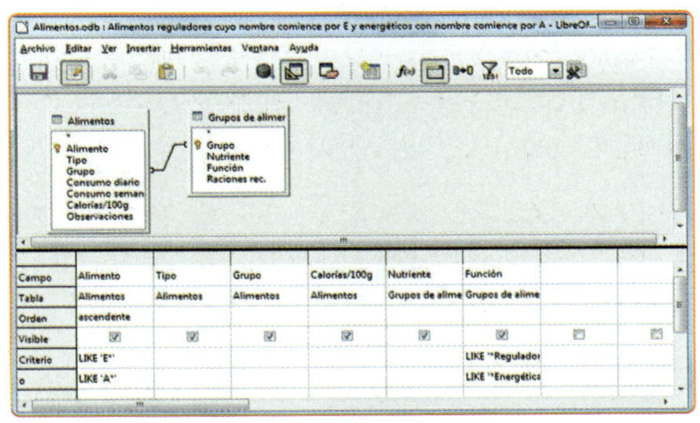

Consulta con criterios múltiples en varios campos.

Comprende, piensa, aplica...

1 Crea y guarda una consulta que permita seleccionar los alimentos del grupo 2 con un valor inferior a 125 calorías por cada 100 gramos.

2 Crea y guarda una consulta para averiguar los alimentos del grupo 5 que no pueden tomarse a diario.

3 Crea y guarda una consulta que permita seleccionar los alimentos del grupo 3 o del grupo 5.

4 Crea y guarda una consulta para obtener los alimentos del tipo **Carnes,** los alimentos del tipo **Pescados** o aquellos cuyo nutriente principal sean las vitaminas.

5 Crea y guarda una consulta que permita seleccionar los alimentos cuyo nombre comience por la letra A y que, además, pertenezcan a los grupos 4 o 7.

10 Formularios

Los formularios son los objetos de la base de datos que permiten visualizar los datos almacenados en las tablas con un aspecto y formato predefinidos previamente por el usuario.

En los formularios, se pueden incluir diferentes objetos gráficos (imágenes, recuadros...), así como títulos, líneas, etc., para hacer más atractivo el documento.

10.1 Activar y cerrar un formulario

En la ventana de un formulario, es posible realizar las mismas operaciones que en la de una tabla: modificar datos, eliminar o agregar registros, buscar un dato determinado, etc. Sin embargo, en los formularios, los datos se visualizan de otro modo.

Cabe recordar que cualquier modificación que se realice en los datos visibles en un formulario quedará almacenada automáticamente en la tabla correspondiente.

La activación de un formulario es similar a la de otros objetos de la base de datos. Los pasos son:

1 Hacer clic sobre el botón Formularios, en la ventana de la base de datos, para activar la ficha **Formularios.**

2 Hacer doble clic sobre el nombre del formulario **(Alimentos).**

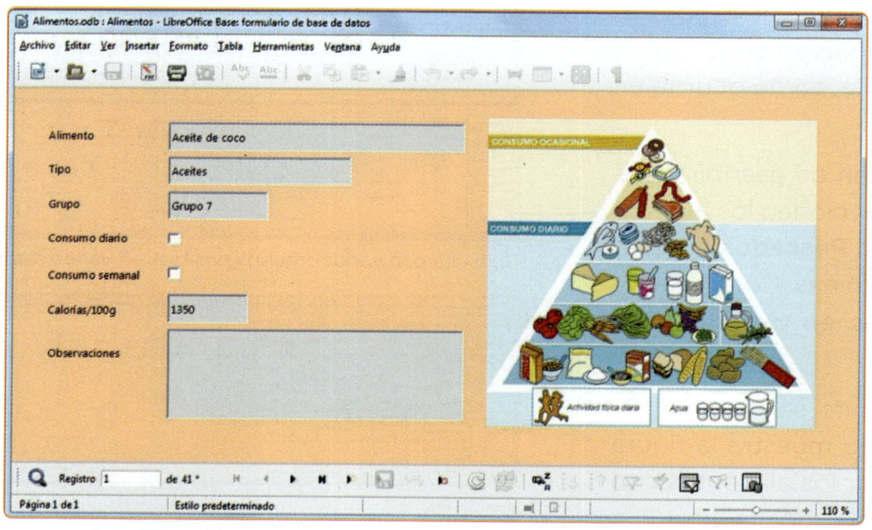

Formulario **Alimentos.**

Cuando se quiera dejar de trabajar con un formulario, bastará con cerrar su ventana haciendo clic sobre el botón ✕ de su barra de título o seleccionando la opción **Cerrar** del menú **Archivo.**

Formularios en LibreOffice Base

En LibreOffice Base, los formularios son, en realidad, documentos de texto que contienen unos campos especiales, los cuales permiten mostrar los datos almacenados en los campos de una tabla de la base de datos.

Si, en la ventana del formulario, aparecen barras de herramientas diferentes a las de la figura de esta página, estas se pueden desactivar desde el listado de la opción **Barras de herramientas** del menú **Ver.**

Comprende, piensa, aplica...

1 Activa el formulario **Alimentos.**

2 Comprueba si tienes visible alguna barra de herramientas diferente a la de navegación; en tal caso, desactívala.

3 En el mismo formulario, activa distintos registros. Después, cierra su ventana.

4 Crea el siguiente formulario: **Grupos con características y alimentos.**

5 Utiliza los diferentes botones de navegación del formulario para comprobar qué registros activa cada uno de ellos. Cuando finalices, cierra la ventana del formulario.

10.2 Crear un formulario

El modo más sencillo de crear un formulario es hacerlo con ayuda del asistente. El usuario solo tendrá que seguir las indicaciones, seleccionar las opciones que desee y facilitar la información que el asistente solicite.

Cuando se tienen varias tablas en una base de datos, conviene disponer de un formulario que permita ver, simultáneamente, los datos de las distintas tablas.

Los pasos para crear un formulario de este tipo con ayuda del asistente son:

1 Activar la ficha **Formularios** y hacer clic sobre la opción **Usar el asistente para crear un formulario** (LibreOffice Base) o seleccionar **Asistente para formularios** de la cinta de opciones **Crear** (Microsoft Office Access). Aparecerá el primer cuadro de diálogo.

2 Seleccionar la tabla **Grupo de alimentos** y, a continuación, hacer clic sobre el botón >> para agregar todos sus campos al formulario.

3 Hacer clic sobre el botón **Siguiente.**

4 Activar las opciones que muestra la figura. Estas permitirán crear un subformulario con la relación existente entre la tabla **Grupo de alimentos** y la tabla **Alimentos.**

5 Hacer clic sobre el botón **Siguiente.**

6 Hacer doble clic sobre los campos **Alimento, Tipo, Consumo diario, Consumo semanal** y **Calorías/100g** para agregarlos al subformulario.

7 Hacer clic sobre el botón **Siguiente.**

8 Seleccionar las opciones de organización que aparecen en la tercera figura del margen de esta página. El formulario principal mostrará un único registro con los campos alineados a la izquierda, mientras que el subformulario podrá mostrar un grupo de registros (uno por fila).

9 Hacer clic sobre el botón **Siguiente.**

10 Activar, como comportamiento del formulario, solo la opción **El formulario mostrará todos los datos** (como muestra la cuarta figura del margen), de manera que se puedan realizar todas las acciones posibles con los datos: agregar, modificar y borrar.

11 Hacer clic sobre el botón **Siguiente.**

12 Elegir un estilo (color) y el tipo de borde para los recuadros de los campos (3D), y hacer clic sobre el botón **Siguiente.**

13 Escribir el nombre del formulario (en este caso, **Grupos con características y alimentos**) y activar la acción que se quiere realizar al finalizar (aquí, **Trabajar con el formulario**).

14 Hacer clic sobre el botón **Finalizar.**

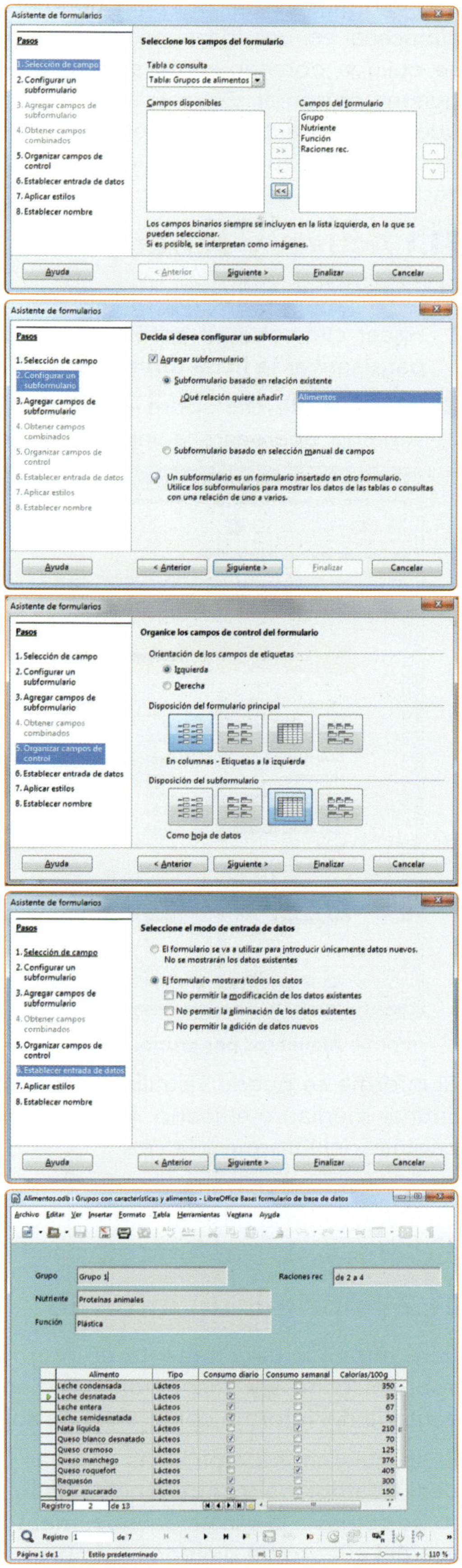

Crear un formulario con subformulario.

11 Informes

Los informes se utilizan para obtener impresa la información que se almacena en una base de datos. Estos permiten elegir qué datos se quieren obtener, cómo se quieren organizar y con qué diseño se quieren presentar. En realidad, los informes son documentos de texto que incluyen, automáticamente, datos de una o varias tablas (también de consultas); en ellos, se pueden agregar varios textos (títulos, encabezados, pies de página, etc.), así como imágenes y otro tipo de archivos.

11.1 Activar y cerrar un informe

Los pasos para activar un informe ya existente en la base de datos son:

1 Hacer clic sobre el botón Informes de la ventana de la base de datos para activar la ficha **Informes.**

2 Hacer doble clic sobre el informe **(Alimentos por grupo).** Acto seguido, aparecerá la ventana del mismo.

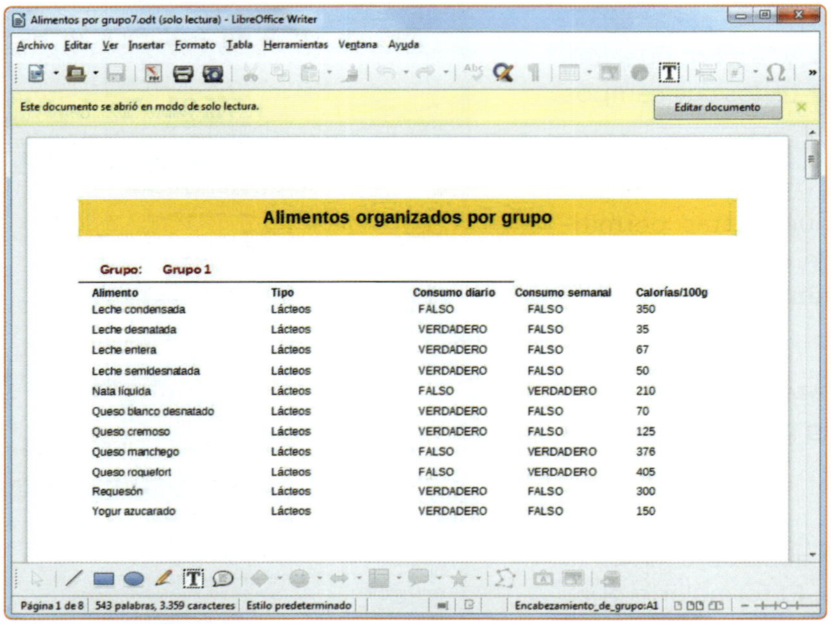

Informe **Alimentos por grupo.**

El informe se puede visualizar de otro modo activando su vista preliminar mediante el icono . Esto permite, por ejemplo, ver varias páginas del informe a la vez.

Para cerrar la ventana del informe, se opera como con cualquier otro objeto de la base de datos: haciendo clic sobre su botón o mediante la opción **Cerrar** del menú **Archivo.**

Informes en LibreOffice Base

En LibreOffice Base, la ventana del informe muestra los menús propios del procesador de textos, lo que confirma que los informes son, en definitiva, documentos de texto.

El documento generado por el informe es del tipo «solo lectura», pues lo habitual es que se imprima directamente. Si se desea, se puede editar y modificar haciendo clic en **Editar documento.**

11.2 Imprimir un informe

Para imprimir directamente el informe activo, basta con hacer clic sobre el icono , disponible tanto en la barra de herramientas de la ventana del informe como en la de su presentación preliminar.

Si se quieren imprimir unas páginas determinadas del informe o se desea cambiar algún parámetro de impresión (por ejemplo, el número de copias o la escala del documento), esto se debe modificar a través del cuadro de diálogo de impresión que se activa seleccionando la opción **Imprimir** del menú **Archivo.**

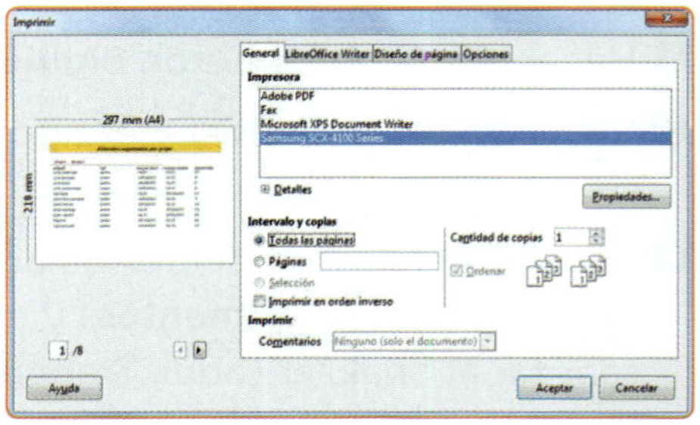

Imprimir un informe.

11.3 Crear un informe

El modo más sencillo de crear un informe es hacerlo con ayuda del asistente. Para crear un informe de esta manera, se deben seguir los siguientes pasos:

1 Activar la ficha **Informes** de la ventana de la base de datos y seleccionar **Usar el asistente para crear un informe** (LibreOffice Base) o pulsar sobre el botón Asistente para informes (Microsoft Office Access). En ese momento, se abrirá una ventana de informe vacía y se activará el primer cuadro de diálogo del asistente.

2 Seleccionar la tabla **Grupos de alimentos** y hacer clic sobre el botón >> para agregar todos sus campos al informe.

3 Hacer clic sobre el botón **Siguiente.**

4 Modificar, si se quiere, la etiqueta (el nombre) de algún campo. En este caso, se puede completar la etiqueta del último campo con **Raciones recomendadas.**

5 Hacer clic sobre el botón **Siguiente** para continuar.

6 Si se desea establecer algún nivel de agrupación, se debe seleccionar un campo para que todos los registros que tengan el mismo dato en dicho campo se agrupen. En este caso, no se seleccionará ninguno.

7 Hacer clic sobre el botón **Siguiente.**

8 Seleccionar el campo **Grupo** y activar, como criterio de disposición de los registros, la ordenación **Descendente.**

9 Hacer clic sobre el botón **Siguiente.**

10 Elegir el diseño de datos y la orientación de la página.

11 Hacer clic sobre el botón **Siguiente.**

12 Escribir el nombre (título) del informe **(Grupos de alimentos),** activar el tipo de informe (aquí, **Informe dinámico**) e indicar la acción que se quiera realizar al finalizar (en este caso, **Crear informe ahora**).

La diferencia entre los informes estáticos y los dinámicos es que estos últimos se generan cada vez que se abren, por lo que su contenido variará en función de los datos que contenga la tabla de referencia.

13 Hacer clic sobre el botón **Finalizar.**

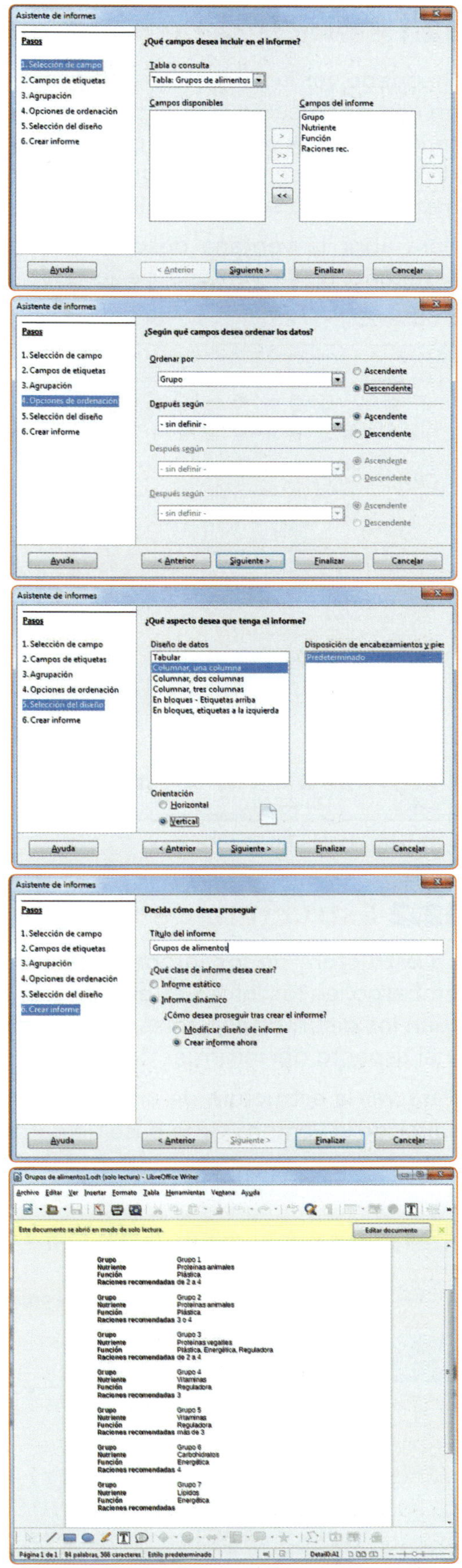

Crear un informe.

Comprende, piensa, aplica...

1 Abre el informe **Alimentos por grupo** y observa las distintas páginas del mismo. Deduce si los registros están agrupados, ordenados... Después, cierra su ventana.

2 Realiza los pasos necesarios para la creación del informe **Grupos de alimentos,** detallados en esta página. Cuando hayas visualizado su contenido, cierra su ventana.

12 Modificar formularios e informes

12.1 Estructura de un formulario

Se puede ver la estructura de un formulario en su ventana de diseño; en ella, aparecerán todos los elementos, denominados genéricamente «controles», necesarios para mostrar los datos de la tabla, además de otros que se pueden agregar con la intención de mejorar tanto su aspecto como su funcionalidad (textos, imágenes, etc.).

Para abrir la ventana de diseño de un formulario, el usuario debe resaltarlo de la ventana de la base de datos y hacer clic sobre el botón (LibreOffice Base).

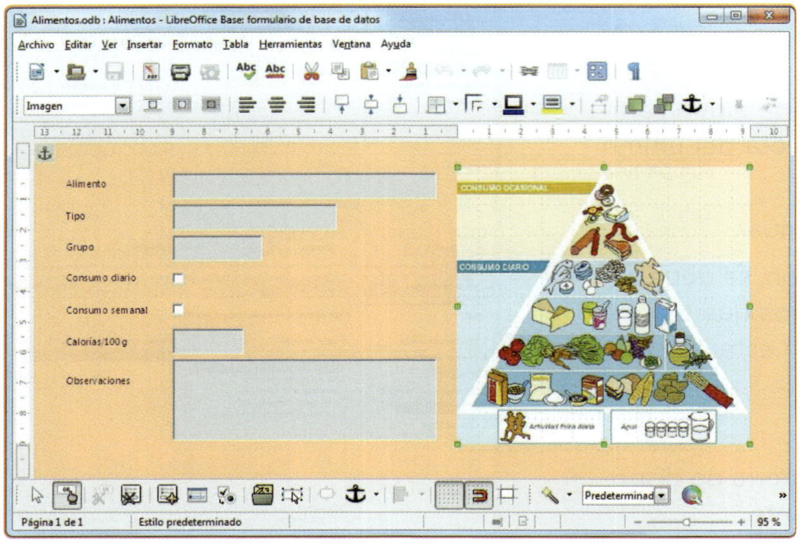

Estructura de un formulario.

Controles en LibreOffice Base

Para modificar un formulario, debe activarse el modo **Diseño** mediante el botón de la barra de herramientas **Diseño de formulario.**

Asimismo, con las barras de herramientas **Controles del formulario** y **Dibujo,** se pueden agregar y modificar distintos controles del formulario. Si no están visibles, se pueden activar desde el listado de barras del menú **Ver.**

Ventanas de diseño en Microsoft Office Access

En Microsoft Office Access, se puede acceder a las ventanas de diseño de los formularios y de los informes mediante el botón .

12.2 Estructura de un informe

La estructura de los informes es similar a la de los formularios. Sin embargo, en los informes existen una serie de zonas, en las que se sitúan los distintos controles, que permiten configurar la funcionalidad y el aspecto del informe.

Para ver la estructura de un informe en LibreOffice Base, se debe resaltar de la ventana de la base de datos y hacer clic sobre el botón .

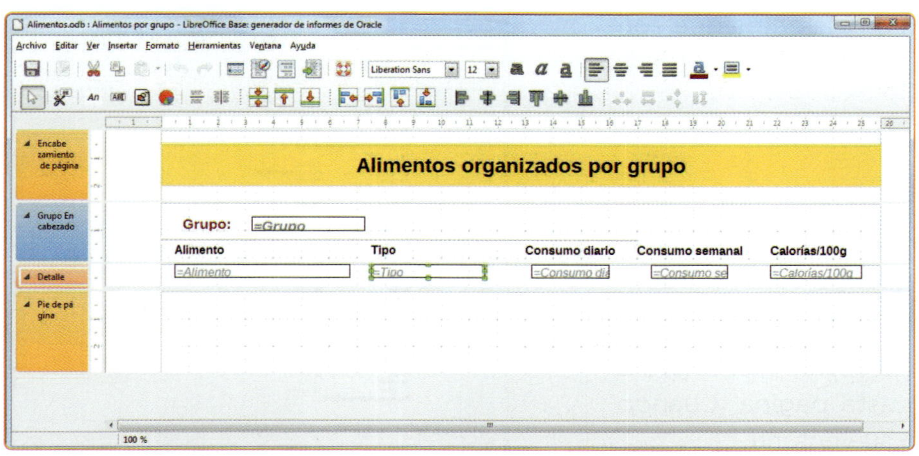

Ventana de diseño de un informe.

Zonas de un informe

Los informes se dividen en tres grandes zonas:

- Las zonas **Encabezamiento de página** y **Pie de página.** Contienen los controles que se obtendrán impresos en todas las páginas.
- La zona **Detalle.** Contiene los controles que permitirán obtener impresos los datos que constituyen el cuerpo del informe.
- La zona **Grupo de encabezado.** Contiene el control que permite agrupar los registros (en este caso, según el contenido del campo **Grupo**).

12.3 Modificar el diseño de formularios e informes

Una vez activada la ventana de diseño del formulario o del informe que se quiere modificar, las acciones que se pueden realizar son:

- **Redimensionar, mover o borrar algún control.** Los controles disponibles serán aquellos que haya agregado el asistente durante el proceso de creación. Una vez seleccionado el control, se puede:
  - Arrastrar el control hasta otro lugar de la ventana para moverlo.
  - Arrastrar alguno de sus cuadros de selección para poder modificar su tamaño.
  - Pulsar **Supr** para borrarlo.
- **Modificar el aspecto de un control.** El aspecto de los controles puede ser modificado de muchas formas: cambiando el tipo y el color de la fuente de sus caracteres, coloreando su fondo (relleno), aplicando efectos especiales (relieves, hundidos...), modificando el tipo y el color de las líneas del borde, etc. El modo más rápido de aplicar estos cambios es mediante la barra de herramientas **Formato.**

Barra de herramientas **Formato** en LibreOffice Base.

- **Agregar controles.** Para agregar nuevos controles, se debe activar la herramienta correspondiente situada en la barra de herramientas **Controles de...** (LibreOffice Base) o en la ficha **Controles** de la cinta de opciones del menú **Diseño** (Microsoft Office Access). Tras activarla, se debe hacer clic sobre un punto de la ventana de diseño para situar el nuevo control.

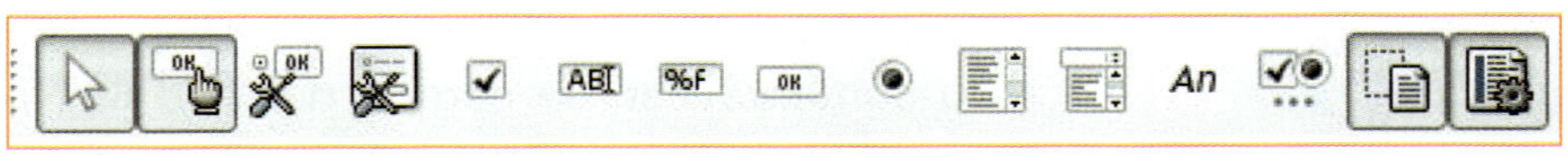

Barra de herramientas **Controles de formulario** en LibreOffice Base.

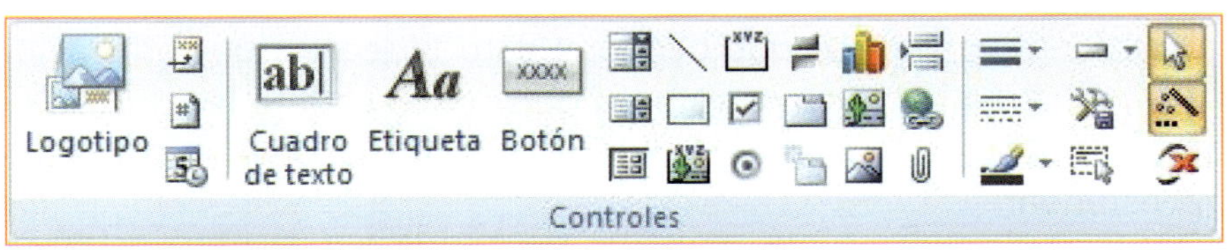

Ficha **Controles** en Microsoft Office Access.

Además de los controles, se pueden agregar otros elementos (líneas, rectángulos, textos...) mediante los botones de la barra de herramientas **Dibujo.**

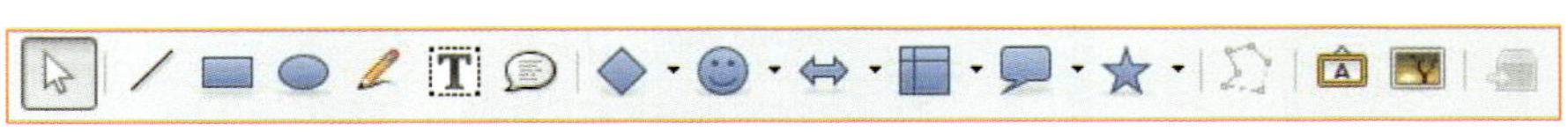

Barra de herramientas **Dibujo** en LibreOffice Base.

- **Cambiar las propiedades de un control.** Las propiedades de un control se pueden ver y modificar en el cuadro **Propiedades,** que se activa mediante el botón [icon] (LibreOffice Base) o [icon] (Microsoft Office Access). Dependiendo del tipo de control que esté activo, este cuadro de diálogo mostrará diferentes opciones, ya que no todos los controles tienen las mismas propiedades.

Selección de controles

Se puede seleccionar un control activando la herramienta **Selección** de la barra de herramientas. En algunas ocasiones, sobre todo en los formularios, ocurre que, al intentar seleccionar un control, se seleccionan varios a la vez porque están agrupados; en ese caso, se puede seleccionar uno de forma individual haciendo clic sobre el mismo mientras se mantiene pulsada la tecla **Ctrl.**

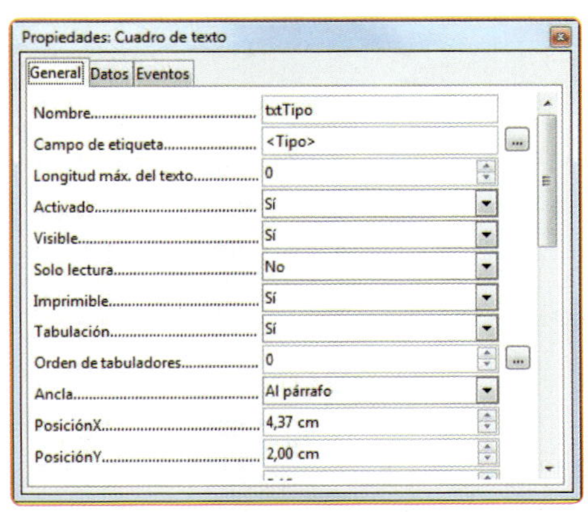

Cuadro de diálogo **Propiedades.**

Comprueba cómo progresas

Aplica tus conocimientos

1 Abre la tabla **Alimentos** y modifica, en caso de que sea necesario, la anchura de las columnas hasta visualizar correctamente todos los datos.

2 Utiliza los botones de desplazamiento para activar el último registro. ¿A qué alimento corresponde este registro?

3 ¿Qué botón de la barra de desplazamiento te permite agregar un nuevo registro?

4 Utiliza la herramienta de búsqueda para localizar el registro correspondiente a las chuletas de cordero y, después, explica qué criterio de búsqueda has utilizado.

5 Ordena los registros de la tabla **Alimentos** para averiguar cuáles de estos tienen el menor y el mayor número de calorías por cada 100 gramos.

6 ¿Para qué sirve el botón ? ¿Se ve afectada su funcionalidad si se pulsa el botón ?

7 Ordena los registros de la tabla para que los alimentos aparezcan clasificados según su tipo y, dentro de cada tipo, disponlos alfabéticamente.

8 Filtra los registros de la tabla **Alimentos** para visualizar solo las frutas. Después, desactiva el filtro para volver a visualizar todos los registros.

9 Activa un filtro para visualizar solo aquellos alimentos que puedan consumirse a diario.

10 Observa los registros de la siguiente figura y deduce qué criterio ha de tener el filtro estándar activado. Después, compruébalo en tu tabla para ver si has acertado.

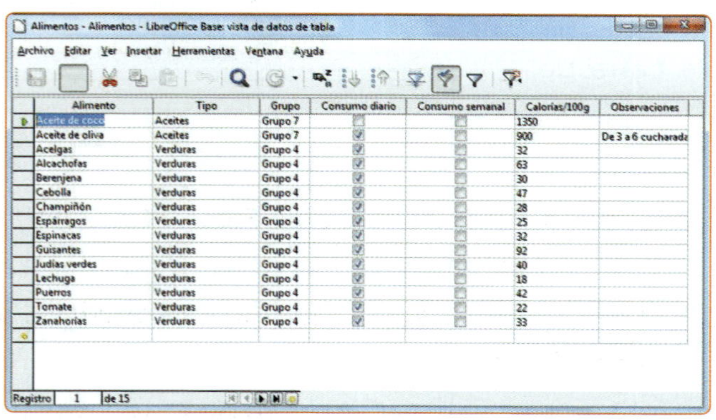

11 Elimina todos los filtros que hayas utilizado para restablecer tanto el filtro como el orden.

Investiga

1 Busca en Internet información de alimentos diferentes a los introducidos en la tabla **Alimentos** y agrega nuevos registros a la tabla.

2 Averigua cuál es la diferencia entre los dos campos más frecuentes a la hora de almacenar texto: **Texto [VARCHAR]** y **Texto fijo [CHAR].**

3 Con lo que has averiguado en el ejercicio anterior, indica cómo almacenarías el dato **Informática** en los siguientes campos, teniendo en cuenta que en ambos casos se han definido con tamaño 15.

Tipo del campo	Dato almacenado
Texto [VARCHAR]	
Texto fijo [CHAR]	

4 Averigua si es posible ordenar los registros según su contenido en un campo del tipo **Sí/No.** En caso afirmativo, si se ordenasen de forma ascendente, ¿qué registros se colocarían primero: los que tienen el dato **Sí** (casilla de verificación activada) o los que tienen el dato **No** (casilla de verificación desactivada)? Justifica tu respuesta.

5 ¿Qué registros permitiría ver el filtro estándar que muestra la siguiente figura?

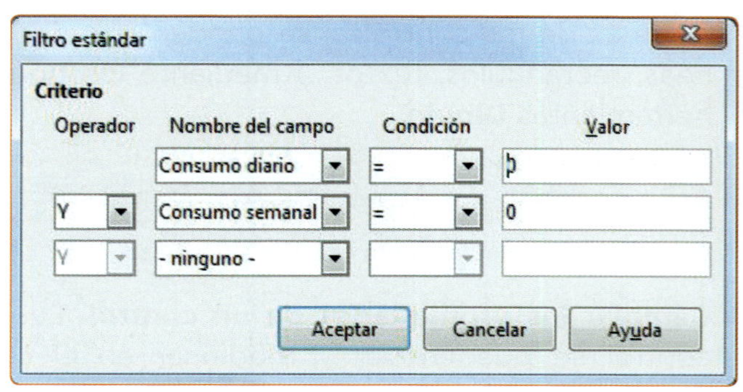

6 Averigua qué modificaciones se pueden realizar en un informe al activar su edición mediante el botón **Editar documento.**

Pon en práctica

1 Crea una consulta para obtener los alimentos del grupo 2 que no sean carnes. Selecciona estos datos: el nombre del alimento, el tipo y el grupo al que pertenece. Al finalizar, guarda la consulta con un nombre apropiado.

2 Crea una consulta para obtener todos los datos de los alimentos con menos de 50 calorías o con más de 550. Los alimentos deberán obtenerse ordenados de menor a mayor número de calorías.

3 Crea una consulta que te permita obtener solo el nombre y el tipo de los alimentos cuyo nutriente principal sean las proteínas, tanto las animales como las vegetales. Guárdala con el siguiente nombre: **Alimentos con proteínas.**

4 Crea una consulta que te permita obtener los datos que muestra la siguiente figura. Guárdala con un nombre apropiado.

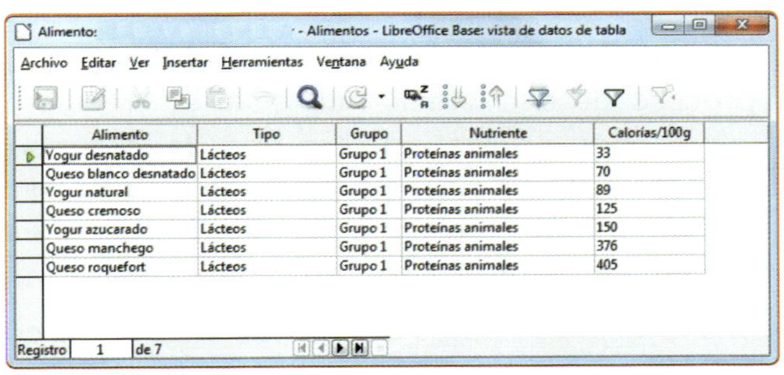

Alimento	Tipo	Grupo	Nutriente	Calorías/100g
Yogur desnatado	Lácteos	Grupo 1	Proteínas animales	33
Queso blanco desnatado	Lácteos	Grupo 1	Proteínas animales	70
Yogur natural	Lácteos	Grupo 1	Proteínas animales	89
Queso cremoso	Lácteos	Grupo 1	Proteínas animales	125
Yogur azucarado	Lácteos	Grupo 1	Proteínas animales	150
Queso manchego	Lácteos	Grupo 1	Proteínas animales	376
Queso roquefort	Lácteos	Grupo 1	Proteínas animales	405

Registro 1 de 7

5 Averigua cómo deberías definir una consulta para visualizar los alimentos con un número de calorías comprendido entre dos valores concretos.

6 Abre el formulario **Grupos con características y alimentos** y desactiva la visualización de todas las barras de herramientas, excepto la barra de navegación.

7 Sitúa el cursor en los campos de la parte superior y utiliza la barra de navegación para visualizar la información de los distintos grupos.

8 Averigua cómo puedes desplazarte por los registros correspondientes a los alimentos que pertenecen a un mismo grupo.

9 Agrega una fruta desde el formulario y comprueba que en la tabla **Alimentos** están guardados todos sus datos.

10 Crea un informe para imprimir los datos que selecciona la consulta **Alimentos ocasionales o moderados.**

11 Abre la ventana de diseño del informe **Alimentos por grupo** para poder modificar su estructura.

12 Agrega, en la zona del encabezamiento de página, un campo del tipo **Etiqueta** haciendo clic sobre el botón *An* **.**

13 Activa las propiedades del control agregado y escribe, en la propiedad **Título,** el siguiente texto: **Alimentos organizados por grupos.** De esta manera, conseguirás que aparezca dicho texto en el encabezamiento del informe.

14 Selecciona, en la propiedad **Color de fondo** del control **Etiqueta** del mismo informe, un color anaranjado.

15 Agrega, en el pie de página y centrado, el código que obligará al programa a incluir el número de página en cada una de ellas. Dicho código se introduce mediante la opción **Números de página** del menú **Insertar.**

16 Guarda los cambios realizados y cierra la ventana de diseño del informe.

17 Visualiza el informe y comprueba que su aspecto final es similar al de la siguiente figura.

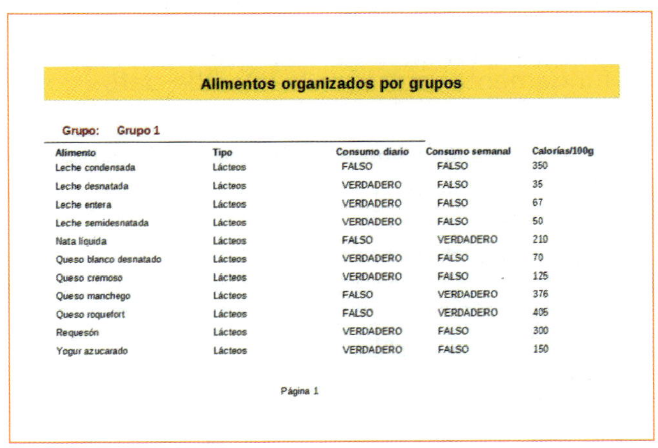

Alimentos organizados por grupos

Grupo: Grupo 1

Alimento	Tipo	Consumo diario	Consumo semanal	Calorías/100g
Leche condensada	Lácteos	FALSO	FALSO	350
Leche desnatada	Lácteos	VERDADERO	FALSO	35
Leche entera	Lácteos	VERDADERO	FALSO	67
Leche semidesnatada	Lácteos	VERDADERO	FALSO	50
Nata líquida	Lácteos	FALSO	VERDADERO	210
Queso blanco desnatado	Lácteos	VERDADERO	FALSO	70
Queso cremoso	Lácteos	VERDADERO	FALSO	125
Queso manchego	Lácteos	FALSO	VERDADERO	376
Queso roquefort	Lácteos	FALSO	VERDADERO	405
Requesón	Lácteos	VERDADERO	FALSO	300
Yogur azucarado	Lácteos	VERDADERO	FALSO	150

Página 1

18 Genera un documento PDF con el mismo nombre que el informe.

19 Cierra la ventana del informe y, después, la de la base de datos.

20 Abre el archivo PDF creado anteriormente y comprueba que su aspecto final es idéntico al del informe.

Lee, relaciona y busca información

Seguridad en las bases de datos

A la hora de almacenar información en una base de datos, es importante adoptar las medidas de seguridad necesarias para evitar su pérdida y garantizar su integridad. Además, en muchos casos, la información que contienen las bases de datos es confidencial (información personal de clientes, empleados o pacientes, datos privados, números de tarjetas de crédito, etc.), lo cual exige controlar el acceso a las mismas.

La seguridad de una base de datos implica proteger la información que esta almacena evitando su pérdida, su manipulación y su consulta. Esto se logra mediante el uso de mecanismos que permiten controlar el acceso y la modificación de los datos, así como con sistemas que garantizan la restauración de los datos si estos se pierden por cualquier motivo.

Copia de seguridad o *backup*

Un error en los sistemas informáticos puede suponer la pérdida de información o provocar que esta quede inaccesible (corrupta) y no pueda ser tratada. En estos casos, la única forma de recuperar la información original es restaurarla desde una copia de seguridad o *backup*. Es por este motivo que los grandes sistemas de información tienen programadas, cada cierto tiempo, la creación de copias de seguridad en soportes externos.

Control de acceso

Es fundamental proteger la base de datos contra accesos no autorizados. Dicho control se puede realizar de dos maneras: a nivel físico, controlando el acceso a las instalaciones y a los ordenadores, y a nivel lógico, restringiendo el acceso a la propia base de datos y asignando privilegios a los usuarios autorizados.

Los privilegios de los usuarios determinan qué acciones pueden llevar a cabo. Se puede establecer, por ejemplo, que el administrador pueda realizar cualquier acción; que un grupo de encargados pueda manipular la información (añadir, modificar y borrar), así como crear consultas, informes y formularios, y, por último, que los usuarios solo puedan consultar información y utilizar los objetos de la base de datos (consultas, informes...), sin poderlos modificar.

Encriptación de la información

La aparición de Internet y la posibilidad de acceder de forma remota a las bases de datos han propiciado la necesidad de proteger la información que está en tránsito, es decir, la que circula por la red. Para ello, se puede encriptar la información, de manera que, si alguien es capaz de acceder a ella, le sea imposible entenderla.

El proceso de encriptación consiste en transformar la información original en otro tipo de información mediante un algoritmo. En función de la complejidad de ese algoritmo, el resultado será un sistema de encriptación más o menos seguro.

La encriptación de datos también se utiliza en la creación de las copias de seguridad para que, si alguien consigue acceder a una copia, le resulte ilegible la información que esta contiene.

Investiga y reflexiona

1 Imagina que eres el encargado de la seguridad informática de una empresa. Diseña un protocolo para la creación de copias de seguridad: determina el número de copias que se almacenarán, su periodicidad, etc.

2 Averigua en qué consiste la técnica de encriptación más utilizada en la actualidad, basada en la utilización de dos claves o llaves: una pública y otra privada.

Pon en práctica lo aprendido

1 Existen muchas técnicas de encriptación, tantas como métodos o algoritmos se utilicen para transformar la información en algo ilegible. Diseña dos métodos de encriptación utilizando algún ejemplo para detallar las siguientes etapas:

a) Información original

b) Encriptación

c) Información encriptada

d) Desencriptación

5

Multimedia

Estamos inmersos en un mundo digital y multimedia en el que los contenidos son interactivos, adquieren formas en tres dimensiones, son accesibles desde cualquier lugar y se pueden reproducir en tiempo real.

Los elementos básicos para la creación de productos multimedia son las imágenes, el sonido y el vídeo digital. Conocer el proceso de su captura, edición y publicación nos permite ser protagonistas creando y compartiendo contenidos en la sociedad del conocimiento.

El uso de las aplicaciones para la edición de contenidos es sencillo, y permite conseguir resultados espectaculares en poco tiempo y de forma amena.

Las producciones multimedia poseen la fascinante cualidad de representar momentos, dibujarlos, llenarlos de color, ponerles sonido y darles movimiento para contar infinidad de historias a través de cualquiera de los canales de difusión disponibles.

¿Qué sabemos sobre los contenidos multimedia?

1 Existen diversas aplicaciones que permiten editar imágenes y vídeos online. ¿Conoces alguna?

2 ¿Sabes qué es la tecnología *streaming*? ¿Conoces qué ventajas aporta?

1 Creaciones multimedia

1.1 ¿Qué son las creaciones multimedia?

El término «multimedia» se emplea para referirse a cualquier sistema que utiliza simultáneamente diversos medios de expresión con el fin de transmitir la información.

Estos medios de expresión suelen ser:

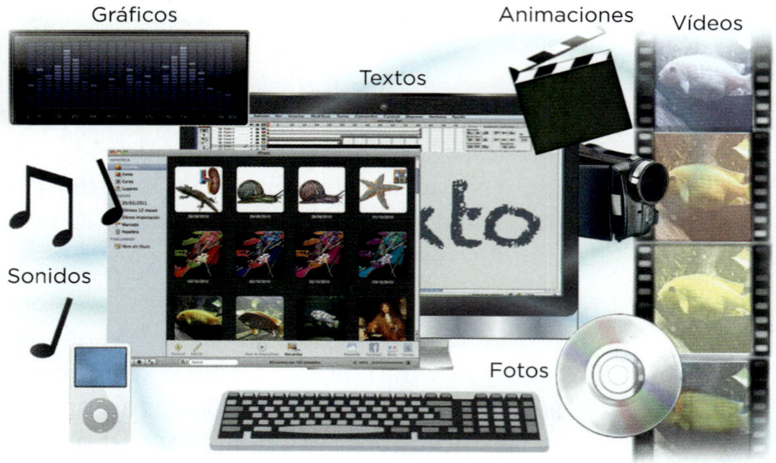

Etapas del proceso de creación multimedia

La creación de un producto multimedia comprende las fases siguientes:

- **Captura de los contenidos multimedia.** Se lleva a cabo mediante el uso de dispositivos que almacenan la información de forma digital.
- **Edición de los diferentes contenidos e integración de todos ellos en un producto multimedia.** Se pueden añadir efectos, transiciones, sonidos, menús, interactividad, etc.
- **Presentación.** Se realiza a través de sitios web, producciones multimedia, redes sociales, presentaciones, videoconferencias, etc.

Integración y organización de la información a partir de diferentes fuentes

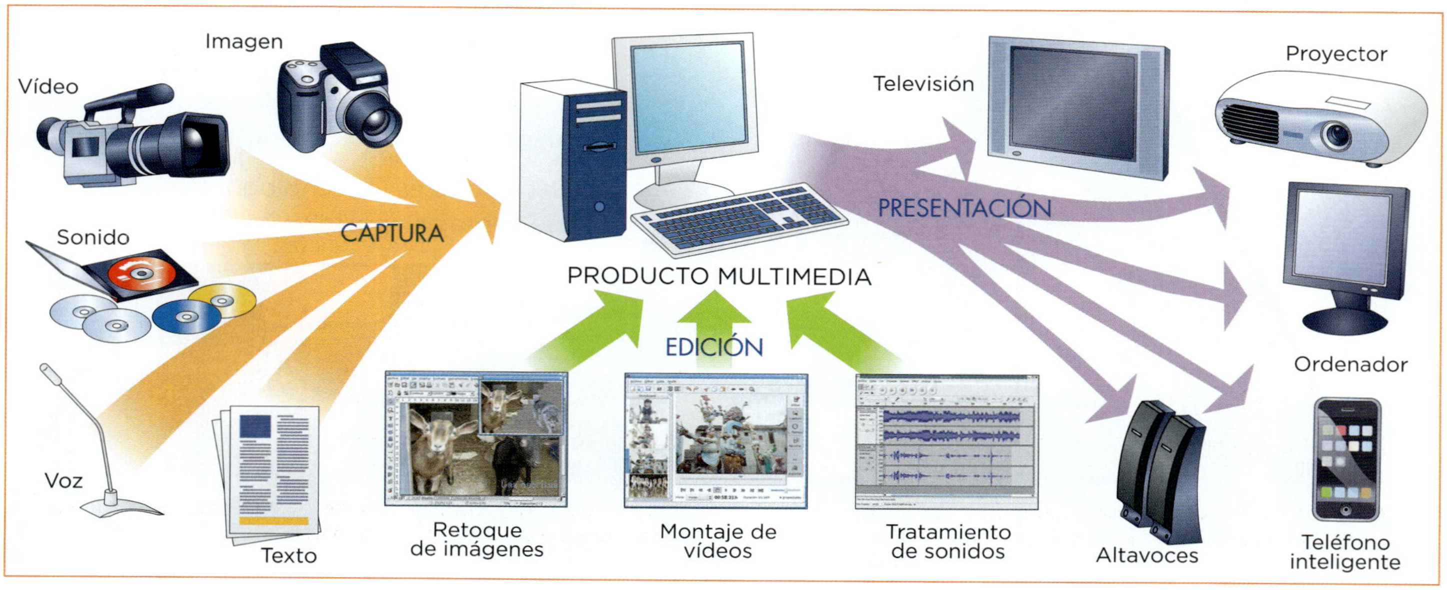

1.2 Aplicaciones multimedia interactivas

Una aplicación multimedia es interactiva cuando el usuario puede actuar sobre el desarrollo, el orden y el modo en que se muestran los contenidos. La interactividad se consigue utilizando menús, presionando botones, introduciendo textos, imágenes y sonidos, pulsando en enlaces, etc.

Algunos ejemplos de este tipo de aplicaciones son:

- **Aplicaciones informáticas.** Conjunto de instrucciones que, una vez ejecutadas, realizan diferentes tareas en un ordenador o a través de la web. Están desarrolladas con lenguajes de programación y se aplican en todos los sectores. Destacan los juegos, por su alto grado de interactividad y la calidad de sus componentes multimedia.
- **Vídeos digitales.** Secuencias de imágenes que, al ser mostradas sucesivamente, simulan movimiento. Se graban con cámaras digitales, se editan con aplicaciones informáticas y se publican para ser visualizadas o compartidas con otros usuarios.
- **Presentaciones.** Documentos, diapositivas o lienzos animados que suelen incluir textos, imágenes, vídeos, sonidos y animaciones. Se crean con aplicaciones similares a Microsoft Office PowerPoint, LibreOffice Impress o Prezi.
- **Sitios web.** Existen multitud de contenidos multimedia en Internet. En la siguiente figura, se muestran los más destacados.

Streaming

Consiste en la emisión de sonido y vídeo por Internet. Esta tecnología permite escuchar o ver contenidos online, sin que sea necesario descargarlos previamente.

Sitios web

Páginas web dinámicas. La interacción se realiza a través de menús, enlaces, botones, contenidos *flash,* etc.

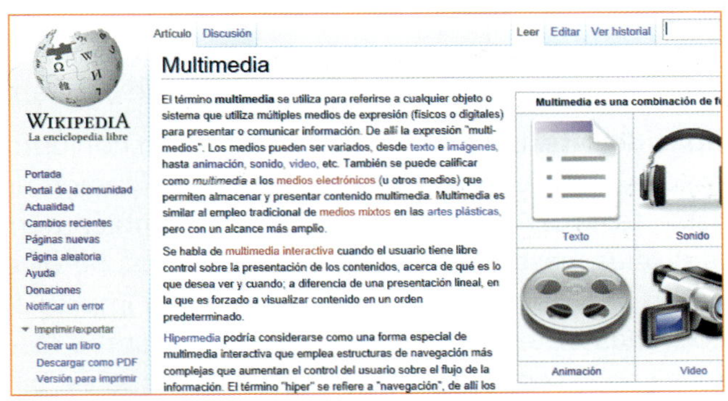

Blogs y wikis. Los usuarios crean, editan, comparten o comentan los contenidos.

Álbumes y murales digitales. Sitios web que incluyen, además de imágenes, vídeos, sonidos, etc.

Redes sociales y plataformas de contenidos. Los usuarios interactúan y comparten información.

2 Imagen digital

2.1 ¿Qué es una imagen digital?

Una imagen es la representación visual que muestra la apariencia de un objeto real mediante una fotografía, un dibujo, un cómic, una animación, un cuadro, etc.

Por otra parte, una imagen digital es la representación de una imagen que utiliza bits y que puede ser manipulada por un equipo informático.

2100 × 1200 píxeles.

2.2 Píxel y megapíxel

Un píxel, contracción de «*picture element*», es cada uno de los puntos o elementos más pequeños que forman una imagen. Si se utiliza el *zoom* para ampliar una imagen digital, se pueden observar los píxeles que la componen en forma de pequeños cuadraditos.

El tamaño digital de las imágenes suele expresarse como el producto resultante del número de píxeles de su horizontal por los de su vertical. Esta medida no tiene un equivalente exacto en centímetros, ya que el tamaño de un píxel varía en cada dispositivo.

Un megapíxel equivale a un millón de píxeles. Esta unidad se suele utilizar para expresar el número de receptores de imagen (cada receptor equivale a un punto de color) que poseen las cámaras digitales; por ejemplo, de una cámara fotográfica que puede tomar imágenes de 4064 × 2708 píxeles, se dice que tiene 11 megapíxeles.

Ampliación de un mapa de bits.

2.3 Tipos de imágenes

Las imágenes pueden ser de varios tipos distintos. Atendiendo a sus características y a la finalidad con la que se utilizan, existen:

- **Mapas de bits.** La imagen se forma con un conjunto de puntos, denominados «píxeles». Cada píxel tiene unas características: color, brillo, contraste, etc. Al ampliar una imagen, también aumentan de tamaño sus píxeles, hasta convertirse en cuadrados. Se dice, entonces, que la imagen se pixela: pierde la calidad y da la impresión de mosaico. Las fotografías obtenidas con una cámara digital o las imágenes digitalizadas con un escáner son ejemplos de mapa de bits. Estos se utilizan para obtener fotografías muy realistas que requieren de mucho detalle.
- **Vectoriales.** Se obtienen combinando elementos geométricos, como puntos, líneas, rellenos, polígonos, etc. Estas imágenes se pueden ampliar o reducir sin que pierdan calidad, puesto que están basadas en el uso de funciones matemáticas. Su inconveniente es que no muestran la calidad de detalles que ofrecen los mapas de bits.
- **Imágenes 3D.** Las imágenes se proyectan en tres dimensiones. Esto hace que el espectador experimente una sensación vívida de la profundidad del espacio y que se perciba con mucho más realismo.
- **Animaciones.** Son secuencias de varias imágenes, denominadas «fotogramas», que se almacenan en un solo archivo. Se muestran una detrás de otra de forma muy rápida, lo cual produce una sensación de movimiento. Estas imágenes suelen estar en formato GIF o FLASH (el segundo ofrece más profesionalidad y complejidad que el primero).

Ampliación de una imagen vectorial.

2.4 Características de una imagen digital

La calidad de una imagen digital depende de varios parámetros:

- **Profundidad de color.** Es el número de bits utilizados para almacenar información sobre el color de cada píxel que compone una imagen. Una profundidad de n bits implica que cada píxel de la imagen puede tener 2^n colores. La profundidad de color usada habitualmente en fotografías es de 24 bits.

Profundidad n	N.º de colores 2^n
1 bit	Blanco y negro
4 bits	16
8 bits	256
16 bits	65 536
24 bits	16,8 millones
32 bits	4295 millones

- **Modelo de color.** El color de cada píxel depende del modelo empleado: RGB, CMYK, Lab, etc. El más habitual es RGB *(red, green, blue)*, que combina diferentes intensidades de los tres colores primarios y obtiene, así, toda la gama de colores.

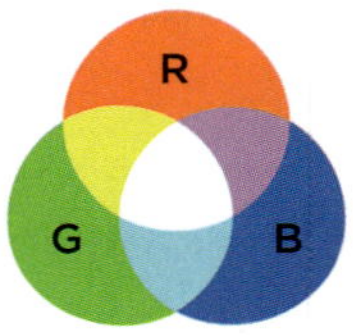

- **Compresión.** La mayoría de los formatos tienen algún tipo de compresión, que puede ser con pérdidas o sin pérdidas. La compresión con pérdidas (imágenes JPEG, por ejemplo) consigue disminuir mucho el tamaño de la imagen en detrimento de su calidad.

24 bits. 4 bits.

- **Tamaño.** El tamaño físico de la imagen se mide en centímetros o pulgadas (1″ = 2,54 cm). El tamaño digital de una imagen se expresa como el producto de los píxeles que tiene la imagen horizontal y verticalmente; por ejemplo, 1920 × 1080 píxeles.
- **Resolución.** Es la cantidad de píxeles o puntos que describen una imagen. Se calcula multiplicando el ancho por el alto de una imagen, por ejemplo, una fotografía de 2000 × 1500 píxeles tiene una resolución de 3 000 000 píxeles (es decir, 3 megapíxeles).

  La resolución se puede expresar en píxeles por pulgada o ppi (del inglés *pixel per inch*) si se hace referencia a la resolución de la imagen sobre una pantalla, o bien en puntos por pulgada o dpi *(dots per inch)* si se habla de imágenes que están impresas. Asimismo, para ambas unidades se utiliza, indistintamente, ppp. Cuanto más alta es la resolución, mayor es el número de puntos por pulgada y, por lo tanto, mayor es también la definición.

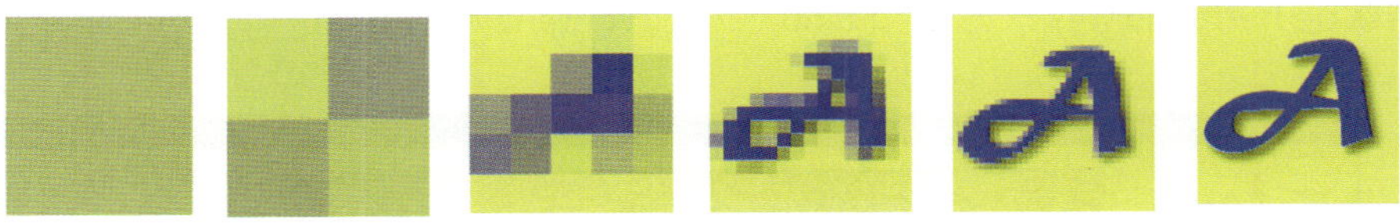

Composición de una imagen con distintas resoluciones.

- **Relación de aspecto.** Es la proporción entre la anchura y la altura de una imagen. Se calcula dividiendo la anchura por la altura y se expresa como X:Y. Algunas de las relaciones más frecuentes son 3:2, 4:3 y 16:9.

Propiedades de una imagen

Para obtener información detallada de una imagen, es posible conocer sus propiedades haciendo clic en el botón derecho del ratón o desde un editor de imágenes. Se puede ver, por ejemplo, la fecha de creación, las dimensiones, la resolución, la profundidad de color, el autor, el formato, el tamaño, etc.

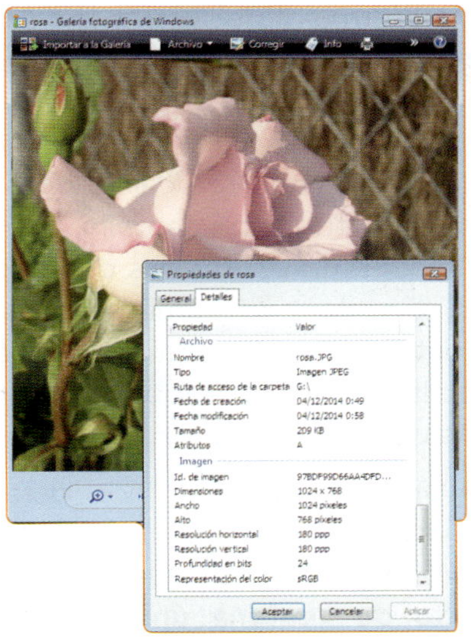

Comprende, piensa, aplica...

1. Cuando aumentas la resolución de tu pantalla, ¿las imágenes se hacen más grandes o más pequeñas? Justifica tu respuesta.
2. Abre una fotografía con un editor gráfico y guárdala con diferentes profundidades de color para comparar los resultados.

3 Edición gráfica y formatos de imágenes

3.1 ¿Qué es un editor gráfico?

Un editor gráfico es un programa informático que se emplea para crear, modificar, guardar, convertir e imprimir imágenes.

Existen diversos tipos de aplicaciones destinadas al tratamiento gráfico, y se pueden agrupar en:

- **Editores de gráficos vectoriales.** Están orientados a la creación y edición de diseños basados en dibujos vectoriales, como logotipos, carteles, diagramas, etc. Cabe destacar CorelDRAW, Inkscape, Adobe Illustrator, Macromedia FreeHand y LibreOffice Draw.
- **Editores de imágenes.** Tienen como finalidad el tratamiento de imágenes gráficas en forma de mapa de bits, tanto dibujos como fotografías. Destacan aplicaciones como Adobe Photoshop, GIMP, Picasa, Pixlr y Corel PHOTO-PAINT.
- **Software de CAD *(computer aided design).*** Comprende distintas aplicaciones enfocadas para su uso por parte de ingenieros, arquitectos y diseñadores. Estas abarcan el modelado, iluminación, renderizado y la creación de gráficos tridimensionales. Se utilizan programas especializados como AutoCAD (arquitectura y diseño industrial), Autodesk Maya (gráficos 3D), SolidWorks (modelado mecánico), QCAD (diseño 2D), etc.
- **Programas de animación.** Se utilizan para crear imágenes 2D o 3D en movimiento empleando secuencias de fotogramas que se muestran rápidamente. Algunos ejemplos son Blender (animación y videojuegos), Autodesk 3ds Max (animación 3D), Softimage XSI (animaciones en películas), Adobe Flash (animaciones para Internet), etc.

Inkscape

Es un editor de gráficos vectoriales de código abierto que usa el estándar de la W3C y crea formatos SVG.

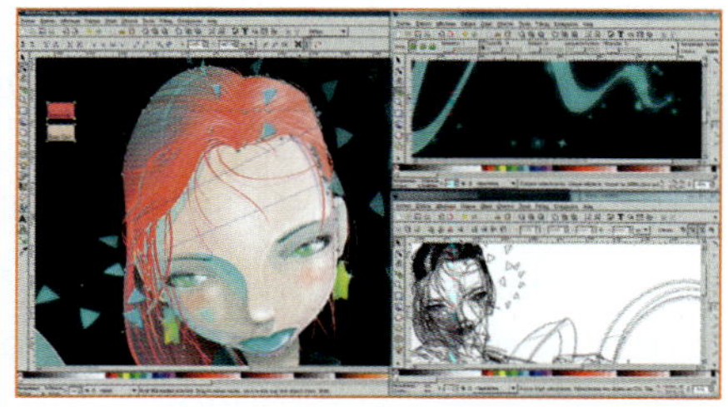

Adobe Photoshop

Es uno de los programas más utilizados para el retoque y el tratamiento de imágenes digitales. Es una aplicación diseñada para uso profesional.

3.2 GIMP

GIMP (GNU Image Manipulation Program) es un editor gráfico multiplataforma libre y gratuito, cuya interfaz gráfica es sencilla de utilizar. Tiene características muy avanzadas que permiten crear gráficos, editar imágenes, retocar fotografías, hacer capturas de pantalla, convertir a diferentes formatos de imagen, etc. Cuenta con numerosas herramientas y filtros, por lo que es una de las alternativas a Adobe Photoshop más utilizadas.

Su interfaz aparece, por defecto, en ventanas flotantes. No obstante, también es posible activar la opción **Modo de ventana única** desde el menú **Ventana.**

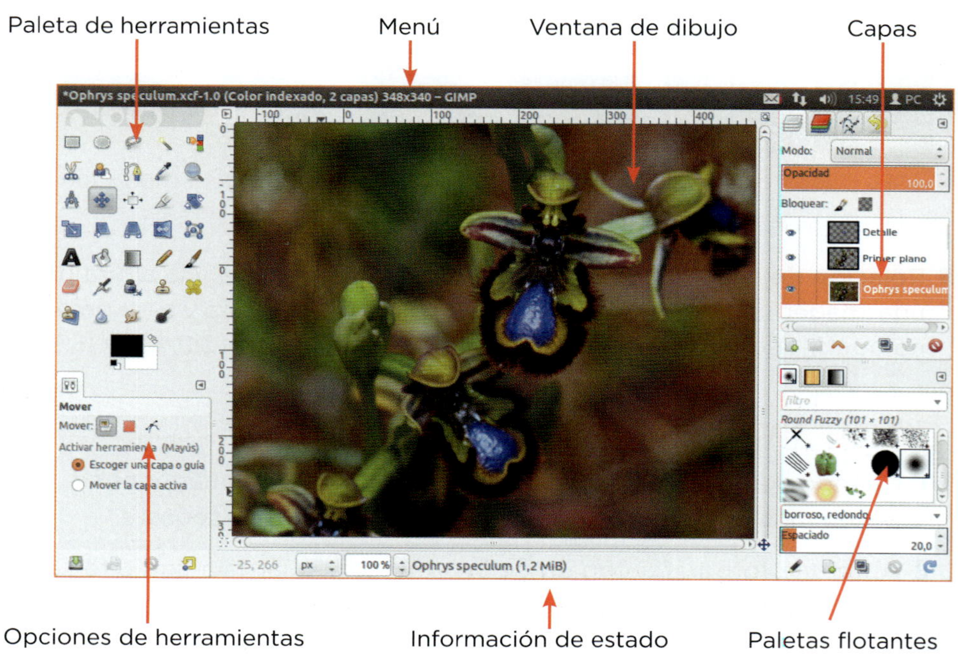

3.3 Formatos de imágenes

El formato gráfico es la estructura utilizada para grabar los datos de una imagen digital en un archivo.

Los programas de edición gráfica más avanzados permiten guardar gráficos en un formato propio, como PSD (Adobe Photoshop), AI (Adobe Illustrator) o XCF (GIMP). Estos formatos contienen toda la información sobre las capas, los colores, los elementos vectoriales, etc., por lo que permiten retomar la edición en cualquier momento. Para guardar una imagen en un programa (como en GIMP), se debe:

1. Abrir el menú **Archivo** y elegir la opción **Guardar.**
2. Escribir el nombre del archivo. El programa añade la extensión **.xcf.**

Una vez terminada la edición, hay que elegir la opción **Exportar,** del menú **Archivo,** para almacenar la imagen en un formato estándar (como, por ejemplo, JPG o PNG) y facilitar, así, que pueda ser editada o visualizada con todas las aplicaciones.

Algunos de los formatos de almacenamiento más utilizados son:

Formatos para mapa de bits	
JPEG	Formato más común, utilizado en Internet, cámaras de fotos, programas, etc. Usa un algoritmo de compresión con pérdida de calidad.
PNG	Formato libre ampliamente utilizado en Internet por mantener una alta calidad gráfica ocupando poco espacio. Permite el uso de fondos transparentes.
BMP	Formato estándar desarrollado para aplicaciones Windows, aunque no se utiliza demasiado debido al gran tamaño que ocupan sus archivos.
GIF	Formato de 8 bits que puede almacenar hasta 256 colores, por lo que tiene poca calidad y solo se usa en pequeñas imágenes o animaciones.
TIFF	Formato de almacenamiento de alta calidad, ya que no tiene pérdidas. Se utiliza para almacenar documentos escaneados y en gráficos de imprenta.
RAW	Sistema de almacenamiento que utilizan muchas cámaras de fotos. Ofrece la imagen tal y como la capta el fotosensor, sin compresión ni pérdidas.
Formatos vectoriales	
SVG	Formato estándar y abierto basado en XML, interpretado por los navegadores de Internet para mostrar gráficos de calidad y tamaño mínimo.
SWF	Formato propietario para gráficos de Adobe Flash. Se publican en la web en forma de animaciones o *applets* interactivos.
ODG	Formato abierto normalmente utilizado por programas de software libre, como LibreOffice.

Exportar una imagen con GIMP.

Comprende, piensa, aplica...

1. Usa la búsqueda avanzada de Google Imágenes para descargar en tu equipo una fotografía sin *copyright,* con formato JPG y de 6 megapíxeles.
2. Convierte la foto original a los formatos siguientes: JPG, BMP, TIF, PNG y GIF. Copia y completa la tabla con los tamaños correspondientes.
3. Compara las imágenes en sus diferentes formatos con la foto original. ¿Se mantiene la calidad?

Formato	Tamaño
JPG	2,8 MB
BMP	
TIFF	
PNG	
GIF	

4 Parámetros de las fotografías digitales

4.1 ¿Qué es el retoque fotográfico?

El retoque fotográfico es una técnica que permite obtener tanto imágenes de mejor calidad y realismo como imágenes distorsionadas.

Los editores gráficos disponen de herramientas que permiten crear diferentes efectos y cambiar algunos parámetros de las fotografías, como los colores, el brillo, la luminosidad, etc. Si lo que se desea es hacer un retoque que altere el realismo de una fotografía, hay que recurrir a herramientas específicas, como pinceles, rellenos, degradados, recortes, etc.

En el caso de GIMP, es posible modificar los parámetros de las imágenes utilizando las opciones disponibles en los menús **Filtros** y **Colores.** A continuación, se analizan algunas de las técnicas empleadas.

Imagen real.

Imagen retocada.

Filtros y capas

Filtros

Los filtros son una potente herramienta para la creación de efectos especiales. Permiten enfocar imágenes, cambiar la textura, simular efectos de pintura, etc.

Con la combinación de filtros y colores, se obtienen infinitas posibilidades de transformación.

Capas

Las capas son como hojas transparentes que se superponen unas encima de otras. El conjunto de todas ellas da como resultado la imagen final.

Estas capas permiten manipular, de forma independiente, algunos elementos de la composición sin que ello afecte al resto de la imagen.

Cuando se abre una imagen, esta tiene una sola capa, denominada **Fondo;** a partir de ese momento, irán apareciendo más capas en la imagen, bien porque las cree el propio usuario, bien porque lo haga el programa automáticamente.

Colores

Brillo y contraste

Permite corregir problemas de iluminación en imágenes oscuras o demasiado claras. También se pueden realzar los colores jugando con el contraste.

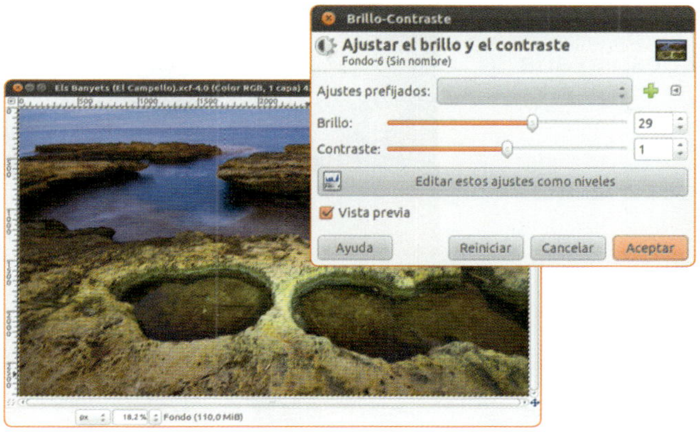

Curvas de color

Desplazando la curva, se pueden solucionar problemas de tonalidades en las fotografías donde predomina un color. Por ejemplo, es posible corregir el tono amarillento que causa la luz artificial, característico de las fotografías de interior.

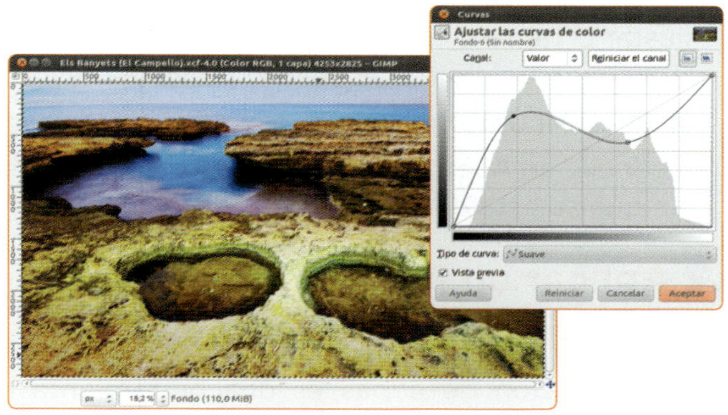

Tono, saturación y luminosidad

Corrige las imágenes que presentan exceso o falta de color, así como los tintes de colores que no son correctos. Se puede utilizar para cambiar los colores y crear, así, imágenes muy llamativas.

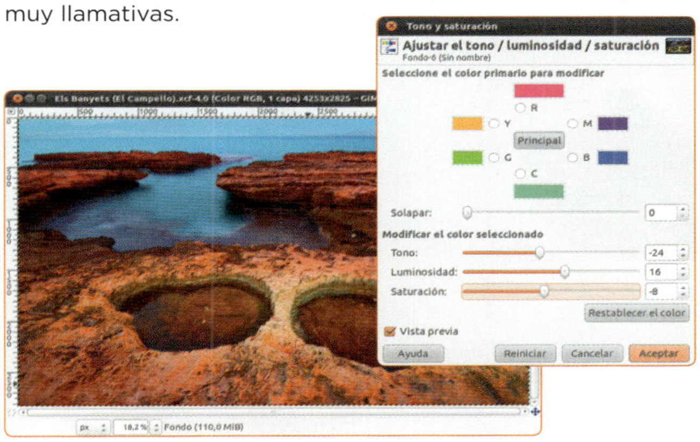

Balance de color

Permite ajustar la intensidad de los colores primarios. Los rangos que se pueden ajustar son las sombras, los tonos medios y los puntos de luz.

Colorear

Crea el efecto de visualización de la imagen a través de un cristal coloreado. Se utiliza para obtener un color sepia, una imagen cálida, etc.

Niveles de color

La información se muestra a través de un histograma. Se puede regular la luminosidad y la gama de la imagen en general, o la de cada canal que la forma. Es ideal para corregir imágenes muy oscuras o muy claras.

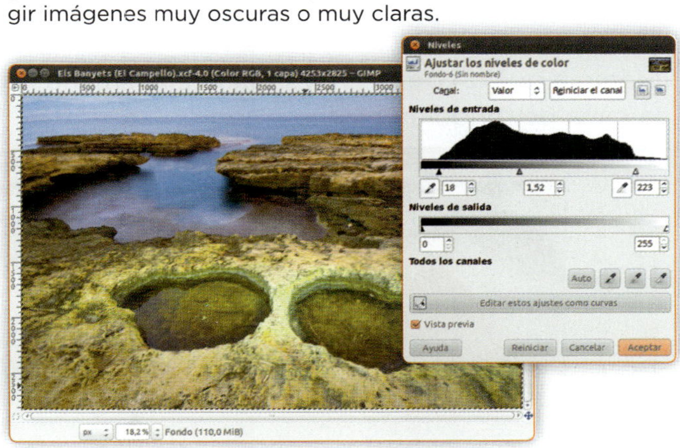

5 Retoque fotográfico

5.1 Eliminar el efecto de ojos rojos

1 Abrir en GIMP la imagen que se desea corregir.
2 Elegir la opción **Quitar ojos rojos,** dentro de la categoría **Realzar** del menú **Filtros.**
3 Ajustar el tamaño de la imagen con los iconos y desplazarla para situar los ojos en el cuadro de vista previa.
4 Modificar el **Umbral** hasta conseguir el color adecuado.
5 Hacer clic en **Aceptar** para aplicar los cambios realizados a la imagen que se está editando.

Eliminar el efecto de ojos rojos.

5.2 Aplicar un fondo en blanco y negro con detalles de color

La superposición de capas es una herramienta muy potente que permite crear diferentes efectos, como convertir una imagen de color a blanco y negro, manteniendo algunas zonas en color.

Los pasos para conseguir este efecto son:

1 Abrir la imagen original en GIMP.
2 Elegir la herramienta **Tijeras de selección** y activar las opciones **Alisado** y **Difuminar los bordes.**
3 Seleccionar el recorte de la imagen que se desea mantener en color. La selección se realiza punteando el borde, es decir, recorriendo la silueta de la imagen hasta terminar en el punto en el que se comenzó. Entonces, presionar la tecla **Intro.**

4 Desplegar el menú **Editar** y utilizar la opción **Copiar** para llevar la selección al portapapeles.
5 Abrir el menú **Capa** y elegir **Capa nueva.** Asignarle a esta capa un nombre para distinguirla del fondo.
6 Utilizar la opción **Pegar** del menú **Editar** para añadir la imagen copiada a la capa creada.
7 Hacer clic en el icono **Anclar** para fijar la imagen pegada (la selección flotante) a la capa nueva.
8 Repetir el mismo proceso con todos los detalles de la imagen que se desean mantener en color.
9 Elegir la opción **Desaturar,** situada en el menú **Colores,** para poner la capa de fondo en blanco y negro.

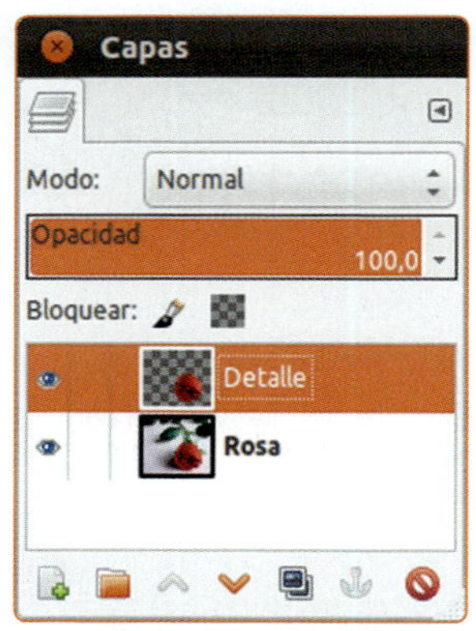

Añadir la imagen copiada a la capa nueva.

Imagen original.

Imagen retocada.

5.3 Clonar elementos

La herramienta **Clonar** permite duplicar los píxeles seleccionados en otra parte de la imagen. A continuación, se explica cómo realizar el proceso de clonación de un elemento:

1. Elegir la herramienta **Clonar**, en la paleta de herramientas.
2. Mantener presionada la tecla **Ctrl** y hacer clic en el elemento que se desea clonar, por ejemplo, un ojo. Se marca con una cruceta.
3. Desplazar el ratón a la zona de clonado y hacer clic para fijar el origen. Si se desplaza el ratón manteniendo presionado su botón, la cruceta del origen de clonado se desplaza de forma simultánea.

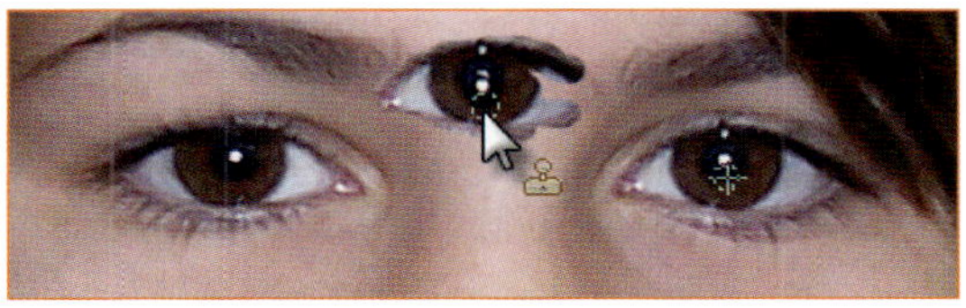

Clonar para duplicar elementos.

Esta técnica también se puede utilizar para eliminar partes de una imagen clonando el fondo de alrededor, como en este caso:

Imagen original.

Imagen retocada.

5.4 Eliminar imperfecciones

GIMP incorpora varias herramientas para eliminar imperfecciones en las imágenes, suavizar los contornos, etc.

A continuación, se muestra el resultado que se obtiene cuando se combinan estas herramientas, que permiten eliminar arrugas, lunares y manchas en la piel.

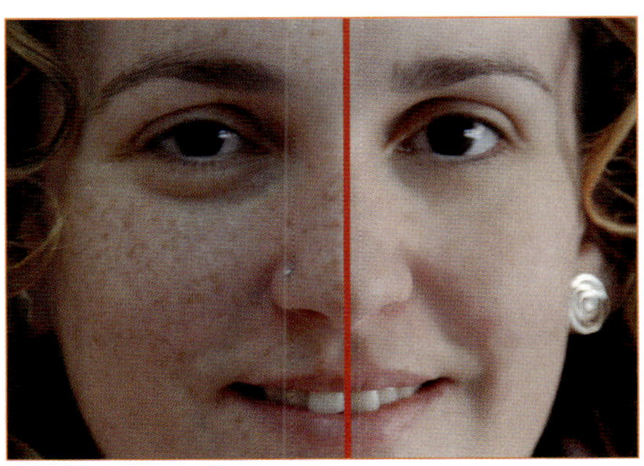

Imagen original. Imagen retocada.

	Saneado
	Difuminar y perfilar
	Emborronado
	Marcado a fuego

Capas

Las capas permiten trabajar con varios componentes del dibujo de manera independiente, aplicando filtros, niveles, gamas de color, etc.

Cada imagen se pega en una capa diferente para facilitar su edición.

Si se guarda la imagen con un formato distinto al de GIMP (XCF), las capas se combinan formando una única imagen.

Las operaciones más frecuentes que se realizan con capas son:

- **Activar una capa**

  Para seleccionar una capa, se hace clic sobre ella. Las acciones que se realicen solo afectarán a dicha capa.

- **Ver u ocultar capas**

  Las capas se visualizan u ocultan haciendo clic sobre el icono. Es más sencillo trabajar con una capa si las restantes están ocultas.

- **Agrupar capas**

  Las capas se agrupan seleccionando el icono. Las acciones realizadas afectan a todas las capas agrupadas.

- **Borrar una capa**

  Para borrar una capa, hay que seleccionarla y hacer clic en **Borra esta capa.**

6 Fotomontaje

6.1 El fotomontaje y sus pasos

El fotomontaje es una composición de varias fotografías. El fin de este trabajo de edición suele ser artístico, publicitario o lúdico.

A continuación, se muestran los distintos pasos que se deben seguir utilizando el editor gráfico GIMP para realizar una composición con diferentes imágenes.

Fotomontaje con GIMP

Abrir las imágenes

1 Hacer clic en **Archivo** y elegir **Abrir** para seleccionar las imágenes que se van a editar con GIMP. En este caso, la idea es recortar la imagen de la fotografía de la izquierda y pegarla sobre el fondo de la imagen de la derecha para simular, así, que donde se está dando el biberón a las cabritas es en pleno campo.

Utilizar las tijeras

2 Seleccionar la fotografía de la izquierda.

3 Elegir la herramienta **Tijeras de selección** .

4 Modificar las posibilidades de esta herramienta activando la opción **Difuminar bordes** y fijando el tamaño del **Radio** a 5 píxeles. Estos cambios harán que la selección se ajuste más fácilmente al contorno de la figura que se está recortando.

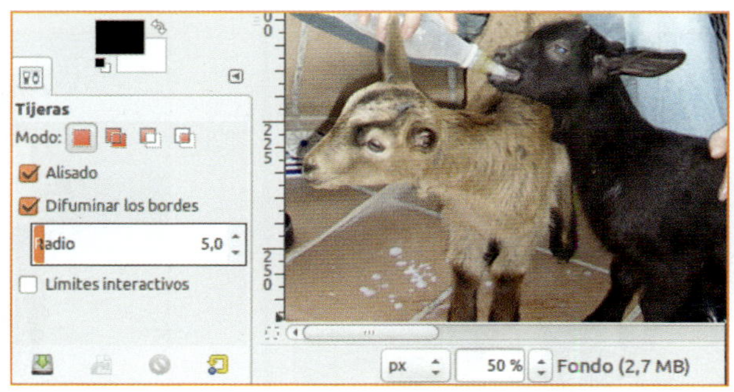

Seleccionar el área de recorte

5 Comenzar por un punto de la silueta e ir haciendo clic en diferentes puntos del contorno hasta que se obtenga una figura punteada.

6 Hacer el último clic en el punto inicial para cerrar, así, toda la selección.

7 Pulsar la tecla **Intro** o hacer clic dentro de la imagen para seleccionarla. Si el proceso ha sido correcto, los puntos se cambiarán por líneas.

8 Abrir el menú **Editar** y elegir la opción **Copiar.**

Trabajar con capas

9 Cambiar a la ventana que contiene la imagen del paisaje.

10 Abrir el menú **Capa** y elegir **Capa nueva.** Poner a esta capa el nombre «Cabritas», para distinguirla de la capa de fondo que queremos utilizar.

11 Utilizar la opción **Pegar,** del menú **Editar,** para pegar sobre esta capa la imagen previamente recortada y copiada. Hacer clic en el icono **Anclar** para fijar dicha imagen en la capa nueva.

12 Abrir el menú **Ventanas,** elegir **Diálogos empotrables** y activar la opción **Capas** para ver los resultados: una capa de fondo con el paisaje y, sobre ella, la capa **Cabritas.**

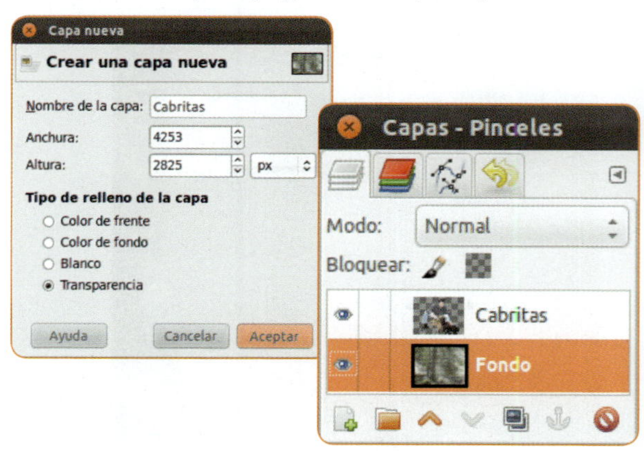

Fotomontaje con GIMP (continuación)

Modificar el tamaño de la imagen insertada

13 Utilizar la herramienta **Escala** para adecuar el tamaño de la imagen al fondo. Para ello, hay que tener la capa **Cabritas** activada.

Mover y mostrar capas

14 Desplazar cada imagen al lugar deseado con la herramienta **Mover** .

15 Hacer clic sobre el icono de una capa para mostrar u ocultar su contenido. Esto ayudará a trabajar con una capa de forma independiente.

Ajustar el color

16 Modificar en cada capa el **Balance de color,** desde el menú **Colores,** hasta obtener la misma gama de colores en ambas. Es posible ajustar las sombras, los tonos medios y los puntos de luz. Con ello, se consigue igualar la luminosidad de las dos imágenes que están superpuestas para, así, dotar de una sensación de mayor realismo a la fotografía final.

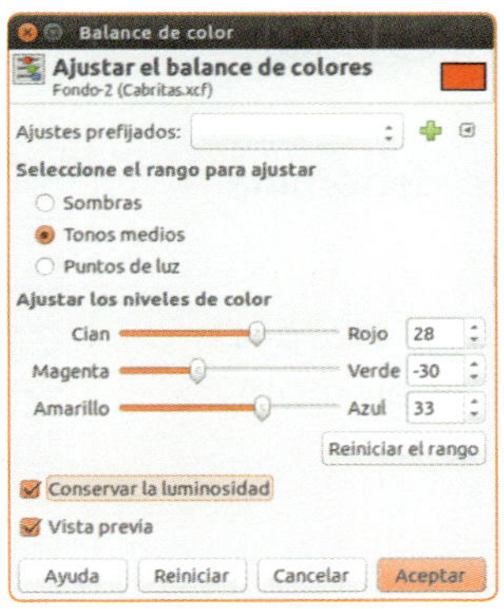

Añadir texto a la imagen

17 Elegir la herramienta **Texto** y configurar sus características: fuente, tamaño, color, justificado, alineación, etc.

18 Hacer clic sobre la imagen para escribir en ella. Es importante cuidar algunos detalles, como adecuar el tamaño y el tipo de letra, elegir un color que resalte lo suficiente, etc.

19 Utilizar la herramienta de rotación para girar el texto en el ángulo deseado.

Guardar y exportar el proyecto

20 Hacer clic en **Guardar** para almacenar el fotomontaje. Se generará un archivo, con la extensión **.xcf,** que almacenará toda la información y las capas creadas.

21 Utilizar la opción **Exportar,** del menú **Archivo,** para guardar la imagen con el formato deseado (JPG, PNG,...).

Aplicar filtros

22 Aplicar uno de los efectos fotográficos a la imagen, desde el menú **Filtros.** Están organizados en diferentes categorías: **Distorsiones, Artísticos, Decorativos,** etc.

23 Volver a **Exportar** la imagen resultante.

7 Sonido digital

7.1 ¿Qué es el sonido digital?

El sonido es la sensación producida en el oído por el movimiento vibratorio de los cuerpos. La propagación del sonido se realiza en forma de ondas a través de un medio sólido, líquido o gaseoso.

Por otra parte, el sonido digital es la representación de las ondas sonoras mediante un conjunto de datos binarios.

La digitalización es el proceso mediante el cual se transforma el sonido de naturaleza analógica, como la voz, en un formato digital (como se muestra en la siguiente figura). Para ello, se realiza el muestreo de la intensidad de la señal analógica y su cuantificación digital asignando un valor digital a cada muestra.

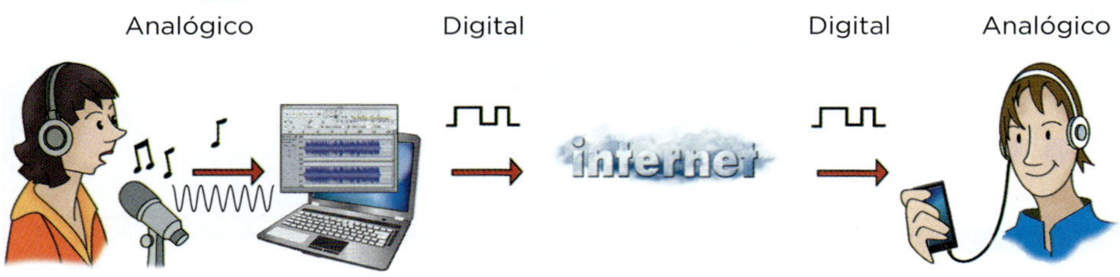

La cantidad de muestras que se toman en un segundo se denomina «frecuencia de muestreo» y se expresa en hercios (Hz).

El espectro audible por las personas está entre 20 y 20 000 Hz, por lo que el sonido se digitaliza por encima de este rango. Por ejemplo, el índice de muestreo en un CD de música es de 41 100 Hz.

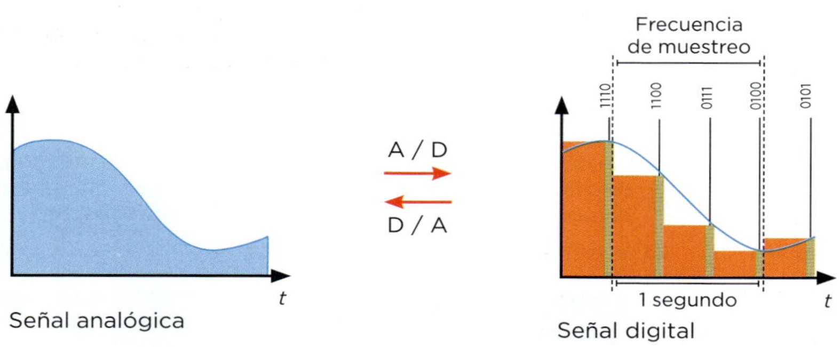

Conversión de una señal.

Tarjeta de sonido

Dispositivo que procesa la entrada y la salida de audio. Entre sus funciones está la de digitalizar el sonido del micrófono o convertirlo en analógico para enviarlo a los altavoces.

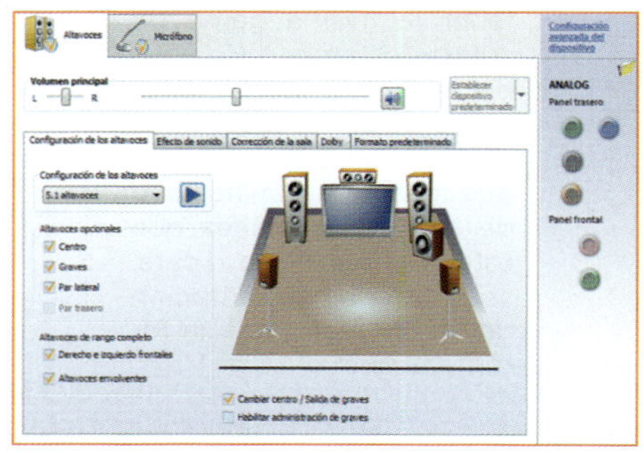

Configuración de altavoces 5.1 (tres altavoces frontales, dos traseros y un *subwoofer*).

Comprende, piensa, aplica...

1 Fíjate en la tarjeta de sonido de tu ordenador. Indica para qué sirven sus entradas y salidas.

2 Utiliza la grabadora de sonido del sistema operativo para digitalizar tu voz con una pequeña presentación sobre ti.

3 ¿Qué reproductores de sonido están instalados en tu sistema operativo? Utiliza uno de ellos para escuchar la grabación que has realizado en la actividad anterior.

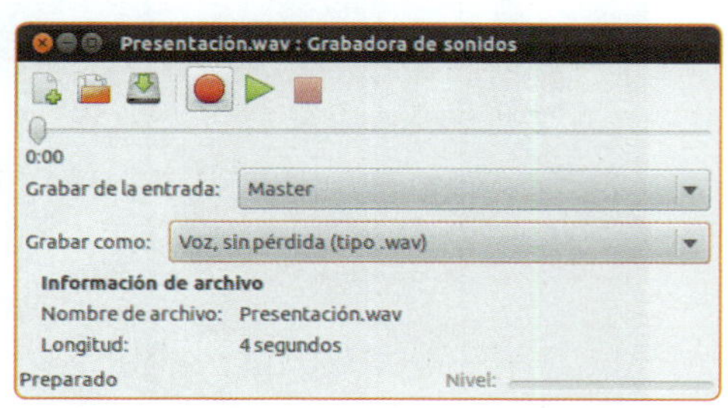

7.2 Formatos de audio digital

Los formatos de sonido indican la estructura con la que el sonido digital está almacenado. Se distinguen dos tipos:

- **PCM.** Contienen toda la información resultante de la conversión analógica a digital y tienen, por tanto, mejor calidad.
- **Con compresión.** Utilizan códecs de audio para disminuir el tamaño de los archivos, pero descartan parte de la información en detrimento de la calidad.

A continuación, se muestran algunos de los formatos más comunes:

Formatos PCM	**WAV**	Formato de Microsoft cuya calidad de audio es muy fiel al sonido real. Ocupa mucho espacio en el disco (1 minuto = 10 MB, aproximadamente).
	AIFF	Archivo de audio integrado, desarrollado por Apple para la plataforma Macintosh.
	CD-A	Audio Compact Disc es el formato utilizado en CD de música. La calidad es de 44 100 Hz, 16 bits y estéreo.
	DVD-A	DVD-Audio es un formato de sonido de alta definición en DVD. Puede incluir audio, vídeo (videoclips) y datos (letras, biografías, imágenes, etc.).
Formatos con compresión	**MP3**	Formato de audio más popular por su gran calidad de sonido, versatilidad, poco tamaño y rapidez de compresión/descompresión. Se utiliza en la web y en reproductores portátiles, y puede ser comprimido con diferentes calidades. Cada minuto ocupa 1 MB con una calidad equivalente a CD-A.
	RA	RealAudio se utiliza para la difusión de audio por Internet en tiempo real. El archivo se escucha utilizando el reproductor RealPlayer sin necesidad de descargarlo en el ordenador.
	WMA	Windows Media Audio es un formato desarrollado por Microsoft que surge como alternativa al MP3. Permite proteger el audio con licencias y derechos de autor.
	OGG	Formato de compresión de datos de código abierto que se puede utilizar libremente. Al igual que MP3, elimina algunos datos de audio (frecuencias inaudibles, por ejemplo) manteniendo una buena calidad.
	AAC	Codificación de audio avanzada que ofrece alta calidad utilizando poco espacio. Se usa en MPEG-4, iPod, iTunes y como códec de audio para Internet, conexiones inalámbricas, películas HD y radiodifusión digital.

Códec de audio

Conjunto de algoritmos que permiten codificar y decodificar el sonido digital.

El sonido se codifica para reducir el tamaño que ocupa el fichero de audio. Para ello, se descarta la información que no es perceptible por el oído humano.

Para reproducir un archivo de sonido, hay que volver a decodificarlo con el mismo códec.

MIDI

Es la interfaz digital de instrumentos musicales que utilizan ordenadores, sintetizadores y otros dispositivos musicales electrónicos para comunicarse.

El formato MIDI no se considera audio digital, puesto que no almacena muestras de un determinado sonido, sino una descripción musical de este (notas, instrumentos, etc.). Su sonido final depende del dispositivo que lo reproduzca.

7.3 Reproductores de sonido

Un reproductor de sonido es una aplicación que permite escuchar audio digital. Los más completos incluyen funcionalidades tales como crear listas de reproducción, escuchar emisoras online, sincronizar la música con el reproductor portátil, descargar *podcast* o añadir etiquetas ID3 (permiten incluir metadatos como el álbum, título o autor).

Algunos ejemplos de reproductores específicos de sonido son iTunes, Rhythmbox, AIMP y Groove Música. Otros, como Winamp, Banshee, Windows Media, RealPlayer o VLC, son reproductores multimedia.

Desde el reproductor se pueden controlar aspectos como el volumen, aunque la configuración del sonido se realiza desde el sistema operativo:

1. Hacer clic en el botón **Altavoces** de la barra de tareas o del panel. Otra opción es acceder a las herramientas de configuración del sistema.
2. Mover los controles para subir o bajar el volumen de los altavoces.
3. Hacer clic en las opciones de configuración para realizar los ajustes que se deseen establecer.

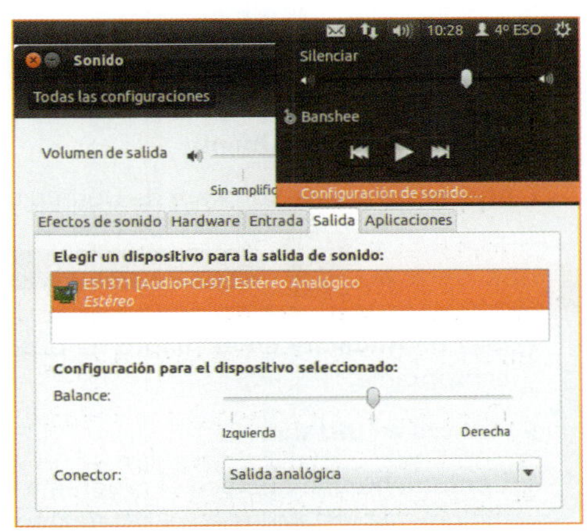

Preferencias de sonido.

8 Edición de sonido

8.1 Audacity

Audacity es un programa para grabar y editar sonido. Es un software libre, multiplataforma y está disponible para los sistemas operativos Mac Os, Microsoft Windows, GNU/Linux, entre otros.

Su página web oficial es http://audacity.sourceforge.net, y la interfaz del programa contiene las herramientas siguientes:

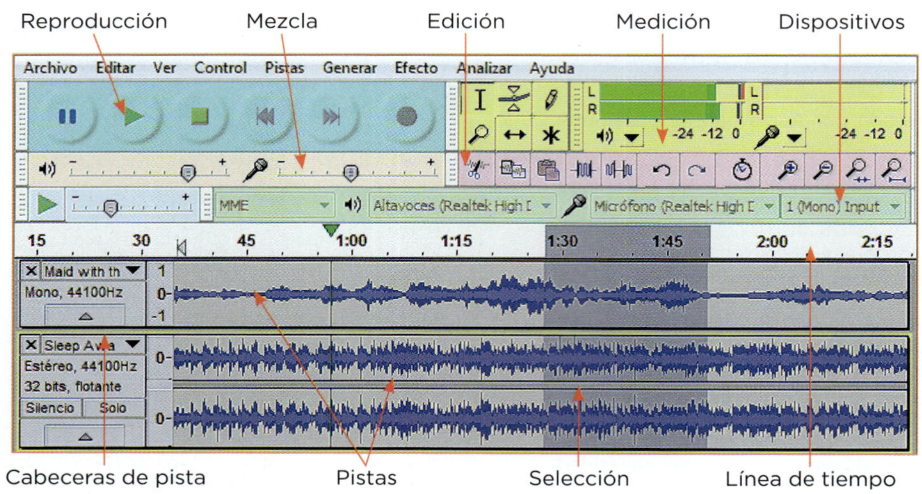

8.2 Editar el sonido

Los editores de sonido permiten realizar tareas como editar la duración del sonido en la línea del tiempo, atenuarlo, mezclar múltiples pistas, aplicar efectos, convertir a otro formato, etc.

Algunas de las herramientas que permiten ejecutar estas acciones son:

- Seleccionar
- Sonido envolvente
- Editar las muestras de sonido
- Desplazar la pista en el tiempo
- *Zoom*
- Cortar
- Copiar
- Pegar
- Recortar
- Silenciar

Además de estas herramientas, en los menús del programa se pueden encontrar diversas opciones de edición, efectos, etc.

Actividad guiada: descargar e instalar Audacity

Instala Audacity en Ubuntu

1. Abre el Centro de Software de Ubuntu utilizando su lanzador.

2. Escribe **Audacity** en el cuadro de búsqueda para encontrar el programa.
3. Haz clic en **Instalar**.
4. Comprueba que aparece el programa entre las aplicaciones multimedia instaladas en el sistema operativo.

Descarga e instala Audacity en Windows

1. Entra en la página web oficial del programa y haz clic en **Download** para guardar el archivo en el equipo.

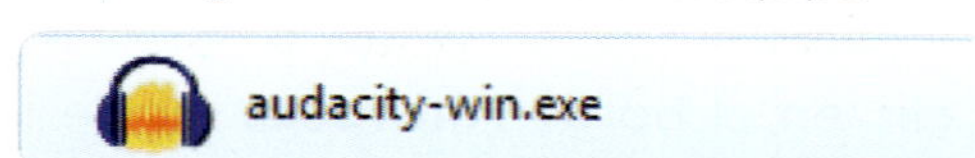

2. Analízalo con el antivirus para comprobar que está libre de *malware*.
3. Ejecuta el archivo, elige el idioma deseado y sigue sus pasos durante la instalación.

8.3 Grabar con el micrófono

Para realizar la captura de sonido mediante el micrófono, se debe establecer el dispositivo de grabación y ajustar el nivel de entrada. Los botones que permiten controlar el proceso de grabación son:

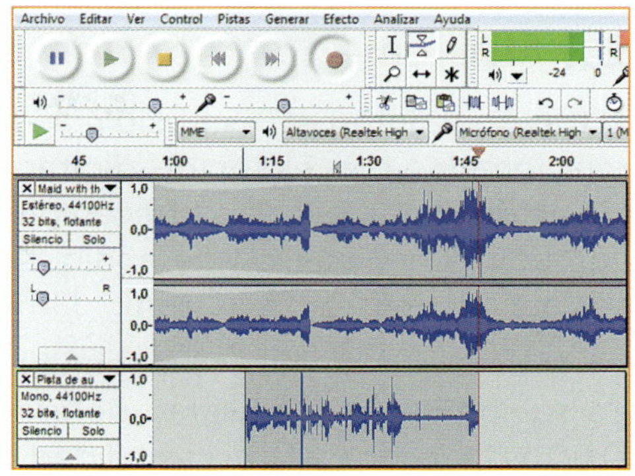

Grabar una voz.

8.4 Editar una pista

Para editar el sonido de una pista, la secuencia que se debe seguir es:

1. Activar la herramienta **Seleccionar** [I].
2. Hacer clic sobre la onda y, manteniendo presionado el botón del ratón, arrastrar para seleccionarla.
3. Aplicar la operación deseada: **Silenciar, Cortar, Copiar, Recortar...**

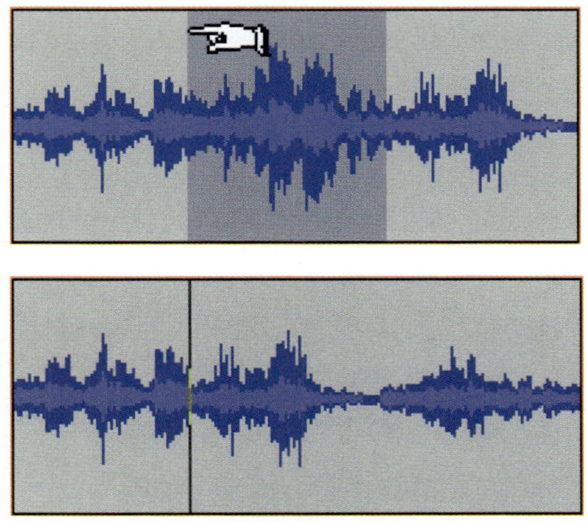

Seleccionar y cortar una pista.

8.5 Mezclar sonidos

Una de las operaciones más habituales en la edición de audio es mezclar varios sonidos. Los pasos para realizar este proceso son:

1. Abrir el menú **Archivo,** elegir la opción **Importar** y hacer clic en **Audio** para elegir los archivos deseados. Repetir el proceso si se desean importar archivos de carpetas diferentes.
2. Hacer clic en el icono [⏱] para que las pistas no estén enlazadas. Desplazar el comienzo de cada pista con el icono [↔].
3. Ajustar el volumen de cada sonido desde la cabecera de su pista hasta conseguir el resultado deseado en la mezcla.

8.6 Añadir efectos

Audacity incluye numerosos efectos que, unidos a las diversas herramientas de edición, lo convierten en un potente editor de audio digital. Los pasos para añadir efectos al sonido son los siguientes:

1. Seleccionar los fragmentos de las pistas a los que se añadirá el efecto.
2. Abrir el menú **Efectos** y elegir el deseado. Por ejemplo, se puede aplicar el efecto **Eliminación de ruido** para quitar el ruido de fondo producido por el micrófono o por el sonido ambiente.

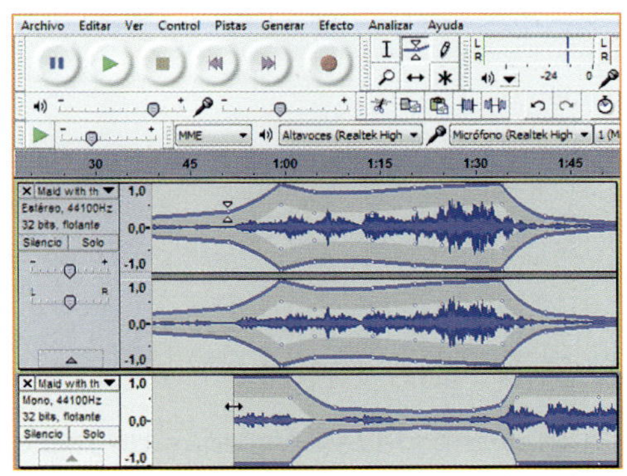

Añadir un efecto de sonido.

8.7 Guardar el proyecto

Al finalizar el proceso de edición, es conveniente guardar el trabajo utilizando una de las opciones siguientes del menú **Archivo:**

- **Guardar proyecto.** Se crea un archivo con extensión **.aup** que conserva toda la información, pistas y opciones para poder ser editado posteriormente.
- **Exportar.** Mezcla todas las pistas en un archivo de sonido con el formato deseado: WAV, MP3, OGG, etc. Para exportar a MP3, es necesario disponer del *plugin* **lame_enc.dll.** Audacity ofrece la posibilidad de descargarlo gratuitamente desde Internet, en el caso de que no esté instalado en el equipo.

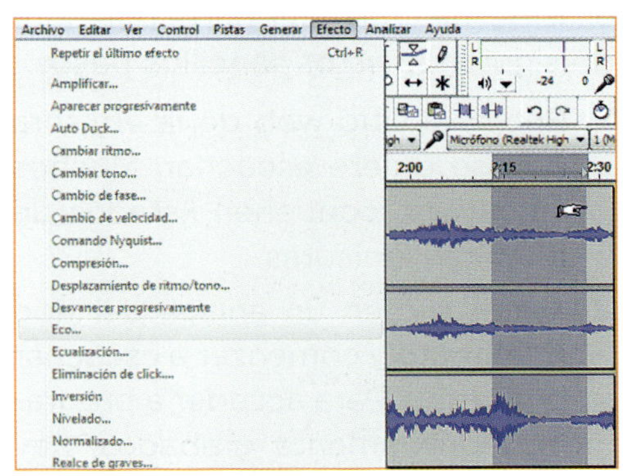

Efectos de sonido de Audacity.

9 Sonido en la web

9.1 Música en *streaming*

A través de Internet, es posible acceder a gran variedad de recursos relacionados con el sonido digital, tales como radios online, portales de discográficas que ofrecen descargas gratuitas, aplicaciones de composición y edición de audio, tiendas de música o incluso redes sociales de música libre, como Jamendo.

La gran oferta de música disponible en estas plataformas, la calidad de su sonido, la posibilidad de crear listas de reproducción con los artistas favoritos y la accesibilidad desde cualquier lugar o dispositivo las han convertido en opciones habituales para escuchar música.

Para la transmisión de sonido digital en la web, se utiliza la tecnología *streaming,* que permite escuchar música a la carta sin necesidad de descargarla previamente.

Estas plataformas cuentan con el respaldo de discográficas y entidades de gestión de derechos de autor y se financian a través de publicidad o tiendas online de música, como iTunes Store.

Jamendo.

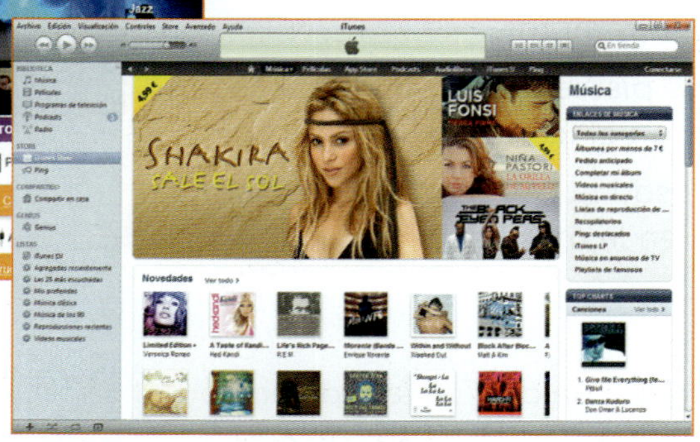

iTunes Store.

9.2 Radio online

La mayoría de las cadenas de radio emiten su programación por Internet y los usuarios pueden acceder a ellas desde cualquier parte del mundo siguiendo estos sencillos pasos:

1 Entrar al sitio web de la emisora que se quiere escuchar. Muchos sitios web contienen listados de distintas emisoras.

2 Hacer clic en un enlace del tipo **En directo** y comenzar a escuchar la emisión. Para acceder a programas previamente grabados, hay que elegir la opción **Podcast.**

Propiedad intelectual

La propiedad intelectual está formada por los derechos de autor que se atribuyen al creador de una obra.

Protege las creaciones originales literarias, artísticas o científicas expresadas en cualquier medio, tales como vídeos, música, fotos, etc.

El autor establece el uso que se puede hacer de su obra a través de licencias; las más habituales son:

© ***Copyright.*** Solamente se puede utilizar previa autorización del autor. Se suele obtener mediante el pago de una licencia o canon.

(cc) **Creative Commons.** Su uso viene delimitado por los términos que establece cada variante de licencia.

Comprende, piensa, aplica...

1 Encuentra archivos que contengan sonidos de animales utilizando este buscador: search.creativecommons.org.

2 **Investiga** el uso que se podría hacer de una canción que tiene la siguiente licencia:

3 Entra en la web de tu emisora de radio favorita y responde:

a) ¿Se puede escuchar online?

b) ¿Qué ventajas consideras que aporta su emisión de forma digital?

c) ¿Tiene alguna sección para descargar *podcast*?

9.3 *Podcast*

Un *podcast* es un archivo de sonido digital creado para ser difundido por Internet. Cualquier internauta puede suscribirse al sitio que lo distribuye y escucharlo en el momento en que desee, ya sea desde un ordenador o utilizando un reproductor portátil (MP4, iPod, etc.).

El esquema del recorrido que sigue un *podcast,* desde su creación hasta llegar al oyente, es similar al siguiente:

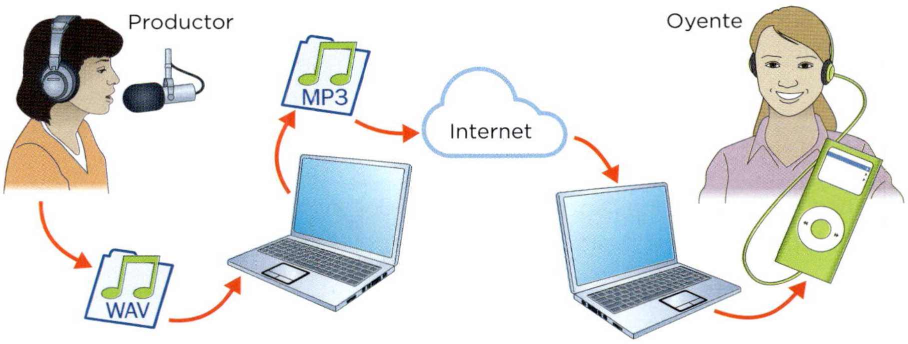

Para escuchar un *podcast,* los pasos habituales son:

1 Acceder al sitio web que contiene el archivo de sonido; por ejemplo, una emisora de radio como http://www.rtve.es/podcast.

2 Hacer clic en el botón **Play** del reproductor para comenzar a escuchar el *podcast* deseado sin necesidad de descargarlo.

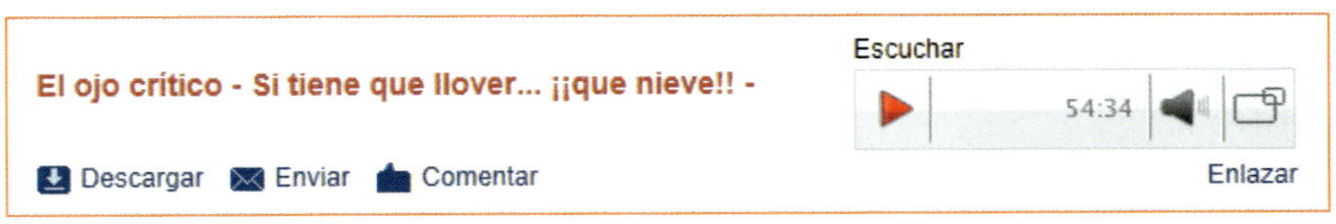

3 Hacer clic en **Descargar** si se desea obtener o conservar el archivo. El formato habitual suele ser MP3 u OGG. Ambos pueden escucharse en la mayoría de los reproductores.

9.4 Suscribirse a una fuente web

Una fuente web es un medio de difundir contenido en Internet (blogs, vídeos, noticias, eventos, etc.). Al suscribirse, se reciben las actualizaciones sin necesidad de entrar a cada sitio web.

Para suscribirse o sindicarse a una fuente de *podcast,* los pasos son los siguientes:

1 Acceder al sitio web que contiene los *podcast.*

2 Presionar sobre el icono de suscripción: , , RSS, Atom, etc.

3 Hacer clic en **Suscribirse** y seguir las indicaciones del navegador para elegir la ubicación donde se pueden consultar las novedades de la suscripción.

También es posible realizar la suscripción a través de lectores de fuentes web, como Digg Reader, Feedly, Instapaper, Flipboard, Reddit, iTunes, etc.

Actividad guiada: crear un *podcast*

1. **Elige el tema.** Para la creación de tu *podcast,* puedes describir algún acontecimiento de forma informativa, hacer un monólogo gracioso, entrevistar a un compañero o elaborar unos audioapuntes.
2. **Graba el sonido.** Antes de comenzar a grabar, organiza las ideas y elabora un guion. A continuación, graba con el micrófono utilizando una de las aplicaciones instaladas en el equipo, por ejemplo, Audacity.
3. **Edita el sonido y guárdalo en MP3.** Realiza los cambios necesarios (recortando, modificando el volumen, añadiendo música de fondo, utilizando efectos) para obtener un resultado ameno y atractivo.
4. **Publícalo en la web.** Si no dispones de espacio propio, puedes utilizar servicios como www.espaciopodcast.com o www.Goear.com.
5. **Compártelo.** Publica la dirección para que otros usuarios puedan escuchar el *podcast,* descargarlo o suscribirse a tu canal.

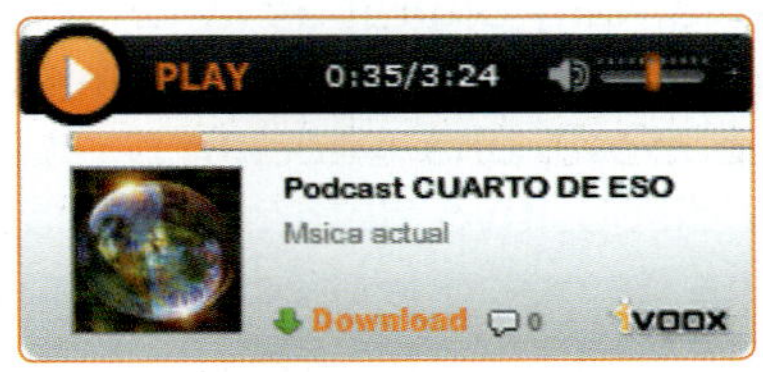

6. **Insértalo en tu web, blog, wiki o red social.** Encontrarás las diferentes opciones o el código embebido, el cual te permite insertar el reproductor en la página, al hacer clic en **Compartir.**

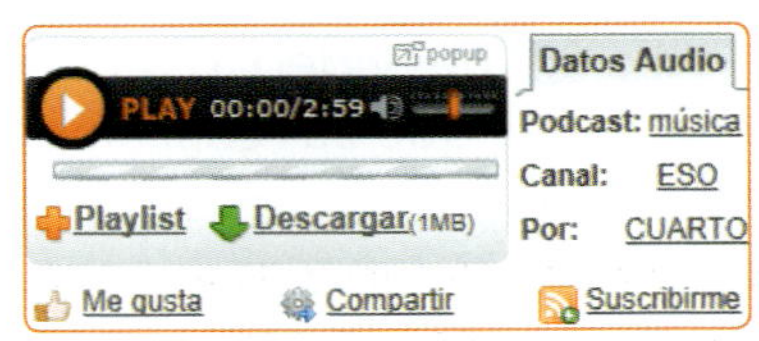

10 Vídeo digital y herramientas de autor

10.1 ¿Qué es el vídeo digital?

El vídeo digital es la tecnología que captura, graba, procesa, almacena y transmite una secuencia de imágenes que son percibidas por el ojo humano como escenas en movimiento.

La grabación se realiza con una cámara digital que captura la luz recibida a través de la lente y la transforma en señales eléctricas que son almacenadas en forma de ceros y unos.

10.2 Elaborar un guion o *storyboard*

Un guion gráfico o *storyboard* es un documento en el que se exponen los detalles y las ilustraciones que ordenan los hechos de una película.

Aunque en montajes caseros no es necesario, si se desea contar una historia o crear una producción con argumento, es conveniente planificar las escenas, las secuencias, los tipos de planos, los ángulos de visión, etc. Su seguimiento garantizará que se graben todas las imágenes necesarias para la edición del vídeo.

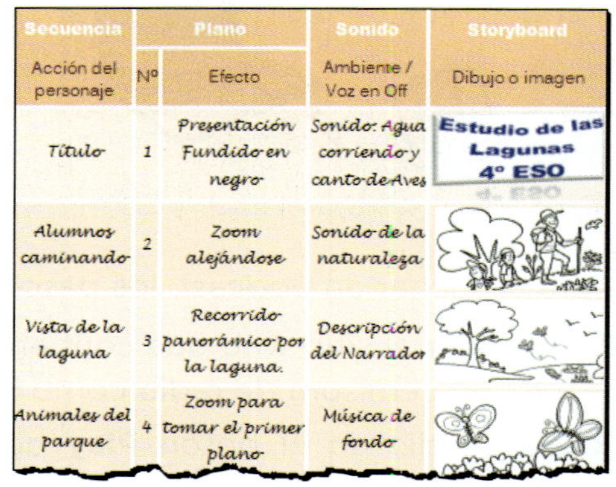

Secuencia	Plano		Sonido	Storyboard
Acción del personaje	Nº	Efecto	Ambiente / Voz en Off	Dibujo o imagen
Título	1	Presentación Fundido en negro	Sonido: Agua corriendo y canto de Aves	Estudio de las Lagunas 4º ESO
Alumnos caminando	2	Zoom alejándose	Sonido de la naturaleza	
Vista de la laguna	3	Recorrido panorámico por la laguna.	Descripción del Narrador	
Animales del parque	4	Zoom para tomar el primer plano	Música de fondo	

Storyboard de la visita a una laguna.

10.3 Capturar un vídeo

La cámara digital es la principal herramienta para la producción de vídeos. Se puede utilizar una videocámara, la cámara de un dispositivo móvil, una *webcam* o una cámara de fotos. La elección del tipo de dispositivo determinará la calidad final del producto, ya que se trata de opciones técnicas muy distintas entre sí.

La ventaja de usar cámaras digitales es que, al grabar en un soporte de almacenamiento con formato digital, se puede transferir la información directamente al ordenador, sin cambios ni conversiones.

10.4 Editar un vídeo digital

La edición de vídeo digital es el proceso que engloba todas las operaciones que se realizan durante la producción de una película. El proceso de edición incluye la selección del material deseado de entre las grabaciones realizadas durante la captura y el uso de herramientas de autor para organizar los contenidos, el desarrollo de una narración, la elección de la música que se va a añadir, etc.

La edición básica consiste en organizar los contenidos seleccionados y ordenarlos en tiempo real. Pueden agregarse efectos, transiciones, filtros o textos para mejorar o enfatizar el vídeo que se pretende crear. El resultado obtenido se almacena en un formato de vídeo que pueda ser reproducido en una televisión, un ordenador o a través de Internet.

Comprende, piensa, aplica...

1 Visualiza el corto *Cuerdas,* dirigido por Pedro Solís García, que ganó el premio Goya 2014 al mejor cortometraje de animación español.

2 Comenta con tus compañeros el contenido del corto y elaborad un guion o *storyboard* que trate el mismo tema o uno similar.

10.5 Herramientas de autor

Las herramientas de autor de vídeo digital son las aplicaciones que se utilizan para la edición de vídeo.

Existe una gran variedad de software para editar vídeos, desde los utilizados en la industria audiovisual por las productoras de cine hasta aquellos orientados a la creación de películas por parte de cualquier usuario.

Con la mayoría de estas herramientas es posible crear, editar, procesar y compartir el vídeo de una forma rápida, creativa y sencilla.

Corel VideoStudio.

Cinema 4D.

Industria audiovisual
Avid Media Composer Final Cut Adobe Creative Suite Sony Vegas
Uso profesional
Pinnacle Studio EDIUS Pro Cinelerra Adobe After Effects
Edición básica
Windows Movie Maker OpenShot Video Editor VirtualDub Camtasia Studio
Dispositivos móviles
Andromedia Magisto VidTrim iMovie

Software para editar vídeo digital.

10.6 Componentes de una película

Una película es una composición de vídeos, imágenes, sonidos, transiciones, efectos, títulos, etc., organizados de forma secuencial. En la siguiente figura, se puede distinguir cada uno de estos componentes:

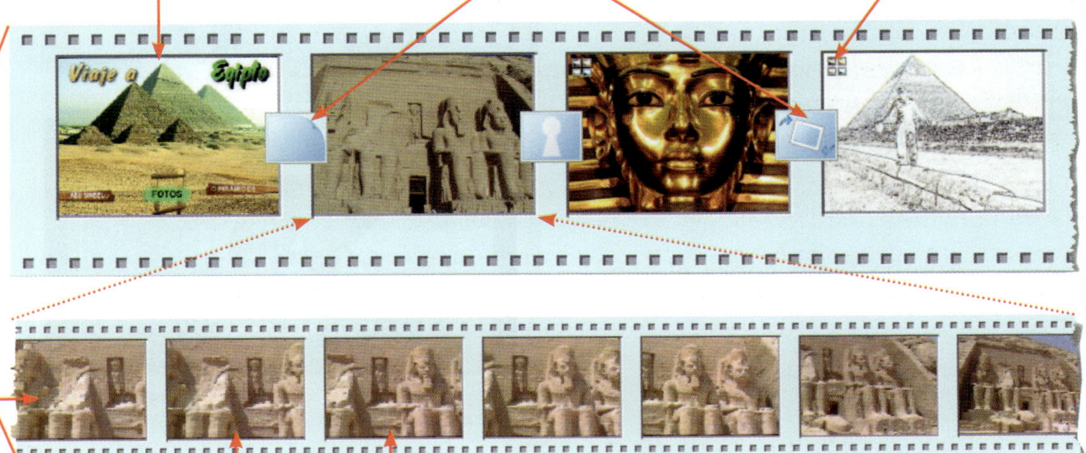

11 Producciones digitales con Windows Movie Maker

11.1 Windows Movie Maker

Windows Movie Maker es un software de edición de vídeo desarrollado por Microsoft para transformar las fotos y los vídeos, de manera rápida y sencilla, en películas de aspecto profesional. Permite agregar efectos especiales, transiciones, sonido y descripciones para crear historias.

Se puede descargar de forma gratuita desde la web oficial de Microsoft: http://windows.microsoft.com/es-es/windows/movie-maker.

Para abrir el programa, una vez instalado en Windows, los pasos son:

1 Abrir el menú **Inicio** y elegir **Todos los programas.**

2 Hacer clic en **Windows Movie Maker.**

11.2 Agregar vídeos, fotos, texto y música

El primer paso para la creación de un proyecto es añadir la colección de vídeos, fotos y música que componen la película.

Los archivos se pueden importar desde cualquier carpeta o, directamente, se arrastran desde el explorador, ya que los originales no se modifican. No obstante, es recomendable crear una carpeta para cada proyecto que contenga una copia de todos los archivos que se utilizarán en la película.

Para agregar los contenidos, se utilizan los iconos siguientes:

Agrega los vídeos y las fotos seleccionados. Cada imagen y vídeo aparecen en un clip diferente. Los clips se pueden reordenar arrastrándolos a la posición deseada.

Añade sonido al proyecto. Es posible agregarlo desde el principio o a partir del punto de edición deseado. La pista de audio aparece sobre los clips.

Graba vídeo utilizando la *webcam* y se inserta al proyecto como un nuevo clip.

Captura la imagen que se está visualizando en la ventana de vista previa.

Añade un clip de título.

Agrega texto sobre el clip seleccionado.

Crea un clip de créditos.

11.3 Editar clips y música

Para editar música o un clip de vídeo, los pasos son:

1 Situar la línea de reproducción en la posición deseada.

2 Abrir la pestaña **Herramientas de vídeo, Herramientas de música** o **Herramientas de texto,** según corresponda.

3 Hacer clic sobre la herramienta elegida para ajustar sus valores.

Las opciones de edición de vídeo y de sonido son muy similares. Algunas de ellas son:

- **Volumen de vídeo.** Permite subir o bajar el volumen del clip o de la música. Para suavizar los cortes, se pueden usar fundidos de entrada y salida.

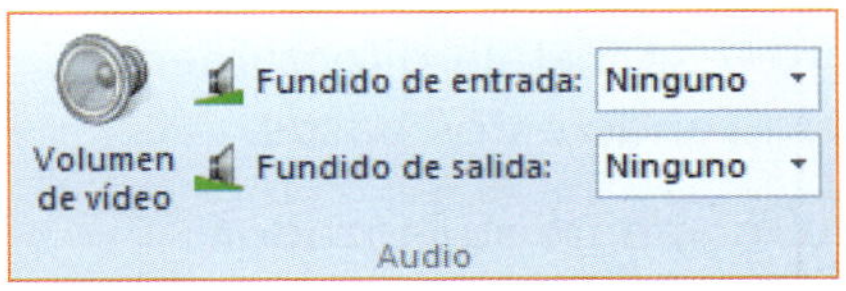

- **Dividir.** Divide el clip de vídeo o música en dos partes. Las opciones de recorte permiten eliminar los fragmentos no deseados.

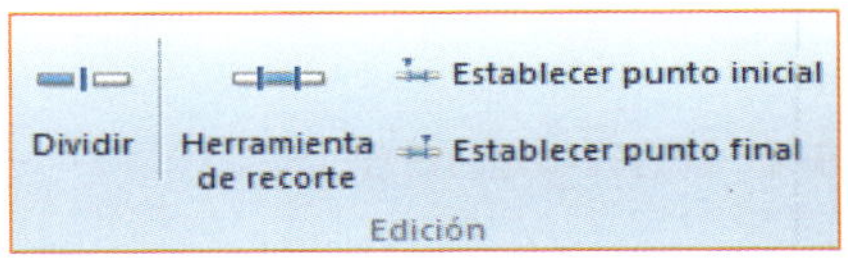

El resto de las opciones permiten ajustar la duración de los clips de imagen, controlar la velocidad de reproducción de vídeo, determinar el inicio y final de la música, elegir el formato del texto, etc.

Ten en cuenta

Windows Movie Maker solo permite incluir una pista de música, que será independiente del sonido de los vídeos que se utilicen. Para añadir sonidos adicionales, hay que mezclarlos previamente utilizando un editor de sonido similar a Audacity.

Recortar un clip.

11.4 Añadir efectos y transiciones

Los efectos y las transiciones se aplican de esta forma:

1 Seleccionar el clip o los clips deseados.

2 Abrir la pestaña **Efectos visuales** o la pestaña **Animaciones,** que contiene varios tipos de transiciones.

3 Elegir el efecto o la transición. En la ventana de vista previa, se puede ver el resultado que se obtiene.

Efectos.

Transiciones.

11.5 Guardar el proyecto y exportar la película

Para guardar el proyecto y poder editarlo posteriormente, hay que seguir estas indicaciones:

1 Hacer clic en el icono **Guardar proyecto**.

2 Escribir el nombre del proyecto. Se le asigna la extensión **.wlmp.** Este archivo contiene toda la información sobre pistas, contenidos, efectos, transiciones, organización de clips, etc.

Para compartirlo, se puede guardar como película, con formato WMV de distintas resoluciones, o publicarlo directamente en las plataformas YouTube, Facebook, Flickr, etc.

Guardar como película.

Actividad guiada: grabar un vídeo

1. **Elige una historia de la que te interese hablar.** Hay miles de historias esperando para ser contadas y mostradas.
2. **Elabora el guion.** Haz un borrador de tu historia teniendo en cuenta aspectos como la duración, los personajes, el argumento, etc.
3. **Graba con la cámara de vídeo.** Empieza con un plano general para situar al espectador y, a continuación, desarrolla el contenido a lo largo de los planos que sean necesarios.
4. **Copia el contenido al ordenador.** Esta función variará según el dispositivo empleado.

12 Producciones digitales con OpenShot Video Editor

12.1 OpenShot Video Editor

OpenShot Video Editor es un programa diseñado para crear y editar vídeos en distribuciones de Linux. Permite combinar múltiples vídeos, sonidos e imágenes en un solo proyecto y exportar la película resultante a los formatos más comunes.

Su web oficial es http://www.openshot.org y se instala directamente desde el Centro de Software de Ubuntu siguiendo estos pasos:

1. Abrir el Centro de Software de Ubuntu mediante su lanzador.
2. Buscar el programa OpenShot Video Editor y hacer clic en **Instalar.**

Centro de Software de Ubuntu.

12.2 Agregar vídeos, sonidos e imágenes

El primer paso para crear un proyecto es añadir la colección de vídeos, sonidos e imágenes que componen la película. Aunque los archivos originales no se modifican, es recomendable crear una carpeta que contenga una copia de todos los archivos que se utilizarán en cada proyecto.

El modo de agregar vídeos, sonidos e imágenes es el siguiente:

1. Usar el icono para añadir los archivos deseados. Otra opción es arrastrarlos directamente desde el **Explorador de archivos.**
2. Hacer clic sobre los botones **Vídeo, Audio** o **Imagen** para ver los contenidos de cada tipo que se han agregado a la colección.

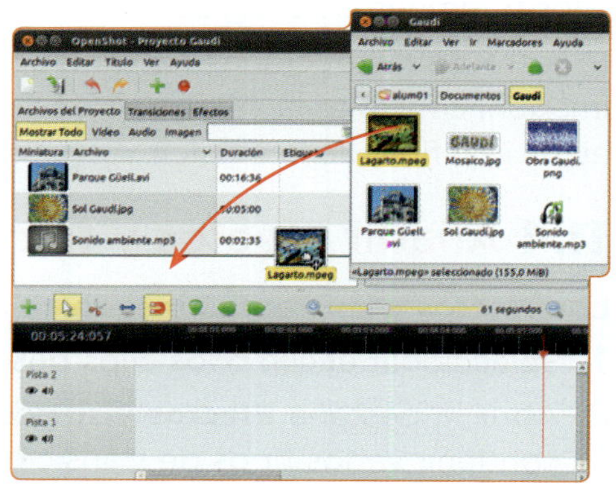

Agregar archivos al proyecto.

12.3 Ordenar contenidos en la línea de tiempo

La línea de tiempo muestra una representación gráfica de la duración de cada fragmento de la película. Contiene varias pistas, así como la línea de reproducción, que se desplaza hacia la derecha mostrando el avance del tiempo.

En la línea del tiempo, se pueden organizar los diferentes contenidos mediante acciones como estas:

- **Añadir clips.** Arrastrar los vídeos, fotos o sonidos desde la colección y soltarlos sobre una de las pistas de la línea de tiempo.
- **Eliminar clips.** Hacer clic con el botón derecho del ratón sobre un contenido y elegir la opción **Quitar clip.**
- **Fijar marcadores.** Con los marcadores , se puede controlar la reproducción del vídeo saltando al marcador anterior o al siguiente .
- **Otras acciones.** Ajustar, redimensionar, duplicar, animar o girar clips mediante el uso de los iconos de la línea de tiempo o haciendo clic con el botón derecho.

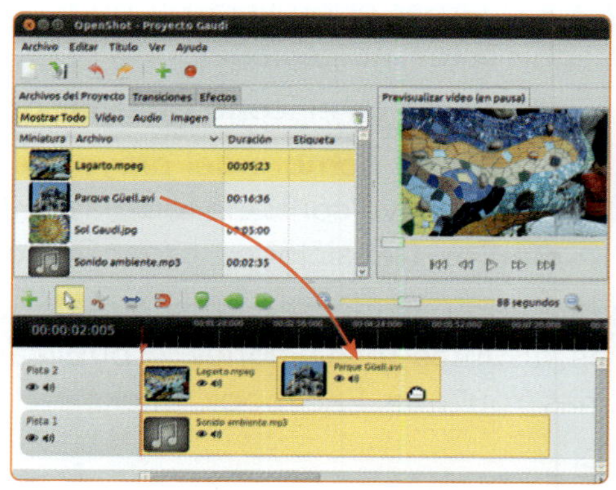
Añadir contenidos a la línea de tiempo.

12.4 Editar clips

Una vez organizados los fragmentos seleccionados en la línea de tiempo, se lleva a cabo el proceso de edición de dicho material.

En el menú **Editar** y en la barra de herramientas de edición, se pueden encontrar diversas opciones, entre las que destacan:

	Mover un clip. Permite seleccionar el clip y arrastrarlo a la posición deseada dentro de una de las pistas.
	Cortar un clip. Al seleccionar este icono, el cursor se transforma en una cuchilla, con la que se puede dividir el clip.
	Recortar un clip. Con esta herramienta, se puede arrastrar el borde izquierdo o el derecho del clip para recortar sus extremos.
	Separar el audio del vídeo. En cada clip, es posible activar y desactivar el vídeo o el sonido presionando sobre los iconos.

Pistas

En OpenShot Video Editor se disponen las pistas como capas de vídeos e imágenes, de modo análogo a los programas de edición gráfica.

La película final contendrá la mezcla de todas las capas.

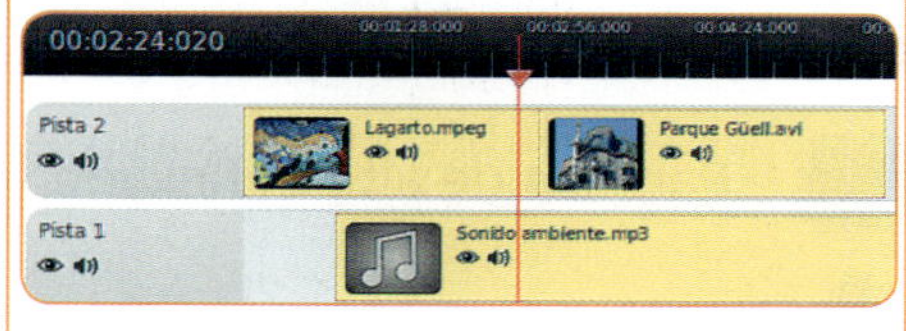

12.5 Agregar títulos, efectos y transiciones

Para añadir títulos y comentarios sobre los clips, los pasos son:

1. Abrir el menú **Título.**
2. Elegir **Nuevo título** o **Nuevo título animado,** según las preferencias.
3. Arrastrar el clip creado a la línea de tiempo. Al colocar un título en una pista superior, este se mostrará superpuesto a los clips de pistas inferiores.

Los efectos y las transiciones se aplican seleccionándolos desde la pestaña **Efectos** o **Transiciones** y arrastrándolos sobre un clip.

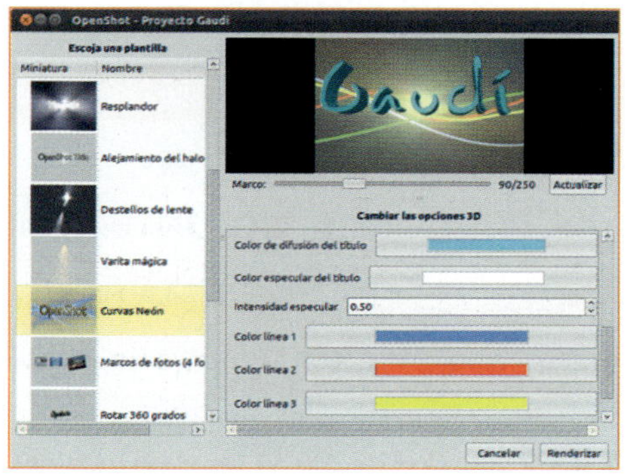

Editar títulos.

12.6 Guardar el proyecto y exportar el vídeo

Para guardar el proyecto y poder continuar su edición posteriormente, hay que seguir las indicaciones que aparecen a continuación:

1. Hacer clic en el icono **Guardar proyecto** .
2. Escribir el nombre, la carpeta y el perfil del proyecto. Se le asigna la extensión **.ops.**

Para grabarlo como película, los pasos son los siguientes:

1. Hacer clic en **Exportar vídeo** .
2. Seleccionar, en **Perfil,** uno de los perfiles propuestos: **Blu-ray, DVD, Dispositivo, Todos los formatos** o **Web.**
3. Elegir una de las opciones (**YouTube, Flickr, Xbox,** etc.) o formatos (**OGG, AVI, MP4,** etc.) que aparecen para cada perfil.
4. Presionar el botón **Exportar vídeo** para completar la operación.

El equipo debe disponer del códec correspondiente al formato elegido. Si no es así, se muestra un aviso de error con las instrucciones necesarias para proceder a su instalación.

Agregar efectos de vídeo.

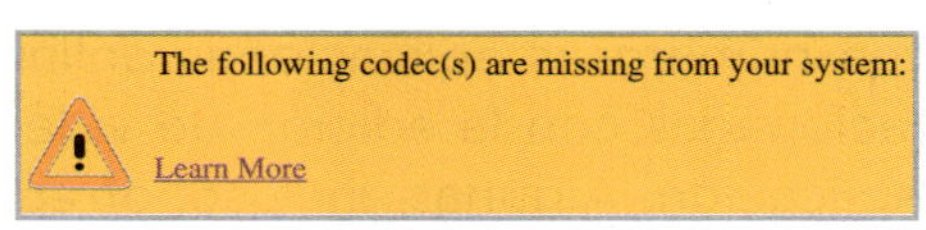

Aviso de error por falta de códec.

13 Difusión de contenidos multimedia

13.1 Canales de distribución

Los programas de edición de vídeo ofrecen distintas posibilidades para grabar las producciones de vídeo. Elegir uno u otro dependerá del uso al que esté destinada la película.

Algunas de las posibilidades que ofrecen las herramientas de autor al exportar sonidos o vídeos son:

Pantalla de alta definición

You Tube Internet

Equipo

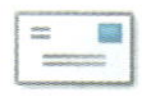
Correo electrónico

DVD o Blu-ray

Dispositivos portátiles

La principal diferencia entre ellos radica en el tamaño y en la calidad. Por ejemplo, si se comparan las características de un vídeo grabado en Windows Movie Maker con formato WMV, los resultados son los siguientes:

	Para pantalla de alta definición	Para correo electrónico
Tamaño de pantalla	1920 × 1080 píxeles	426 × 240 píxeles
Relación de aspecto	Pantalla panorámica	Pantalla panorámica
Velocidad de bits	24,19 Mbps	1,55 Mbps
Tamaño estimado de archivo	173 MB por minuto de vídeo	11,07 MB por minuto de vídeo

Ten en cuenta

Las pantallas 3D de gran definición, junto con los equipos de sonido de alta fidelidad, consiguen que los espectadores experimenten en casa la sensación de estar en el cine.

El siguiente paso en la evolución de la industria audiovisual tiene como objetivo sumergir al espectador en la escena para que pueda interactuar con los contenidos, proporcionándole una inmersión total en las producciones multimedia. Para ello, se combinan las señales de audio y vídeo tradicionales con elementos que estimulan los sentidos, como sensores, olores y realidad virtual.

13.2 Publicar y compartir contenidos multimedia en Internet

Internet sirve como plataforma digital para la difusión de contenidos multimedia, incluidos aquellos que pertenecen a medios de comunicación social, como la radio, la televisión, la prensa, el cine y otros muchos, con sus diferentes géneros y modos de expresión.

Estos medios online ofrecen muchas ventajas. Permiten, por ejemplo, acceder a los contenidos desde cualquier lugar, consultar la información de forma más organizada, recibir noticias y novedades en tiempo real, etc.

Existe una amplia variedad de sitios para alojar contenidos multimedia: álbumes digitales, murales multimedia, blogs, redes sociales, etc. Algunos de estos sitios son plataformas orientadas a buscar, almacenar y compartir vídeos, como es el caso de YouTube, Vimeo, Flickr, tu.tv o Dailymotion. Otra alternativa para compartir vídeos son las redes sociales, como Instagram, Facebook...

Además de los sitios citados para alojar información en la nube, existen numerosas aplicaciones online que permiten realizar tareas relacionadas con la edición de vídeo sin necesidad de descargarse la aplicación. Algunas, incluso, ofrecen la posibilidad de trabajar colaborativamente con otros usuarios, como es el caso de PowToon.

13.3 Murales multimedia

Un mural multimedia es un póster o cartel interactivo, en formato digital, que combina texto, fotos, vídeos, gráficos, enlaces y otros elementos multimedia. Cada mural multimedia tiene su propia dirección URL, y es posible compartirlo en la red o incrustarlo en otras plataformas, como sitios web, wikis, blogs, etc.

Asimismo, se pueden utilizar diversas aplicaciones online para elaborar murales multimedia, tales como Glogster, Lino, Shape Collage, MURAL, Padlet y Biteslide.

Glogster

Glogster es una red social que permite a los usuarios crear murales multimedia e interactivos. Cada mural recibe el nombre de «glog», que procede de la combinación de las palabras «gráfico» y «blog».

Estos murales están basados en la tecnología *flash,* de modo que los diferentes elementos se insertan pinchando y arrastrando, sin requerir ningún tipo de programación.

A partir de Glogster, se ha desarrollado la plataforma educativa Glogster EDU, destinada a la enseñanza colaborativa entre profesores y estudiantes.

Una vez se está registrado en la aplicación, se puede diseñar un glog a partir de un lienzo en blanco o personalizando una de las plantillas propuestas.

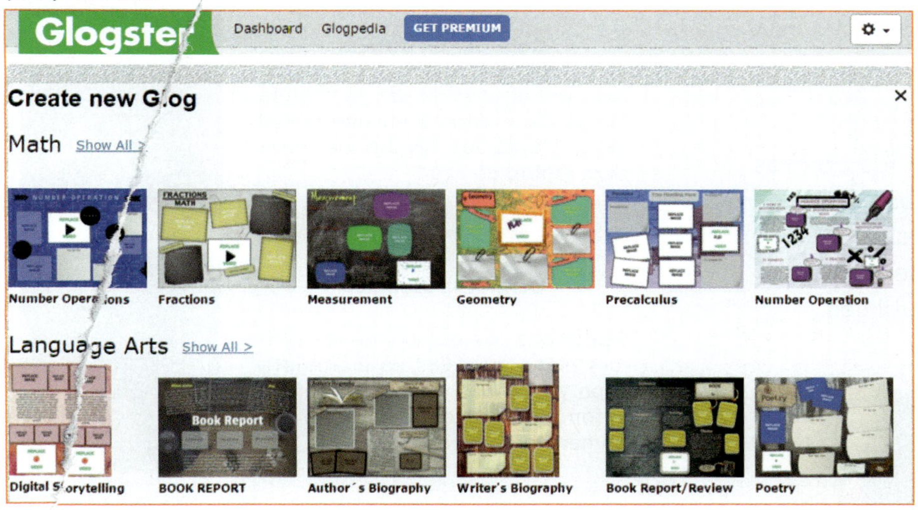

Crear un glog en Glogster.

13.4 Presentaciones de diapositivas

Una presentación multimedia resulta una herramienta muy útil para expresar ideas, transmitir información o difundir contenidos. Las presentaciones combinan elementos gráficos, textuales, sonoros y audiovisuales en un soporte digital, por lo que se pueden aplicar en diferentes ámbitos.

Tradicionalmente, la mayoría de las presentaciones se han creado como una secuencia de diapositivas, utilizando programas como LibreOffice Impress, Microsoft Office PowerPoint, Keynote, etc.

Con la web 2.0, surgen aplicaciones que permiten realizar presentaciones online dinámicas, colaborativas e interactivas, basadas generalmente en el sonido y el vídeo digital, como es el caso de Prezi, Slides y Sway.

Actividad guiada: crear un mural multimedia

1. **Regístrate en Glogster (Sign up).** Abre el sitio web www.glogster.com y crea una cuenta educativa.
2. **Accede a tu cuenta (Log in).** Escribe el nombre de usuario y la contraseña con la que te has registrado en la aplicación.
3. **Personaliza tu perfil.** Una vez dentro de la cuenta, puedes editar tu perfil, configurar tu cuenta o invitar a otros amigos.
4. **Crea un mural o glog.** Para realizar esto, puedes insertar gráficos, textos, imágenes, vídeos, sonidos y fondos.

   Para cada contenido, dispones de las opciones siguientes:

6. **Guarda el mural y compártelo.** Una vez publicado, obtendrás la dirección URL de tu blog y recibirás el código HTML para poder compartirlo.

   Aquí tienes un ejemplo del resultado que puedes conseguir:

Comprueba cómo progresas

Aplica tus conocimientos

1 Crea un álbum digital en el que cuentes alguna historia con imágenes retocadas por ti. Una vez finalizado, comparte el enlace de tu trabajo con tus compañeros.

2 Imita el estilo de Andy Warhol para obtener un efecto similar al de la figura, utilizando la foto de tu personaje favorito.

3 Realiza un fotomontaje donde aparezca un animal en tres escenarios distintos. Utiliza varias capas para facilitar la edición y el posterior montaje con otros fondos. Guarda el resultado de cada escenario con un formato diferente.

4 Dibuja tres círculos superpuestos con los colores primarios. Rellena las intersecciones con los colores resultantes al realizar su mezcla. El color exacto ha de ser generado con las herramientas de color del programa de dibujo que utilices.

5 GIMP crea imágenes GIF animadas y ordena cada fotograma en una capa distinta. Sigue los pasos necesarios para crear tu propia animación.

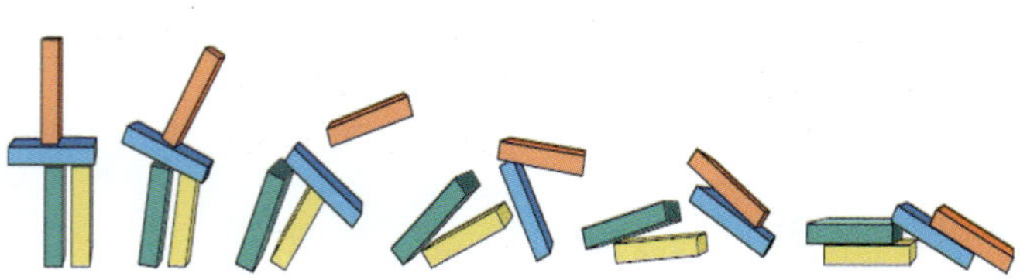

6 Aplica estos retoques al cuadro *Las Meninas* y guarda cada resultado con el nombre de la transformación aplicada:

Transformación	Resultado
Reflejar y recortar Refleja el cuadro horizontalmente y recórtalo hasta eliminar al pintor y el techo de la habitación.	
Reconstruir zonas borradas Utiliza la herramienta de clonación para quitar el perro de la escena y simular el contenido que habría en su lugar.	
Colorear un detalle Recorta el vestido de la infanta Margarita y pégalo en una nueva capa. Utiliza los niveles de color para teñirlo de azul.	
Centrar la atención Selecciona los personajes del primer plano, cópialos en una nueva capa y hazla no visible. Desenfoca el fondo y vuelve a dejar visible la primera capa creada.	
Cambiar de estilo pictórico Aplica alguno de los filtros artísticos para convertir el cuadro a la técnica de pintura al óleo, al cubismo o al impresionismo.	
Personalizar la obra Aporta tu propio toque artístico al cuadro modificándolo como desees; por ejemplo, dibujando algún detalle, añadiendo nuevos personajes, cambiando colores, insertando texto, etc.	

7 El proceso de digitalización consiste en convertir las señales analógicas en señales digitales.

La transformación A/D (analógica/digital) sigue los siguientes pasos:

1 2

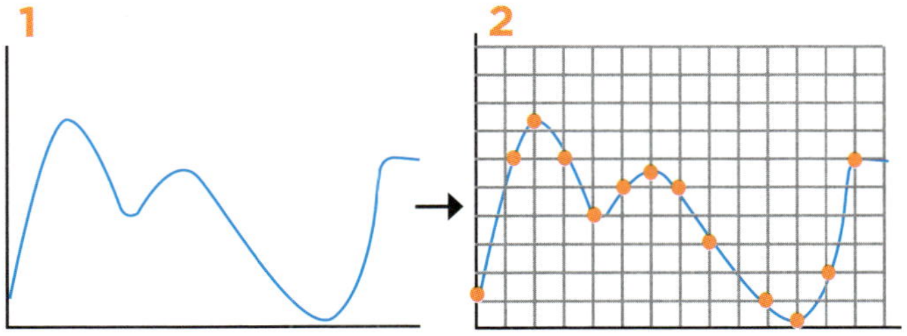

Señal analógica. Digitalización.

3

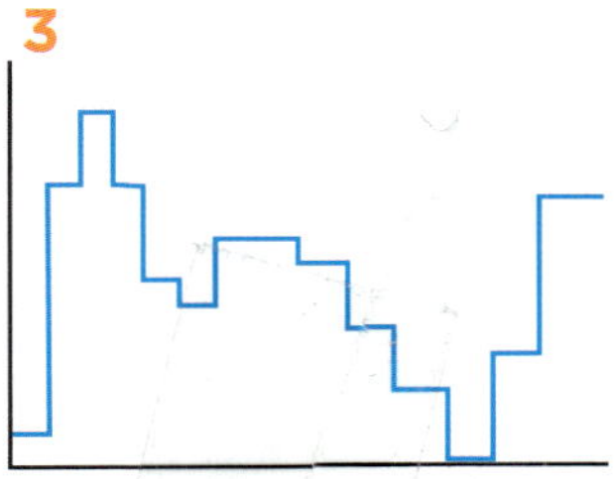

Señal digital.

4

1, 8, 10, 8, 5, 4, 6
6, 5, 3, 1, 0, 2, 7

Valores.

Realiza los gráficos correspondientes a la conversión D/A (digital/analógica) para un sonido que toma los siguientes valores digitales: 10, 9, 8, 6, 0, 2, 4, 4, 2, 0, 6, 8, 9, y 10.

8 Elige el destino donde te gustaría ir de viaje de fin de curso. Busca fotografías de paisajes, monumentos, esculturas, etc., de ese lugar y almacénalas en una carpeta.

a) Diseña un *collage* con recortes de las fotografías.

b) Crea una producción multimedia (mural, presentación de diapositivas, presentación con vídeo, etc.) con los detalles del viaje.

Proyecto final

Luces, cámara, ¡acción! Conviértete en director de cine para grabar y realizar tu propio corto de tres minutos de duración. El corto deberá estar relacionado con el mundo de la publicidad y servirá para anunciar algún producto ya existente o de invención propia. Al final, participarás en el festival de cortos de tu clase.

Requerimientos

Cámara de vídeo y fotos, un ordenador con micrófono y altavoces, software para edición de vídeo e ingenio para que tu corto sea el más original.

Elabora un guion

Antes de lanzarte a grabar, elabora un pequeño guion con el argumento, las tomas necesarias para desarrollar la historia, los personajes, etc. Fíjate en que, en televisión, un anuncio dura solo veinte o veinticinco segundos.

Graba los vídeos

Graba varios vídeos con distintas tomas.

Haz las fotografías

Haz unas veinte fotos relacionadas con tu corto para intercalarlas con los vídeos.

Edita los contenidos

Produce la película intercalando los clips de vídeos con las imágenes; añade títulos, música, efectos, etc., para dar un aspecto más atractivo y profesional a la presentación.

Publica y comparte la película

Exporta la película para verla en el ordenador. Sube una copia a YouTube y compártela con tus compañeros. Visualiza las suyas y vota los mejores vídeos para establecer un *ranking.*

Lee, relaciona y busca información

Park Güell

El Park Güell es un parque público que se encuentra en Barcelona y que fue diseñado por el arquitecto Antoni Gaudí, uno de los representantes clave del modernismo catalán. Dicho parque fue proclamado Patrimonio de la Humanidad por la Unesco en 1984.

Para su diseño, Gaudí se inspiró en las formas de la naturaleza, lo cual se aprecia en las numerosas columnas que parecen troncos de árboles y en las figuras de animales. Otra característica de esta obra de Gaudí es que gran parte de la superficie del parque está cubierta por coloridos mosaicos realizados a partir de trocitos de cerámica (como se muestra en la imagen), una técnica denominada *«trencadís»*, que fue muy habitual en la arquitectura modernista catalana.

1. Dibuja esta obra usando un programa de dibujo.
2. Aplícale el filtro adecuado para convertir tu cuadro en un mosaico de baldosas.
3. Busca otras obras de Gaudí y crea un vídeo que recoja parte de sus esculturas y monumentos.

Lectura en voz alta

1. Lee en voz alta el texto del recuadro siguiente:

AZUL ROJO VERDE
AMARILLO AZUL
MARRÓN VERDE ROJO
NARANJA ROJO AZUL

2. ¿Te cuesta leer lo que pone? Esto tiene una explicación: los nombres no se corresponden con los colores y nuestro cerebro tiende a guiarse por lo que ve, no por lo que hay escrito. Es un ejemplo de la importante relación entre la imagen, su contenido y el color.

1. Utiliza la red semántica visual Lexipedia para buscar sinónimos, antónimos y adjetivos.

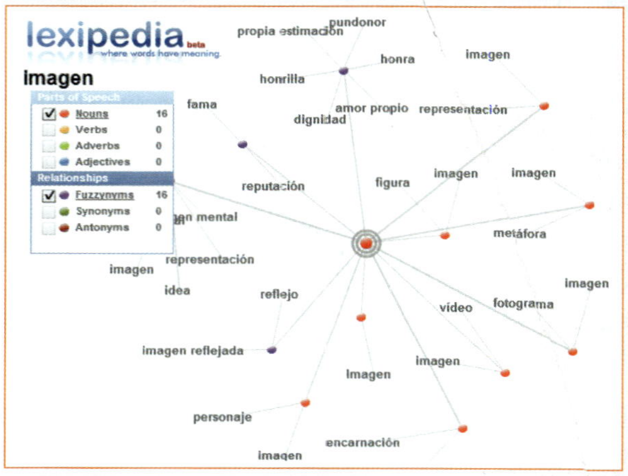

1. Identifica a qué etapas de la edición de vídeo corresponden los términos que aparecen en la siguiente nube de etiquetas.

Captura
Imagen
Edición
Difusión

6

Diseño de páginas web

Internet y el desarrollo de las redes sociales han propiciado que los usuarios tengan acceso a infinidad de información y que, de forma sencilla y rápida, puedan realizar intercambios de contenidos.

Para que cualquier usuario pueda acceder a la información pública, se deben respetar algunas reglas o pautas que permiten que el acceso se realice con garantías, lo que supone que la información esté en un formato legible con independencia del dispositivo, el sistema operativo o la aplicación que se utilice.

El modo más común de ofrecer información en la red es publicarla en páginas web.

¿Qué sabemos sobre el diseño de páginas web?

1. ¿Sabes qué son los formatos de documentos?
2. ¿Por qué son importantes los formatos estándar?
3. ¿Sabes qué es y para qué sirve el lenguaje HTML?

1 Accesibilidad e intercambio de información

Con la aparición de Internet, surgieron dos preocupaciones: ¿llegaría la red a ser universal?, ¿podría cada país y cada organismo oficial tomar diferentes decisiones sobre el uso de la tecnología y los protocolos?

1.1 Consorcio para la web (W3C)

El W3C (World Wide Web Consortium) es una asociación internacional que se fundó en 1994 con la intención de proponer pautas y protocolos comunes para todos los usuarios que permitieran obtener el máximo potencial y favorecer la evolución de la World Wide Web.

En este consorcio, hay grupos que trabajan en el desarrollo de especificaciones y programas que puedan distribuirse gratuitamente por todo el mundo. También se encargan de crear códigos de referencia para incorporar y promover estándares de publicación (HTML, CSS, XML...), así como de realizar una labor educativa y de concienciación acerca de la importancia del diseño accesible de las páginas web y del acceso universal a la red.

Logo del World Wide Web Consortium.

1.2 Iniciativa para la accesibilidad (WAI)

La WAI (Web Accessibility Initiative) es un área de trabajo incluida en el consorcio W3C cuyo objetivo es promover y garantizar el acceso a la web de cualquier persona, con independencia del tipo de hardware o software que posea, de su idioma, su cultura, su localización geográfica o la infraestructura de red existente.

Se trata, en definitiva, de conseguir que la web sea más accesible para todos los usuarios y de que esta accesibilidad no dependa de sus circunstancias personales (discapacidad física, edad avanzada, nivel económico...) ni de los dispositivos que posean para el acceso a la información.

Las páginas web diseñadas según las normas de accesibilidad a la web pueden mostrar el logotipo WAI para informar de la conformidad con estas pautas.

Logos de conformidad	
Nivel A	W3C WAI-A WCAG 2.0
Nivel AA	W3C WAI-AA WCAG 2.0
Nivel AAA	W3C WAI-AAA WCAG 2.0

1.3 Pautas de accesibilidad (WCAG)

El trabajo de la WAI ha dado como resultado una serie de directrices que se han tomado como referencia para elaborar la legislación de las tecnologías de la información en todo el mundo; son las WCAG, conocidas como «Pautas de Accesibilidad al Contenido en la Web», que pretenden orientar en la generación de páginas web para que se eliminen las barreras en el acceso a la información.

Estas pautas están dirigidas, sobre todo, a desarrolladores de herramientas de autor para la web y de contenidos web, y proporcionan soluciones para aquellos casos en los que el diseño de la página pueda producir problemas de acceso a la información.

Las pautas de accesibilidad se publican periódicamente y están en constante revisión y adecuación a los nuevos tiempos, por lo que con frecuencia aparecen nuevas versiones de las mismas.

Pautas para HTML

Las pautas definidas para el estándar HTML establecen, por ejemplo, cómo debe estar estructurado un documento HTML, las partes que debe tener y las etiquetas que deben identificar a cada una de estas. También ofrecen recomendaciones acerca del texto, los objetos insertados, las tablas, los marcos...

1.4 Intercambio de información

Los documentos pueden crearse con diferentes programas. Estos les confieren características particulares que determinan el formato del documento y las aplicaciones que permitirán visualizarlo y editarlo. El formato de un documento se identifica a través de la extensión del archivo que lo contiene.

Cuando varias personas intercambian información, han de asegurase de que el formato que utilizan es compatible con sus programas; en caso contrario, no podrán acceder a ella.

La mejor opción para intercambiar información es utilizar alguno de los considerados formatos estándar, ya que, de este modo, se garantiza que cualquier usuario tenga acceso.

Formatos estándar

Sus características son:

- Están muy difundidos, por lo que son conocidos por casi todos los usuarios.
- Son de tipo publicado o abierto, lo cual permite que cualquier persona pueda utilizarlos libremente.
- No son específicos de ningún programa ni sistema operativo. Su código o especificación es de uso libre, por lo que los desarrolladores de programas los incorporan a todas las aplicaciones para que puedan ser utilizados en ellas.

1.5 Tipos de formato

El formato de un documento determina sus características y viene dado por su especificación, la cual está definida por sus desarrolladores. Existen varios tipos de formatos:

- **Formato cerrado o propietario.** La especificación de estos formatos no está publicada (pertenece a empresas) y, por tanto, solo la pueden utilizar las aplicaciones de su propiedad. Un ejemplo de este tipo de formato es DOCX, perteneciente al procesador de textos Microsoft Office Word.
- **Formato publicado.** Su especificación pertenece a empresas, pero su código sí está publicado y, por tanto, puede ser utilizado por aplicaciones de otras empresas. Un ejemplo de este tipo de formato es RTF, de Microsoft.
- **Formato abierto.** La especificación de estos formatos está publicada en su totalidad. Suelen pertenecer a organizaciones sin ánimo de lucro, por lo que cualquier desarrollador de aplicaciones puede utilizarlos libremente. Un ejemplo de este tipo de formato es ODF, de LibreOffice.

Formatos recomendados	
Formato	**Características**
TXT	Conocido como «texto plano», no permite dar formato al texto y suele utilizarse en correos, foros, etc.
ODF	Es un formato estándar utilizado por LibreOffice y basado en XML. Fue aprobado como estándar ISO en el año 2006.
PDF	Es un formato muy extendido. Su principal característica es que el aspecto del documento es idéntico al de su impresión.
HTML	Se trata de un formato sencillo para crear páginas web. Existen algunas extensiones de este formato, no especificadas por W3C, que no se consideran dentro del estándar.
XML	Es un formato más evolucionado que HTML, por lo que lo está sustituyendo en Internet. Aunque fue desarrollado por Microsoft, ha dejado libre su especificación para poder ser utilizado por cualquier usuario que conozca este formato.
GIF, JPEG y PNG	Son formatos gráficos y se diferencian entre sí por la calidad de la imagen y el tamaño del archivo.

2 Páginas web

2.1 ¿Qué es una página web?

Las páginas web o documentos HTML son los documentos que conforman la World Wide Web, el servicio más conocido y utilizado de Internet.

Se trata de documentos hipertexto, esto es, que ofrecen información combinando texto, sonido, imágenes, animaciones, vídeos, etc. Por esta razón, también se puede decir que las páginas web son documentos multimedia.

Para poder visualizar el contenido de una página, esta se debe abrir con un navegador web, aplicación que es capaz de leer, interpretar y mostrar estos documentos.

Lenguaje HTML

Las páginas web deben crearse con un lenguaje específico, el lenguaje HTML *(hypertext markup language)*, ya que es el único modo de garantizar que cualquier persona pueda visualizarlas con independencia del navegador web que utilice.

Como se verá más adelante, los comandos de este lenguaje se denominan «etiquetas HTML», se escriben entre los símbolos **<>** y permiten dar formato a los elementos de la página web.

El potencial de este lenguaje es que permite incluir información de distinta naturaleza (texto, imágenes...) y, además, ofrece la posibilidad de utilizar hiperenlaces para poder navegar de una página a otra.

```
<!DOCTYPE html PUBLIC "-//W3C//DTD HTML 4.01//EN "http://www.w3.org/TR/html4/strict.dtd">
<html>
<head>
  <meta content="text/html; charset=ISO-8859-1" http-equiv="content-type"> <title>Monte Saint-Michel</title
  <style type="text/css"></style> <link rel="stylesheet" href="misestilos" type="text/css">
</head>
<body style="color: rgb(0, 0, 0); background-color: rgb(232, 232, 255);" alink="#000099" link="#000099" vli
<table style="text-align: left; width: 802px;" border="0" cellpadding="2" cellspacing="2">
  <tbody>
    <tr>
      <td colspan="2" rowspan="1"  style="vertical-align: top; width: 398px;"> <h1>MONTE SAINT-MICHEL</h1>
    </tr>
    <tr>
    <td style="vertical-align: top; width: 369px;"><big>El <span style="color: rgb(51, 51, 153); font-weigh
Saint-Michel</span> está situado en Francia, en la  región de Normandía, haciendo frontera con la regi
situación geográfica es tal que aún hay algunas discusiones entre los pobladores de la zona porque no se po
que pertenece</big><big>.</big><br> <big>Se trata de una isla constituida por una gran roca; las grandes ma
    <big>En la actualidad se ha construido una carretera, elevada unos metros por encima del nivel del mar,
comunicada con el continente.</big><br> <big>A lo largo de la historia, esta isla ha sido punto de peregrin
en los siglos XVIII y XIX. </big><span style="font-size: 11pt; line-height: 115%; font-family: &quot;Calibr
    <td style="vertical-align: top; width: 398px;"> <img style="width: 426px; height: 350px;" src="recursos
 alt="petra.jpg"><span style="font-size: 11pt; line-height: 115%; font-family: &quot;Calibri&quot;,&quot;sa
    </tr>
    <tr>
    <td style="vertical-align: top; width: 369px;"><img style="width: 381px; height: 159px;" src="recursos/
 alt="" align="middle"><br> </td>
    <td style="vertical-align: top; width: 398px;"><big>Inicialmente,en el islote se construyó un santuario
En el siglo X, los monjes benedictinos fundan una abadía, y a lo largo de la historia se realizan múltiples
En la actualidad, además de la propia abadía destacan la capilla de Notre-Dame-sous-Terre, la capilla de Sa
parroquial de San Pedro</big>.<br> </td>
    </tr>
    <tr>
    <td style="vertical-align: top; width: 369px; text-align: right;"> <br> </td>
    <td style="vertical-align: top; width: 398px;"><a href="index.html"><img  style="border: 0px solid ; wi
 src="recursos/Volver.GIF" alt="volver.gif" align="middle" hspace="3" vspace="3"></a>Volver a la página ini
    </tr>
  </tbody>
</table>
<br>
</body>
</html>
```

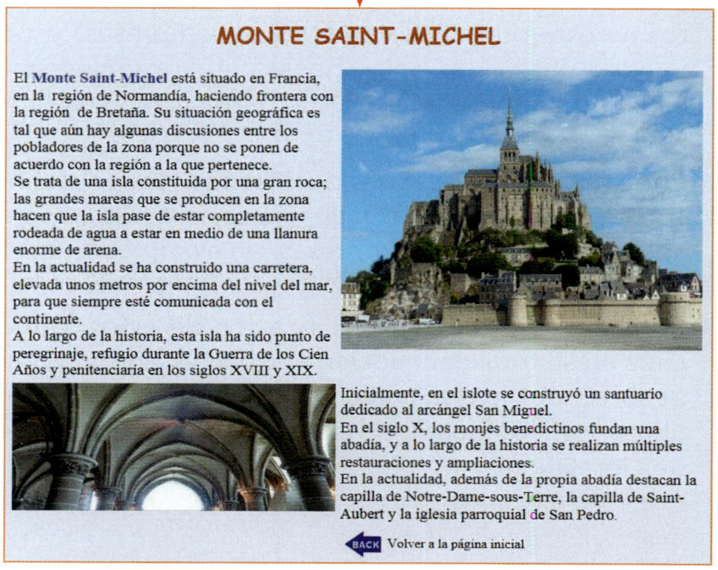

Código HTML y visualización de una página web.

2.2 ¿Qué es un sitio web?

Un sitio web es un conjunto de páginas web pertenecientes a una persona, empresa o entidad. Dicho sitio está constituido por los documentos HTML correspondientes a las páginas web y por todos los recursos que se hayan utilizado en ellas: imágenes, vídeos, sonidos, etc.

El sitio web debe estar organizado. Por lo tanto, es necesario crear carpetas en las que guardar todo su contenido de forma ordenada.

Los diseñadores web suelen crear un sitio web en el disco duro del ordenador (sitio local) para guardar en él los documentos HTML creados y los recursos utilizados. Posteriormente, una vez comprobadas las páginas, copian todos los archivos del sitio local en el servidor web de su proveedor (sitio remoto). De este modo, cuando se publica el sitio web, las páginas se hacen públicas y, así, pueden ser visitadas por cualquier usuario a través de Internet.

2.3 Tipos de páginas web

Las páginas web se pueden clasificar según distintos criterios. Aunque no se pueden hacer clasificaciones totalmente rigurosas, en este caso, haremos la siguiente.

Páginas web estáticas

Las páginas web estáticas son documentos HTML que muestran información. No se llaman así porque no puedan contener animaciones, sino porque su contenido se actualiza con poca frecuencia, únicamente cuando su creador o diseñador lo considera oportuno. Los usuarios que las visitan solo pueden visualizar su contenido.

Páginas web animadas

Las páginas web estáticas se pueden animar incluyendo *scripts* o *applets,* que son pequeños programas escritos en un lenguaje de programación compatible con HTML y, por lo tanto, interpretables por los navegadores web.

Otro modo de amenizar una página web consiste en agregar animaciones gráficas creadas con Adobe Flash.

Páginas web dinámicas

A diferencia de las páginas estáticas, las páginas dinámicas ofrecen al usuario la posibilidad de interactuar con la página e incluso de modificar o introducir información. La página mostrará en cada momento el resultado de la acción que haya realizado el usuario.

Estas páginas están basadas en un lenguaje de programación web y en la utilización de bases de datos, por lo que el servidor donde se vayan a alojar debe estar preparado para ello.

Son ejemplos de páginas dinámicas los foros, los blogs, los wikis, etc.

Páginas web de contenidos

Los gestores de contenidos proporcionan una plataforma en la que los usuarios pueden participar activamente en la elaboración de la información mostrada. Con estas aplicaciones se crean páginas web dinámicas cuya información se actualiza constantemente con la colaboración de un conjunto de usuarios pertenecientes a una empresa o entidad.

En los gestores de contenidos, hay un administrador encargado de administrar los usuarios y de otorgarles privilegios: ver (leer) la información, escribir artículos, editar los artículos existentes, etc.

Lo habitual es que la información ofrecida por los gestores de contenidos sea pública, es decir, que no haya que identificarse para poder ver y leer la información.

Adobe Flash

Permite crear animaciones para páginas web que se visualizan exactamente igual con independencia del navegador que se utilice.

Web 2.0

Las páginas dinámicas y los gestores de contenido han dado paso a la web 2.0, donde el usuario deja de ser un sujeto pasivo y participa de forma activa en la elaboración de los sitios web.

Comprende, piensa, aplica...

1. Averigua si es posible crear páginas web con un editor de textos.
2. **Investiga** qué tipo de *applets* o *scripts* se pueden insertar en una página web. ¿Has utilizado alguno de ellos?
3. ¿Existen páginas web creadas en su totalidad con Adobe Flash?
4. Accede a la página web de tu centro y deduce de qué tipo es. ¿Ofrece la posibilidad de que se identifiquen los usuarios?

3 Editores de páginas web

Para crear páginas web, no es necesario usar programas específicos: si se conocen los códigos del lenguaje HTML, se puede utilizar cualquier editor de texto (LibreOffice Writer, gedit, Bloc de notas...).

Además, si no se conoce o no se quiere utilizar el lenguaje HTML, existen muchísimos programas que permiten crear y editar páginas web sin necesidad de recurrir a este.

Escritura y edición de códigos HTML en un editor de texto.

3.1 Editores de texto

Con cualquier editor de texto, incluso con los más sencillos (aquellos que trabajan únicamente con texto plano, esto es, sin formato), se pueden crear páginas web.

Las páginas web son, en realidad, documentos de texto que contienen multitud de etiquetas HTML, necesarias para especificar las características y el contenido de las mismas. Lógicamente, es necesario conocer el lenguaje HTML y tener nociones de programación para diseñar y crear páginas web.

El documento de texto se debe guardar con el formato HTM o HTML; para ver su aspecto, hay que abrirlo con un navegador.

3.2 Editores visuales

Los editores visuales, llamados «editores WYSIWYG», permiten crear páginas web sin tener conocimientos de HTML. El usuario diseña el documento con las herramientas del editor, escribe el texto necesario y agrega otros elementos (imágenes, vídeos, etc.).

Este tipo de editores permiten que el usuario pueda ver, en todo momento, el documento con el aspecto que tendrá cuando se visualice con un navegador web. Además, el programa va escribiendo, de forma automática y sin la participación del usuario, el código HTML necesario para diseñar la página web.

WYSIWYG

El término «WYSIWYG» es el acrónimo de *What you see is what you get*, que traducido quiere decir 'lo que ves es lo que obtienes'.

KompoZer

KompoZer es un editor de software libre de fácil manejo que permite visualizar los documentos con su aspecto real. Además, se trata de un programa multiplataforma, es decir, dispone de versiones para diferentes sistemas operativos, como GNU/Linux y Windows.

Otra ventaja de KompoZer es que proporciona un módulo para administrar sitios web. Esto permite crear las páginas web en un servidor local y publicarlas posteriormente en Internet, e incluso trabajar directamente con las páginas del servidor remoto. Además, KompoZer ofrece la posibilidad de trabajar con hojas de estilos en cascada (CSS).

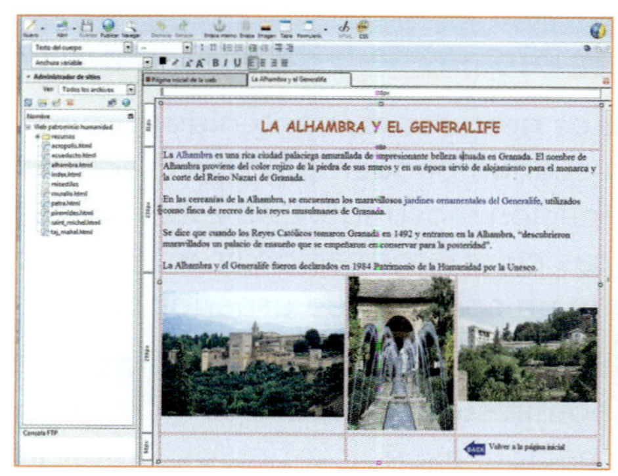

KompoZer.

Adobe Dreamweaver

Adobe Dreamweaver es uno de los editores de documentos HTML comerciales más utilizados. Proporciona herramientas avanzadas de diseño y facilita el uso de código HTML dinámico (capas, botones *flash*, barras de navegación, textos animados, imágenes de sustitución...). También permite trabajar con marcos o *frames* y con hojas de estilos en cascada (CSS), lo que le otorga una enorme potencialidad.

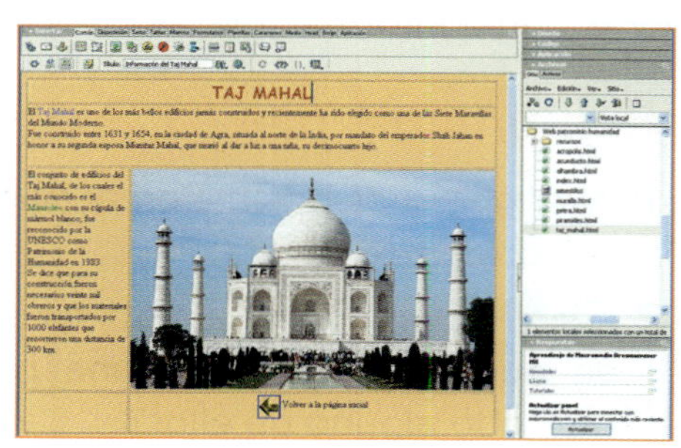

Adobe Dreamweaver.

3.3 Herramientas de la web 2.0

También se pueden crear documentos HTML utilizando herramientas de la web 2.0 disponibles en distintos servidores de Internet (blogs, wikis, etc.) o aplicaciones específicas en línea, como, por ejemplo, Glogster.

Aunque puede haber pequeñas variaciones, el proceso general siempre es el mismo: acceder a un servidor web 2.0 y comenzar el proceso de creación en el que el usuario elige entre las opciones que se le ofrecen de forma automática. Dichas opciones cambiarán en función de la herramienta y del servidor que se esté utilizando.

3.4 Editores online

La gran ventaja de los editores online es que se pueden crear páginas web sin necesidad de utilizar ninguna aplicación específica. El único requisito indispensable es disponer de un navegador web para acceder a Internet.

Por otra parte, estos editores suelen permitir crear un sitio web y publicar directamente en Internet las páginas creadas. En algunos casos, el sitio web y los servicios del editor son gratuitos, mientras que en otros tienen un coste económico.

3.5 Gestores de contenidos

Un sistema de gestión de contenidos es una plataforma que permite crear una estructura de soporte para que distintos usuarios puedan crear, publicar y administrar información con un diseño común.

Los gestores de contenidos han propiciado la aparición de las herramientas web 2.0, ya que permiten a los usuarios la participación activa en la creación, la publicación y el mantenimiento de un sitio web. Por ello, muchas empresas, instituciones y centros educativos han optado por crear sus sitios web con gestores de contenidos.

En los gestores de contenido, los usuarios tienen distintos niveles de acceso. Desde el administrador hasta los visitantes (usuarios sin permisos), existe una graduación de usuarios que varía según la plataforma utilizada: los autores (que pueden crear contenido), los editores (que pueden crear y editar contenido) y los publicadores (que pueden crearlo, editarlo y publicarlo). Por supuesto, el administrador es quien tiene todos los permisos, incluso los de gestión del resto de usuarios.

Existe una gran variedad de gestores de contenido y, como es habitual, algunos de ellos son comerciales y otros son gratuitos. Uno de los gestores de contenido más utilizados es Joomla!, software de código abierto que permite desarrollar sitios web dinámicos e interactivos.

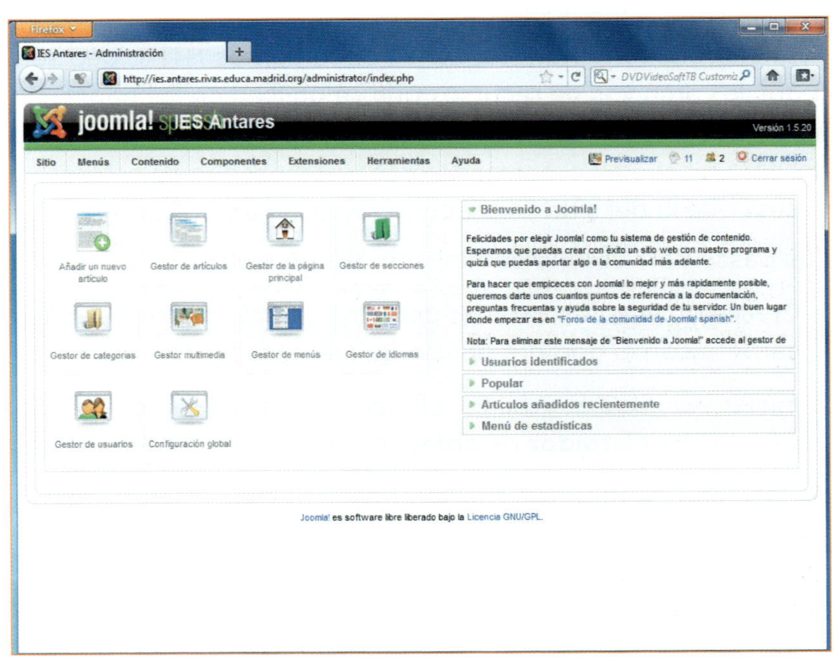

Administración de un sitio web creado con Joomla!.

4 Crear páginas web con KompoZer

El modo de iniciar KompoZer depende del sistema operativo con el que se esté trabajando. Una vez se haya iniciado, aparecerá su entorno de trabajo, semejante al de la figura (aunque se mostrará vacío).

Barra de herramientas de redacción. Cuenta con los botones para realizar las tareas más frecuentes.

Panel Administrador de sitios. Muestra el contenido del sitio web.

Solapas de modos de edición. Permiten activar los distintos modos de edición.

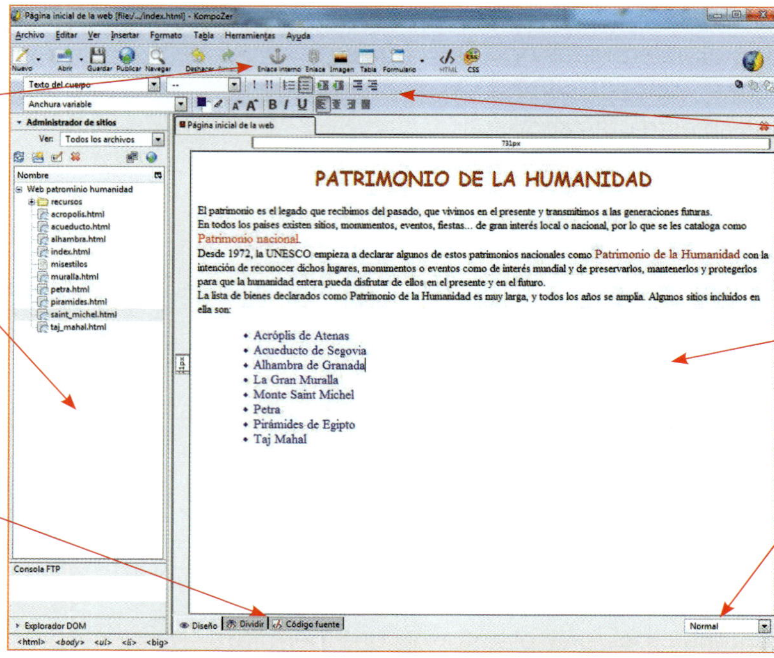

Barras de herramientas de formato. Sus botones permiten modificar el formato de los caracteres, párrafos y otros elementos de los documentos HTML.

Área de trabajo. En ella se visualiza la página web que se está diseñando y se realizan todas las tareas de creación y edición de los documentos HTML.

Vista del modo de edición Diseño. Esta lista desplegable ofrece varias opciones para ver la página web.

Entorno de trabajo de KompoZer.

4.1 Crear y administrar un sitio web local

Antes de iniciar la creación de una página web, se debe crear una carpeta en el disco duro del ordenador que actuará como sitio web local. Posteriormente, hay que configurar KompoZer para que pueda administrar el sitio local.

Esta carpeta contendrá todos los documentos HTML que se creen y todos los archivos de recursos que se utilicen en las páginas (imágenes, vídeos, archivos de sonido...). Es fundamental que el contenido del sitio local esté organizado en carpetas y que su estructura sea la misma que la del sitio web donde se vayan a publicar las páginas.

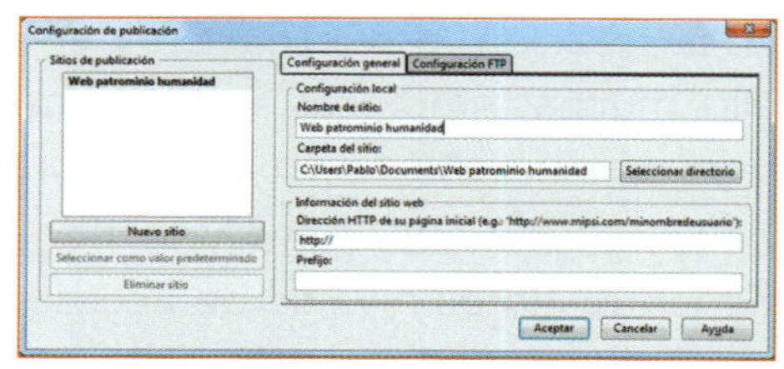

Sitio web local en Windows.

Los pasos para crear y administrar el sitio web son:

1 Crear, con el administrador de archivos del sistema operativo, una carpeta con el nombre que se quiera para el sitio web.

2 Iniciar KompoZer y hacer clic en el botón , localizado en el panel **Administrador de sitios.** Aparecerá un cuadro de diálogo.

3 Hacer clic en el botón **Nuevo sitio.**

4 Seleccionar la carpeta creada, cuya ubicación dependerá del sistema operativo en el que se esté trabajando.

5 Comprobar el nombre del sitio y hacer clic en **Aceptar.** El sitio web creado aparecerá en el panel **Administrador de sitios.**

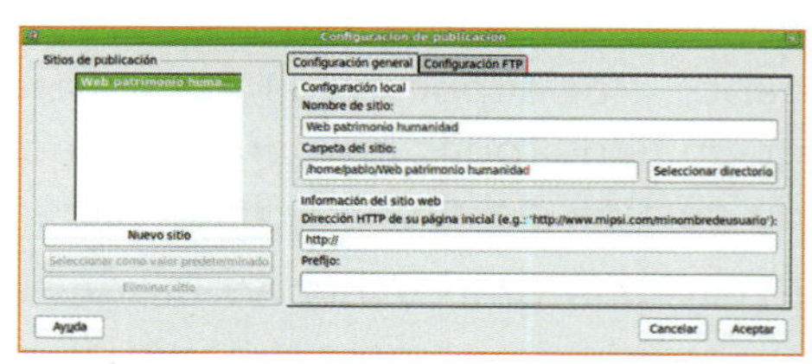

Sitio web local en GNU/Linux.

4.2 Crear una página web

Cuando se inicia KompoZer, el área de trabajo presenta una página vacía para comenzar a trabajar en ella. En el caso de que no se dispusiera de esta página o se quisiera crear otra página más, habría que:

1 Abrir el menú **Archivo** y seleccionar la opción **Nuevo.**

2 Activar las opciones que se deseen (las de la figura del margen establecen que se cree un documento desde cero y que este se abra en una nueva pestaña).

3 Hacer clic en el botón **Crear.**

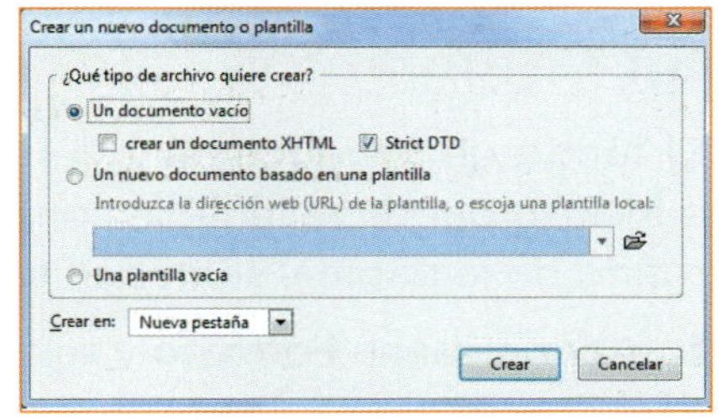

Crear un nuevo documento.

4.3 Escribir texto en una página web

Para escribir texto en una página web, basta con situar el cursor en el punto adecuado y escribir directamente.

Modificar el formato de los caracteres

Una vez que se ha escrito el texto, se pueden realizar modificaciones en el formato de sus caracteres mediante los botones de la barra de herramientas de formato.

Para realizar otras modificaciones en el formato de los caracteres, hay que utilizar las opciones del menú **Formato.**

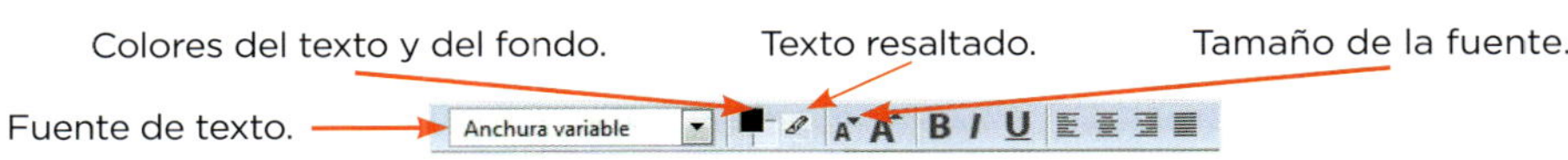

Escribir una lista

Para escribir una lista, basta con activar uno de los botones, en función de cómo se quiera que aparezca el texto: en forma de lista numerada o con viñetas.

Modificar el formato de los párrafos

Las modificaciones más frecuentes en los párrafos son:

- **Estilo.** Se pueden elegir determinados estilos para un párrafo en la lista desplegable Anchura variable.
- **Alineación.** Se puede modificar la alineación predeterminada de los párrafos (a la izquierda) mediante los botones.
- **Sangrado.** Los botones permiten aumentar y disminuir, respectivamente, la sangría de los párrafos.

Comprende, piensa, aplica...

1 Crea, en tu carpeta personal, otra carpeta con el nombre **Web patrimonio humanidad** para utilizarla como sitio local.

2 Descárgate desde el sitio web oficial de Anaya (www.anayadigital.com) los archivos necesarios para crear las páginas web propuestas en esta unidad y cópialos en la carpeta **recursos,** que debes crear dentro de la carpeta anterior.

3 Inicia KompoZer y configura el sitio web local para la carpeta creada anteriormente.

4 Comprueba que tienes activado el modo de edición **Diseño** y la vista **Normal.**

5 Escribe, en un documento nuevo, el texto que muestra la figura de la página anterior y modifica el formato de los caracteres teniendo en cuenta que al texto del título se le ha aplicado el estilo **Título 1.**

5 Trabajar con páginas web

5.1 Cambiar los colores de una página

El fondo de los documentos HTML puede ser blanco o de un color, e incluso puede rellenarse con una imagen. Para cambiar el color del fondo de la página, se deben seguir estos pasos:

1. Abrir el menú **Formato** y seleccionar **Colores y fondo de la página.**
2. Activar la opción **Usar colores personalizados.**
3. Hacer clic sobre el botón **Fondo** y elegir el color que se quiera de la paleta que aparecerá.
4. Cerrar la paleta de colores y, posteriormente, el cuadro de diálogo haciendo clic sobre el botón **Aceptar.**

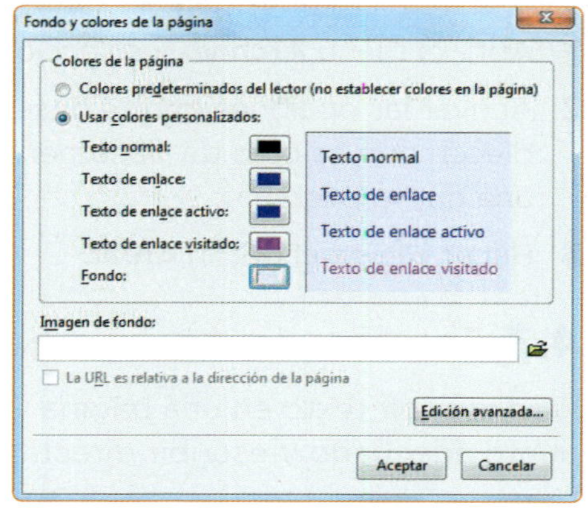

Personalizar el fondo y los colores.

5.2 Guardar una página web

Las páginas web deben ser guardadas en archivos cuyos nombres, preferiblemente, no deben exceder los ocho caracteres. Además, tampoco se deben utilizar mayúsculas, símbolos especiales (?, ¡, >) ni caracteres particulares de los idiomas como, por ejemplo, la eñe.

Además de indicar el nombre y la ubicación del archivo donde se va a guardar la página web, es conveniente especificar un título para la página, puesto que este se visualizará en la barra de título del navegador web cuando se visite la misma. A diferencia del nombre del archivo, el título puede contener cualquier carácter y la longitud del texto puede ser más extensa.

Por tanto, el procedimiento para guardar una página web consta de dos partes, y los pasos son:

1. Hacer clic sobre el botón Guardar. El programa solicita, en un cuadro de diálogo, el título de la página.
2. Escribir el texto del título.
3. Hacer clic en el botón **Aceptar** para dar validez al título.

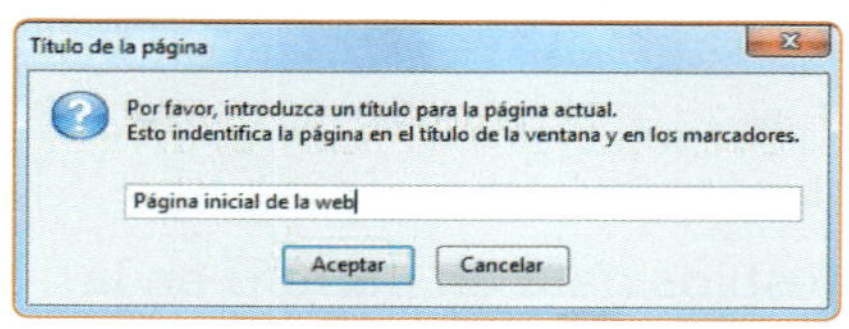

Titular la página que se va a guardar.

El programa mostrará el cuadro de diálogo **Guardar página como,** en el que se debe especificar la información necesaria para guardar la página. Para ello, hay que:

4. Activar la carpeta que se ha definido previamente en KompoZer como sitio web local.
5. Escribir un nombre para el archivo. Si la página es la de inicio, como muestra la figura, el nombre del archivo conviene que sea **index.**
6. Hacer clic en **Guardar.**

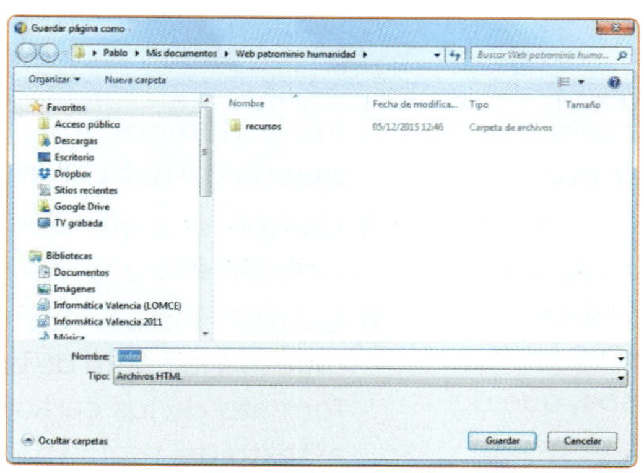

Guardar la página web en el sitio web local.

5.3 Cambiar las propiedades de una página

Si se quiere modificar el título de la página o agregar más información general, como el nombre del autor o una descripción, se puede especificar en el cuadro de diálogo que se activa mediante la opción **Título y propiedades de la página** del menú **Formato.**

5.4 Modos de edición

KompoZer ofrece varios modos edición que se activan mediante las pestañas situadas en la parte inferior izquierda del área de trabajo.

Diseño	Este modo, para el que hay varias vistas, permite crear el documento visualizándolo con su resultado final.
Código fuente	Esta opción ofrece la posibilidad de trabajar escribiendo y modificando el código HTML del documento.
Dividir	En este caso, el área de trabajo se divide para mostrar el diseño de la página y una parte de su código HTML.

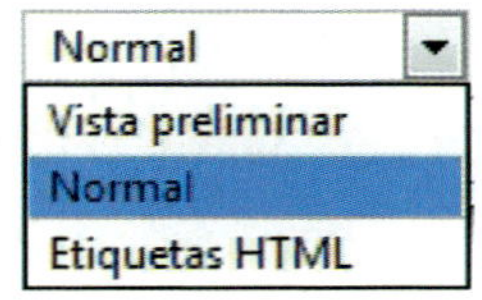

Vistas del modo **Diseño.**

5.5 Comprobar las páginas creadas

Aunque los editores WYSIWYG permiten ver el aspecto final de las páginas web mientras se está trabajando en ellas, es conveniente abrirlas con uno o varios navegadores para comprobar su compatibilidad y confirmar que su aspecto es el esperado. La forma más rápida de comprobarlo es hacer clic sobre el botón Navegar. Se abrirá el navegador web instalado por defecto y se cargará la página web. Para ver la página en otro navegador, hay que activar su ventana y cargarla mediante la opción **Abrir.**

Si la página no está guardada, el programa lo detecta y emite un mensaje de aviso, puesto que es imprescindible que el documento esté guardado para que se pueda mostrar la página web.

Es posible seguir trabajando en el diseño de la página y comprobar su aspecto en el navegador sin necesidad de cerrar ninguna ventana; bastará con activar la ventana correspondiente (la de KompoZer para editar y la del navegador para comprobar). Es importante recordar que se deben guardar las modificaciones en KompoZer mediante el botón Guardar y actualizar la página en el navegador mediante el botón C.

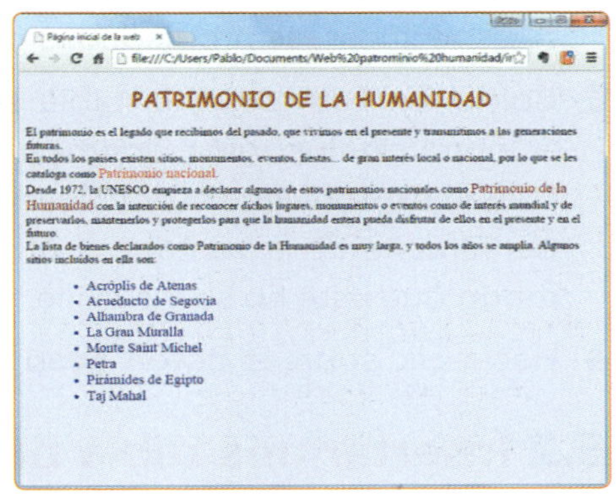

Comprobar la página web en el navegador Google Chrome.

5.6 Trabajar con varias páginas web

Las páginas web guardadas siguen estando visibles en el área de trabajo de KompoZer, a no ser que se cierren expresamente desde la opción **Cerrar** del menú **Archivo** o mediante el botón, disponible en la parte superior del área de trabajo.

KompoZer permite tener abiertos varios documentos de forma simultánea para trabajar en cada uno de ellos según interese. En la parte superior del área de trabajo, se visualizarán tantas pestañas como documentos se tengan abiertos. Por ejemplo, si se agrega un nuevo documento sin cerrar la página web creada, sus pestañas se verán como en la figura.

Barra de pestañas.

Comprende, piensa, aplica...

1 Cambia el color del fondo de la página web.

2 Guarda el documento en un archivo con el nombre **index.** No confundas el nombre del archivo («index») con el título de la página web («Página inicial del sitio web»).

3 ¿Qué extensión tiene el archivo donde se ha guardado la página web?

6 Tablas en páginas web

En cualquier documento (también en las páginas web), las tablas se utilizan para mostrar información en forma tabular. Sin embargo, su uso en páginas web puede tener, además, otra función muy importante: las tablas permiten crear una estructura para distribuir el texto, las imágenes... sin demasiadas complicaciones y con la garantía de que se visualizarán correctamente en todos los navegadores web, ya que impiden que los objetos se descoloquen.

6.1 Insertar una tabla como estructura de la página web

Los pasos para insertar una tabla en una página web no dependen de la finalidad con la que se utilice dicha tabla, aunque sí variarán algunas de sus propiedades. Para insertar, configurar y definir una tabla como estructura de una página web, los pasos son:

1 Hacer clic sobre el botón Tabla.

2 Hacer clic sobre la pestaña **Preciso** para activar la ficha que permite especificar las propiedades de la tabla.

3 Como, en este caso, la tabla se va a utilizar para definir la estructura de la página, además de indicar el número de filas y de columnas, conviene especificar el tamaño de la tabla como el 100 % del tamaño de la ventana e introducir el valor **0** para el borde, de modo que este no se visualice.

4 Hacer clic sobre el botón **Aceptar.**

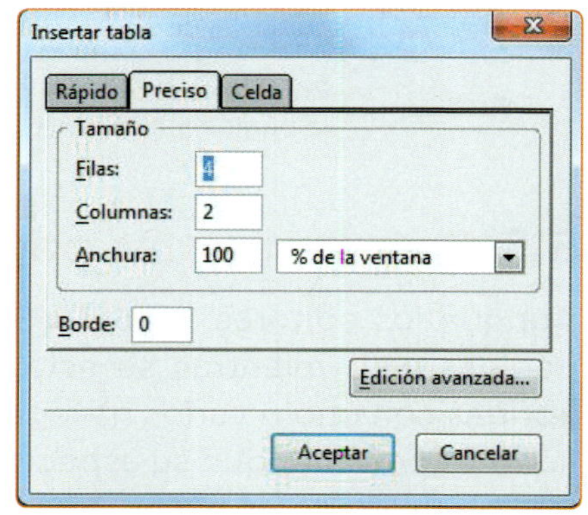

Insertar una tabla para crear la estructura de la página.

6.2 Insertar una tabla para mostrar datos

Si la tabla que se inserta se quiere utilizar para mostrar datos, además de especificar el número de filas y columnas, habrá que indicar su tamaño en píxeles o bien ajustarlo como el 100 % de la celda donde se vaya a situar. También es frecuente indicar un grosor para sus bordes, de modo que estos se visualicen.

6.3 Escribir texto en una tabla

Para insertar texto en una tabla, basta con activar sus distintas celdas (por ejemplo, haciendo clic sobre ellas) e introducir el texto que se quiera en cada una. Más tarde, se podrán modificar el formato de los caracteres, la alineación de los párrafos y otros aspectos de forma independiente en cada celda.

Al escribir texto en una celda, el ancho de su columna se modifica, lo que afectará de forma automática al resto de columnas de la tabla. No obstante, cuando se introduzca el contenido del resto de las celdas, se ajustará el ancho de todas las columnas.

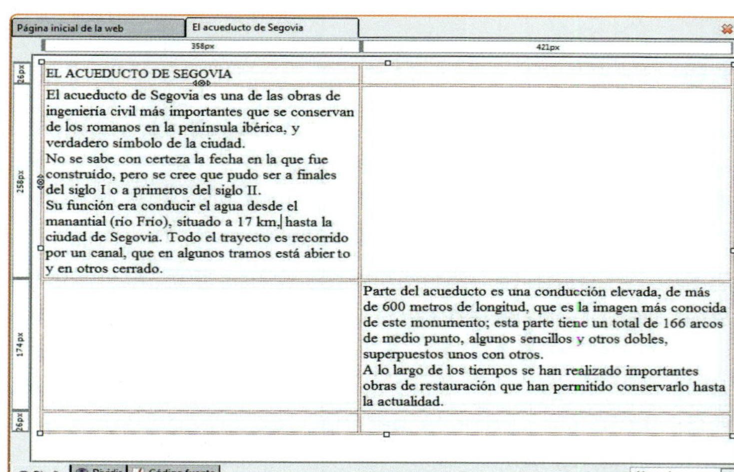

Página web con tabla y texto. Esta tabla no tiene bordes; las líneas que se visualizan son delimitadores visuales.

6.4 Modificar la estructura de una tabla

Insertar o eliminar filas y columnas

En algunas ocasiones, hay que agregar más filas o columnas en una tabla. El mejor modo de hacerlo es:

1. Situar el cursor en una celda de la tabla.
2. Abrir el menú **Tabla** y seleccionar la opción **Insertar.**
3. Elegir alguna de las posibilidades que ofrece el programa para tal efecto: **Fila superior, Fila inferior, Columna anterior,** etc.

Para eliminar alguna fila, columna o celda de la tabla, habrá que:

1. Situar el cursor en la celda.
2. Abrir el menú **Tabla** y seleccionar la opción **Borrar.**
3. Elegir alguna de las posibilidades: **Fila, Columna, Celda,** etc.

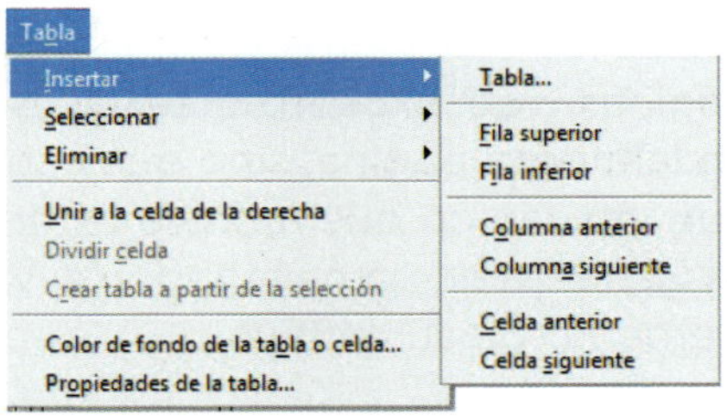

Insertar filas, columnas o celdas en una tabla.

Unir celdas

Una forma de romper la estructura tabular y conseguir una estructura diferente para la página web consiste en unir varias celdas de la tabla. El modo de operar es el siguiente:

1. Seleccionar las celdas que se quieren unir. Por ejemplo, para insertar un título, habría que seleccionar todas las celdas de la primera fila.
2. Abrir el menú **Tabla** y seleccionar **Unir celdas seleccionadas.**

Para deshacer la unión de varias celdas, hay que situar el cursor en la celda unida y seleccionar la opción **Dividir celda** del menú **Tabla.**

6.5 Cambiar el aspecto de una tabla

El modo general de modificar el formato de una tabla (color del fondo, grosor del borde...) es el siguiente:

1. Situar el cursor en la tabla para activarla.
2. Abrir el menú **Tabla** y seleccionar **Propiedades de la tabla.**
3. Activar las fichas **Tabla** o **Celdas** y modificar las propiedades que se quiera en cada una de ellas. La ficha **Celdas** permite modificar propiedades de las filas, columnas o celdas, dependiendo de la opción que se elija en la lista desplegable **Selección.**
4. Hacer clic sobre el botón **Aceptar.**

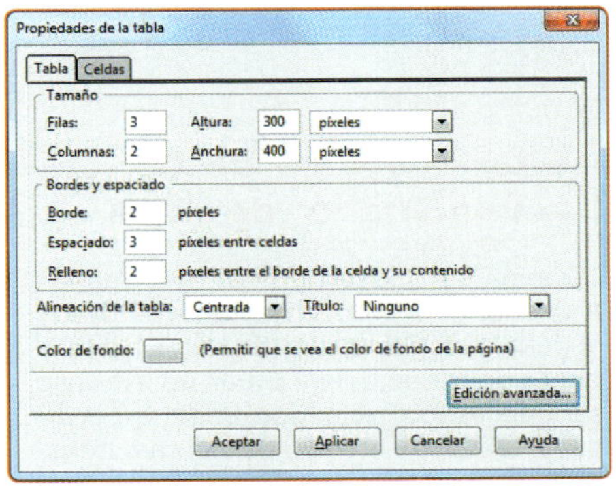

Ficha **Tabla.**

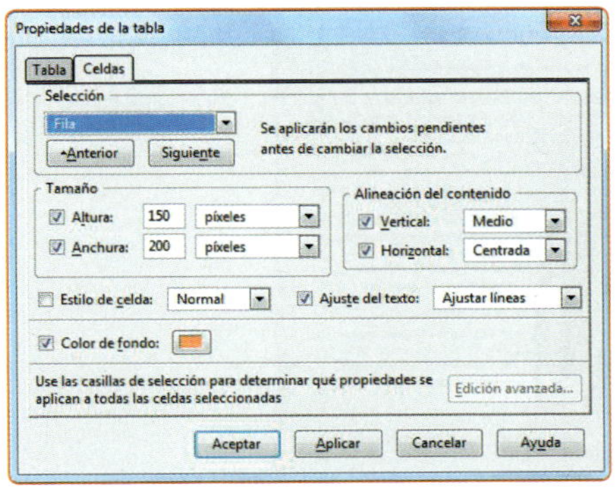

Ficha **Celdas.**

Ten en cuenta

El ancho de las columnas de una tabla se puede modificar arrastrando sus indicadores de la regla horizontal, situada en la parte superior del área de trabajo. Del mismo modo, se puede modificar la altura de las filas mediante sus indicadores, situados en la regla vertical, a la izquierda del área de trabajo.

7 Imágenes en páginas web

7.1 ¿Qué son los vínculos relativos?

Todos los elementos (también las imágenes) que se incluyen en las páginas web, excepto el texto escrito, no se almacenan en el archivo de la misma página, sino que esta contiene vínculos a cada elemento que indican en qué archivo están los mismos. Cuando la página web se visualiza en un navegador, el vínculo de la página le obliga a leer el elemento de su archivo.

Para que estos vínculos funcionen correctamente, no deben hacer referencia a un archivo localizado en una carpeta de un ordenador, sino a una carpeta que siempre esté en la misma posición relativa respecto a la página web.

7.2 Insertar una imagen

Las imágenes más usadas en las páginas web son aquellas que tienen algún tipo de compresión, puesto que sus archivos tienen un tamaño reducido y, por tanto, el navegador no tardará demasiado en cargarlas. Los formatos más utilizados son GIF (imágenes con pocos colores, con fondo transparente o animadas) y JPG o PNG (imágenes con mejor calidad que no permiten transparencias).

El modo de insertar una imagen en una página web es el siguiente:

1. Guardar la página web, aunque no esté finalizada. Este paso es imprescindible para poder vincular la imagen de forma relativa.
2. Situar el cursor en el lugar donde se quiera colocar la imagen: puede ser entre el texto del documento o en una celda de una tabla.
3. Hacer clic en el botón Imagen.
4. Activar la ficha **Ubicación** y seleccionar la imagen.
5. Activar la opción **La URL es relativa a la...** (si fuera necesario).
6. Escribir un texto alternativo; este solo aparecerá si la imagen no se puede cargar cuando se visualice la página en el navegador.
7. Activar la ficha **Dimensiones** y especificar el tamaño que debe tener la imagen en el documento. Con esta orden, no cambia el tamaño de la imagen original, solo la dimensión con la que debe verse en la página.
8. Hacer clic sobre el botón **Aceptar.**

Página web con una imagen insertada.

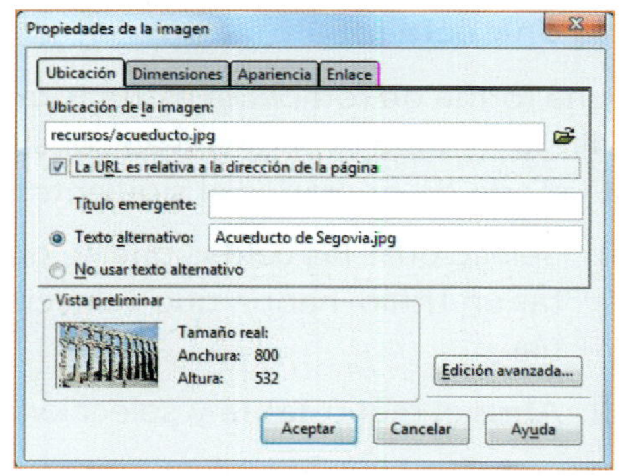

Insertar una imagen.

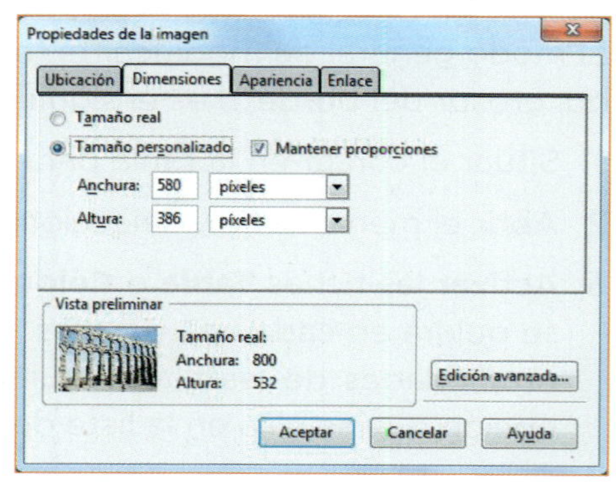

Especificar el tamaño de una imagen.

Insertar imágenes desde el Administrador de sitios

También se puede agregar una imagen a una página web arrastrándola desde el panel **Administrador de sitios** hasta el punto donde se quiera situar; en ese caso será necesario, posteriormente, especificar el tamaño y el resto de sus características particulares.

7.3 Modificar una imagen

Cuando se inserta una imagen empleando el método habitual, se pueden especificar sus propiedades en el cuadro de diálogo. De todas formas, existe la posibilidad de modificarlas posteriormente.

Cambiar el tamaño

Para modificar el tamaño de una imagen insertada, se debe arrastrar alguno de sus tiradores verdes visibles cuando la imagen está seleccionada. También se pueden especificar sus medidas en la ficha **Dimensiones** del cuadro de diálogo **Propiedades de la imagen.**

Distribuir texto alrededor

Si la imagen está situada entre el texto, hay que especificar cómo deben distribuirse los caracteres del mismo alrededor de la imagen y cómo debe comportarse esta. Los pasos son:

1. Pulsar el botón derecho del ratón sobre la imagen y seleccionar la opción **Propiedades de la imagen.**
2. Activar la ficha **Apariencia.**
3. Cambiar los valores de las propiedades que se quiera. Esta figura muestra las propiedades que permiten distribuir un texto a la derecha de la imagen, dejando un espacio de 3 píxeles y dibujando un borde fino alrededor de la imagen.
4. Hacer clic en **Aceptar.**

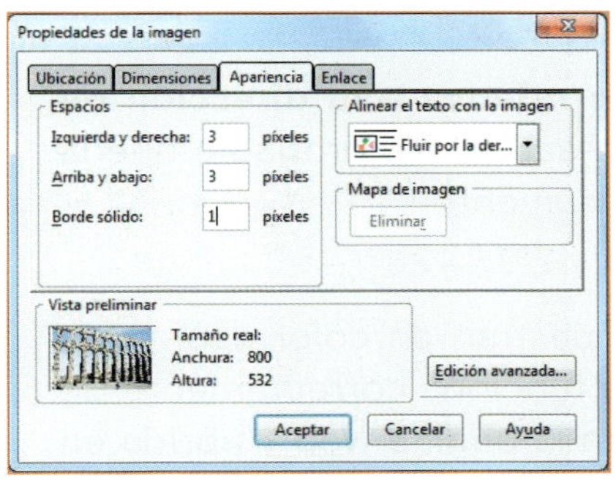

Distribuir texto alrededor de una imagen.

Comprende, piensa, aplica...

1. Crea una nueva página web e inserta una tabla con cuatro filas y dos columnas. Establece su ancho como el 100 % de la página y sin borde.
2. Modifica el color del fondo de la página para asignarle el mismo que el de la página inicial.
3. Escribe el texto correspondiente al acueducto de Segovia, que puedes ver en la página anterior.
4. Une las dos celdas de la primera fila y aplica el estilo **Título 1** al texto escrito en ella.
5. Guarda la página con el nombre **acueducto** en la carpeta del sitio web local.
6. Inserta la imagen **acueducto.jpg** en la celda de la tercera fila y primera columna. Comprueba que la referencia de la imagen queda como URL relativa y asígnale un tamaño de 580 × 386 píxeles.
7. Une las celdas de la segunda fila.
8. Despliega, mediante su botón de expansión, la carpeta **recursos,** en el panel **Administrador de sitios,** para visualizar sus archivos.

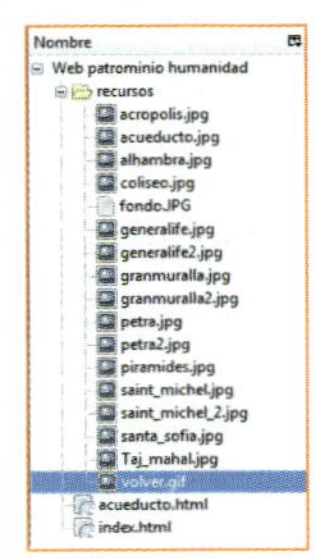

9. Arrastra la imagen **volver.gif** desde el mismo panel hasta la celda de la cuarta fila y primera columna.
10. Modifica las propiedades de la imagen para que quede centrada de forma vertical en la línea de texto eligiendo la opción ; activa un espaciado de 2 píxeles a izquierda y derecha.
11. Escribe, a la derecha de la imagen, el texto **Volver a la página inicial.**
12. Guarda los cambios realizados en la página y visualízala en tu navegador web. Observa que la imagen **volver.gif** es una imagen animada.

8 Enlaces en páginas web

Los enlaces, *links* o hiperenlaces se emplean en documentos y en páginas web para abrir otros documentos (páginas web de un mismo sitio web o de cualquier otro de Internet, documentos guardados en archivos...) o para acceder a otra sección del mismo documento o página web.

8.1 Crear un enlace de texto

Cualquier texto que esté escrito en la página web puede ser utilizado como un enlace. Su longitud puede variar de algunos caracteres a varias palabras. El modo de proceder es:

1 Comprobar que la página web está guardada.

2 Seleccionar el texto que se quiera utilizar como enlace, por ejemplo, **Acueducto de Segovia** de la página **index.html.**

3 Hacer clic sobre el botón Enlace.

4 En este caso, se quiere crear un enlace para abrir una página del sitio local **(acueducto.html),** por lo tanto, hay que hacer clic en el botón para localizar y seleccionar el archivo.

5 Comprobar que la opción **La URL es relativa a la dirección de la página** está activa. Si no se puede activar, es probable que la página web no se haya guardado previamente.

6 Hacer clic sobre el botón **Aceptar.**

Los textos utilizados para enlaces se muestran en color azul y subrayados. Para comprobar que el enlace funciona correctamente, se deben guardar los cambios realizados en la página web y abrirla en un navegador.

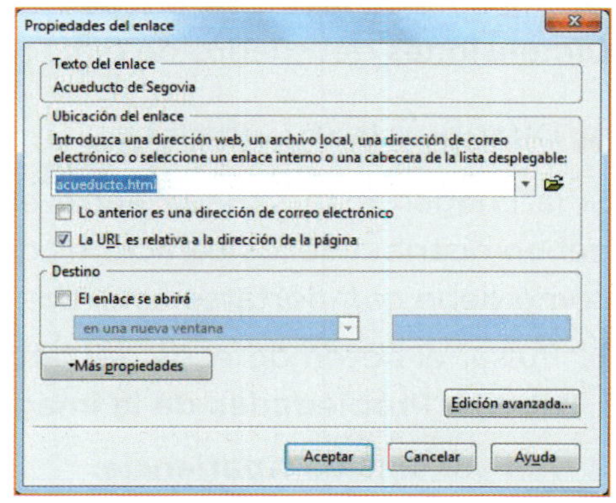

Crear un enlace de texto a una página del sitio web local.

Especificar el destino

Por defecto, la configuración del editor KompoZer hace que las páginas o los documentos enlazados se abran en la misma ventana del navegador.

Para modificar esta opción predeterminada, hay que activar, en el cuadro de diálogo **Propiedades del enlace,** la opción **El enlace se abrirá** y, a continuación, elegir un destino de los que ofrece el programa.

8.2 Crear un enlace en una imagen

Para crear un enlace utilizando una imagen previamente insertada en el documento, los pasos son:

1 Comprobar que la página web está guardada.

2 Hacer clic sobre la imagen para seleccionarla; por ejemplo, la imagen **volver.gif** de la página **acueducto.html.**

3 Hacer clic sobre el botón Enlace.

4 Especificar la dirección URL del documento que se quiera enlazar.

5 Comprobar, si el documento enlazado es una página del sitio web local, que la opción **La URL es relativa a la dirección de la página** queda activada.

6 Hacer clic sobre el botón **Aceptar.**

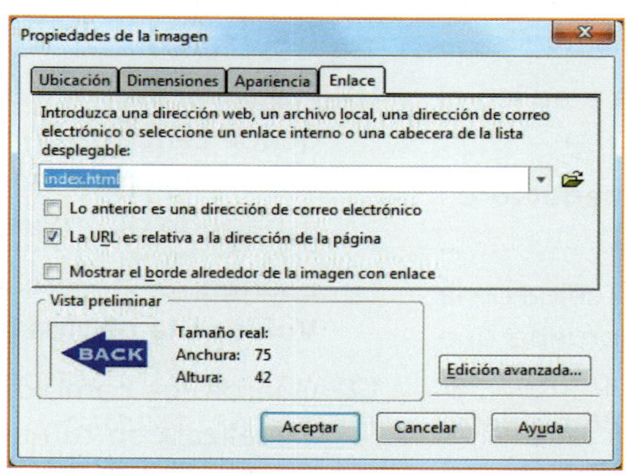

Crear un enlace en una imagen a una página del sitio web local.

8.3 Crear un enlace a una página de Internet

Para crear enlaces a páginas de otros sitios web, es muy importante escribir la dirección URL de la página web elegida de forma correcta y completa. Por ejemplo, http://whc.unesco.org/en/list. En caso contrario, no se localizará la página web y el navegador no podrá abrirla para mostrarla.

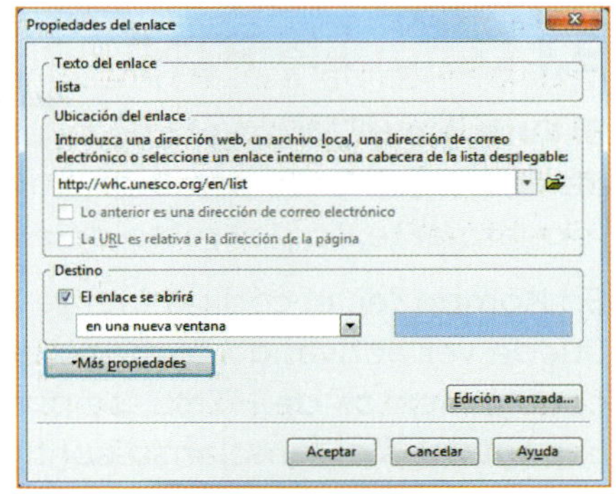

Enlace a una página de Internet que se abrirá en una ventana nueva.

8.4 Crear un enlace a otros tipos de documentos

Los enlaces no se utilizan solo para enlazar documentos HTML, sino que se pueden usar para abrir cualquier otro tipo de documento.

El formato PDF es uno de los más utilizados en Internet, ya que ofrece a los visitantes documentos con un aspecto invariable y un tamaño reducido.

El proceso de creación de enlaces a documentos es siempre el mismo: indicar el nombre y la ubicación del documento, y especificar el destino. Lo habitual es que se abran en una nueva ventana del navegador para que no se cierre la página web.

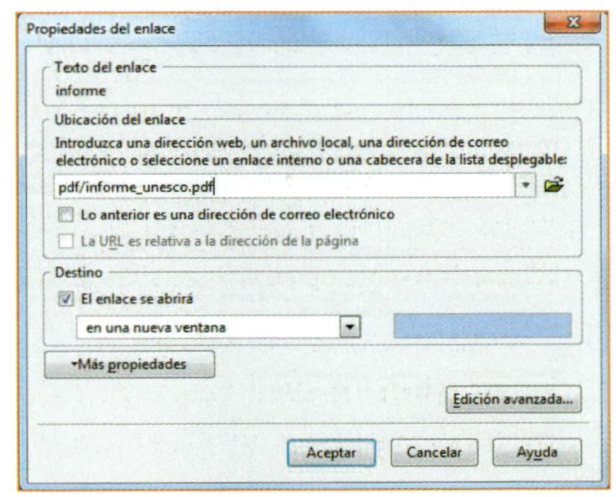

Crear un enlace a un documento PDF.

8.5 Crear un enlace a un correo electrónico

Los enlaces también se pueden utilizar para ofrecer al visitante un modo rápido de enviar un correo electrónico, por ejemplo, al administrador del sitio web para indicar alguna sugerencia o a un departamento o persona para realizar alguna solicitud o comentario.

El modo de crear un enlace a un correo electrónico es el habitual, con la única diferencia de que, en este caso, la dirección URL del enlace ha de ser una dirección de correo electrónico válida.

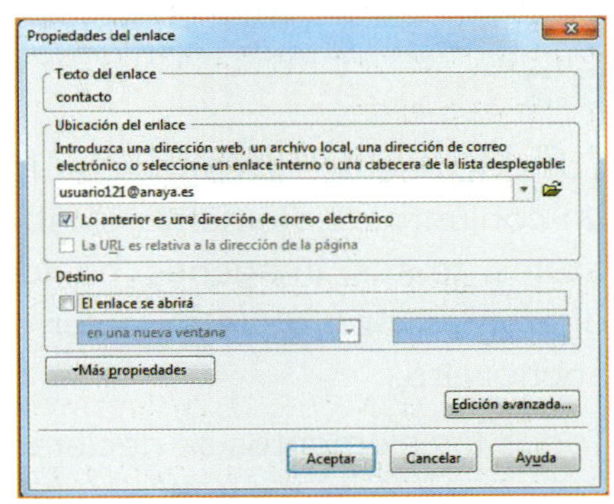

Crear un enlace a un correo electrónico.

8.6 Crear un enlace a un vídeo

Los vídeos no pueden insertarse físicamente en una página web, sino que se debe crear un enlace con la URL del archivo de vídeo.

Existen muchos formatos de vídeo (AVI, MPEG1, MPEG2, MPEG4, MOV...), que determinan tanto la calidad y el tamaño del archivo como el reproductor que lo podrá mostrar. Ambos motivos obligan a utilizar, en los documentos HTML, formatos de vídeo que ofrezcan una calidad aceptable con un tamaño de archivo reducido y con un formato estándar para garantizar que el usuario disponga del reproductor adecuado para visualizarlo.

Comprende, piensa, aplica...

1. Abre la página **index.html** y crea, con el texto **Acueducto de Segovia** de la primera viñeta, un enlace a la página **acueducto.html.**
2. Abre la página web **acueducto.html** e inserta, en la imagen **volver.gif,** un enlace a la página web **index.html.**
3. Guarda las modificaciones realizadas en las páginas web y visualízalas en un navegador para comprobar que los enlaces funcionan.
4. Observa la figura en la que se muestra cómo crear un enlace a un documento PDF. Deduce dónde está guardado este y dónde se visualizará.

9 Lenguaje HTML en páginas web

9.1 Lenguaje HTML

El lenguaje HTML es el que se utiliza para crear páginas web. Se trata de un conjunto de palabras clave, *tags* o etiquetas que permiten dar formato al texto y al resto de elementos utilizados en las páginas.

En KompoZer, el código fuente de la página que se está diseñando se puede ver activando el modo de edición **Código fuente.** Si se tienen conocimientos de HTML, se puede modificar o escribir el código de la página para cambiar su configuración y su aspecto.

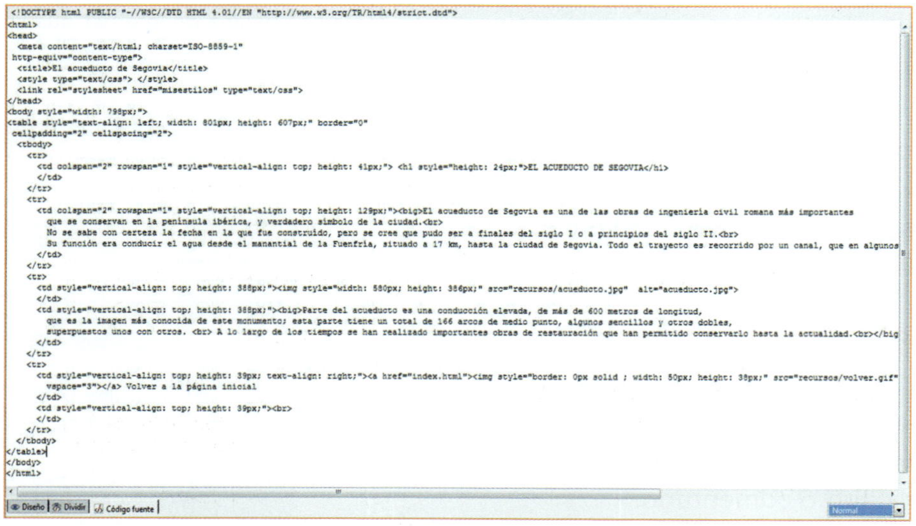

Visualizar el código fuente en KompoZer.

Código HTML

Se puede ver el código HTML de la página web que se tenga abierta en un navegador mediante la opción **Ver código fuente** del menú contextual de la misma página.

9.2 Etiquetas HTML

Los documentos creados con lenguaje HTML están constituidos por un conjunto de elementos (cabecera, cuerpo, tablas, columnas, filas, títulos, textos, imágenes, enlaces...) que pueden tener propiedades diferentes: tipo de letra, color de la fuente, color del fondo, negrita, ancho, alto...

Todos los elementos se declaran en el lenguaje HTML mediante unos comandos especiales denominados «etiquetas». Estas han de escribirse entre los símbolos **<>.** Algunos ejemplos son: **<head>** (cabecera de la página web), **<body>** (cuerpo de la página), **<h1>** (texto escrito con el estilo **Título 1**), etc.

Las etiquetas HTML suelen ser dobles, ya que tienen que indicar el comienzo y el final de la zona del texto (código) a la que afecta.

KompoZer puede mostrar las etiquetas del documento en su vista de diseño, lo que permite a los usuarios identificar los elementos de la página web y familiarizarse con las etiquetas HTML. Para verlas, hay que activar el modo de edición **Diseño** y seleccionar **Etiquetas HMTL** de la lista desplegable **Vista.**

Además, en la barra de estado, el programa muestra en todo momento las etiquetas de las zonas de la página web donde está situado el elemento en el que se está trabajando.

Ten en cuenta

Las dos etiquetas HTML de comienzo y final pueden estar escritas en la misma línea o en líneas diferentes. Un ejemplo de párrafo con ambas posibilidades es el siguiente:

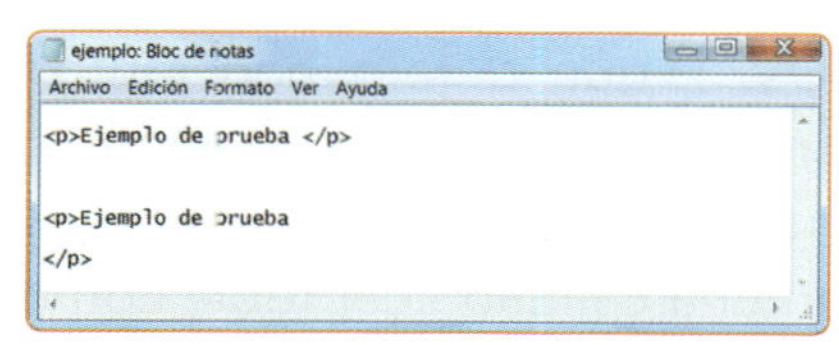

Etiquetas HTML en KompoZer

Etiqueta que indica el comienzo del cuerpo de la página.

Etiqueta para crear un enlace.

Etiqueta para crear una lista con viñetas.

La barra de estado muestra que el texto resaltado («La Gran Muralla») está dentro de la página web, en su cuerpo, como elemento de una lista con viñetas.

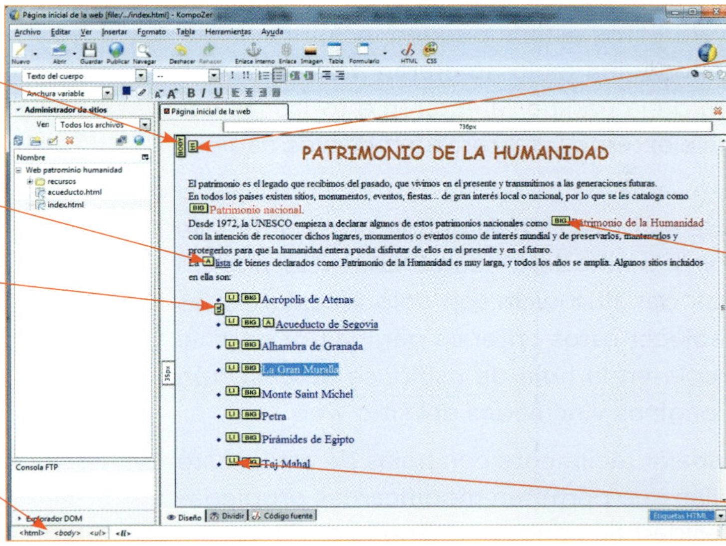

Etiqueta para aplicar el estilo de párrafo **Título 1.**

Etiqueta que especifica un aumento del tamaño de la fuente.

Etiqueta que identifica un elemento de una lista.

Algunas etiquetas son imprescindibles porque definen la estructura obligatoria de cualquier documento web, tal y como se muestra en la figura del margen.

Las características o propiedades de cada elemento también se declaran con comandos propios del lenguaje HTML: los denominados «atributos». Algunos ejemplos son: **color: #FF0000** (color rojo), **text-align: center** (texto centrado horizontalmente), etc.

El esquema estándar de una etiqueta HTML es el siguiente:

<etiqueta atributo="valor"> contenido </etiqueta>

En caso de querer definir varios atributos en una misma etiqueta, estos se escriben seguidos y separados por punto y coma (;). El siguiente ejemplo define el tipo de letra, el color y la alineación del texto **«Mi página web»,** escrito con el estilo de **Título 1.**

<h1 style="font-family: Comic Sans MS; color: #FF0000;"align="center"> Mi página web </h1>

Estructura básica

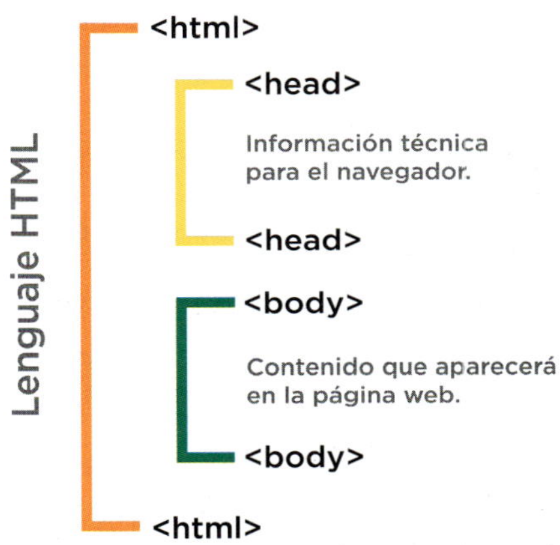

Etiquetas	Características y funciones
<html>...</html>	Indican el comienzo y el final del documento web. Son las etiquetas principales del mismo.
<head>...</head>	Especifican los elementos y propiedades de la cabecera de la página web.
<title>...</title>	Delimitan el texto que aparecerá en la barra de título del navegador.
<h1>...</h1>	Definen un texto etiquetado como **Título 1.**
<table>...</table>	Definen las características y el contenido de una tabla.
<tr>...</tr>	Definen las características y el contenido de una fila de la tabla.
<td>...</td>	Definen las características y el contenido de una celda de una fila de la tabla.
<p>...</p>	Determinan un párrafo del texto.
 	Provoca un salto de línea en el texto. No necesita etiqueta de cierre complementaria.
<img src="ruta y nombre imagen" />	Permite insertar una imagen en la página web. Se trata de una etiqueta que lleva el cierre incorporado (también puede omitirse), por lo que no necesita otra etiqueta complementaria.

10 Hojas de estilo en páginas web

Los estilos son reglas e instrucciones que definen el aspecto de los elementos de una página web. Estos estilos pueden incluirse en etiquetas concretas de la propia página (solo afectarán a un elemento de la página), en la cabecera de la página (afectarán a todas las etiquetas iguales) o en un archivo externo (afectarán a todas las páginas del sitio web).

La ventaja de utilizar hojas de estilo es que, al definir un conjunto de reglas referidas al aspecto y al estilo del documento, estas podrán aplicarse a todas las páginas del sitio web con solo vincularlas, es decir, no será necesario establecer estos criterios página por página. Además, al modificar una regla en la hoja de estilo, se actualizarán automáticamente todas las páginas vinculadas del sitio web.

Con KompoZer, se puede trabajar fácilmente con hojas de estilo: este editor incorpora unas plantillas que permiten modificar las propiedades de las etiquetas sin necesidad de conocer el lenguaje HTML.

Existen varios modos de crear y aplicar hojas de estilo. A continuación, se creará una hoja de estilos enlazada (archivo CSS) y se definirán en ella varias reglas de estilo que posteriormente se aplicarán a las páginas web.

Hoja de estilos en cascada

Es un archivo de extensión **.css** que contiene todos los estilos necesarios para definir las características de las distintas etiquetas (elementos) que se quieran modificar.

10.1 Crear una hoja de estilos enlazada

Los pasos para crear una hoja de estilos enlazada en KompoZer son:

1 Abrir una página web, por ejemplo, **acueducto.html.**

2 Hacer clic sobre el botón para iniciar el editor de estilos.

3 Desplegar el botón y seleccionar **Hoja de estilos enlazada,** opción que permite crear una hoja de estilos independiente.

4 Escribir el nombre que se quiera dar a la página de estilos (en nuestro caso, **misestilos**) y, si se quiere, un título para la página.

5 Hacer clic sobre el botón **Crear hoja de estilos.** La hoja creada aparecerá en el panel izquierdo, junto a la hoja de estilos interna que contiene los estilos de la página web actual.

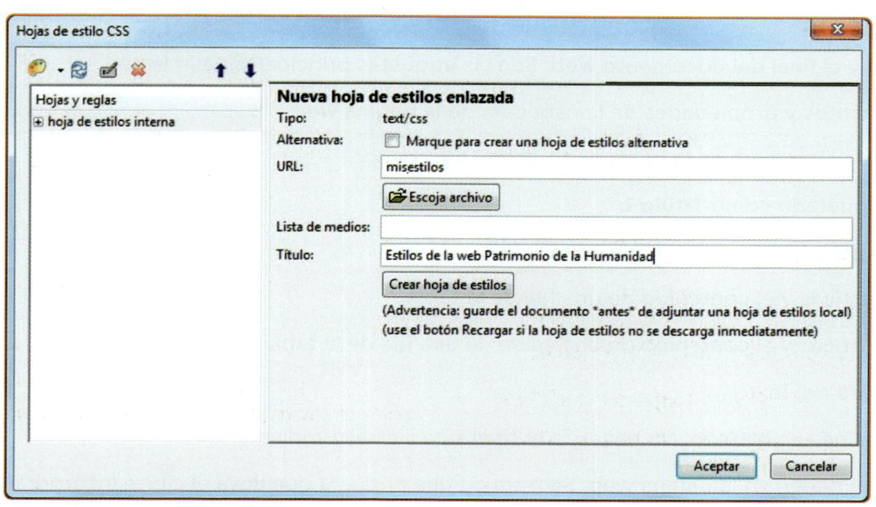

Crear una hoja de estilos enlazada.

10.2 Crear reglas de estilo

La primera regla de estilo que se creará será para la etiqueta **h1,** correspondiente a los textos que se inserten en las páginas como títulos de primer nivel. Para ello, se deben seguir estos pasos:

1. Comprobar que está seleccionada, en el panel izquierdo, la hoja de estilos creada anteriormente **(misestilos)** para que las reglas que se creen se guarden en la misma.
2. Desplegar el botón y seleccionar la opción **Regla de estilo.**
3. Activar la opción **estilo aplicado a todos los elementos de tipo.**
4. Desplegar la lista de elementos situada en la parte inferior y seleccionar **h1,** correspondiente a la etiqueta **Título 1.**
5. Hacer clic sobre el botón **Crear regla de estilo.** En el panel izquierdo, se podrá comprobar que el elemento queda ligado a la hoja de estilos **misestilos.**
6. Activar, mediante su pestaña, la ficha **Texto** y modificar las propiedades que se desee. Se pueden modificar otras propiedades en las fichas restantes.
7. Hacer clic en **Aceptar.** El editor de hojas de estilo se cerrará y la página web mostrará el efecto de la regla.

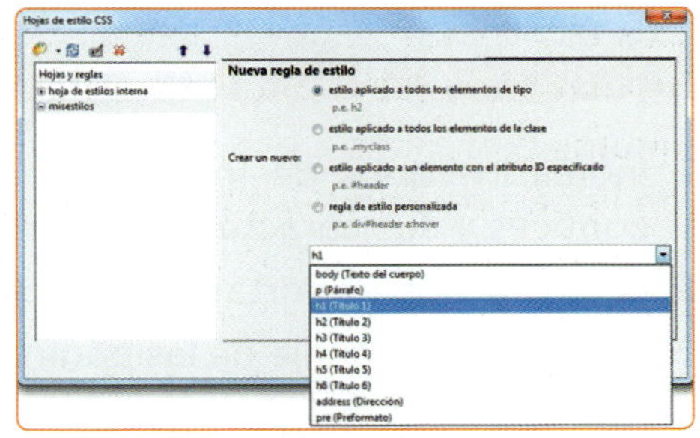

Crear reglas de estilo.

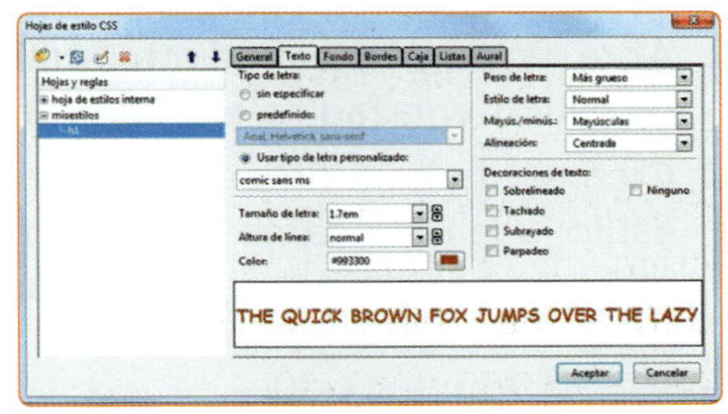

Propiedades del texto para la etiqueta **h1.**

Aunque puede que la página web abierta ya tenga su fondo coloreado, conviene crear una regla de estilo para asignar el mismo color a todas las páginas que se creen en el sitio web. Para ello, se deben seguir estos pasos:

1. Hacer clic sobre el botón y activar, en el panel izquierdo, la hoja de estilos **misestilos.**
2. Desplegar el botón y seleccionar la opción **Regla de estilos.**
3. Activar la opción **Estilo aplicado a todos los elementos de tipo,** desplegar la lista de elementos y seleccionar **body.**
4. Hacer clic sobre el botón **Crear regla de estilo.**
5. Activar la ficha **Fondo** y seleccionar el color que se prefiera.
6. Hacer clic sobre el botón **Aceptar;** se cerrará el editor.
7. Cerrar la página web abierta.

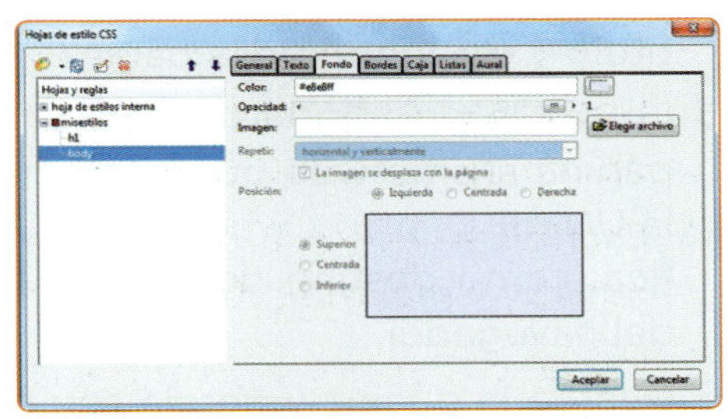

Propiedades de la etiqueta **body** (cuerpo de la página).

10.3 Enlazar una hoja de estilos a una página web

Para que las reglas de estilos que se han creado y aplicado en una hoja de estilos independiente afecten a una o varias páginas web, es necesario enlazarlas a ella. Los pasos son:

1. Abrir una página web, por ejemplo, **index.html.**
2. Hacer clic sobre el botón .
3. Desplegar el botón y seleccionar **Hoja de estilos enlazada.**
4. Seleccionar la hoja **misestilos** y hacer clic en **Crear hoja de estilos.** La página web se modificará automáticamente con las reglas definidas en la hoja de estilos elegida.
5. Guardar las modificaciones en la página web.

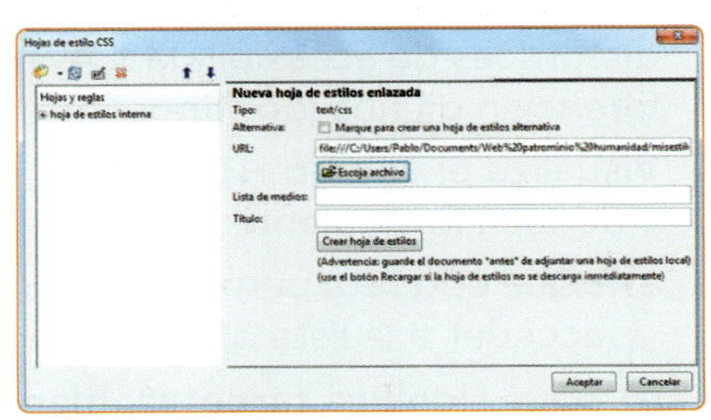

Enlazar una hoja de estilos a una página web.

Comprueba cómo progresas

Recuerda lo que has aprendido

1 Indica los tipos de formato de documentos que conoces y sus características principales.

2 ¿Por qué son importantes los formatos estándar?

3 ¿Cuál es el lenguaje de las páginas web? Indica sus principales características.

4 Explica la diferencia que existe entre abrir una página web con un procesador de textos y hacerlo con un navegador web.

Aplica tus conocimientos

1 Abre la página **acueducto.html** y crea una hoja de estilos enlazada a ella con el nombre **misestilos.**

2 Crea, en la hoja de estilos anterior, dos reglas de estilo: una para cambiar el formato del texto de la etiqueta **h1** y otra para modificar el color de fondo del cuerpo de la página.

3 Guarda los cambios que has realizado y las reglas de estilo que has creado, y cierra la página web **acueducto.html.**

4 Abre la página **index.html** y enlaza la hoja de estilos **misestilos.css.** Comprueba que, al hacerlo, se modifican automáticamente las propiedades del título y del fondo de la página.

5 Enlaza la palabra «lista» del último párrafo de la página al sitio web que contiene la lista oficial de la UNESCO: http://whc.unesco.org/en/list. Especifica, como destino del enlace, una nueva página del navegador.

6 Guarda la página y ábrela con un navegador web para comprobar si funciona el enlace.

Investiga

1 Las páginas web muestran un logotipo WAI en el que se especifica el grado de seguimiento de las directrices de accesibilidad. Averigua en qué se diferencian dichos logotipos.

2 Visualiza el código HTML de la página **index.html** y deduce lo siguiente:

a) ¿Qué etiqueta permite crear el hiperenlace para acceder a la lista oficial de la UNESCO?

b) ¿Qué significa **target="_blank"** en la definición de un enlace?

3 Averigua cómo se define la estructura de una tabla en lenguaje HTML y cómo se declaran las filas y las columnas.

Pon en práctica con KompoZer

1 Crea una página web para informar de la ciudad de Petra teniendo en cuenta estas indicaciones:

a) Guarda la página nada más comenzar a diseñarla con el nombre **petra.html** para poder agregar sus elementos (imágenes) mediante referencias relativas.

b) Enlázala con la hoja de estilos **misestilos.css.**

c) Inserta una tabla de 4 × 2 como estructura de la página y une las dos celdas de la primera fila.

d) Aplica el estilo **Título 1** al texto del título.

e) Inserta la imagen **volver.gif** y crea un enlace en ella a la página **index.html.**

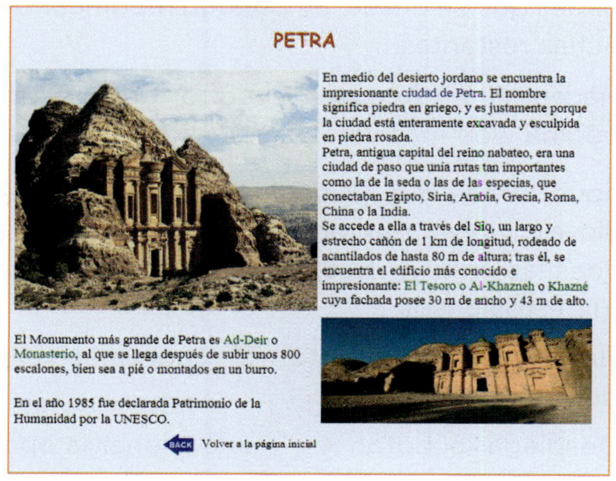

Página web **petra.html.**

2 Crea una nueva página para dar información de la Acrópolis de Atenas. Ten en cuenta las indicaciones de la actividad anterior. Además, observa que el texto que rodea la fotografía (el párrafo de texto más la lista en viñetas) está escrito en una única celda de la tercera fila y primera columna.

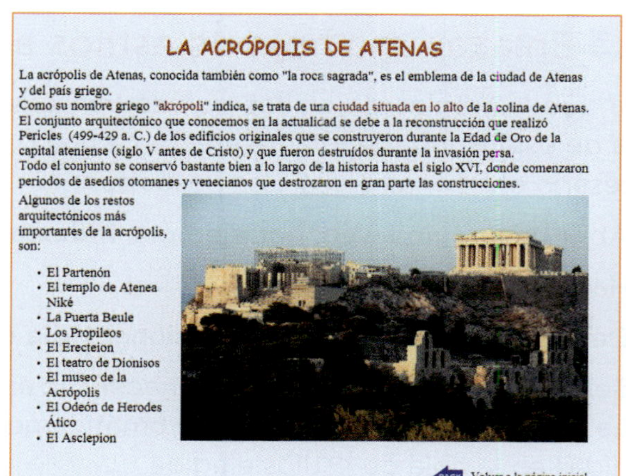

Página web **acropolis.html.**

3 Crea una nueva página web para informar sobre la Gran Muralla china. Ten en cuenta las indicaciones dadas en las actividades anteriores.

LA GRAN MURALLA CHINA

Desde los tiempos más remotos, los nómadas de las estepas situadas al norte de China invadían el país con cierta regularidad, lo que obligó a los emperadores chinos a buscar distintos modos de defender a sus campesinos de estos ataques.
La muralla china se construyó durante los siglos XV y XVI, en plena dinastía Ming, como sistema de defensa de los invasores mongoles del norte.
Esta no fue la primera muralla construida con dicho propósito, pero las anteriores eran de tierra compactada que no aguantan las inclemencias meteorológicas.

La parte de muralla más famosa es la situada cerca de Pekín (Beijing) con una longitud de varios kilómetros, pero en realidad se trata de un conjunto de murallas de más de 20.000 kilómetros a lo largo de toda la frontera norte de China, con tramos construidos en diferentes épocas.
Este famoso tramo de muralla está reconstruido y bien conservado, pero la falta de respeto de algunos turistas está provocando que aparezcan pintadas y desperfectos.
El número de trabajadores fue enorme, así como el de fallecidos; algunos estiman que murieron alrededor de 10 millones de trabajadores.

BACK Volver a la página inicial

Página web **muralla.html.**

4 Crea una página web nueva para mostrar información de la Alhambra y el Generalife. Ten en cuenta las observaciones de las actividades anteriores y, además, estas indicaciones:

a) Inserta una tabla de 4 × 3 como estructura de la página web.

b) Ajusta el tamaño de las imágenes de manera que el ancho de la página no sea superior al del resto de páginas del sitio web. Dicho valor se puede ver en la regla horizontal, situada en la parte superior del área de trabajo.

c) Selecciona la alineación vertical **Medio** para el contenido de las celdas donde se han introducido las imágenes. Estas características se encuentran en la ficha **Celdas** del cuadro de diálogo **Propiedades de la tabla.**

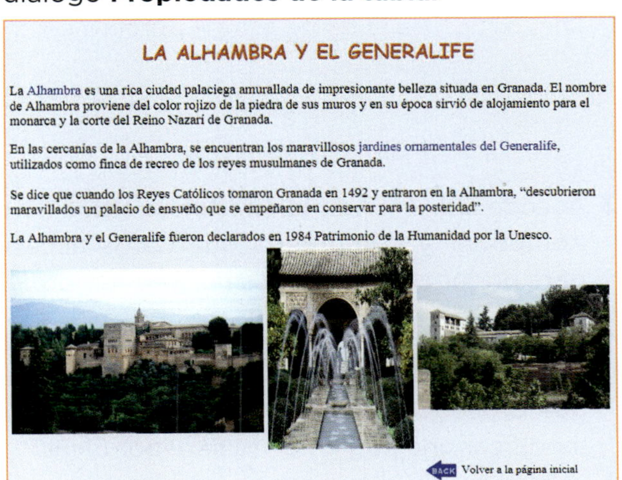

LA ALHAMBRA Y EL GENERALIFE

La Alhambra es una rica ciudad palaciega amurallada de impresionante belleza situada en Granada. El nombre de Alhambra proviene del color rojizo de la piedra de sus muros y en su época sirvió de alojamiento para el monarca y la corte del Reino Nazarí de Granada.

En las cercanías de la Alhambra, se encuentran los maravillosos jardines ornamentales del Generalife, utilizados como finca de recreo de los reyes musulmanes de Granada.

Se dice que cuando los Reyes Católicos tomaron Granada en 1492 y entraron en la Alhambra, "descubrieron maravillados un palacio de ensueño que se empeñaron en conservar para la posteridad".

La Alhambra y el Generalife fueron declarados en 1984 Patrimonio de la Humanidad por la Unesco.

BACK Volver a la página inicial

Página web **alhambra.html.**

5 Crea una página nueva para mostrar información de las pirámides de Egipto siguiendo las instrucciones que se han dado anteriormente. Para crear la tabla que contiene los datos de las pirámides, sigue los siguientes pasos:

a) Sitúa el cursor en la celda de la tabla contenedor correspondiente a la tercera fila y a la segunda columna.

b) Inserta una tabla de cinco filas y tres columnas.

c) Define el tamaño de la tabla como 100 % de la celda que la contiene y selecciona un borde fino.

d) Une las tres celdas de la primera fila para crear la cabecera de la tabla.

e) Escribe la información sobre las pirámides en sus correspondientes celdas.

f) Modifica el formato del texto (color, tamaño...) y el fondo de la primera fila.

LAS PIRÁMIDES DE EGIPTO

Las pirámides de Egipto son sin duda los monumentos más emblemáticos de la Antigüedad. Se construyeron para servir de sepultura a los faraones egipcios y en ellas se guardaban, además de los cuerpos momificados de los faraones, gran cantidad de tesoros y objetos personales valiosos.
Las más populares son las tres grandes pirámides de la meseta de Guiza: Kheops, Kefren y Micerino, que se encuentran cerca del El Cairo.
La pirámide de Kheops, o Gran Pirámide de Guiza, es una de las 7 Maravillas del Mundo Antiguo.
La zona de las pirámides desde Guiza hasta Dahsur fue declarada por la UNESCO, en 1979, Patrimonio de la Humanidad.

PIRÁMIDES DE LA MESETA DE GUIZA		
NOMBRE	También conocida como...	ALTURA
Keops	Gran pirámide de Guiza	146,61 m
Kefren	Pirámide de Jafra	143,49 m
Micerino	Pirámide de Menkaura	65 m

BACK Volver a la página inicial

Página web **piramides.html.**

6 Abre la página **index.html** y utiliza el texto de cada viñeta para crear un enlace a la página web que corresponda a las creadas en esta unidad. No olvides guardar los cambios y cerrar la ventana de la página web.

7 Comprueba, en tu navegador, todas las páginas del sitio web y la funcionalidad de todos los enlaces que has insertado.

8 Soluciona, si fuera necesario, los posibles errores y finaliza guardando todas las páginas.

9 Comprueba que se visualizan correctamente todas las páginas. Copia a un *pendrive* la carpeta del sitio web local **(Web patrimonio humanidad)** con todos sus archivos y carpetas internas.

Lee, relaciona y busca información

Publicar páginas web

Publicar un sitio web consiste en situar todas las páginas y los elementos utilizados en ellas en un servidor de Internet para que cualquier usuario que lo desee pueda acceder a ellas y visualizarlas.

Aunque es posible hacer que un ordenador personal actúe como un servidor de páginas web, lo habitual es que se utilice alguno de los servidores disponibles en la red. Algunos son totalmente gratuitos, otros resultan gratuitos a cambio de la inserción de publicidad en las páginas y otros tienen un coste económico por sus servicios. En cualquiera de estos casos, siempre es necesario darse de alta previamente en el servidor y disponer, así, de un nombre de usuario y de una contraseña para poder publicar en él.

FTP

El modo más frecuente de situar las páginas web en un servidor consiste en transferirlas vía FTP (protocolo de transferencia de ficheros). Para ello, hay que utilizar un tipo de programa específico, denominado genéricamente «cliente FTP», como puede ser gFTP (software libre de GNU/Linux) o FileZilla (software gratuito multiplataforma).

En estas aplicaciones, se introducen los datos necesarios para poder conectar con el servidor donde se van a publicar las páginas (dirección URL del servidor, nombre de usuario y contraseña). Una vez conectados, el programa mostrará, en un panel, la estructura de carpetas y archivos del ordenador local (sitio local), y en otro panel, la estructura del servidor web (sitio remoto).

En ese momento, tan solo hay que arrastrar los archivos de un panel al otro para transferir tanto las páginas web como los recursos utilizados (imágenes, vídeos...) al servidor de Internet.

KompoZer

KompoZer permite publicar y editar directamente las páginas web en un servidor remoto. Para ello, es necesario tener configurado el sitio web remoto, con todos los datos necesarios para poder conectar vía FTP con el servidor (dirección URL, nombre de usuario y contraseña), en el **Administrador de sitios.**

Una vez que se ha definido el sitio web remoto, en el panel **Administrador de sitios** se visualizarán todas las carpetas y archivos existentes en él, del mismo modo que se visualizan los recursos del sitio web local; de hecho, se visualizarán los dos sitios web a la vez.

Al hacer doble clic sobre un archivo del sitio remoto, la página se abrirá en el área de trabajo y, por tanto, se podrá modificar.

Una vez modificada o creada una página web, bastará con hacer clic sobre el botón  para que se transfiera directamente al servidor web y, de ese modo, quede publicada en Internet.

Investiga y reflexiona

1 **Investiga** y encuentra servidores gratuitos de Internet que permitan alojar páginas web para su publicación. ¿Son totalmente gratuitos o insertan publicidad en las páginas web?

2 En caso de crear las páginas web con un editor online, como, por ejemplo, Google Sites, ¿es necesario publicar las páginas web?

3 Accede al panel **Administrador de sitios** del editor KompoZer y comprueba qué datos necesitarías para poder configurar tu sitio web remoto.

4 Si publicaras tus páginas web transfiriéndolas al servidor mediante un cliente FTP, ¿cómo tendrías que proceder si hubieras tenido la necesidad de modificar una página en tu servidor local?

7

Web 2.0 y redes sociales

Con la evolución de las nuevas tecnologías e Internet, el modelo de web estática centrada en los contenidos ha evolucionado para convertirse en lo que se conoce como «web 2.0» o «web social», centrada en los usuarios.

En este nuevo escenario, los usuarios son protagonistas activos: crean, comparten, opinan y participan en blogs, wikis y plataformas de contenidos.

Además, en las distintas redes sociales que existen en la actualidad, los internautas se relacionan, interactúan e intercambian información y contenidos.

¿Qué sabemos sobre la web 2.0 y las redes sociales?

1 Enumera las aplicaciones web que utilizas tanto para compartir contenidos como para trabajar de forma colaborativa con otros usuarios.

2 Explica en qué consiste el almacenamiento de documentos en la nube e indica qué ventajas aporta.

3 ¿Has creado un wiki, un blog o una página web? Si lo has hecho, comenta tu experiencia con el uso de estas herramientas. Si no has creado ninguno, di cuáles usarías para hacerlo.

1 Contenidos en la web 2.0

1.1 ¿Qué es la web 2.0?

La web nació en 1991, por lo que es un medio relativamente joven y en constante evolución. En poco tiempo ha pasado de ser una web estática, en la que el usuario tenía un papel pasivo y meramente observador, a una web dinámica, participativa y colaborativa. De esta manera, los usuarios se convierten en protagonistas activos consumiendo y, a su vez, difundiendo información, en un entorno que les permite interactuar, crear, colaborar, construir, compartir, comentar, etc. El término utilizado para referirse a esta segunda generación en la historia del desarrollo de la tecnología es «web 2.0».

Aplicaciones web 2.0.

La web 2.0 también se conoce como «web social» por el enfoque colaborativo y de construcción social, basada en comunidades virtuales de usuarios que crean una inteligencia colectiva a partir del intercambio de experiencias y conocimientos.

La web sigue evolucionando a nuevas versiones como:

- La web 3.0 o «web semántica», que utiliza datos semánticos para dotar a las páginas de significado.
- La web 4.0 o «web total», que añade inteligencia artificial, imágenes en 3D y lenguaje natural a las páginas anteriores.

1.2 Comunidades virtuales

Las comunidades virtuales son concebidas como agrupamientos de personas que comparten intereses comunes y que utilizan la web 2.0 para interactuar. Su punto de encuentro son las redes sociales, los blogs, los wikis, los foros, los grupos de noticias, los chats, los mundos virtuales, las videoconferencias, etc.

Para que todo esto sea posible son necesarios unos soportes tecnológicos, las aplicaciones web, con las que se puede trabajar por medio de determinados ambientes colaborativos. Sus muy diversas prestaciones permiten, entre otras funcionalidades, la creación de documentos online, el almacenamiento de archivos en la nube, el diseño de sitios web, el intercambio de contenidos, así como la comunicación entre usuarios.

Responsabilidad de los internautas

Es importante ser consciente de que cualquier autor de una publicación en Internet incurre en la responsabilidad de los contenidos difundidos. Por ello, es aconsejable recordar:

- No publicar información errónea, falsa o no respetuosa.
- Respetar los derechos de autor de las fuentes de contenidos, ya sean texto, vídeos, imágenes, música, etc. Retirar la información cuando lo solicite algún afectado.
- Tener especial cuidado al publicar tanto datos personales propios como de compañeros, familiares, etc. No desvelar, en ningún caso, la ubicación, ya que podría poner en peligro la integridad propia y de otras personas.
- No grabar ni publicar imágenes ni vídeos si no se tiene el consentimiento de todas las personas que aparecen en la producción.
- Seguir códigos éticos que garanticen un uso adecuado de Internet.

1.3 Inteligencia colectiva

El concepto de «inteligencia colectiva» —que alude a aquella forma de inteligencia que surge de la colaboración de muchos individuos y que se asocia, en la actualidad, con el de «cibercultura»— está estrechamente ligado a la utilización de las TIC en la sociedad del conocimiento y, en concreto, al uso de Internet.

Así pues, la web 2.0 permite crear una inteligencia colectiva mediante herramientas de comunicación por Internet, generalmente gratuitas y de uso sencillo, que facilitan la creación y edición de textos, imágenes, presentaciones, sitios web o redes de contactos.

El concepto de inteligencia colectiva se ve impulsado especialmente con las herramientas colaborativas web 2.0, ya que permiten que varias personas, ubicadas en distintos puntos geográficos, puedan colaborar de forma simultánea en un mismo archivo desde cualquier dispositivo que disponga de acceso a Internet.

1.4 Herramientas colaborativas

La web 2.0 ofrece a los usuarios un conjunto de sitios, herramientas y tecnologías diseñadas para publicar en Internet, tales como:

- **Blogs.** Espacios web para escribir artículos o noticias que se muestran ordenados cronológicamente. Dado que son colaborativos, los lectores pueden escribir sus comentarios.
- **Wikis.** Estructuras de páginas web clasificadas y referenciadas a las que se suele acceder a través de un menú, mediante el cual sus autores pueden ir editando y añadiendo contenidos.
- **Plataformas de contenidos.** Sitios web que permiten almacenar y compartir en Internet documentos, imágenes, presentaciones, vídeos, música, *podcast,* etc.
- **Redes sociales.** Comunidades virtuales que interconectan a personas con intereses similares.
- **Sistemas de gestión de contenidos.** Aplicaciones que permiten diseñar y gestionar sitios web corporativos o personales.
- **Entornos virtuales de aprendizaje.** Entornos tecnológicos de interacción y comunicación entre estudiantes y profesores cuyo fin es la formación online. Algunas aplicaciones, como Moodle, se utilizan en centros educativos y universidades para gestionar aulas virtuales.
- **Marcadores sociales.** Servicios que utilizan la folcsonomía para clasificar enlaces de páginas web favoritas (marcadores) y compartirlos a través de Internet.

1.5 Etiquetado de contenidos

El tratamiento de la información se lleva a cabo desde ordenadores y otros dispositivos informáticos. Para facilitar la búsqueda posterior de los contenidos, se utilizan técnicas de clasificación atendiendo a su:

- **Taxonomía.** Sistema de clasificación formal que agrupa la información por categorías anidadas de forma jerárquica. Un ejemplo de clasificación taxonómica sería:

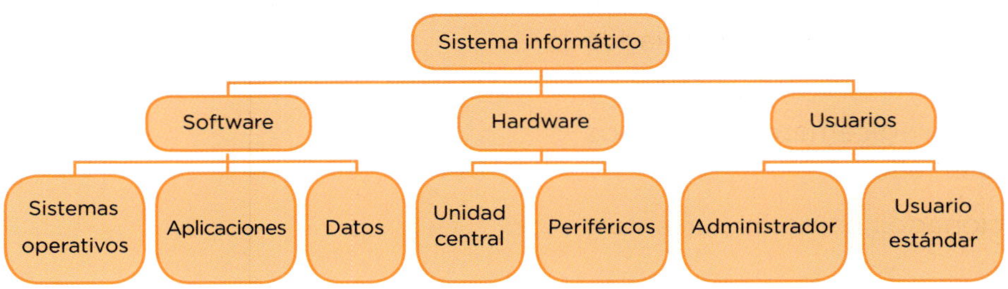

- **Folcsonomía.** Sistema para clasificar la información de manera informal donde los usuarios utilizan etiquetas (*tags,* en inglés) para marcar la información, sin jerarquías y usando su propio vocabulario.

Etiquetas o *tags*

Las etiquetas son palabras que definen, de forma resumida, un tema o categoría, aportando significado a la clasificación del contenido.

En la web 2.0, los contenidos se etiquetan para clasificarlos, de forma que se puedan localizar fácilmente.

Los usuarios añaden sus propias etiquetas a imágenes, vídeos, marcadores, noticias de blog, etc.

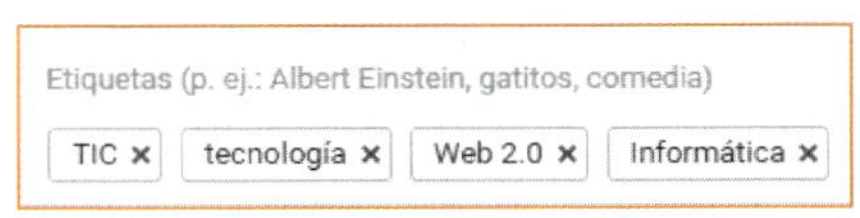

Ejemplo de etiquetas.

Comprende, piensa, aplica...

1. Busca y clasifica las herramientas web 2.0 colaborativas que se utilizan habitualmente.
2. El plagio y la piratería son delitos contra la propiedad intelectual; ¿en qué consisten?
3. Busca información sobre las licencias Creative Commons e indica el significado de los siguientes símbolos que utilizan:

2 Edición de documentos en la web 2.0

2.1 Ofimática online

Como ya se ha visto, un paquete ofimático o *suite* ofimática es un conjunto de aplicaciones orientadas a realizar las tareas habituales propias de una oficina. Algunos paquetes ofimáticos están diseñados para trabajar online, por lo que permiten a los usuarios editar de forma colaborativa y almacenar sus datos en la nube. Entre las aplicaciones más populares para la creación y edición de documentos online se encuentran Google Drive, Microsoft Office Online y Zoho Docs.

2.2 Google Drive

Google Drive es una aplicación web 2.0 que sirve para almacenar, crear, modificar y compartir archivos online. Se puede utilizar accediendo a su sitio web (https://drive.google.com), o bien instalando la aplicación Google Drive en un ordenador o dispositivo móvil. A continuación, se explicarán con detalle algunas de las múltiples opciones que ofrece.

2.3 Crear y organizar documentos

Para crear o añadir un archivo, hay que hacer clic en el botón **Nuevo** y elegir entre crear una carpeta, subir un archivo, subir una carpeta o crear un documento de alguno de estos tipos:

- Documentos de Google
- Hojas de cálculo de Google
- Presentaciones de Google
- Formularios de Google
- Dibujos de Google
- Google My Maps

Los archivos creados o subidos se organizan en diferentes vistas:

- **Mi unidad.** Archivos subidos o creados online que se sincronizan de forma automática en todos los dispositivos del usuario.
- **Compartido conmigo.** Documentos y carpetas que otros usuarios comparten con nosotros.
- **Google Fotos.** Recopilación de las imágenes y los vídeos alojados en Google Drive.
- **Reciente.** Documentos organizados cronológicamente según los últimos cambios que se hayan realizado en ellos.
- **Destacado.** Archivos y carpetas seleccionados como importantes. La marca utilizada es una estrella.
- **Papelera.** Documentos eliminados que pueden restaurarse o eliminarse definitivamente.

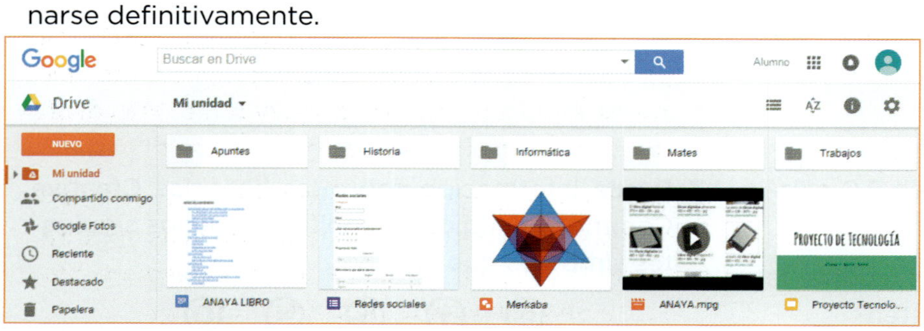

Interfaz de Google Drive.

2.4 Compartir un documento

Los documentos alojados o creados en Google Drive se pueden compartir con otros usuarios para que puedan consultarlos o editarlos. Para ello, hay que seguir los siguientes pasos:

1. Seleccionar el archivo o la carpeta y presionar el botón **Compartir.**
2. Introducir, en el cuadro de texto **Introduce nombres o correos...,** los correos electrónicos de los usuarios con los que se desea compartir el archivo.
3. Hacer clic en **Puede editar** y elegir una de las opciones de accesibilidad (**Puede editar, Puede comentar** y **Puede ver**).
4. Pulsar el botón **Listo** para que los archivos compartidos aparezcan automáticamente en la carpeta **Compartido conmigo** de cada usuario invitado. Otra opción es hacer clic en **Obtener enlace para compartir** y enviarles el hipervínculo.

Configuración de uso compartido.

2.5 Editar un documento de forma colaborativa

El funcionamiento de las aplicaciones web es muy similar al de los paquetes ofimáticos de escritorio como LibreOffice o Microsoft Office.

Google Drive permite que varias personas, desde cualquier lugar, puedan editar de forma simultánea un mismo archivo desde cualquier equipo que disponga de acceso a Internet. Cuando varios usuarios modifican a la vez el mismo documento, aparece un icono que identifica a cada uno en la parte superior derecha de la pantalla y se resaltan, en el documento, las partes del mismo que se están modificando.

Al trabajar de forma colaborativa, la opción **Ver historial de revisión** resulta muy interesante, pues permite consultar los cambios realizados por los usuarios, así como recuperar versiones anteriores de los archivos. Se puede acceder a ella haciendo clic en el menú **Archivo.**

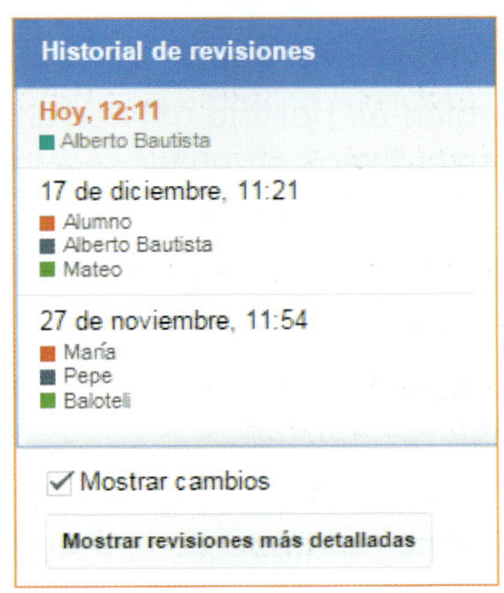

Historial de revisiones.

Comprende, piensa, aplica...

1. Sube varios archivos con diferentes formatos a tu cuenta de Google Drive (si aún no la tienes, crea una) y organízalos en carpetas.
2. Crea varios tipos de documentos y explora las herramientas que proporciona esta aplicación.
3. Si dispones de un teléfono inteligente, descárgate la aplicación de Google Drive y pruébala. ¿Qué opciones ofrece?
4. Accede al sitio web de Microsoft Office Online y explora sus posibilidades. Comprobarás que puedes utilizar las aplicaciones de Microsoft Office de forma colaborativa.
5. Elabora con tus compañeros una presentación sobre un tema relacionado con la asignatura. Cread la portada conjuntamente y, después, elaborad una diapositiva distinta cada uno.

3 Creación de formularios en la web 2.0

3.1 ¿Qué es un formulario?

Un formulario es un documento diseñado para recoger los datos introducidos por el usuario. En Internet, sus aplicaciones son muy variadas; se suelen utilizar para realizar encuestas, registrar datos, hacer pedidos, etc.

Al crear una página web en código HTML, se pueden introducir las etiquetas **<form>** e **<input>** para crear formularios básicos. No obstante, la web 2.0 facilita el uso y la creación de formularios con herramientas como Google Drive, Wufoo, Microsoft Excel Online, Formbakery, etc.

3.2 Crear un formulario de Google

Un formulario de Google Drive es un documento digital que permite, entre otras cosas, crear encuestas, hacer preguntas, recopilar información o planificar eventos.

Para crear un formulario, hay que acceder a Google Drive, hacer clic en el botón **Nuevo** y elegir **Formularios de Google.** También se puede acceder directamente a través de la URL https://docs.google.com/forms y presionar el botón +.

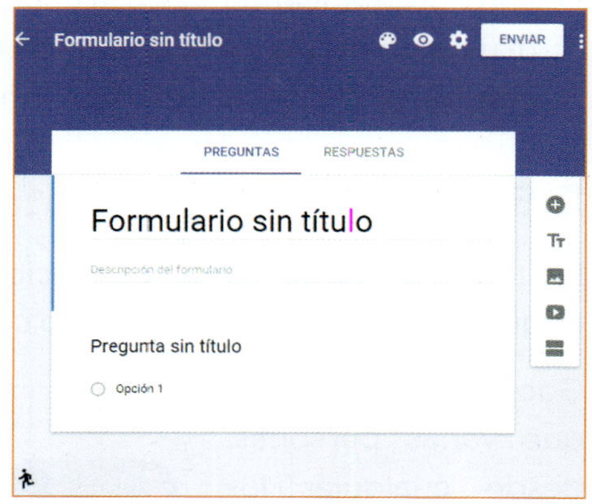

Plantilla inicial para crear un formulario en Google Drive.

Configurar el aspecto del formulario

Una vez creado, hay que hacer clic sobre **Formulario sin título** para asignarle un nombre que lo identifique.

Los colores y el tema del formulario se pueden personalizar haciendo clic en el icono **Paleta de colores.**

También es posible utilizar diferentes fuentes, insertar imágenes, incrustar vídeos o utilizar secciones para dividir el formulario.

3.3 Añadir preguntas a un formulario

Un formulario contiene una serie de campos que se organizan a modo de preguntas; en ellos, el usuario puede introducir la información. Para agregar una pregunta, los pasos son:

1. Hacer clic en el icono ⊕ **Añadir pregunta.**
2. Escribir el título de la pregunta.
3. Elegir el tipo de respuesta a la pregunta planteada.
4. Indicar las posibles respuestas a la misma pregunta.

Para evitar que el encuestado deje una pregunta sin responder, hay que activar la opción **Obligatorio.**

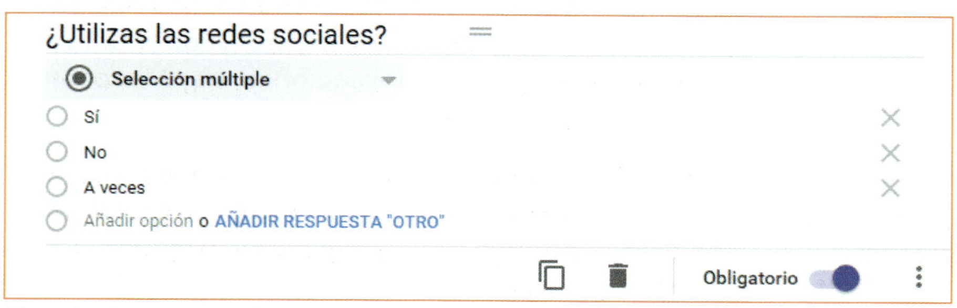

Ejemplo de pregunta de selección múltiple.

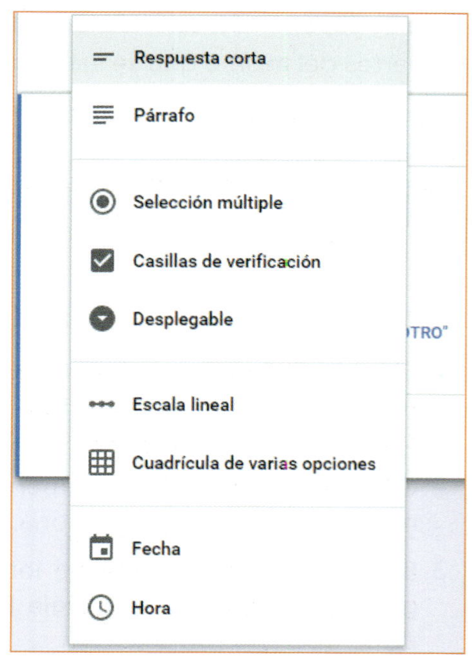

Tipos de respuestas.

3.4 Enviar un formulario a los encuestados

Para enviar un formulario a los encuestados, hay que presionar el botón **Enviar,** que permite elegir entre las siguientes posibilidades:

- Enviar el formulario por correo electrónico.
- Obtener un enlace al formulario.
- Compartir el formulario en redes sociales.
- Insertar el formulario en un sitio web o en un blog.

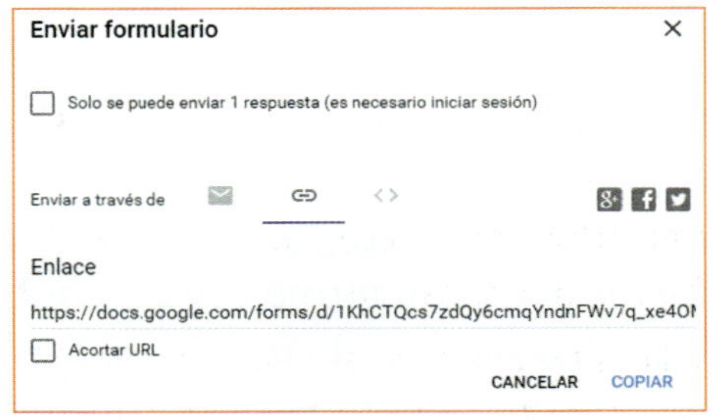

Opciones de envío del formulario.

3.5 Ver y administrar las respuestas

Un formulario puede recibir respuestas mientras está activo. Una vez desactivado, los usuarios no pueden seguir participando.

Los resultados de los datos recogidos a través de formularios se almacenan en una hoja de cálculo para operar con ellos fácilmente y se interpretan de manera automática en un resumen de respuestas. Para consultar los resultados obtenidos, hay que seleccionar la pestaña **Respuestas** y elegir una de estas modalidades:

- **Ver directamente el resumen de respuestas.** Permite consultar rápidamente el número de usuarios que ha rellenado un formulario y cuáles han sido sus respuestas.
- **Abrir la hoja de cálculo que contiene las respuestas.** Se puede obtener información detallada de las respuestas de cada usuario.

REDES SOCIALES (respuestas)

Archivo Editar Ver Insertar Formato Datos Herramientas Formulario Complementos

	A	B	C	D	E
1	Marca temporal	NOMBRE	¿Utilizas las redes sociales?	Elige tu red social favorita	En qué horarios sueles utilizarlas
2	15/02/2017 11:10:08	Goyi	Sí	Facebook	Entre semana
3	15/02/2017 11:17:28	Tomás	Sí	Twitter	Entre semana
4	16/02/2017 13:12:07	María José	A veces	Instagram	Fines de semana

Hoja de cálculo con las respuestas obtenidas en la encuesta.

- **Descargar las respuestas como un archivo CSV.** Permite tratar los datos contenidos en este archivo con el programa deseado.

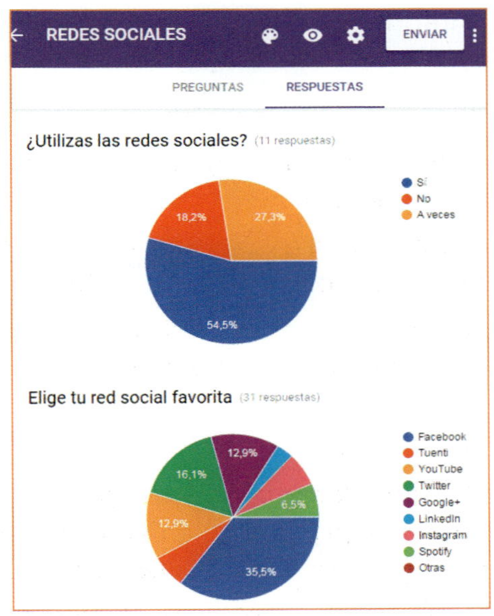

Resumen de respuestas.

Comprende, piensa, aplica...

1 Crea una encuesta sobre redes sociales utilizando la herramienta **Formularios** de Google Drive. Diséñala a tu gusto e incluye todos los tipos de respuestas posibles.

2 Invita a tus compañeros de clase a que participen en la encuesta que has creado y completa todas las encuestas que ellos te envíen a tu correo electrónico.

3 Comprueba el resumen de respuestas para obtener una estimación inicial y conocer el número de encuestados. Debes conseguir, al menos, diez participaciones.

4 Abre la hoja de cálculo y realiza alguna operación matemática con los datos solicitados: media de horas que se utilizan las redes sociales, red más popular, etc.

4 Publicación de presentaciones y vídeos en la web 2.0

4.1 Presentaciones en la web 2.0

Como se ha visto anteriormente, una presentación es una herramienta muy útil para expresar ideas, transmitir información o dar a conocer un producto de forma clara y concisa ante un grupo de personas.

Con la evolución de la web, han ido surgiendo aplicaciones que permiten crear y compartir las presentaciones tradicionales, y han aparecido nuevas formas de presentar la información online, tales como pósteres multimedia, murales, álbumes digitales e infografías.

4.2 PowToon

PowToon es una aplicación online que permite crear presentaciones animadas en pocos minutos. Además, ofrece la posibilidad de guardar las presentaciones creadas en el formato tradicional (es decir, como presentaciones de diapositivas que van avanzando sucesivamente) o de exportarlas a YouTube en forma de vídeo para compartirlas en esa misma plataforma o en cualquier red social, lo que permite presentar la información de una manera novedosa y original.

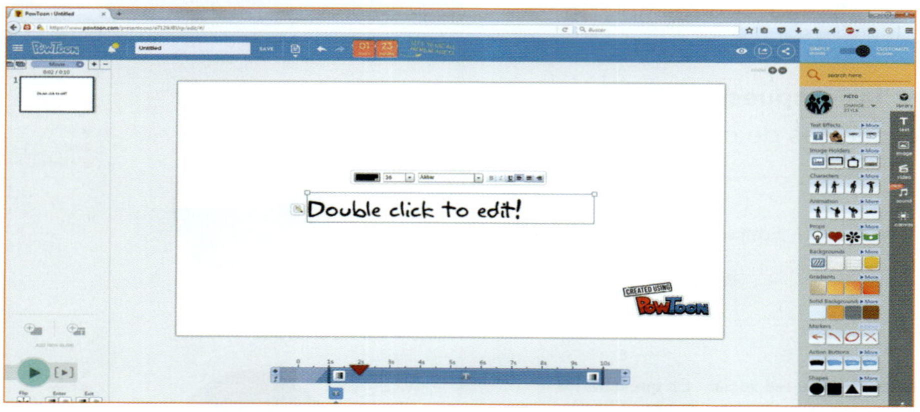

Interfaz de PowToon.

4.3 Crear presentaciones animadas en PowToon

Crear una presentación animada en PowToon es muy sencillo: el usuario debe añadir elementos a la presentación, utilizando las plantillas y los recursos que ofrece la aplicación (personajes animados, imágenes, textos, marcos, fondos, audios, grabaciones de voz, etc.), y asignarles un tiempo en pantalla.

Actividad guiada: crear un vídeo en PowToon

1. **Regístrate en PowToon.** Utiliza tu dirección de correo electrónico o tu cuenta de Google+, Facebook o LinkedIn para completar el registro gratuitamente.
2. **Crea un nuevo PowToon.** Elige la categoría y el tema que más se ajusten a tu presentación.
3. **Añade personajes y recursos.** Cada vez que añadas un nuevo elemento, debes establecer durante cuánto tiempo se mostrará en escena a través de la línea de tiempo.
4. **Crea diferentes escenas.** Lo conseguirás agregando varias diapositivas a tu vídeo.
5. **Publica y comparte tu vídeo en YouTube.** Haz clic en el icono **Publish to share your PowToon.**

Presentación animada sobre la brecha digital.

4.4 Publicar vídeos en YouTube

YouTube es una de las páginas web de vídeos más populares e importantes. Otras aplicaciones similares a esta son Dailymotion, Google Vídeos o Vimeo.

Algunas de las acciones que se pueden realizar desde YouTube son:

- Buscar vídeos, visualizarlos, comentarlos, puntuarlos y suscribirse al canal que los ha publicado.
- Publicar vídeos, etiquetarlos y compartirlos con otros usuarios.
- Crear canales y listas de reproducción con el objetivo de conseguir suscriptores.

Para publicar vídeos en YouTube, se debe acceder a su sitio oficial (www.youtube.com) e iniciar sesión con la cuenta de Google. Los archivos que se quieran publicar o compartir deberán estar libres de derechos de autor.

YouTube acepta la gran mayoría de los formatos de vídeo, aunque limita su tamaño y duración. Los pasos que se deben seguir para subir un vídeo son:

1. Hacer clic en el botón **Subir** o emplear otras alternativas, como **Grabación de cámara web** o **Photo Slideshow.**
2. Arrastrar o seleccionar el vídeo que se desea publicar al cuadro de diálogo **Selecciona los archivos que quieras subir.** El proceso de subida y codificación puede durar varios minutos.
3. Añadir información sobre el vídeo y elegir entre **Público,** para compartirlo con todos los usuarios de YouTube; **Oculto,** para que nadie pueda acceder al mismo excepto el usuario que publica el archivo, o **Privado,** para que solo puedan visualizarlo los internautas que el usuario elija.
4. Hacer clic en **Publicar.**
5. Editar el vídeo mediante el **Gestor de vídeos** para realizar ajustes sobre la información, el audio, las anotaciones o los subtítulos.
6. Compartir el vídeo publicado por medio de su dirección URL, incrustándolo en páginas web y difundiéndolo en las redes sociales.

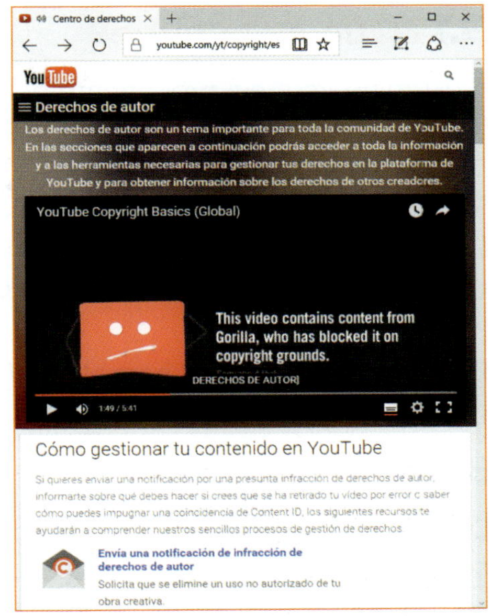

Centro de derechos de autor de YouTube.

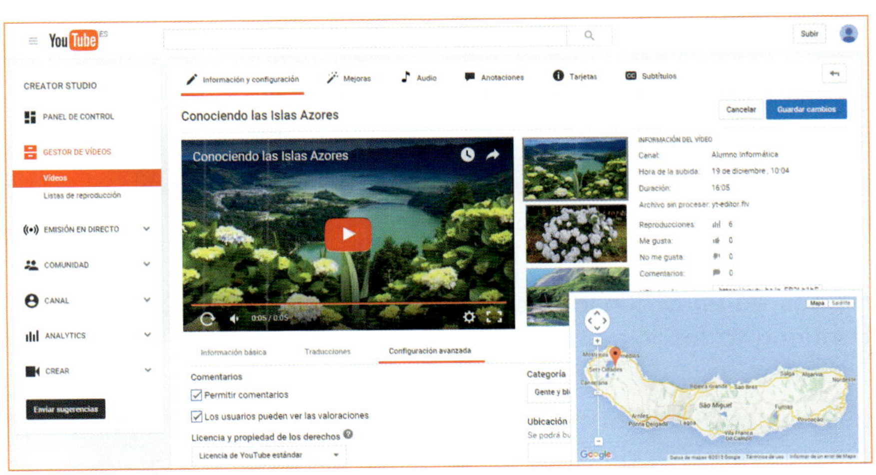

Propiedades de un vídeo publicado en YouTube.

5 Almacenamiento en la nube

5.1 ¿Qué es la nube?

El término «nube», procedente del inglés *«cloud computing»,* se utiliza como sinónimo de «Internet» para hacer referencia al almacenamiento de información en servidores alojados en la web a los que se puede acceder de forma online.

Los servicios en la nube se utilizan constantemente en aplicaciones y prestaciones de Internet, como el correo electrónico, redes sociales, vídeos online, etc.

Existen varios servicios para alojar y compartir documentos en la nube, tales como Dropbox, Google Drive, OneDrive, iCloud o Dataprius.

5.2 Dropbox

Dropbox permite almacenar ficheros de diferentes formatos en la nube, con la posibilidad de acceder a ellos desde cualquier lugar. Los archivos guardados en esta plataforma se sincronizan automáticamente en todos los ordenadores y dispositivos móviles del usuario, así como en el sitio web de Dropbox, lo que implica que, por ejemplo, se pueda comenzar a elaborar un documento en un equipo y terminarlo en otro sin necesidad de enviar el archivo definitivo por correo electrónico.

Algunas de las características principales de Dropbox son las siguientes:

- Ofrece varios gigabytes de almacenamiento en su versión gratuita, que pueden ampliarse al vincular la cuenta a Facebook, Twitter, Gmail o Yahoo Mail y al recomendar Dropbox a otras personas.
- Almacena cualquier tipo de archivo, por lo que permite compartir documentos de texto, imágenes, vídeos, música, etc.
- Mantiene la información actualizada en todos los dispositivos vinculados a una misma cuenta, puesto que las carpetas se sincronizan automáticamente en cuanto se detectan cambios.
- Ofrece la posibilidad de recuperar los archivos eliminados, tanto el original como sus versiones modificadas, ya que se almacenan en la papelera de reciclaje.
- Posibilita el trabajo colaborativo, ya que se pueden compartir los archivos con otros usuarios para trabajar conjuntamente.

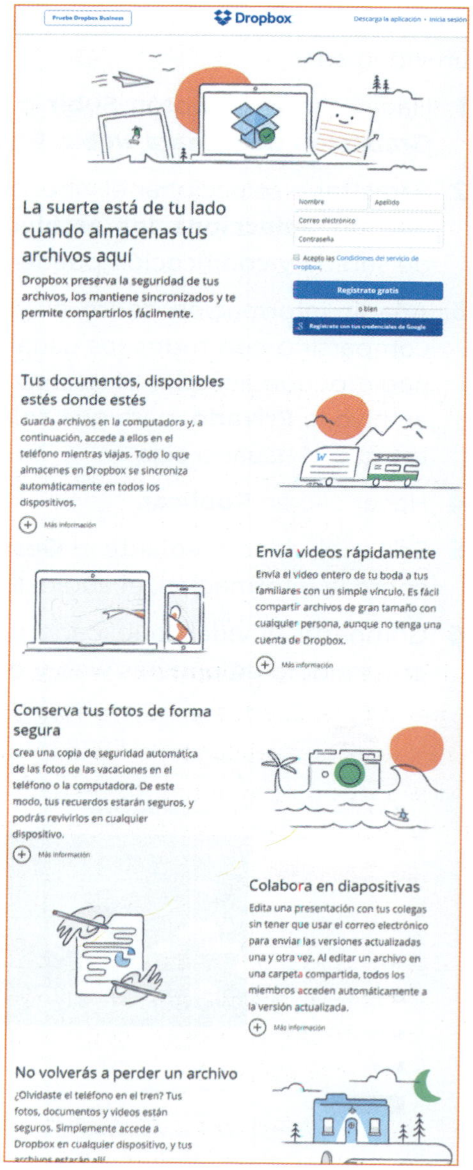

Sitio web de Dropbox.

5.3 Acceder a Dropbox

Los usuarios pueden acceder a los servicios de Dropbox a través de:

- **La web de Dropbox.** Permite acceder a los contenidos alojados en la nube desde cualquier ordenador conectado a Internet; basta con iniciar sesión en www.dropbox.com.
- **Aplicación de escritorio.** Al instalar Dropbox en un ordenador, se crea una carpeta en el escritorio que contiene todos los archivos sincronizados con el sitio web.
- ***App* para dispositivos móviles.** Permite acceder a la información desde cualquier lugar y realizar una copia de seguridad de fotos o vídeos inmediatamente después de haberlos hecho.

5.4 Almacenar información

Para almacenar archivos en Dropbox, hay que seguir los siguientes pasos, que varían en función de la aplicación utilizada:

- **A través de la web.** Iniciar sesión en la plataforma Dropbox, hacer clic en el botón **Cargar** y seleccionar **Elegir archivos.**
- **Desde la aplicación de escritorio.** Arrastrar y soltar contenidos dentro de su carpeta asociada para que estos se sincronicen automáticamente en todos los dispositivos.
- **Desde la *app* móvil.** Presionar el botón **Subir archivo,** marcar los documentos deseados y hacer clic en **Subir.**

Tras elegir los archivos, estos dos indicadores de progreso muestran el estado de la sincronización:

- Los archivos nuevos o modificados se están sincronizando.
- Los archivos de la carpeta se han sincronizado correctamente.

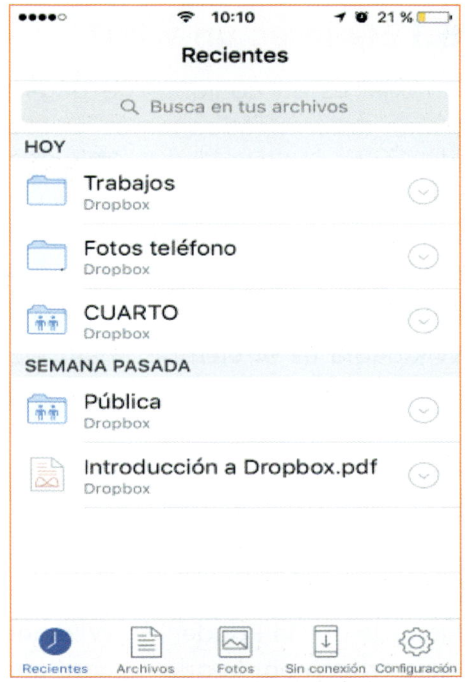

Interfaz de Dropbox en un dispositivo móvil.

5.5 Compartir información

Existen dos alternativas para compartir archivos o carpetas de Dropbox con otros usuarios, a las que se puede optar haciendo clic con el botón derecho del ratón sobre el elemento que se desea compartir. Estas dos opciones son:

- **Invitar a personas para que colaboren.** La invitación se envía a través de sus direcciones de correo electrónico. Cuando alguien se une a una carpeta compartida, esta aparece dentro de su cuenta de Dropbox y se sincroniza automáticamente cada vez que se modifica.
- **Enviar vínculo.** Dropbox proporciona un enlace para compartir un archivo o carpeta con cualquier persona, aunque esta no disponga de una cuenta.

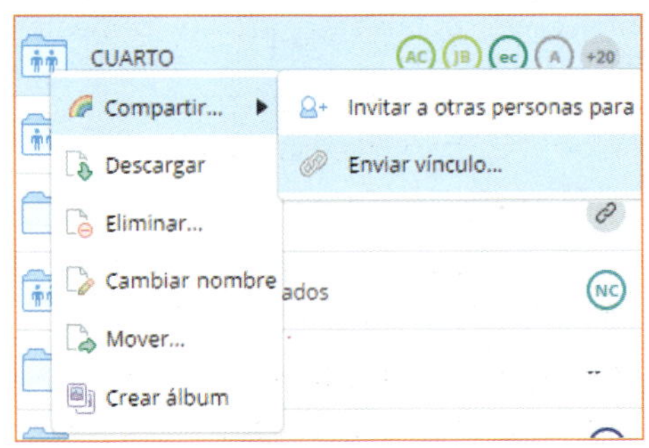

Compartir información en Dropbox.

Consultar modificaciones

Al hacer clic en **Eventos,** es posible consultar la línea temporal de cambios realizados en Dropbox. Esta opción resulta especialmente interesante en el caso de las carpetas compartidas, puesto que permite hacer un seguimiento de los cambios realizados por cada usuario o restaurar las versiones anteriores de un archivo o carpeta.

Comprende, piensa, aplica...

1 Crea una cuenta de Dropbox y prueba las diferentes opciones que te ofrece esta aplicación para crear carpetas, subir archivos, compartir documentos, etc.

2 Accede a las carpetas que han compartido contigo otros usuarios y modifica su contenido.

3 Revisa el historial de cambios que se han realizado en alguna de tus carpetas y restáurala a un estado anterior.

4 Obtén el enlace asociado a uno de tus archivos para poder compartirlo con personas que no tienen cuenta en Dropbox.

6 Edición de wikis

6.1 ¿Qué es un wiki?

Un wiki es un conjunto de páginas web de creación colectiva que tratan determinados temas. Cualquier persona a quien se le permita el acceso puede añadir, editar o eliminar información. Así, los wikis facilitan que una comunidad de usuarios elabore contenido conjuntamente y que este se comparta a través de Internet. El término «wiki», procedente del hawaiano *«wikiwiki»* (que significa ‘rápido’), alude a la inmediatez que ofrece para editar su contenido.

Wikipedia es el ejemplo más popular de un proyecto wiki, aunque existen otros como Wikcionario, Wikilibros, Wikimedia Commons, etc.

6.2 Wikipedia

Wikipedia es una enciclopedia de acceso público que se edita de manera colaborativa en más de 250 lenguas. Fue creada en enero del 2001 por Jimmy Wales y Larry Sanger y, actualmente, es administrada por la Fundación Wikimedia, una organización sin ánimo de lucro (razón por la que no contiene publicidad) que recibe donativos para autofinanciarse.

Wikipedia contiene más de 37 millones de artículos, todos ellos redactados de forma colaborativa por voluntarios de todo el mundo.

Artículo. Contiene la información sobre el término buscado.

Discusión. Sirve para debatir y comentar cuestiones del artículo.

Ver historial. Permite acceder a versiones y autores anteriores.

Crear cuenta. Permite al usuario presentarse a la comunidad y hacer un seguimiento de sus publicaciones, aunque no es necesario estar registrado para editar el contenido.

Artículo sobre la cacatúa en Wikipedia.

Guardar página. Al presionar este botón, se despliega un cuadro de diálogo con un resumen de la edición para que cada usuario describa los cambios que ha realizado. A continuación, el usuario podrá continuar la edición o hacer clic en **Guardar la página**, para que los cambios se hagan visibles en Wikipedia.

Editar. A excepción de algunas páginas protegidas, todas las páginas tienen un enlace en la parte superior para modificar su contenido. Una vez que la página está en modo de edición, se recomienda hacer clic en el icono **Cambiar a edición visual,** para previsualizar el resultado de los cambios que se van realizando.

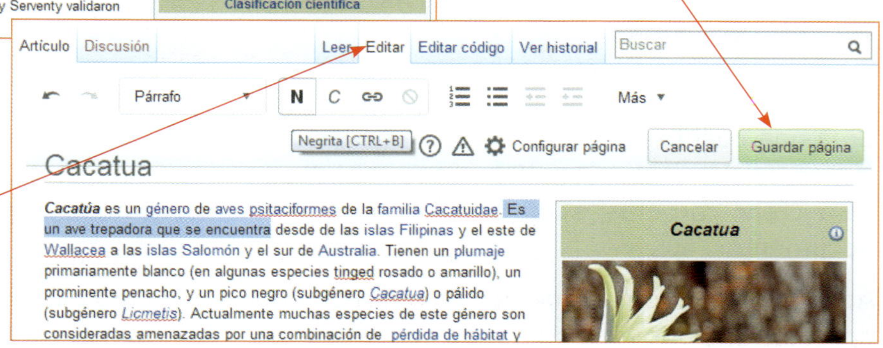

Editar el mismo artículo en Wikipedia.

6.3 Crear y configurar wikis en Wikispaces

Wikispaces es una plataforma que permite crear wikis potentes de forma sencilla. Si se utiliza con fines educativos, es gratuita y no incluye publicidad.

Cualquier usuario puede ser administrador de un wiki, aunque, en el ámbito educativo, el docente suele adoptar este papel para configurar las opciones y facilitar la participación de sus alumnos.

Desde el escritorio de Wikispaces, se pueden añadir nuevos wikis mediante la opción **Create Wiki.** Asimismo, el menú **Mis Wikis** permite seleccionar uno de los wikis creados y configurarlo utilizando las siguientes opciones:

- **Miembros.** Permite invitar a personas a participar, confirmar las solicitudes de afiliación pendientes y generar un código que puede compartirse con otros usuarios para que se unan fácilmente al wiki.
- **Ajustes.** En los ajustes generales, se puede elegir entre las aplicaciones wiki, sitio web o aula. También es posible gestionar los permisos, la privacidad, las licencias o el tema utilizado.

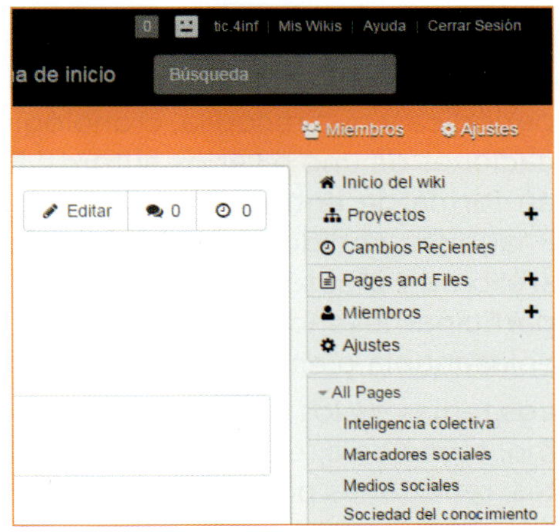

Opciones de edición en Wikispaces.

6.4 Colaborar en un wiki

Para editar una página de un wiki, es necesario acceder a su dirección web. Si es público, cualquier usuario podrá editarlo directamente; en cambio, si es privado, se requerirá autentificarse utilizando el código facilitado por el administrador o el correo electrónico donde se recibió la invitación para colaborar.

La edición de un wiki es muy sencilla e instantánea; se pueden modificar sus contenidos a partir de estos botones:

- **Añadir páginas al wiki.** Para acceder a esta opción, se debe hacer clic en **Pages and Files.** Todas las páginas del wiki se mostrarán en el menú lateral, bajo el título **All Pages.**
- **Editar una página.** Para utilizar esta herramienta, se debe seleccionar la página y pulsar el botón **Editar.** El editor web permite añadir texto, enumeraciones, enlaces, imágenes, archivos, tablas y comentarios. Asimismo, se pueden insertar vídeos, calendarios, hojas de cálculo, documentos, encuestas, RSS, chats, diapositivas, mapas, marcadores, carteles, botones de redes sociales y código HTML haciendo clic en el icono **Embed Widget.**

Se recomienda obtener una vista previa del resultado haciendo clic en **Preview** antes de pulsar **Save** para guardar los cambios.

Insertar un *widget* en Wikispaces.

Comprende, piensa, aplica...

1 Crea tu wikicuaderno para mantener organizadas las prácticas que realizas en clase. Puedes dedicar una página a cada práctica para anotar el enunciado y añadir los vínculos o archivos con las soluciones.

2 Colabora con los compañeros de clase en la creación de un wikiTICcionario 2.0. La página de inicio deberá incluir su descripción, las normas de uso y una licencia Creative Commons para que cualquier persona pueda participar.

7 Publicación de blogs

7.1 ¿Qué es un blog?

Un blog es un sitio web que se actualiza de forma periódica y que recopila, cronológicamente, publicaciones de uno o varios autores. Estas se realizan en forma de entradas y pueden contener textos, imágenes, sonido, vídeo e hipervínculos. Además, si el blog y el autor lo permiten, los lectores pueden participar leyendo la información, comentándola, enlazándola o enviando mensajes al autor.

Los temas de los blogs son muy diversos: periodismo, tecnología, economía, historia, cultura, deportes, reflexiones personales, etc.

Blog literario creado en WordPress.

El blog es un recurso muy utilizado en Internet por su rapidez, su facilidad de uso a la hora de agregar contenidos y la posibilidad que ofrece de integrar otros servicios online. Actualmente, existen miles de blogs publicados en Internet que forman, en su conjunto, la denominada «blogosfera».

Entre los servicios de creación de blogs más populares se encuentran Blogger y WordPress.

7.2 Estructura de un blog

La estructura de un blog es variable, puesto que se puede personalizar. No obstante, suele contener, como mínimo, los siguientes elementos:

- **Cabecera.** Comprende el nombre del blog y la información sobre su temática. También puede incluir pestañas de navegación.
- **Menú lateral.** Suele presentar las etiquetas con las que se clasifican las entradas del blog, los seguidores, los *gadgets,* etc.
- **Entradas.** Se corresponden con cada uno de los artículos publicados en el blog. Constan de un título, el contenido en sí, el nombre del autor o la autora, la fecha de publicación, la categoría y los comentarios.

7.3 Crear un blog en Blogger

La creación de un blog en Blogger se realiza en dos pasos sencillos:

1. Abrir el sitio oficial (www.blogger.com) y acceder al mismo utilizando una cuenta de Google. El usuario puede crearse un perfil en Blogger o usar su perfil de Google+.

Escritorio de Blogger.

2. Crear el blog y asignarle un título, una dirección URL y una plantilla. La plantilla determinará el fondo de la página, la estructura del contenido, los colores y la tipografía.

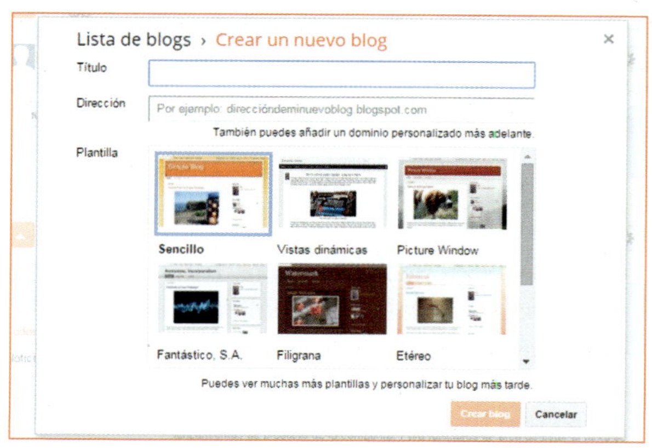

Crear un blog basado en una plantilla.

7.4 Escritorio de Blogger

El escritorio de Blogger permite ver todos los blogs del usuario y, si se desea, añadir nuevos. En cada blog, se pueden realizar las siguientes acciones:

- **Crear entrada nueva.** Permite añadir entradas a un blog, por lo que es una de las opciones más utilizadas.
- **Ir a la lista de entradas.** Muestra todas las entradas publicadas en el blog, las cuales se podrán modificar, borrar, gestionar, etc.
- **Ver blog.** Presenta el blog tal y como lo verán los seguidores al escribir su dirección en el navegador.
- **Gestionar blog.** Al hacer clic sobre el título de un blog, se muestran opciones para modificar su aspecto, gestionarlo u obtener más información sobre el mismo. Algunas de ellas son: **Comentarios, Estadísticas, Diseño, Plantilla** y **Configuración.**

Blog *Trabajamos con las TIC* en el escritorio de Blogger.

Opciones de configuración de un blog.

7.5 Crear una nueva entrada

Una entrada, también conocida como *«post»* en inglés, es una unidad de publicación de un blog que suele estar asociada a una noticia.

Para crear una nueva entrada, Blogger dispone de un editor, similar al de un procesador de textos, desde donde se puede añadir texto con diferentes formatos, imágenes, enlaces, vídeos e, incluso, código HTML.

Cada entrada se puede configurar añadiendo un título y etiquetas para su posterior clasificación, programando la fecha en que será publicada, asignándole una ubicación, permitiendo o no que se pueda comentar, etc. También es posible asignarle un enlace para facilitar su difusión posterior.

Una vez finalizada, el autor puede subirla directamente al blog (pulsando sobre **Publicar**) o, si lo prefiere, puede guardarla (eligiendo **Guardar**) para proseguir su edición más tarde.

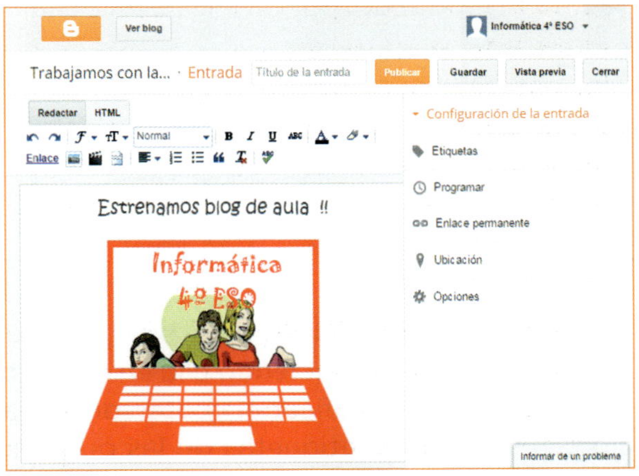

Redactar una nueva entrada de un blog.

Actividad guiada: crear un blog en Blogger

1. **Accede a Blogger y personaliza tu perfil.** Utiliza tu cuenta de Google para registrarte. Puedes agregar una imagen de perfil con la que desees identificarte.
2. **Crea un nuevo blog.** El título y el contenido del blog deben estar directamente relacionados con las nuevas tecnologías. Asígnale una dirección fácil de recordar y elige la plantilla que más te guste.
3. **Crea la primera entrada de tu blog.** Debes incluir un texto de presentación, una imagen relacionada con el contenido del blog y un vínculo a alguna de tus páginas web favoritas.
4. **Configura la entrada anterior.** Añade alguna etiqueta, la fecha de publicación y tu ubicación. Configúrala para que los lectores no puedan añadir comentarios y publica nuevamente la entrada para ver el resultado.

7.6 Difundir contenidos

La capacidad de integrar, en un mismo soporte, multitud de recursos multimedia convierte a los blogs en plataformas ideales para la difusión de contenidos. Los recursos que se utilizan en las entradas de un blog pueden añadirse directamente desde el mismo o a través de una gran cantidad de aplicaciones y sitios web que lo permiten, como, por ejemplo, Flickr, Google Drive, Glogster, SlideShare, Twitter, YouTube, etc.

Para insertar contenidos de otras aplicaciones en un blog, es preciso seguir estos pasos:

1. Acceder al sitio web que contiene la información que se desea publicar (por ejemplo, un avatar de www.voki.com).
2. Copiar el código HTML asociado al contenido (en este caso, un avatar). Es posible visualizar dicho código haciendo clic sobre **Publish.** En otros sitios web, suele obtenerse desde las opciones **Insertar, Share** o **Embed.**
3. Abrir la entrada del blog en la que se desea insertar el contenido. Hacer clic en el botón **HTML** y pegar el código. Al presionar el botón **Publicar,** el contenido se guarda automáticamente, por lo que es recomendable previsualizar el blog para comprobar el resultado.

Código HTML de un avatar en www.voki.com.

Mismo código HTML pegado en una entrada del blog.

7.7 Gestionar publicaciones

Las entradas publicadas en un blog se pueden eliminar o editar en cualquier momento haciendo clic en el icono **Ver publicaciones.** Esta opción permite modificar el contenido, los aspectos de la configuración, la fecha y las etiquetas de las publicaciones. Las entradas que aparecen como borradores no se muestran en el blog hasta que el usuario decide publicarlas, y las entradas programadas se mostrarán solo a partir de las fechas para las que han sido configuradas.

Lista de entradas de un blog.

7.8 Otras opciones de Blogger

Desde el escritorio de Blogger, es posible acceder a otras opciones relacionadas con la configuración del blog, tales como los comentarios, las estadísticas de visitas, el diseño, la plantilla, etc.

Plantilla

Las plantillas sirven para personalizar el blog. La plantilla elegida en el proceso de creación del blog se puede cambiar o personalizar para modificar los colores, las fuentes, el tamaño de la letra, etc.

Diseño

La estructura del blog se puede modificar seleccionando un elemento y arrastrándolo al lugar elegido. Esta herramienta también ofrece la posibilidad de añadir *gadgets* con diferentes funcionalidades: presentaciones, encuestas, menús por etiquetas, contadores, nubes de *tags,* traductores, etc. Para insertarlos, el usuario debe hacer clic en **Añadir un gadget.**

Opción **Diseño** de un blog.

Configuración

La opción **Configuración** permite establecer, entre otros aspectos:

- **La privacidad.** Por defecto, los blogs son completamente públicos y, por tanto, cualquiera puede leerlos en Internet. No obstante, se puede modificar la configuración para que sean privados.
- **Los permisos.** Cada vez que se invita a un usuario a editar de forma colaborativa, se le asignan permisos de autor (puede publicar entradas) o de administrador (puede gestionar todo el blog).

Comprende, piensa, aplica...

1 Añade *gadgets* a tu blog. Para ello, accede a la opción **Diseño** e insértalos en la zona de la plantilla que prefieras.

a) Añade el *gadget* **Encuesta.** La encuesta consta de una pregunta con varias respuestas.

b) Añade el *gadget* **Etiquetas.** El resultado obtenido será un menú formado por los nombres de las etiquetas que has añadido a tus entradas.

2 Comprueba las estadísticas de tu blog. ¿Qué datos puedes conocer sobre tus visitantes?

3 Añade un contador de visitas. Para ello, debes buscar una web que ofrezca este servicio. Elige uno de ellos y personalízalo a tu gusto. A continuación:

a) Añade el *gadget* HTML o JavaScript.

b) Pega en tu blog el código asociado al contador de visitas que has encontrado.

Ejemplo de contador.

8 Diseño online de un sitio web

8.1 Aplicaciones online de diseño web

Un sitio web es un conjunto de páginas web relacionadas entre sí. Todas ellas residen bajo un mismo nombre de dominio de Internet y están diseñadas para que se pueda navegar ordenadamente a través de sus vínculos, también denominados «enlaces» o «hipervínculos».

En la web 2.0, se pueden encontrar multitud de aplicaciones que facilitan el diseño web online y la gestión de sus contenidos. Estas permiten crear sitios web rápidamente y no requieren conocimientos avanzados de informática. Algunos ejemplos son Google Sites, Wix y Jimdo.

Características deseables en un sitio web

Los sitios web abarcan todos los aspectos de la vida, ya sean personales o laborales. El éxito de un sitio web dependerá de su contenido, de su apariencia estética y de su correcto funcionamiento. Sus páginas deben ser sensibles al dispositivo con el que se consultan, esto es, deben reajustar su tamaño en función de si se visualizan en teléfonos, tabletas u otros ordenadores.

8.2 Google Sites

Google Sites es una aplicación online de Google para crear sitios web de una manera rápida, sencilla y gratuita. Este editor web permite mostrar todo tipo de contenidos desde un mismo lugar, por ejemplo, vídeos, diapositivas, calendarios, presentaciones, archivos adjuntos o textos. Al tratarse de una aplicación colaborativa, ofrece la opción de compartir la información y decidir qué personas pueden verla o editarla, lo que posibilita un control absoluto sobre el acceso de las personas al sitio en todo momento.

Para empezar a utilizar Google Sites, se deben seguir estos pasos:

1. Entrar en su sitio web oficial (https://sites.google.com).
2. Escribir el correo electrónico de Google y la contraseña. Al iniciar Google Sites, se mostrará la interfaz de la aplicación.
3. Seleccionar uno de los sitios creados para gestionarlo o hacer clic en **Crear** para diseñar uno nuevo.
4. Para finalizar la sesión de trabajo con Google Sites, como con cualquier otro servicio de Google, es necesario hacer clic en la foto de perfil o en la dirección de correo electrónico que aparece en la esquina superior derecha de la pantalla y seleccionar **Cerrar sesión.**

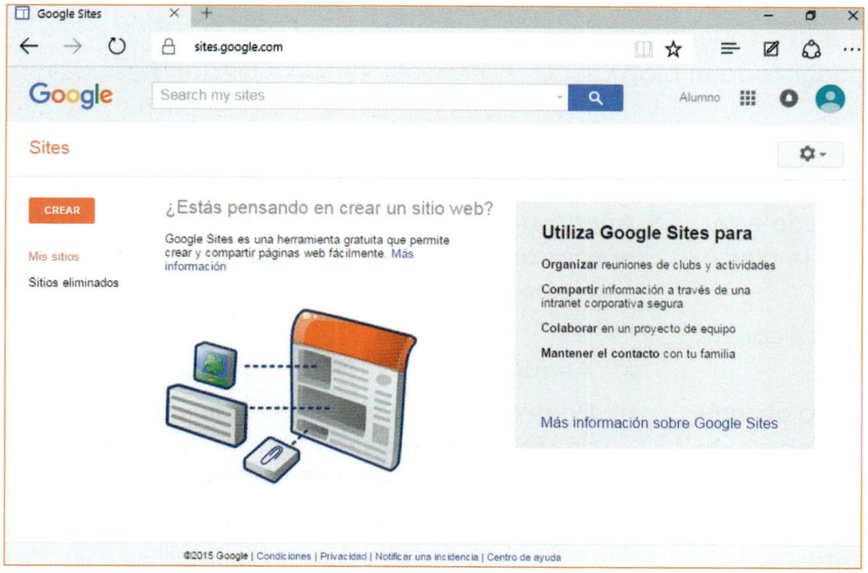

Pantalla de inicio de Google Sites.

8.3 Crear un sitio web

Para crear un nuevo sitio web, hay que hacer clic en el botón **Crear.** Una vez hecho esto, se deben tener en cuenta los siguientes ítems:

- **Plantilla.** Permite seleccionar la que mejor se adapte al sitio que se desea crear. Existen tres opciones:
  - **Plantilla en blanco.** El usuario puede personalizarla según sus necesidades.
  - **Classroom site.** Es la plantilla más popular en este momento (aunque puede variar con el tiempo).
  - **Navegar por la galería para ver más.** Se accede a una gran cantidad de plantillas prediseñadas para facilitar la construcción del sitio web.
- **Nombre del sitio.** Es el nombre que aparecerá en el marco superior de la web.
- **Ubicación del sitio.** Sirve para asignar la dirección web al sitio.
- **Selección de un diseño.** Permite elegir uno de los temas propuestos para personalizar la apariencia del sitio.
- **Más opciones.** Sirve para añadir una descripción del sitio web, así como para marcar la casilla de verificación en aquellos sitios que incluyan contenidos solo para adultos.
- **Código captcha.** Es necesario introducirlo para confirmar que el usuario que crea el sitio es una persona y no una máquina.

Finalmente, al hacer clic en **Crear,** se publica el sitio web. Si todos los datos introducidos son correctos, se accede a la página de inicio de este. En caso de que se haya producido algún error, se muestra un mensaje de advertencia con los campos que hay que revisar.

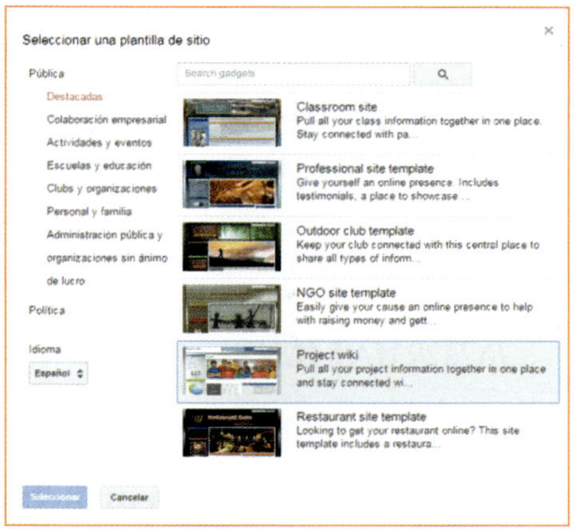

Galería de plantillas.

Comprende, piensa, aplica...

1. Accede a Google Sites por medio de tu cuenta de Google. Elige un tema que te interese especialmente y crea tu sitio web.
2. Asigna el nombre del sitio (uno que no haya sido utilizado previamente) e introduce el código de verificación.

Crear un sitio web en Google Sites.

3. Utiliza la opción **Navegar por la galería** para ver más plantillas. La plantilla elegida determinará el tipo de letra, la disposición de la página, etc.
4. En el caso de que hayas optado por la plantilla en blanco, haz clic en **Selección de un diseño** para decantarte por uno de ellos.

Plantillas disponibles en Google Sites.

8 Diseño online de un sitio web

8.4 Estructura de un sitio web

Una vez se ha creado el sitio web, Google Sites muestra el entorno y la página principal, que tienen la siguiente estructura:

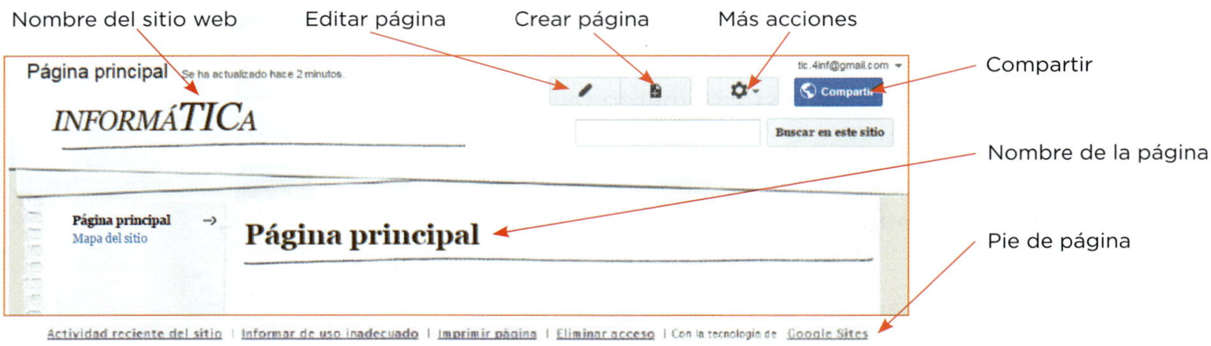

Estructura de una página web en Google Sites.

La página de inicio es la primera que aparece al visitar la web y sirve como presentación y puerta de acceso a todo el sitio. En ella, además, se suelen ubicar los contenidos que puedan resultar de mayor interés para el visitante del sitio web.

8.5 Editar una página web

Si se desea modificar la página seleccionada, se debe hacer clic en el botón **Editar página,** en la esquina superior derecha de la pantalla. Se muestra una barra de menú y otra de formato que incluyen las herramientas necesarias para modificar el contenido de la página.

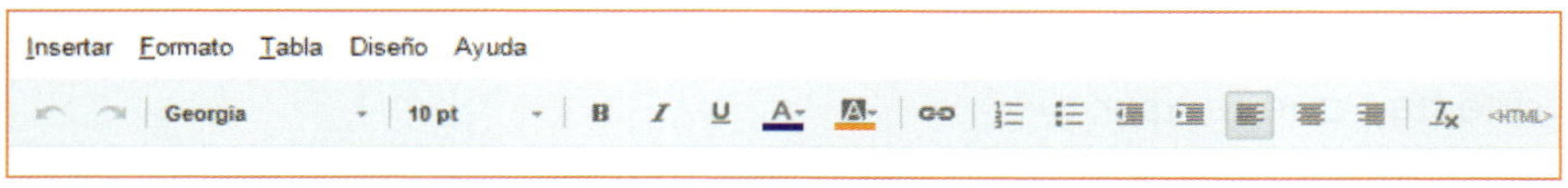

Menús y barra de herramientas de edición.

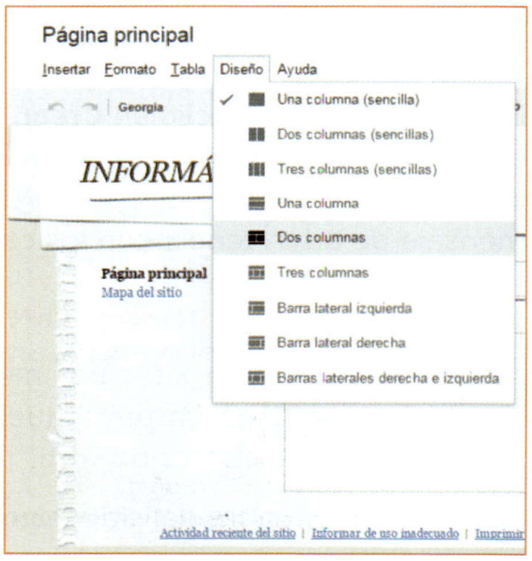

Menú **Diseño.**

Como se puede observar, esta barra es similar a la de cualquier otro procesador de textos y, desde ella, se pueden modificar, entre otras cosas, el tipo de letra, el tamaño, el color, los hipervínculos, las viñetas y las alineaciones.

Los menús, por su parte, recogen todas las herramientas con las que se pueden añadir elementos al sitio web y dar formato a las páginas. Google Sites ofrece los siguientes menús:

- **Insertar.** Se utiliza para añadir diferentes elementos a la página (índices, imágenes, líneas, gráficos, documentos, vídeos, etc.).
- **Formato.** Permite utilizar diferentes estilos para crear títulos, aplicar subíndices y superíndices, tachar textos, escribir código, etc.
- **Tabla.** Sirve para realizar todas las operaciones básicas de creación y edición de tablas.
- **Diseño.** Muestra las diferentes estructuras que se pueden elegir para diseñar cada página (a una columna, a dos columnas, con barras laterales, etc.).
- **Ayuda.** Permite realizar consultas sobre Google Sites.

8.6 Insertar elementos en una página web

El menú **Insertar** se utiliza para añadir objetos de diversa índole a una página web. Para facilitar su localización, los distintos elementos se agrupan en estas categorías:

- **Común.** Incluye elementos sencillos, como una imagen, un enlace, un índice de contenido, una línea horizontal, etc.
- ***Gadgets.*** Son componentes que añaden funcionalidades a las páginas, como mostrar las entradas o los archivos actualizados recientemente. El cuadro HTML permite insertar el código asociado a otros *gadgets* o aplicaciones externas a Google.
- **Google.** Son aplicaciones que se incrustan en la página, como un calendario, un documento, un mapa o un vídeo. Su contenido es dinámico, de forma que, si se modifica o se borra en su lugar de origen, también lo hará en el sitio web de Google Sites.

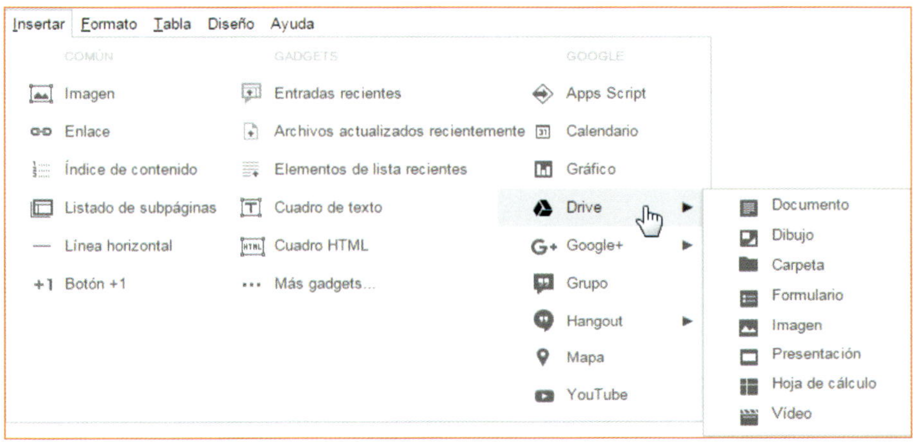

Opciones del menú **Insertar** de Google Sites.

Actividad guiada: insertar elementos en Google Sites

Crea un índice de contenido en una página web

1. Haz clic en el botón **Editar página** para acceder al modo de edición en la página en la que deseas incluir el índice.
2. Selecciona cada título de tu página y aplícale el estilo del título que desees desde el menú **Formato.**
3. Haz clic en **Insertar** y selecciona **Índice de contenido** para introducirlo al principio de la página.

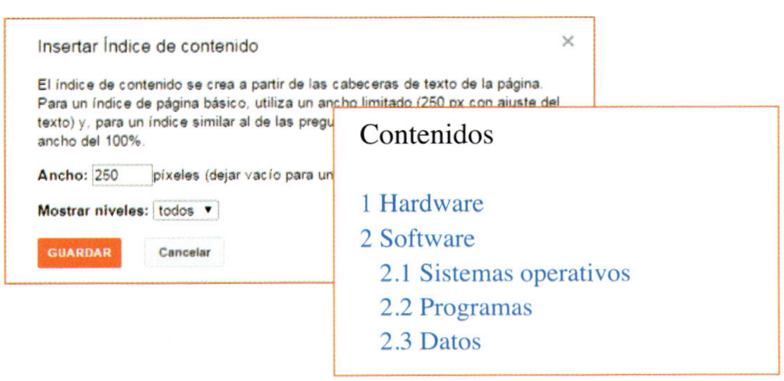

Crear un índice de contenido.

Inserta un documento desde Google Drive

1. Sitúa el cursor en el lugar en el que quieras incrustar el documento de Google Drive.
2. Haz clic en **Insertar** y selecciona, desde la opción **Drive,** el tipo de documento (presentación, formulario, dibujo, etc.).
3. Ajusta, en el cuadro de diálogo que aparece, el título, el ancho y el alto, y haz clic en **Guardar.**

Insertar una presentación desde Google Drive.

8 Diseño online de un sitio web

8.7 Añadir una página al sitio web

Una vez creado el sitio web, se pueden añadir más páginas en el mismo haciendo clic en el botón **Crear página.**

Cada vez que se crea una página nueva, es preciso asignarle un nombre, elegir el tipo de plantilla deseada (una página web, una página de anuncios, una página de almacenamiento de archivos o una lista) y determinar su ubicación.

Tras establecer estos parámetros, se debe hacer clic en **Crear.**

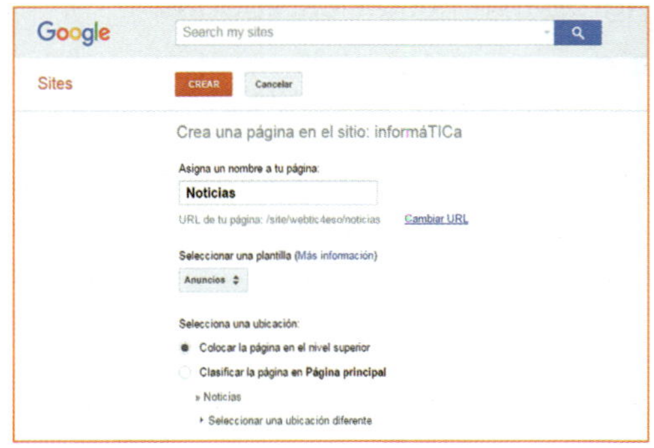

Añadir páginas a un sitio web.

Nombre y URL de la página

El nombre asignado a la página aparecerá tanto en el título como en el panel de navegación. Google Sites genera la dirección web de la página en función del nombre elegido, pero esta se puede modificar haciendo clic en el vínculo **Cambiar URL.**

El nombre de una página también se puede rectificar en cualquier momento cambiando su título; este se actualizará automáticamente en el menú.

Plantillas de página

Al crear una página nueva, Google Sites ofrece diferentes modelos de plantillas. Aunque estas pueden modificarse en cualquier momento, es recomendable ajustarlas al contenido desde el principio, es decir, cuando se crean. Los diferentes tipos de plantillas son:

- **Página web.** Permite escribir texto, crear tablas, insertar *gadgets,* adjuntar archivos, ser comentada por otros colaboradores y distribuir el contenido de la forma deseada. Es el tipo de página que se utiliza habitualmente. Google Sites guarda versiones a medida que se modifica, por lo que es muy fácil volver a versiones anteriores para comparar o deshacer cambios.
- **Anuncios.** Muestra las entradas publicadas en la página en orden cronológico, de la más reciente a la más antigua, de modo similar a un blog.
- **Archivador.** Tiene como función el almacenamiento y la organización de los archivos en carpetas, lo que facilita la posibilidad de compartirlos con otros usuarios del sitio. Cada vez que se añadan, se modifiquen o se eliminen archivos, se notificará debidamente a los usuarios suscritos a la página.
- **Lista.** Se utiliza para crear y organizar la información. Es muy sencillo añadir elementos a las listas, así como modificarlos y eliminarlos. Además, los lectores pueden ordenarlas por columnas, lo que favorece su gestión.

Plantilla **Archivador.**

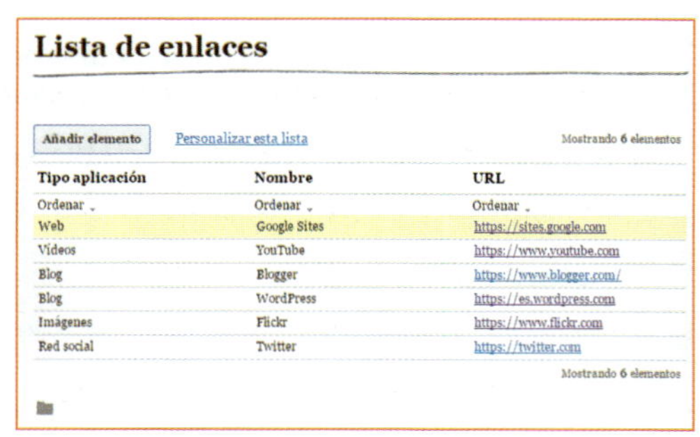

Plantilla **Lista.**

Ubicación de la página

Cuando se crea una página nueva, se puede optar por colocarla en el nivel superior junto con las páginas principales, añadirla como subpágina de la actual o seleccionar una ubicación diferente. No obstante, dicha ubicación se puede modificar en cualquier momento mediante la opción **Mover página** del menú **Más acciones.**

8.8 Compartir un sitio web

Google Sites permite crear sitios públicos y sitios privados, que se comparten únicamente con las personas deseadas. Además, en los dos casos, es posible añadir a otras personas para que puedan participar en el desarrollo del sitio de forma colaborativa.

Si se habilitan los permisos en el entorno de la página, se pueden, incluso, individualizar los privilegios de acceso y edición para cada una de las páginas que componen el sitio, con el fin de disponer tanto de zonas públicas como de zonas privadas.

Estos aspectos se pueden configurar haciendo clic en **Compartir.** Al seleccionar este botón, se mostrarán las siguientes opciones:

- **Enlace para compartir.** Permite extraer un enlace para hacer accesible la web a las personas que lo reciban.
- **Quién tiene acceso.** Permite establecer las opciones de visibilidad. Al hacer clic en **Cambiar,** es posible elegir entre **Público en la web, Cualquier usuario con enlace** o **Ciertos usuarios.**

Asimismo, en la parte inferior de la pantalla se mostrará la opción **Invitar a personas,** que permite dar acceso a usuarios para que puedan ver el sitio, en caso de que este sea privado. Además, aparecerán los permisos que tiene cada uno de ellos (**Es propietario, Puede editar** o **Puede ver**).

Opciones y permisos de **Compartir.**

8.9 Otras opciones de Google Sites

Al hacer clic sobre el menú **Más acciones** de la parte superior derecha de la pantalla, se despliegan diferentes alternativas, que aparecen agrupadas según su función:

- **Acciones de página.** Ofrece posibilidades tales como consultar el historial de revisiones, configurar la página u obtener una vista previa de la misma. Estas opciones afectan únicamente a la página seleccionada en ese momento.
- **Plantillas de páginas.** Permite cambiar la plantilla de la página seleccionada o crear una nueva basada en la actual.
- **Acciones del sitio.** Sirve para suscribirse al sitio, modificar su diseño, administrarlo y compartirlo. La opción **Administrar sitio** permite cambiar el nombre, la dirección web, los temas, los colores y las fuentes del mismo, así como eliminarlo.

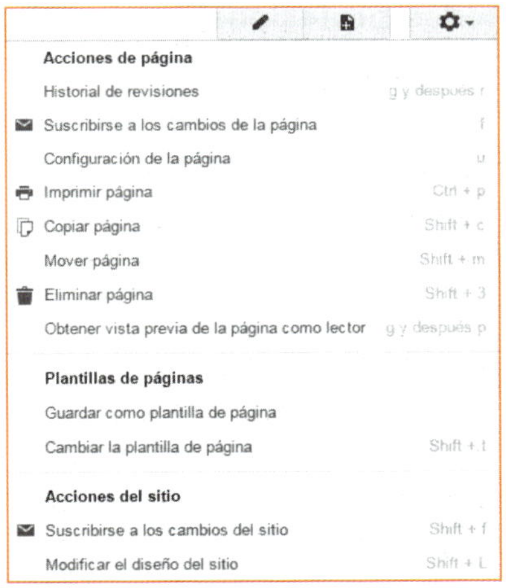

Menú **Más acciones** de Google Sites.

Comprende, piensa, aplica...

1. Añade varias páginas web a tu sitio. Debes crear, al menos, una con cada tipo de plantilla.
2. Agrega texto, tablas, imágenes y enlaces para dotar a tu página de contenido.
3. Modifica el diseño del sitio para que el panel de navegación aparezca de forma horizontal.
4. Comparte el sitio públicamente y difunde su URL entre tus compañeros para que puedan visitarla.

9 Redes sociales

9.1 ¿Qué son las redes sociales?

Una red social es un sitio web que ofrece una serie de servicios y funcionalidades de comunicación para mantener en contacto a grupos de personas con intereses comunes. Cada uno de sus usuarios cuenta con un perfil personal dentro de la red, a través del cual interactúa con otros miembros de la misma: se comparten opiniones, música, vídeos, imágenes, etc.

Las redes sociales se utilizan en diversos ámbitos y con distintos objetivos, como, por ejemplo, publicitarse, buscar trabajo, hacer nuevas amistades, intercambiar conocimientos, etc.

Redes sociales.

9.2 Tipos de redes sociales

Las redes sociales se utilizan en diversos ámbitos. Atendiendo a su funcionalidad, se pueden clasificar en tres categorías:

- **Redes personales u horizontales.** Su objetivo es mantener en contacto a familiares, amigos y conocidos. Están orientadas a la comunicación y transmisión de información entre personas. Permiten a sus usuarios crear perfiles personalizados, añadir a otras personas a su círculo e intercambiar con ellos mensajes, fotografías, vídeos, páginas o eventos. Además, ofrecen otras opciones y servicios, como la creación de listas de amigos o grupos, la posibilidad de chatear e, incluso, de realizar videoconferencias. Algunos ejemplos son: Facebook, Twitter, Google+, Tumblr, Hi5 o Myspace.
- **Redes profesionales o verticales.** Su finalidad es laboral: promocionar empresas, profesiones o personas. Muchas empresas utilizan las redes sociales para dar a conocer sus ofertas de empleo, productos, servicios, eventos... Del mismo modo, muchos profesionales las utilizan para detallar sus valores, servicios, obras, conocimientos y experiencia. Así, a través de estas redes, es posible establecer una cadena de contactos útiles y crear perfiles profesionales que puedan resultar interesantes para las empresas que comparten las mismas redes. Algunos ejemplos de redes sociales centradas, sobre todo, en el ámbito laboral son: LinkedIn, XING y Viadeo. Otras, como Twitter, disponen de sus propios canales específicos para encontrar trabajo y permiten obtener un gran número de seguidores.

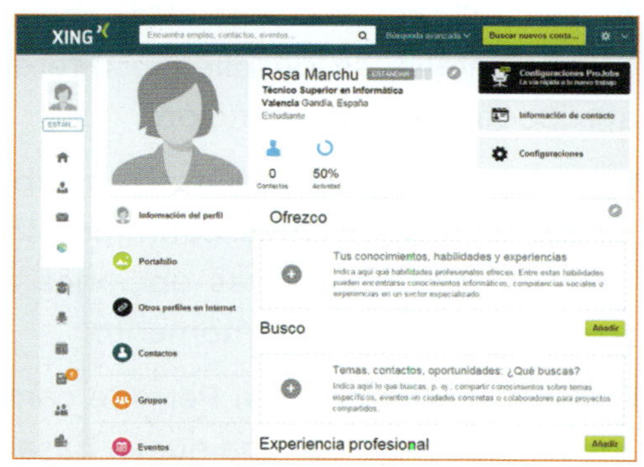

Red profesional XING.

- **Redes temáticas.** Se centran en un tema concreto y proporcionan las funcionalidades necesarias para el mismo. Algunos ejemplos de redes temáticas son:
  - **Vídeos:** YouTube, Vine, Dailymotion y Vimeo.
  - **Fotografía:** Instagram, Pinterest y Flickr.
  - **Viajes:** Minube, Tripwolf, TouristEye, Los viajeros y TripAdvisor.
  - **Música:** Spotify, Social Musik, Last.fm y ReverbNation.
  - **Libros:** Lecturalia, Quelibroleo.com, Entre lectores y Tú qué lees.
  - **Educación:** Brainly, Docsity, EducaNetwork y Edmodo.

Red social Brainly.

9.3 Riesgos asociados a las redes sociales

Las nuevas tecnologías son una fuente impresionante de recursos, oportunidades y ventajas, pero un uso abusivo o inadecuado de ellas puede ser muy perjudicial.

Algunos de los riesgos a los que se enfrentan los internautas son: el uso abusivo, la adicción, la exposición a contenidos nocivos, los ataques de *malware* o el fraude. Los jóvenes son los más vulnerables a sufrir ciberdelitos como el *sexting*, el *grooming*, el ciberacoso, etc.

Los usuarios disponen de recursos para protegerse de los riesgos asociados al uso de las TIC y las redes sociales, aunque la mejor protección es la adopción de hábitos y conductas responsables.

Ciberacoso.

9.4 Hábitos y conductas responsables

Algunos de los hábitos y conductas responsables a la hora de publicar en redes sociales e intercambiar información son:

- **Conocer y respetar la netiqueta.** Internet reúne una serie de normas de cortesía basadas en el respeto hacia los demás y consensuadas por los internautas, quienes han de conocerlas y respetarlas.
- **Proteger los datos.** Las aplicaciones web 2.0 y las redes sociales incluyen herramientas para configurar la privacidad de los datos. Se puede especificar qué personas o grupos pueden ver el perfil y sus contenidos. Aun así, hay que ser conscientes de que, cuando se aceptan las condiciones de uso de la mayoría de las redes sociales, se están cediendo los derechos de los contenidos publicados en las mismas, como fotos, vídeos, etc.
- **Publicar con responsabilidad.** Las plataformas sociales son lugares públicos (es decir, de acceso libre) y, una vez publicada la información, es difícil borrar su huella, por lo que solamente se debe publicar información de calidad, verídica y respetuosa.
- **Respetar los derechos de autor.** Los contenidos de otros autores pueden utilizarse según los términos establecidos por sus licencias, por ejemplo, citando su fuente. Es importante no realizar ninguna acción que infrinja los derechos de la propiedad intelectual.
- **Actuar con sentido común.** Los usuarios de redes sociales deben asumir determinadas pautas de conducta y utilizar herramientas *antimalware* que garanticen una tranquilidad total cada vez que se navega por Internet.

Comprende, piensa, aplica...

1. ¿En qué redes participas y de qué tipo son? ¿Cuánto tiempo sueles estar conectado a ellas?
2. Elabora una presentación sobre los hábitos adecuados y las conductas responsables para el uso de redes sociales e intercambio de información. Puedes valerte de la ayuda de páginas como Netiquétate, PantallasAmigas, etc.
3. ¿En qué consisten las adicciones a las nuevas tecnologías y cuáles son sus síntomas?
4. **Investiga** sobre el ciberacoso y otros peligros relacionados que pueden entrañar las redes sociales. ¿Dónde puedes obtener ayuda si tú o alguien que conoces estáis siendo víctimas de un delito de este tipo?

Comprueba cómo progresas

Aplica tus conocimientos

1 Crea un formulario en Google Drive para realizar una encuesta sobre el uso de las TIC entre las personas que conoces. Después, sigue estos pasos:

a) Comparte el formulario a través de tu blog, redes sociales u otras herramientas colaborativas.

b) Consulta las respuestas obtenidas en la hoja de cálculo, utiliza algunas fórmulas para contabilizar los datos numéricos y crea un gráfico con las estadísticas obtenidas.

c) Escribe un pequeño artículo online donde expongas, a modo de conclusión, los resultados, las estadísticas y cualquier otra información que consideres de interés.

2 Los mapas conceptuales se utilizan para representar gráficamente el conocimiento. Permiten relacionar ideas y tener una visión de conjunto de la información. Utiliza alguna de las herramientas web 2.0 para elaborar un mapa conceptual y difúndelo en tus blogs, wikis o sitios web.

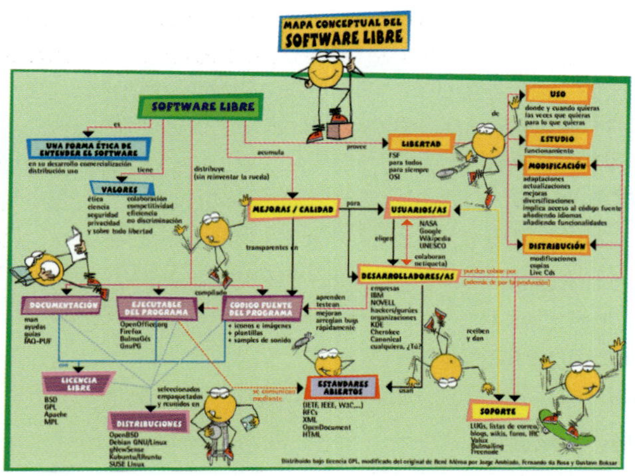

3 Utiliza PowToon para producir un vídeo educativo y publícalo en YouTube.

Colabora en la creación de un documento compartido en Google Drive en el que añadirás el enlace de tu vídeo junto a los del resto de tus compañeros. Podéis utilizar una tabla similar a la siguiente para recoger toda la información.

Título	Tema	Autor
Uso del WhatsApp	Seguridad informática	

4 Regístrate en Wikipedia y utiliza la zona de pruebas para practicar: redacta contenido, añade enlaces e imágenes, etc.

Colabora con tus compañeros para añadir, entre todos, un nuevo artículo. Escribid, por ejemplo, sobre algún monumento del lugar donde vivís, un plato típico de vuestra zona, un acontecimiento o personaje histórico, etc.

El contenido debe ser elaborado por todos, prestando especial atención a la advertencia sobre derechos de autor y normas ortográficas.

5 Google Calendar es una aplicación web que permite compartir una agenda o un calendario entre diferentes usuarios. Crea un calendario compartido con tu grupo de amigos en el que cada uno añada la fecha de su cumpleaños y otros eventos importantes, tales como viajes, conciertos, exámenes, tareas, etc.

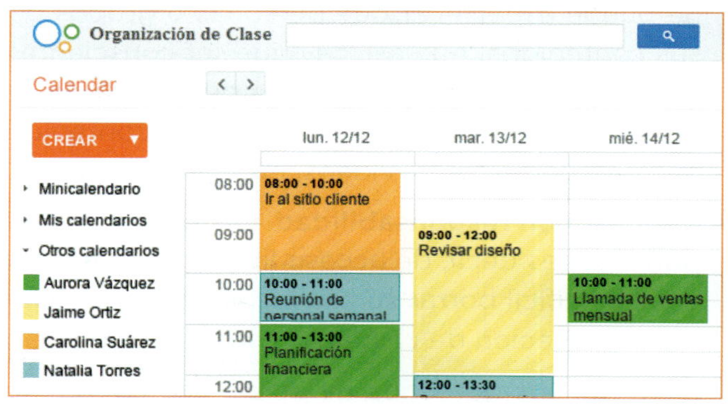

Calendario creado en Google Calendar.

6 Elabora con tus compañeros un glosario de términos de informática y publicadlo en un blog. Este deberá contener una entrada para cada letra, donde se añadirán todos los términos y sus definiciones, así como imágenes, enlaces o cualquier recurso que apoye las explicaciones. Cada entrada se etiquetará con la letra correspondiente. El blog deberá incluir el *gadget* **Etiquetas** en la parte superior de la página para organizar el contenido.

Blog creado en Blogger.

7 Realiza una presentación en la web 2.0 sobre las redes sociales e indica las principales características de cada una de ellas.

Presentación en PowerPoint Online.

8 Elabora un decálogo de buenas prácticas de uso de las redes sociales y compártelo a través de las que sueles utilizar para que todos tus amigos tomen nota. Puedes incluir algunas de estas ideas:

- Utilizar seudónimos en lugar de nombres reales.
- No compartir la contraseña con nadie.
- Aceptar solicitudes de amistad únicamente de personas conocidas.
- No publicar información ni fotos de otras personas sin su consentimiento.
- Conocer la configuración de privacidad de la red social y revisarla a menudo.

9 Diseña un formulario de contacto para que otros usuarios puedan comunicarse contigo a través de tu blog, wiki o web.

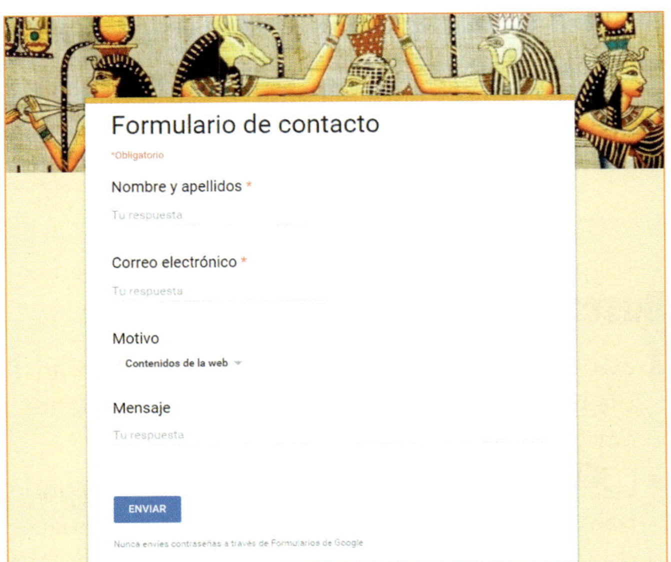

Formulario de contacto de un sitio web.

10 Elabora un sitio web y pon en práctica todos los recursos aprendidos a lo largo de esta unidad. El sitio debe incluir, al menos, los siguientes contenidos:

- Una página principal, a modo de presentación, y un conjunto de páginas web que contengan toda la información sobre el tema elegido.
- Una página basada en la plantilla **Archivador** que incluya música, imágenes, presentaciones y otros recursos relacionados con el mismo tema, para que los usuarios puedan descargarlos.
- Una página basada en la plantilla **Anuncios** donde se muestren algunas noticias actuales sobre el tema tratado y que ofrezca la posibilidad a los visitantes de colaborar con sus comentarios.
- Una página basada en la plantilla **Lista** que contenga enlaces de interés a otras páginas relacionadas.
- Un formulario (puedes insertar el que has creado en la actividad anterior).

Para el desarrollo del sitio web, se utilizarán imágenes, vídeos, enlaces, índices de contenido, un grupo de noticias y documentos incrustados desde Google Drive.

Las posibilidades a la hora de añadir contenidos y *gadgets* son ilimitadas, por lo que puedes dar rienda suelta a tu creatividad. Otros recursos con los que puedes complementar las páginas son: un contador, un traductor, un código QR, enlaces a redes sociales, etc.

Ejemplo de sitio web creado en Google Sites.

Lee, relaciona y busca información

Ciberperiodismo ciudadano

> Marco Polo describe un puente, piedra por piedra.
>
> —¿Pero cuál es la piedra que sostiene el puente? — pregunta Kublai Kan.
>
> —El puente no está sostenido por esta piedra o por aquélla —responde Marco—, sino por la línea del arco que ellas forman.
>
> Kublai permanece silencioso, reflexionando. Después añade:
>
> —¿Por qué me hablas de las piedras? Lo único que importa es el arco.
>
> Marco Polo responde:
>
> —Sin piedras no hay arco.
>
> Calvino, I. (2015). *Las ciudades invisibles.* Madrid: Siruela.

En este breve diálogo, Marco Polo define, de una manera sencilla pero profunda, el resultado conseguido por la unión de muchos componentes para lograr un objetivo común (por ejemplo, construir un puente). Lo mismo ocurre con la web 2.0, fruto de la unión del conocimiento y la participación de muchos usuarios.

Según Eric Schmidt, directivo de Google, en la última década se ha creado más contenido en la web que todo el acumulado a lo largo de la historia de nuestra civilización.

La humanidad está sumergida en un inmenso río de blogs, páginas web, wikis, plataformas de contenido y redes sociales, en cuyo caudal existen todo tipo de noticias, tuits, vídeos, comentarios, datos y enlaces. También los medios tradicionales, como los periódicos, la radio y la televisión, se han digitalizado para adaptarse a esta nueva era y han acogido Internet como soporte de información.

En este nuevo contexto, el usuario tiene la posibilidad de opinar, participar y crear nueva información. Es, por tanto, el principal actor y protagonista de la web 2.0, también conocida como «web social». Esta notable participación de los usuarios en la producción digital mediante el uso de redes sociales, blogs y otras aplicaciones de Internet es lo que se conoce como «ciberperiodismo ciudadano».

La gran emisión de contenidos, resultado directo de la colaboración entre usuarios y el desarrollo de las nuevas tecnologías, ha impulsado la sociedad del conocimiento y la inteligencia colectiva. No obstante, el exceso de información disponible en el ciberespacio provoca que, en ocasiones, sea difícil comprobar su veracidad y autoría.

Los usuarios de nuestro siglo se enfrentan también al reto de la alfabetización digital, que no solo implica tener conocimientos y destrezas técnicas para utilizar Internet, sino también disponer de las habilidades necesarias para acceder, analizar, interpretar, procesar y almacenar críticamente los contenidos multimedia que se publican en la red.

Comprende lo que has leído

1 ¿Crees que pueden llegar a desaparecer los medios de comunicación convencionales debido a la aparición del periodismo digital? Justifica tu respuesta.

2 **Lista.** Nombra las principales ventajas e inconvenientes del ciberperiodismo ciudadano.

Busca y organiza información

3 ¿Qué fuentes de información se consideran fiables? ¿Cómo se puede evaluar críticamente su contenido?

4 **Investiga.** Conviértete en ciberperiodista para redactar una noticia o relato que formará parte de la revista digital del aula que publicaréis como resultado.

8

Seguridad y ética en la interacción en red

Con la llegada de los ordenadores, se produce la revolución digital y de las comunicaciones. En la actualidad, millones de personas en todo el mundo usan Internet a diario, alojando sus datos en la nube y utilizando servidores de red y otros soportes de almacenamiento.

El ciberespacio ofrece muchas ventajas y oportunidades, pero también expone los sistemas informáticos a múltiples riesgos y amenazas, como los virus o la sustracción de información, que pueden ocasionar grandes perjuicios. Por ello, es necesario asumir determinadas pautas de conducta y emplear herramientas que garanticen la seguridad y la privacidad en el uso de las nuevas tecnologías.

¿Qué sabemos sobre seguridad y ética en la interacción en red?

1 Además de los virus, *spyware* y otros programas maliciosos, ¿a qué otras amenazas está expuesto un sistema informático?

2 Imagina que, al encender tu equipo, compruebas que ha dejado de funcionar. ¿Cuál es la última copia de seguridad de tus datos que has realizado? ¿Qué ventajas aporta la sincronización de datos en la nube?

3 Al utilizar las redes sociales, ¿qué medidas de privacidad sueles adoptar?

1 Seguridad informática

1.1 ¿Qué es la seguridad informática?

La seguridad informática es la disciplina que se ocupa de diseñar normas, procedimientos, métodos y técnicas destinados a proteger los sistemas informáticos y la información contenida en ellos.

Al margen de las medidas de protección que se apliquen, un sistema informático siempre tiene riesgos potenciales. Su seguridad se puede medir en función de lo fiable que resulte, es decir, de la probabilidad de que se comporte tal y como se espera que lo haga.

La seguridad informática consiste en preservar estas características:

- **Disponibilidad.** El sistema mantiene un funcionamiento eficiente para garantizar el acceso a los usuarios autorizados y es capaz de recuperarse rápidamente si se produce un ataque o fallo.
- **Integridad.** Asegura que la información no sea modificada o manipulada. Los datos recibidos o recuperados deben ser iguales a los que fueron enviados o almacenados.
- **Confidencialidad.** Garantiza que la información solo sea accesible a aquellas personas que tienen privilegios para ello.

1.2 Proteger un sistema informático

A la hora de dotar de seguridad a un sistema informático, se deben tener en cuenta todos sus componentes, analizando el nivel de vulnerabilidad de cada uno de ellos ante determinadas amenazas. Los elementos fundamentales que requieren protección son:

- **El hardware.** Componentes físicos de un sistema (por ejemplo, monitor, unidad de disco duro...) que contienen las aplicaciones que permiten su funcionamiento, a la vez que almacenan la información. Pueden verse afectados por un acceso no autorizado, una caída de tensión, una avería o cualquier otro accidente.
- **El software.** Constituido por los sistemas operativos y el conjunto de aplicaciones instaladas en los equipos de un sistema de información. El software puede fallar por errores de programación o ser atacado por usuarios malintencionados.
- **Los datos.** La información es el elemento más valioso y, por tanto, el más amenazado. El funcionamiento de una empresa u organización depende de sus datos, que pueden ser de todo tipo: económicos, fiscales, de Recursos Humanos, etc.

Si se produce un ataque, el hardware se puede reemplazar y el software, reinstalar. Sin embargo, a veces, los datos son irrecuperables.

Protección... ¿total?

La cadena de seguridad siempre se rompe por el eslabón más débil. Imaginemos una empresa que mantiene su servidor de red en un búnker protegido con un software diseñado a prueba de piratas informáticos. Aun así, es posible que su sistema quede inutilizado al verter accidentalmente un líquido sobre el equipo.

Comprende, piensa, aplica...

1 Visita la Oficina de Seguridad del Internauta, explora sus contenidos y lee alguna de las historias reales que contiene. Pon a prueba tus conocimientos con su cuestionario de seguridad en http://www.osi.es/es/cuanto-sabes.

2 Explica las medidas de prevención, detección y recuperación que aplicas para proteger tus ordenadores (sobremesa, tableta, portátil o teléfono). ¿Alguna vez has perdido información por culpa de un virus o fallo informático?

1.3 Medidas de seguridad

Son muchos los factores que se deben considerar en el momento de proteger un sistema. Las medidas de seguridad deben ser tanto activas como pasivas.

- **Seguridad activa.** Tiene como objetivo prevenir y detectar amenazas para evitar daños en los sistemas informáticos.
- **Seguridad pasiva.** Tiene como finalidad recuperar un sistema informático que haya sido infectado por software malicioso o atacado por personas, o que haya sufrido algún accidente.

De este modo, las medidas de seguridad pueden ser de prevención, detección o recuperación de los sistemas.

Prevención

Las medidas de prevención tratan de proteger el sistema durante su funcionamiento normal para evitar que se produzcan violaciones de seguridad. Los mecanismos más habituales son:

- **Control de acceso.** El usuario ha de identificarse a través de una clave, técnicas biométricas, el DNI electrónico, un certificado, etc.
- **Permisos de acceso.** Los permisos establecen a qué recursos puede acceder un usuario determinado (lectura, ejecución, escritura, etc.). Estos permisos se suelen gestionar a través de las cuentas de administrador del sistema operativo.
- **Seguridad en las comunicaciones.** Garantiza la privacidad de los datos cuando se transmiten a través de la red. Se utilizan mecanismos basados en la encriptación de datos, como los protocolos seguros, la firma digital y los certificados.
- **Actualizaciones.** Sirven para mantener actualizado el sistema operativo y las aplicaciones, lo cual supone una garantía para el funcionamiento correcto y eficiente del sistema.
- **SAI** (sistema de alimentación ininterrumpida). Permite guardar la información y apagar el equipo correctamente cuando hay un fallo eléctrico.

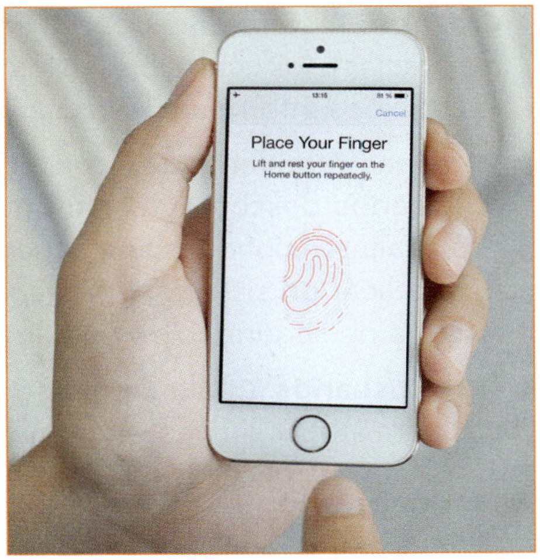

Sistema biométrico en iPhone.

Detección

Una de las principales funciones de la seguridad es identificar y eliminar las vulnerabilidades y los ataques. Para ello, se emplean herramientas como antivirus, cortafuegos, antiespías, etc. Existe una gran variedad de herramientas de seguridad para detectar y erradicar las posibles amenazas.

Recuperación

Se emplean medios de recuperación cuando se ha producido alguna alteración del sistema por virus, fallos, intrusos, etc., y se quiere restaurar su correcto funcionamiento.

Cuando se trabaja en red, se utilizan métodos como la réplica de información, equipos con varios procesadores, etc. En cualquier caso, una medida imprescindible para redes y ordenadores personales es la realización frecuente de copias de seguridad.

Comprende, piensa, aplica...

1 Busca información sobre los virus más famosos de la historia de la informática. Explica brevemente cuáles eran sus efectos y cómo se difundían.

2 Amenazas

2.1 Ataques y amenazas

Los elementos que pueden comprometer la seguridad de un sistema informático se agrupan en:

Personas

Muchas de las acciones contra los sistemas informáticos provienen de personas que, de manera accidental o intencionada, pueden causar enormes pérdidas. Algunos de los ataques más habituales son:

- ***Hackers.*** Usuarios cuyos conocimientos informáticos avanzados les permiten entrar en los sistemas por desafío o para verificar su seguridad. Generalmente, no causan daños.
- ***Crakers.*** Personas que poseen amplios conocimientos en informática, gracias a los cuales burlan los sistemas de seguridad y perjudican los equipos informáticos causando daños.
- **Personas familiarizadas con el sitio atacado.** Puede tratarse de empleados descontentos, antiguos programadores u otras personas malintencionadas que cuentan con información privilegiada para atacar un sistema. Por ejemplo, el programador que diseñó el sistema de seguridad en una empresa.
- **Otros usuarios.** Cualquier persona que utiliza herramientas diseñadas para atacar sin necesidad de tener conocimientos de seguridad.

Amenazas lógicas

Algunos de los programas que se instalan en un sistema informático pueden dañarlo. Por ejemplo:

- **Software malicioso.** Virus, gusanos, troyanos, espías y todo un conjunto de programas que atacan los equipos y comprometen, así, la integridad, disponibilidad y confiabilidad de la información.
- **Vulnerabilidades del software.** Cualquier error en su diseño, configuración o funcionamiento puede poner en peligro la seguridad del sistema informático si este es descubierto por un atacante o, directamente, provoca un fallo.

Amenazas físicas

Principalmente, existen tres tipos de amenazas físicas:

- **Fallos en los dispositivos.** A veces, surgen problemas en discos, cableados, el suministro de energía u otros componentes que pueden provocar la caída del sistema.
- **Catástrofes naturales.** Los incendios, las inundaciones y los terremotos, por ejemplo, pueden provocar un fallo grave en el sistema informático.
- **Accidentes.** Sucesos provocados de forma involuntaria por descuidos, malas prácticas o desconocimiento. Por ejemplo, si un empleado de mantenimiento corta el suministro eléctrico.

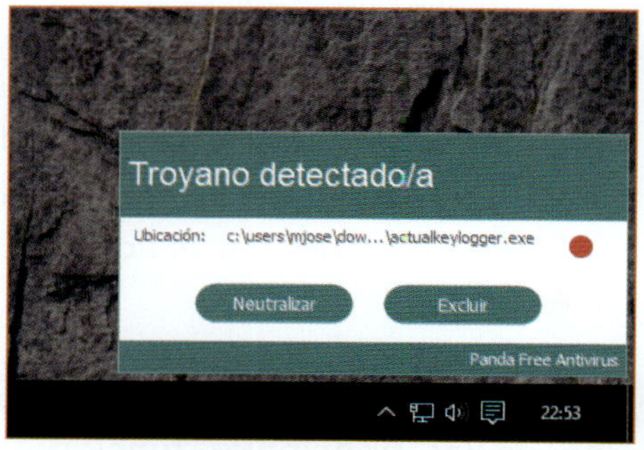

Detección del ataque de un troyano.

Comprende, piensa, aplica...

1 Chema Alonso, ingeniero informático de sistemas, es considerado uno de los mejores *hackers* de nuestro país. Busca información sobre este experto en ciberseguridad y visualiza alguno de sus vídeos en YouTube.

2.2 Virus y *malware*

Los virus son uno de los principales riesgos de seguridad para los sistemas informáticos. Su objetivo es alterar el funcionamiento del dispositivo sin el permiso ni el conocimiento del usuario. Al ejecutar un archivo infectado por un virus, este se aloja en la memoria, toma el control de algunos servicios del dispositivo e infecta los programas que se ejecutan a partir de ese momento.

Con el uso generalizado de las nuevas tecnologías, han ido apareciendo otras amenazas de software que pueden resultar muy dañinas.

Se denomina «*malware*» a cualquier amenaza o programa que pueda resultar perjudicial para un dispositivo, tanto por causar pérdidas de datos como de productividad. Este término procede de la contracción de «*malicious*» y «software», es decir, 'software malicioso'.

La propagación del software malicioso se realiza a través de las redes informáticas, de Internet y del intercambio de archivos. Este se reproduce e infecta ficheros en los equipos conectados.

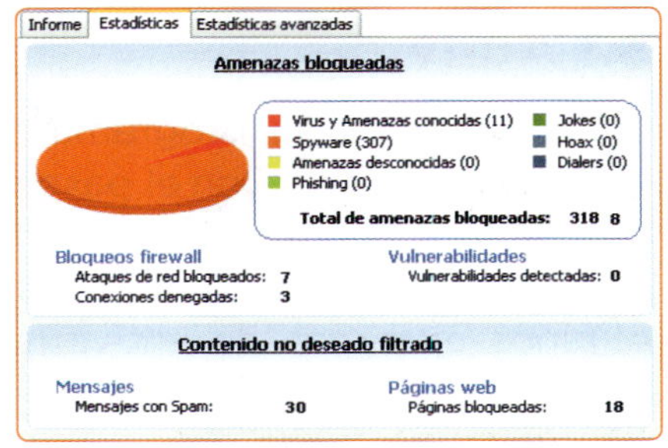

Informe de amenazas y vulnerabilidades.

Tipos de *malware*	
Virus clásicos	Software que infecta otros programas añadiéndoles su código malicioso para alterar el funcionamiento normal del dispositivo sin el permiso ni el conocimiento del usuario.
Gusanos	*Malware* que usa los recursos de red para propagarse rápidamente. Localiza los contactos para enviar copias de sí mismo a través del correo electrónico, programas de mensajería, redes locales, etc.
Troyanos	Código dañino que se camufla en programas gratuitos, juegos, etc., para pasar desapercibido cuando el usuario los instala. Puede secuestrar el equipo por control remoto, destruir datos y realizar otras acciones dañinas.
Spyware	Programas espía que obtienen información sobre un usuario de forma no autorizada. Su objetivo puede abarcar desde averiguar los hábitos de navegación en la web hasta robar información financiera.
Rootkit	Colección de programas usada por ciberdelincuentes para evitar ser detectados mientras obtienen acceso no autorizado a un dispositivo, que pueden utilizar para encubrir ataques ilegales.
Adware	Programa que despliega publicidad no solicitada utilizando ventanas emergentes o páginas de inicio no deseadas. El usuario suele instalarlo de manera involuntaria al aceptar acuerdos de licencia de programas gratuitos.
Phishing	Suplantación de identidad para obtener información confidencial de modo fraudulento. Los ataques suelen consistir en enviar correos electrónicos que incitan a usar enlaces falsos para averiguar los datos bancarios del usuario.
Spam	Conjunto de mensajes, cuyo remitente es desconocido, que son enviados masivamente para intentar estafar a los destinatarios, robar sus direcciones de correo o difundir publicidad no solicitada.
Hoax	Información falsa enviada por correo electrónico y difundida con la ayuda de público desinformado. Está diseñada para persuadir al usuario de que realice una acción que no debería ejecutar.
Rogue	Programas que simulan ser aplicaciones *antimalware,* pero que ocasionan efectos negativos. Muestran en la pantalla advertencias llamativas respecto a infecciones o amenazas que, en realidad, no existen.
Bromas	Programas que no causan ningún perjuicio a los equipos que infectan, pero que intentan asustar al usuario informándole sobre supuestos daños sufridos en el equipo o amenazas actuales o futuras.
Vulnerabilidades del software	Fallos y puertas traseras del sistema operativo o aplicaciones que aprovechan algunos programas para lanzar ataques automáticos contra el sistema. La mejor protección es mantener actualizado el software.
Otros software maliciosos	Programas que no afectan directamente a los dispositivos, pero que se suelen usar para crear *malware* o realizar actividades ilegales, como ataques de denegación de servicio o DoS, *spoofing, hacking,* etc.

3 Protección del sistema informático

3.1 Antivirus

Un antivirus es un programa cuyo objetivo es detectar y eliminar virus informáticos. Con el paso del tiempo, estos programas han evolucionado y, aunque se siguen llamando «antivirus», son capaces de proteger el sistema frente a las amenazas de todo tipo de *malware*. Algunos ejemplos de antivirus son Avast, Panda, Norton, McAfee, Kaspersky, Bitdefender, etc.

El funcionamiento de un programa antivirus consiste en comparar los archivos analizados con las bases de datos de virus. Esta base de datos, que se conoce como «firmas» o «definiciones de virus», ha de ser actualizada periódicamente con el fin de evitar que un virus nuevo pase desapercibido.

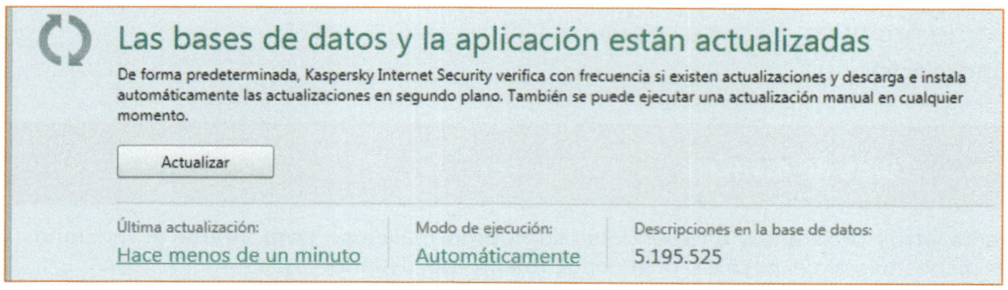

Actualizar la base de datos de un antivirus.

Los antivirus advierten de comportamientos sospechosos y utilizan algoritmos heurísticos para reconocer códigos maliciosos que no se encuentran en su base de datos, bien porque son nuevos, bien porque no han sido muy difundidos.

La mayoría de los sitios web oficiales de los programas antivirus ofrecen la posibilidad de realizar un chequeo online gratuito de nuestro equipo. Son muy útiles para analizar el ordenador cuando se sospecha que este, e incluso que el propio antivirus, pueden estar infectados. Su uso es imprescindible para prevenir los ataques en cualquier tipo de dispositivo informático.

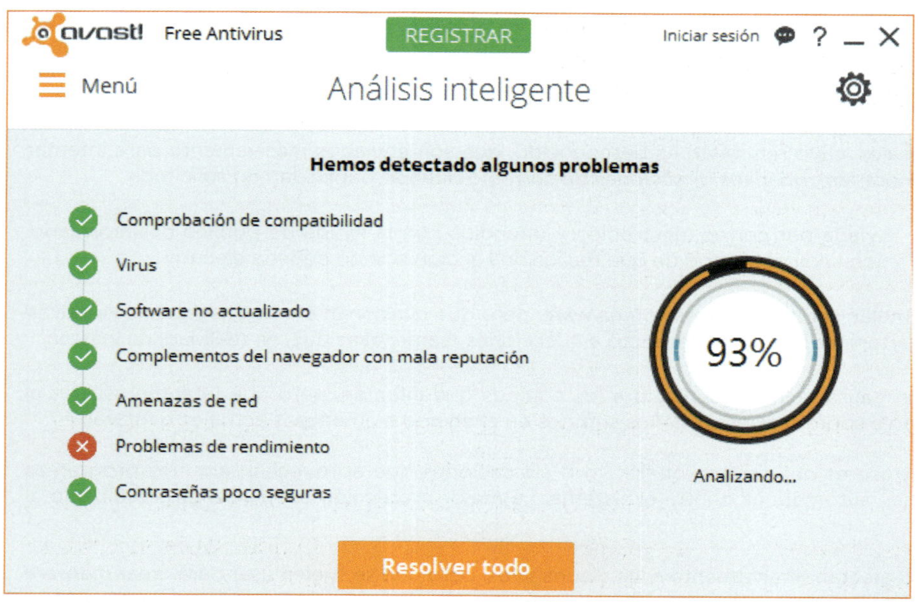

Antivirus en un ordenador.

Antivirus en segundo plano

Los antivirus permanecen residentes en la memoria de un sistema y avisan de posibles infecciones que detectan al abrir documentos, ejecutar programas, descargar archivos de Internet, etc.

En la barra de notificaciones, se muestra el antivirus que está activo.

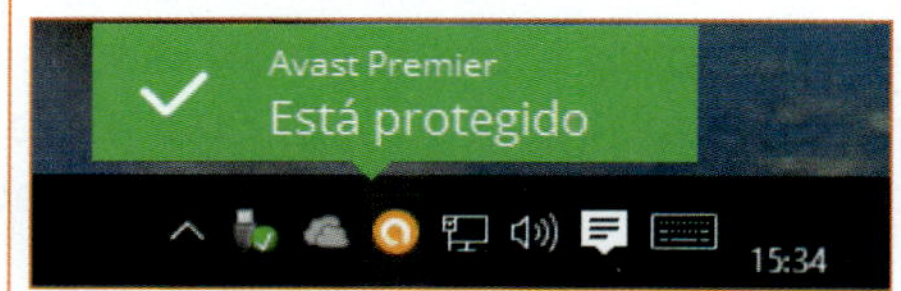

Antivirus en un teléfono móvil.

3.2 Cortafuegos

Mientras se trabaja en red, por ejemplo, navegando, descargando ficheros o leyendo el correo, se produce una continua entrada y salida de datos. Los intrusos pueden utilizarlos para infiltrarse en el dispositivo y acceder a la información, borrar archivos, etc.

Un cortafuegos o *firewall* es un sistema de defensa que controla y filtra las conexiones entrantes y salientes del sistema informático con el fin de bloquear el tráfico no autorizado. Para que su funcionamiento sea eficaz, se configuran una serie de reglas para las aplicaciones que tienen permiso de comunicación con la red (navegador web, correo electrónico, protocolos de transferencia de archivos o FTP, etc.).

Cuando un cortafuegos detecta que una aplicación intenta comunicarse con Internet sin tener permiso, se muestra un mensaje en el que se pide al usuario que autorice o deniegue su entrada. Así, los cortafuegos evitan que los intrusos tengan acceso a las redes privadas o a los equipos conectados a Internet. No obstante, no protegen el equipo frente a otros tipos de *malware,* por lo que se deben complementar con antivirus.

¿Qué es una *cookie*?

Es un fragmento de información que se almacena en el disco duro cuando se visitan determinadas páginas web, a petición de los creadores de las mismas. Se emplea para llevar un control sobre el número de visitantes u obtener información sobre los hábitos de navegación del usuario. No suelen generar problemas de seguridad, pero se consideran intrusiones en el ámbito de la privacidad, por lo que los navegadores incorporan la opción de permitirlas o no.

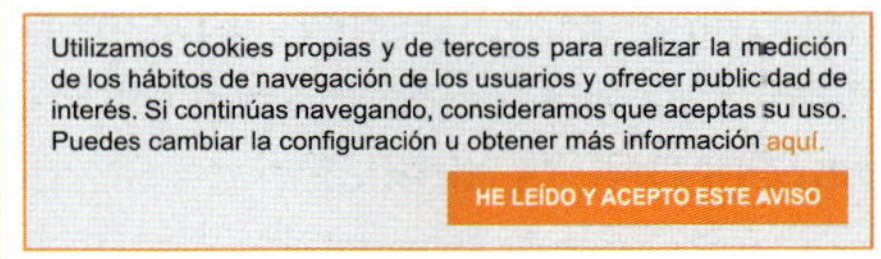

Advertencia del uso de *cookies.*

3.3 Antiespías

Las aplicaciones antiespía detectan, bloquean y eliminan dos tipos de *malware* que suelen actuar de forma conjunta: el *sypware* y el *adware.* El síntoma de que un dispositivo está infectado es su ralentización, debida a que los datos recopilados (historial de navegación, búsquedas realizadas, datos privados, etc.) se envían a los atacantes. Por lo general, el *adware* utiliza la información recolectada para decidir qué publicidad mostrará al usuario.

3.4 Copias de seguridad

Los datos almacenados en un dispositivo pueden resultar dañados por *malware,* ataques externos, fallos en el hardware o descuidos del usuario.

Para evitarlo, se puede realizar una copia de seguridad o *backup.* Esta contiene todos los datos que queremos proteger y permite recuperarlos si es necesario. Así, garantiza dos de los tres objetivos básicos que persigue la seguridad informática: integridad y disponibilidad.

El sistema operativo permite planificar la realización automática de copias de seguridad periódicamente, aunque el usuario puede realizarlas de forma manual cuando lo desee. En cualquier caso, se debe almacenar la información en soportes externos o en la nube. La copia debe incluir todos los documentos y la información difíciles de recuperar en caso de pérdida.

Comprende, piensa, aplica...

1 Realiza un chequeo de tu ordenador utilizando el antivirus instalado.

a) ¿Ha detectado alguna amenaza?

b) ¿Incluye algún cortafuegos para filtrar la actividad de la red y garantizar la seguridad?

2 Imagina que, al llegar a casa, tu ordenador ha dejado de funcionar.

a) ¿Has perdido información importante?

b) ¿Cómo podrás disponer de una copia actualizada de tus datos en la nube?

4 Protección de datos personales

4.1 Datos personales

Vivimos en la sociedad de la información y el conocimiento, donde cada día se manejan millones de datos personales. Sin el uso de esta información, gran parte de los servicios utilizados no podrían funcionar.

Al realizar una matrícula en el instituto, apuntarse a una competición, participar en un concurso, publicar contenidos en redes sociales o navegar por Internet, se están facilitando datos personales.

Un dato de carácter personal es cualquier información que permita identificar a un usuario. El nombre y los apellidos, la fecha de nacimiento, la dirección postal, el correo electrónico, el número de teléfono, el DNI, la dirección de Skype, las fotografías, los vídeos subidos a la web y muchos otros datos utilizados a diario constituyen información valiosa que podría permitir identificar a una persona, ya sea directa o indirectamente.

Los datos personales pueden ser recogidos en ficheros que dependen de Administraciones Públicas o de empresas y de organizaciones privadas que los utilizan para desarrollar su actividad. Los usuarios deben ser conscientes de que todos estos datos revelan información de la personalidad, hábitos de consumo, historiales clínicos, etc., que es importante proteger.

Registrarse en servicios online

Al registrarse en servicios de Internet, el usuario está aceptando las condiciones y la política de datos que estos servicios hayan establecido y, por consiguiente, está autorizando el uso de sus datos personales.

4.2 Información y consentimiento

El derecho fundamental a la protección de datos es la capacidad que tiene el ciudadano para disponer de todas las informaciones referidas a él y decidir sobre ellas. Este derecho está reconocido en la Constitución española y en el Derecho de la Unión Europea.

La Agencia Española de Protección de Datos vela por el cumplimiento de la Ley Orgánica de Protección de Datos (LOPD), garantizando el derecho fundamental a la protección de los mismos.

Los datos personales solamente pueden recogerse y emplearse si el usuario da su consentimiento. Normalmente, la información referida a dicho consentimiento se encuentra en textos titulados *Condiciones de uso*, *Protección de datos personales* o *Políticas de privacidad*. Es fundamental leerlos y comprenderlos bien.

Solo en algunos casos muy concretos, la ley permite que se obtengan datos sin autorización del ciudadano, por ejemplo, cuando se recogen para actividades relacionadas con las funciones de las Administraciones Públicas.

Comprende, piensa, aplica...

1 Inicia el proceso para registrarte en Google o en una red social. ¿Cuáles son los datos que estás cediendo y qué uso se les va a dar? Lee sus condiciones y su política de datos para averiguarlo.

2 Consulta el artículo 7 de la Ley Orgánica de Protección de Datos e indica qué datos se protegen de manera especial por su relevancia para la intimidad y la no discriminación.

4.3 Tratamiento de los datos

Las reglas aplicadas a los datos personales establecen obligaciones que aseguran que el responsable de su tratamiento actuará adecuadamente. Para ello, deben garantizarse los principios de calidad, seguridad y secreto de los datos.

- **Calidad.** Los datos de carácter personal solo se pueden recoger para su tratamiento cuando sean adecuados, pertinentes y estén relacionados con la finalidad para la que han sido obtenidos. Por ejemplo, al instalar una aplicación de *fitness,* sería adecuado autorizar el uso de datos sobre el género, el peso, la altura y la ubicación del usuario, pero no sobre su agenda telefónica, sus fotos o su historial de navegación.
- **Seguridad.** Los responsables del tratamiento de los datos deben adoptar las medidas técnicas y organizativas necesarias para garantizar su seguridad y evitar su alteración o pérdida, así como el acceso no autorizado. Por ejemplo, los documentos con datos personales, como exámenes o informes médicos, no pueden ser depositados en los contenedores de basura.
- **Secreto.** El secreto es esencial para garantizar el derecho fundamental a la protección de datos. Por ello, quienes intervienen en cualquier fase del tratamiento de los datos de carácter personal están obligados a su custodia. Así, las contraseñas se mantienen en secreto y, en caso de pérdida, solo podrán ser restauradas si el usuario acredita su identidad.

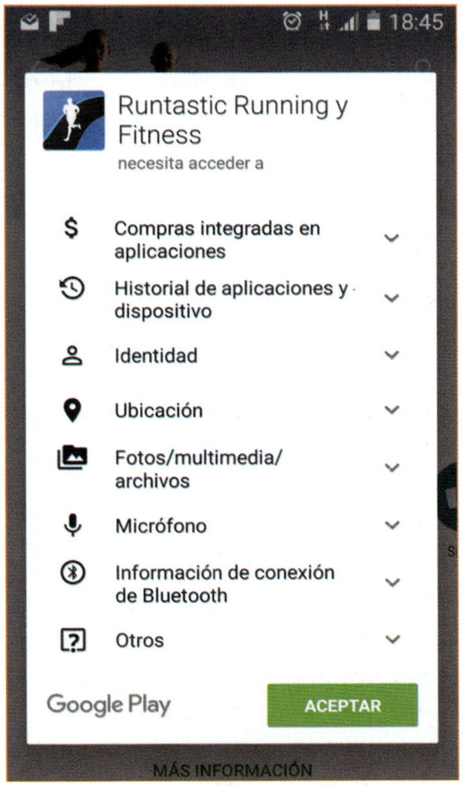

Instalar Runtastic.

4.4 Derechos ARCO

La LOPD otorga a los usuarios herramientas para ejercer el control sobre su información personal mediante los derechos ARCO:

- **Derecho de acceso.** Permite al ciudadano conocer y obtener gratuitamente información sobre sus datos de carácter personal que estén siendo utilizados. Puede consultarse en www.agpd.es.
- **Derecho de rectificación.** Permite corregir errores y modificar los datos inexactos o incompletos para garantizar la veracidad de la información objeto de tratamiento.
- **Derecho de cancelación.** Permite que se supriman los datos que sean inadecuados o resulten excesivos, sin perjuicio del deber de bloqueo recogido en la LOPD.
- **Derecho de oposición.** Da la opción al afectado de que no se lleve a cabo o deje de realizarse el tratamiento de sus datos de carácter personal.

Tú decides

- No facilites información personal propia ni de tus familiares o amigos.
- Evita que tu usuario o tu *login* contengan tu nombre, fecha de nacimiento o edad.
- Asegúrate de que todos los sitios web que visitas tienen una política de privacidad.
- Recuerda que tienes derecho a decidir cuándo quieres dar de baja una cuenta y borrar tus datos.
- Si quieres solicitar la eliminación de fotos o vídeos donde aparezcas, dirígete a quien los publicó o recurre a la Agencia Española de Protección de Datos, que te ayudará a borrarlos.

5 Identidad digital

5.1 Huella digital

Cada vez que se navega por Internet, se dejan rastros que otros podrían utilizar para averiguar dónde vive un usuario, dónde estudia, si tiene pareja, qué le gusta y multitud de detalles personales.

Esas huellas digitales que identifican a cada usuario se dejan al buscar información, consultar el correo electrónico, comprar en Internet, publicar contenidos en las redes sociales o utilizar dispositivos móviles. Es importante configurar adecuadamente los dispositivos, las aplicaciones y los sitios web para mantener la privacidad y que estas huellas no sean visibles para ciberdelincuentes.

Aunque es posible solicitar a plataformas como Google que eliminen la información personal, una vez que se encuentra en Internet, se pierde el control sobre ella y resulta imposible saber a quién va a llegar y cuándo.

Ten en cuenta

La foto más graciosa, el vídeo más atrevido o el comentario más ingenioso pueden volverse en nuestra contra dentro de unos años, por ejemplo, al buscar empleo.

5.2 Reputación online

Muchas personas desarrollan gran parte de su actividad en Internet y van creando su personalidad digital en redes sociales, grupos de mensajería, plataformas, etc.

La reputación online es la opinión que otros usuarios tienen de una persona o de una organización, o la consideración social que estas poseen. Aprender a interactuar con terceros y manejar aspectos básicos de *personal branding* ('construcción de una marca personal'), puede convertirse en algo esencial para el desarrollo de la personalidad y el futuro social y profesional.

Algunos de los riesgos a los que se expone la reputación online son la suplantación de la identidad, la privacidad insuficiente, el etiquetado por parte de terceras personas en redes sociales, las publicaciones falsas o la falta de protección de datos.

5.3 Sistemas de identificación en la red

Al igual que en el mundo real es necesario identificarse para acceder a los servicios, en Internet se debe acreditar la identidad.

Tradicionalmente, la verificación de la identidad de una persona ha estado vinculada al conjunto de datos y rasgos que nos hacen únicos, como las huellas dactilares o el aspecto físico. En el ámbito electrónico, se utiliza para el mismo fin la identidad digital, por lo que la sociedad de la información provee a los usuarios de mecanismos para acreditarse y firmar documentos digitalmente. Los medios más comunes son el uso del DNI electrónico, los certificados digitales, la firma digital, las contraseñas y las técnicas de biometría.

Comprende, piensa, aplica...

1 Averigua si, al utilizar la navegación privada, también se dejan huellas. Puedes introducir en el buscador de Google tu dirección IP para comprobar si esta es desconocida.

2 Indica varios ejemplos de trámites online que puedes realizar con el DNI electrónico.

3 Si no conoces el pin de tu DNI o está bloqueado, ¿qué alternativas tienes para recuperarlo?

5.4 DNI electrónico

El DNI electrónico o DNIe es un documento emitido por la Dirección General de la Policía que, además de acreditar físicamente la identidad de su titular, permite:

- Acreditar electrónicamente y de forma inequívoca la identidad de la persona.
- Firmar digitalmente documentos electrónicos, otorgándoles una validez jurídica equivalente a una firma manuscrita.

El DNIe incorpora un pequeño circuito integrado (chip), que contiene los mismos datos que aparecen impresos en la tarjeta (datos personales, fotografía, firma digitalizada y huella dactilar), junto con los certificados de autenticación y de firma electrónica. Esta información se puede obtener utilizando los distintos tipos de lectores de DNIe que existen.

Cualquier persona puede utilizar su DNIe para realizar múltiples gestiones online de forma segura con las Administraciones Públicas, con empresas y con otros ciudadanos, a cualquier hora y sin tener que desplazarse ni hacer colas.

Para acceder a la sede electrónica de un sitio web con el DNIe y poder utilizar sus servicios, hay que hacer clic en un enlace similar al siguiente:

dni electrónico

Componentes del DNIe

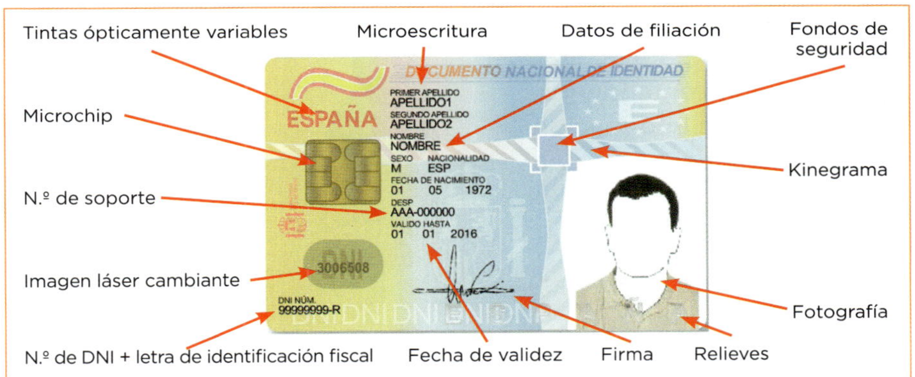

Pin de seguridad

El DNIe, el certificado digital y la firma digital llevan asociada una clave o pin de seguridad.

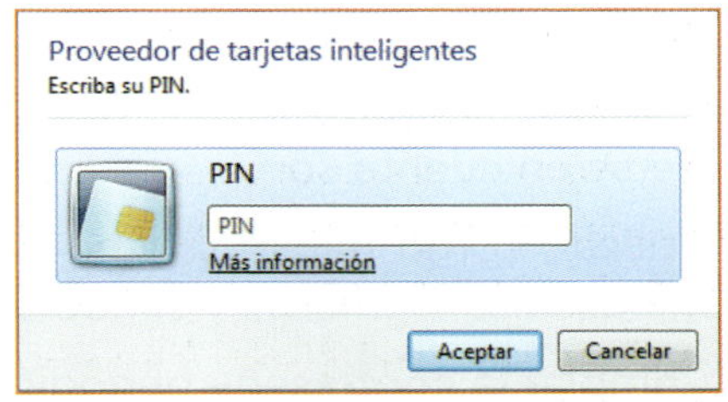

5.5 Certificado electrónico

Un certificado electrónico es un fichero informático encriptado que es emitido por una autoridad certificadora y que identifica a una persona, un organismo o una empresa de forma digital en Internet. Este certificado se utiliza para verificar la identidad de los usuarios o autentificar sitios web. En España, los certificados se incorporan al DNIe o son emitidos por la Fábrica Nacional de Moneda y Timbre (FNMT).

5.6 Firma digital

La firma digital tiene el mismo propósito que una manuscrita, pero no requiere que el firmante esté presente físicamente para plasmarla en un documento. Por otra parte, una firma manuscrita es sencilla de falsificar, mientras que es imposible hacerlo con una digital, a menos que se descubra la clave privada del firmante.

6 Protección de la información

6.1 Crear contraseñas seguras

El método habitual para identificarse y poder acceder a la información personal que se almacena en los dispositivos o en Internet es el uso de contraseñas. Para evitar que usuarios malintencionados consigan descifrarlas, es importante que sean seguras. Algunas pautas que deben tenerse en cuenta son:

- Utilizar, como mínimo, ocho caracteres, combinando mayúsculas, minúsculas, números y símbolos.
- Cambiar la contraseña periódicamente para reducir la probabilidad de que se vea comprometida con el paso del tiempo.
- Evitar incluir datos personales, como el nombre, la edad, la fecha de nacimiento, el teléfono, etc.
- Aportar los datos necesarios para recuperar la contraseña en caso de olvido, tales como el número de teléfono móvil o una cuenta de correo alternativa. Si hay que añadir una pregunta de seguridad, nunca se debe utilizar una cuya respuesta sea fácil de averiguar.
- Utilizar contraseñas diferentes para cada aplicación, siempre que sean sencillas de memorizar. Por ejemplo, un usuario podría utilizar para su cuenta de Instagram la contraseña «A%1nsta9R&».

6.2 Criptografía

El término «criptografía» proviene de las palabras griegas *«kryptós»* ('oculto') y *«graphé»* ('escritura'). Esta técnica se utiliza para ocultar datos, de manera que solo personas autorizadas puedan entenderlos. Así, la encriptación de datos consiste en hacer que una información resulte incomprensible aplicándole algoritmos matemáticos antes de almacenarla o enviarla a través de la red.

La criptografía se utiliza al navegar por páginas con protocolos seguros, al utilizar certificados y firmas digitales, etc.

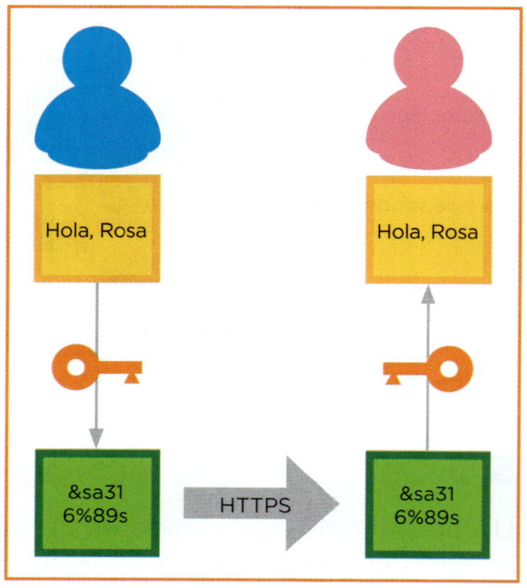

Comunicación encriptada.

6.3 Protocolos seguros

Internet es un medio público que ofrece información accesible para cualquier usuario. Esto implica que, durante un proceso de comunicación de datos, la información puede ser interceptada. Los protocolos de seguridad son un conjunto de normas comunes que facilitan la comunicación de forma confidencial a través de las redes.

En la navegación por Internet, se utiliza el protocolo seguro de transferencia de hipertexto (HTTPS), que permite establecer una conexión segura utilizando métodos de encriptación para impedir que se pueda acceder a los datos intercambiados entre un dispositivo y el servidor al que se conecta.

La mayoría de los sitios de Internet utilizan el protocolo HTTP y envían información sin codificar, por lo que es muy importante comprobar que su URL cambia a HTTPS cuando se realizan operaciones que requieran privacidad.

Consejos para usar la red de forma segura

- Proteger el dispositivo con contraseñas y bloquear la pantalla del móvil para evitar que lo utilicen personas desconocidas.
- No facilitar datos personales si se desconoce su destinatario y el uso que hará de ellos.
- No enviar información importante cuando la conexión no sea segura (protocolo HTTP) o no esté certificada.
- Actualizar el sistema operativo y los programas con los parches de seguridad o las mejoras publicadas.
- Utilizar herramientas de seguridad, como antivirus y cortafuegos, para mantener el equipo protegido.
- Realizar copias de seguridad con frecuencia para recuperar la información en caso de pérdida.
- Emplear contraseñas seguras, que no deben ser reveladas a nadie y que deben cambiarse periódicamente.
- Verificar la legitimidad de los sitios web antes de proceder a la descarga de archivos, hacer compras, etc.
- Eliminar mensajes sospechosos sin abrirlos. Nunca hay que responder ni abrir sus enlaces o archivos adjuntos.
- Respetar los derechos de autor. Las descargas ilegales y el software pirata pueden causar graves daños.
- Controlar el tiempo que se dedica a Internet o a las nuevas tecnologías para no desarrollar una adicción.
- Utilizar el sentido común y tener una actitud crítica para detectar software malintencionado o posibles fraudes.

6.4 Verificar la legitimidad de un sitio web

Una forma de evitar ser estafados en Internet es asegurarse de que la página web visitada no es fraudulenta. Algunas técnicas para verificar su legitimidad son:

- **Comprobar su certificado digital.** Para que resulte más fácil, las versiones más modernas de los navegadores ofrecen información sobre los certificados mediante códigos de colores. Basta con observar el color de la barra de navegación para conocer la legitimidad de la página.

  Al hacer clic sobre el candado que se ve en la imagen, se puede averiguar qué autoridad emite el certificado digital.

- **Fijarse en el protocolo de seguridad.** Una página segura debe utilizar una URL que comience por «https://» en lugar de «http://». Si la página empieza por «https://» pero la barra de direcciones no se pone de color verde ni muestra algún símbolo equivalente, significa que no se ha podido comprobar su legitimidad y puede que se estén utilizando técnicas de *phishing* para suplantar la identidad de los usuarios.

- **Utilizar un filtro antifraude.** Algunos navegadores incluyen estos filtros, y también es posible activarlos desde el antivirus.

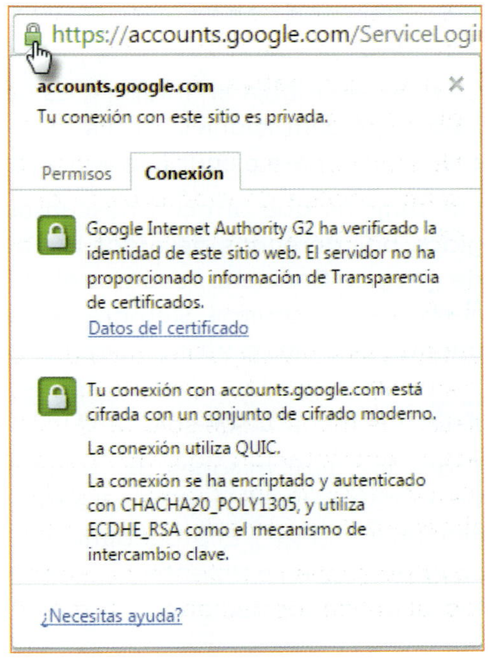

Certificado de un sitio web.

Comprende, piensa, aplica...

1 Despliega el menú de Google Chrome ≡ y realiza las siguientes tareas:

a) En el apartado **Privacidad** (en **Configuración**), activa la opción **Obtener protección para ti y para tu dispositivo frente a sitios web peligrosos.**

b) Borra los datos de navegación y personaliza las opciones de **Configuración de contenido.**

c) Averigua cómo se cierra la sesión de usuario para evitar que tu cuenta se quede abierta.

2 Comprueba la seguridad de las claves que utilizas habitualmente con la ayuda de un comprobador de contraseñas online.

3 El administrador de una página web puede conocer la dirección IP de los usuarios conectados y, por tanto, desvelar su identidad. ¿Crees que alguien le facilitaría sus contraseñas? ¿Has comprobado la legitimidad del sitio utilizado en la actividad anterior o eres un usuario confiado? Si no es así, cambia tus claves y, a partir de ahora, actúa con prudencia para no correr riesgos.

7 Riesgos de seguridad en las comunicaciones

7.1 Correo electrónico y mensajería instantánea

Los programas de mensajería instantánea (WhatsApp, chats, etc.) y el correo electrónico son servicios de comunicación que han alcanzado un gran nivel de desarrollo en Internet. La popularidad de su uso también los convierte en uno de los medios habituales para la difusión de software malicioso y contenidos no solicitados, por lo que quienes deseen propagarlos cuentan con la ventaja de poder hacerlo de forma masiva a coste reducido.

Algunos de los riesgos relacionados con el uso de estas tecnologías son, principalmente, la recopilación de contactos o direcciones de correo, la suplantación de identidad y la instalación de *malware*.

7.2 Descargas

Cuando se trabaja en Internet, es habitual descargar vídeos, música, juegos, presentaciones, etc. Estos archivos pueden contener *malware* preparados para ejecutarse e infectar el dispositivo.

Las páginas que ofrecen descargas gratuitas de contenidos protegidos por derechos de autor pueden ser, en sí mismas, una fuente de riesgos. Conviene recordar el viejo axioma «Todo tiene un precio, aunque sea gratuito». Siempre que sea posible, se deberán utilizar las páginas oficiales para descargar programas.

7.3 Intercambio de archivos

Todos los días, millones de usuarios intercambian archivos (música, vídeo, software, etc.) en la red a través de programas específicos para esa función (P2P). El procedimiento es sencillo: se instala uno de esos programas, generalmente gratuitos y de fácil acceso, y se utiliza para localizar la información.

Los riesgos de esta práctica son elevados, ya que, además de existir la posibilidad de estar infringiendo los derechos de autor de los contenidos, es frecuente que los archivos estén infectados por *malware*. Por otra parte, estos programas pueden exponer toda la información del usuario si no se configuran adecuadamente.

7.4 Fraudes en Internet

El uso, cada vez más extendido, de las nuevas tecnologías e Internet incrementa el riesgo de ser víctimas de fraudes cibernéticos. No obstante, tomando en consideración algunas medidas de seguridad, es posible limitar la exposición a estos delitos.

Las amenazas más importantes relacionadas con fraudes suelen afectar a servicios que requieren una especial confidencialidad: banca online, comercio electrónico, trámites con la Administración, etc.

El principal fraude sufrido por los menores en las redes es la suplantación de identidad. En este grupo de edad, es frecuente un exceso de confianza, lo que lo convierte en el colectivo más vulnerable.

Comprende, piensa, aplica...

1 ¿Cómo se puede denunciar que han suplantado tu identidad en una red social?

2 Al enviar un correo electrónico a varios usuarios, ¿cómo puedes proteger la identidad de los mismos?

Anuncio fraudulento

¡Enhorabuena! Eres el visitante número 1000000
y de regalo te llevas este fabuloso coche.
Entra en este enlace y facilítanos tus datos:

www.micochederegalo.com

Suplantación de identidad

La suplantación de identidad es un delito que tiene lugar cuando alguien se hace pasar por otra persona y utiliza sus datos para llevar a cabo acciones ilegales.

El robo de identidad online es un gran problema que está en constante crecimiento. En las estafas de *phishing* y *pharming,* los ladrones utilizan correos electrónicos y sitios web falsos para simular que pertenecen a organizaciones legítimas. Se aprovechan de la confianza de los usuarios y los engañan para que divulguen información personal, como contraseñas y números de cuenta. Del mismo modo, *hackers* y virus pueden infiltrarse en un dispositivo e instalar un *keylogger* para robar datos o registrar todo lo que el usuario teclea.

Pharming

Los atacantes sacan provecho de la vulnerabilidad de los servidores DNS para redirigir a los usuarios a páginas falsas, a pesar de que hayan tecleado correctamente la dirección web del sitio. La página de destino es una copia de la original (puede contener errores de traducción) utilizada por el atacante para obtener contraseñas, códigos bancarios u otros datos introducidos por el usuario.

Detección del fraude

Existen varios indicios que alertan a los usuarios de que se encuentran ante un fraude:

- **Ofertas inverosímiles.** Hay que sospechar cuando se ofrecen artículos o viajes exageradamente baratos, trabajos en los que se ganan grandes cantidades de dinero con facilidad, etc.
- **Correos inesperados de remitentes desconocidos.** En la mayoría de los casos, incluyen archivos adjuntos con *malware* y suele haber señales de que han sido redactados usando un traductor automático.
- **Sorteos en los que se gana un premio sin participar.** La estafa consiste en obtener los datos personales del usuario y pedir el pago por adelantado de los costes de envío de artículos que nunca llegan.
- **Comentarios sobre los vendedores.** En sitios web de venta y compraventa online, los comentarios de otros clientes sobre su experiencia pueden ayudar a detectar un posible fraude.
- **Legitimidad de los sitios web.** Es preciso comprobar el protocolo de seguridad y los certificados digitales de las páginas que se visiten.

En todo caso, es imprescindible utilizar el sentido común para no facilitar información a desconocidos o ser estafados. Si consideramos que estamos siendo víctimas de un fraude o de acoso, o en el caso de detectar algo que nos incomode, debemos pedir ayuda a familiares, profesores o autoridades.

Delitos frecuentes en la red

Los delitos contra la intimidad y el derecho a la propia imagen se recogen en la Ley Orgánica 10/1995, de 23 de noviembre, del Código Penal.

Las principales infracciones de esta ley que se cometen en Internet son:

- La entrada en el disco duro de un dispositivo sin permiso.
- El registro y el almacenamiento de datos sin consentimiento.
- La transferencia de datos sin autorización.
- El empleo de una dirección IP asignada a otro dispositivo.
- La interceptación de mensajes de correo electrónico.
- La suplantación de identidad.
- El acoso electrónico.
- El uso indebido de directorios de correo electrónico o de listas de usuarios.

Comprueba cómo progresas

Aplica tus conocimientos

1 La principal fuente de ingresos de los buscadores es la publicidad. Al conocer los perfiles y gustos de cada uno de sus usuarios, pueden mostrarles los anuncios que más se adecúen a sus preferencias y, así, captar su atención e interés.

a) Después de haber buscado un producto varias veces, ¿suele coincidir la publicidad de las páginas web con la búsqueda? ¿Es casualidad?

b) Elimina las *cookies* almacenadas en el navegador que utilizas. Recuerda hacerlo regularmente.

c) Consulta lo que Google conoce sobre ti en https://www.google.com/dashboard y deshabilita el historial de búsquedas.

2 Imagina que, a pesar de haber pasado varios años desde que publicaste unos vídeos sobrepasando con tu moto la velocidad permitida, continúan apareciendo al buscar tu nombre en Internet.

a) ¿Crees que podrían tener un efecto negativo a la hora de buscar empleo como profesor de autoescuela?

b) Introduce tu nombre en el buscador y, si no deseas que parte de la información que aparece sea pública, pide a Google que la elimine y cambia las opciones de privacidad de la página donde está publicada.

3 Crea un póster, una infografía o una presentación e incluye indicaciones para utilizar las nuevas tecnologías (dispositivos, redes sociales, navegación web, etc.), promoviendo una interacción de forma ética y segura con la red.

Investiga

1 Un antivirus muestra el siguiente resultado tras analizar un dispositivo:

1 riesgo resuelto

Se resolvieron los riesgos de este correo electrónico.

Nombre	Rie...	Detalles	Acción
Bloodhound.Exploit.163	Alta	Virus	En cuarentena

a) ¿Qué tipo de *malware* se ha detectado?

b) ¿Cómo se ha solucionado el problema?

c) ¿Cuál era el medio de transmisión del virus?

2 Elabora una tabla con una relación de las principales herramientas de prevención y detección de *malware*. Escribe varios ejemplos de programas de cada tipo y sus sitios web oficiales.

Herramienta	Nombre	Sitio web
Antivirus	Kaspersky ESET NOD32	http://www.kaspersky.es http://www.eset.es
Cortafuegos		
Antiespías		

3 Las cadenas de correo pueden ser, básicamente, de dos tipos:

- De broma o *hoax,* término inglés ampliamente utilizado en Internet.
- De «captación» de correos electrónicos. Quien origina la cadena tendrá, al final, una colección de direcciones de correo electrónico para enviar publicidad, *malware,* etc.

Consulta tu correo web y responde:

a) ¿Recibes mensajes de personas desconocidas o empresas a las que no has autorizado a utilizar tu correo?

b) ¿Tienes activado el filtro *antispam*?

c) Algunos mensajes son identificados como *spam* erróneamente, de manera que pasan inadvertidos al usuario. Por ello, conviene que revises la bandeja de *spam* cada cierto tiempo. Para que no tengas que hacerlo muy a menudo, establece que el correo no deseado se borre a los diez días.

Descubre si eres un buen *hacker* asesorando sobre seguridad

Un compañero te pide ayuda porque su ordenador funciona despacio, especialmente cuando abre programas y archivos adjuntos a correos electrónicos de remitentes desconocidos. Además, te comenta que, desde que instaló un antivirus gratuito que le avisaba de que el equipo tenía muchos virus, se ha modificado la configuración del navegador, de modo que se muestra una página de inicio que no se puede cambiar, el buscador ya no es Google y aparecen continuamente ventanas de publicidad en la pantalla. En primer lugar, realiza un análisis de seguridad y, después, explícale los siguientes aspectos:

- El tipo de ataque que está sufriendo y los posibles *malware* que tiene instalados.
- Las herramientas de seguridad que puede utilizar para detectar el software malicioso.
- Las medidas que debe adoptar para prevenir ataques o recuperar la información perdida.
- Las acciones que puede realizar para proteger sus datos personales y los de otros usuarios (por ejemplo, no reenviar correos cadena).
- La necesidad de usar contraseñas seguras para acceder al correo y de comprobar la legitimidad de los sitios web.
- La posibilidad de que hayan suplantado su identidad y en qué consiste este fraude.
- El riesgo de descargar archivos enviados por personas desconocidas y programas procedentes de una fuente no oficial, como su antivirus.

Cuando las redes sociales arruinan tu vida

- Rostros públicos y anónimos deben recalar en los daños que causa una identidad digital mal gestionada
- El 10 % de los jóvenes pierden un empleo

«Piensa dos veces antes de publicar. Lo que cuelgas ya no se borra». Es el mensaje que lanza el Instituto Nacional de Ciberseguridad (INCIDE) en España, a través de su subdirector de Operaciones, Marcos Gómez, en conversación con ABC. El consejo no debe caer en saco roto, toda vez que los datos del Instituto, que gestiona la Oficina de Seguridad del Internauta, dan cuenta ya de que más de un 5 % y hasta un 10 % de los jóvenes de 16 a 34 años en España pierden una oportunidad de trabajo por el mal uso que hacen de las redes sociales. Les pasan factura las fiestas con amigos, y las numerosas fotos que cuelgan en situación de embriaguez, por poner un ejemplo, o sus comentarios ofensivos y su mala educación.

«Al final, todos somos esclavos de nuestras palabras. Uno siempre publica lo que quiere sin pensar en que puede tener consecuencias, pero hay que ser conscientes de los riesgos que conlleva», dice a su vez Esteban Mucientes, vicepresidente de la Asociación Española de Responsables de Comunidades OnLine (AERCO).

El último caso de alguien a quien su identidad digital le ha jugado una mala pasada es el de Sergi Guardiola, un jugador de fútbol fichado y fulminado para la plantilla del Barcelona B en apenas ocho horas. El joven de Manacor pidió ayer disculpas a Cataluña y al Barça por haber herido su sensibilidad después de que «un amigo» –se escudó– usase su cuenta personal en la red de micromensajes Twitter para publicar unos comentarios nada apropiados que a la postre le han servido la rescisión de un contrato. Fue un compañero, Toni Alcóver, según su versión, quien grabó en el año 2013 en su «timeline» o cadena de mensajes publicados unos comentarios en contra del que ha resultado ser su club contratante en 2015 y alabando al eterno rival. Fuere quien fuere, el perfil era suyo. Expertos como Mucientes recomiendan tener presencia digital, al tiempo que manejan las redes con responsabilidad y sentido común, sin aprovechar el anonimato que otorga Internet. Los especialistas siempre ponen un ejemplo muy sencillo: no publiques en la Red aquello que no serías capaz de decir en alto al destinatario [...].

Martínez, A. Montañés, E. (29 de diciembre de 2015). Cuando las redes sociales arruinan tu vida. ABC. Recuperado de http://www.abc.es/tecnologia/redes/abci-cuando-redes-sociales-arruinan-vida-201512292044_noticia.html.

Comprende lo que has leído

1 Valora los consejos que se dan en este artículo sobre el uso de las redes sociales. ¿Estás de acuerdo?

2 ¿Cómo actuarías si te ocurriera algo parecido a lo sucedido con el jugador protagonista de la historia que acabas de leer?

3 ¿Consideras que la falta de ética en la red puede causar graves consecuencias?

4 ¿Utilizas la red social Twitter? En tal caso, ¿lees todo lo que retuiteas? ¡No te la juegues!

Busca y organiza información

1 **Investiga.** Busca información sobre las pautas que se recomienda seguir para mantener la privacidad en Internet y mejorar la identidad digital.

Otras lecturas sobre seguridad en la red

1 Encuentra un artículo relacionado con la seguridad y coméntalo con tus compañeros. Puedes buscar en la web del INCIBE, la Policía, PantallasAmigas, etc.

APRENDER ES CRECER EN CONEXIÓN es un proyecto educativo de Anaya Educación para el segundo curso de la ESO.

En la realización de este libro han intervenido:

- Coordinación editorial: Enrique Sánchez
- Edición: Caja Alta Edición & Comunicación (www.cajaalta.es)
- Diseño: Dirección de arte: Javier Serrano. Cubierta: Patricia Gómez Serrano. Interiores: Marta Gómez Peso y Paco Martín. Desarrollo gráfico de cubierta: Juan Carlos Quignon
- Gráficos: Caja Alta Edición & Comunicación (www.cajaalta.es)
- Ilustraciones: Pablo Vázquez, Javier Osuna
- Maquetación: Caja Alta Edición & Comunicación (www.cajaalta.es)
- Corrección: Caja Alta Edición & Comunicación (www.cajaalta.es)
- Edición gráfica: Olga Sayans
- Fotografías: Age Fotostock, Archivo Anaya (Agromayor, L., Candel, C., Cosano P., Cruz, M., H. Moya, B., Martin, J.A., Osuna, J., Redondo, M., Rico, J.J., R. Jove, V., Steel, M.), Devolo AG (Aachen, Germany), Getty Images, Thinkstock, 123RF.

Las normas ortográficas seguidas en este libro son las establecidas por la Real Academia Española en la *Ortografía de la lengua española,* publicada en el año 2010.

Nuestras publicaciones mantienen el rigor en el uso y en la selección de los contenidos, en las imágenes y en el lenguaje, para cumplir con la **no discriminación** por razón de género, cultura u opinión.

Los enlaces a las páginas web que aparecen referenciados en este libro han sido revisados y comprobados en la fecha de su impresión. La editorial no se hace responsable de las modificaciones o anulaciones que se produzcan en ellos con posterioridad a esta fecha.

IMPORTANTE. Las actividades propuestas en este libro deben ser realizadas en cuadernos u hojas sueltas; **nunca en el propio libro.**

ISBN: 978-84-698-1133-7 - Depósito Legal: M-8672-2016 - Printed in Spain.

ET029584/1E1I - 8450067